PIERRE PUGET

PEINTRE — SCULPTEUR

ARCHITECTE

DÉCORATEUR DE VAISSEAUX

PAR

LÉON LAGRANGE

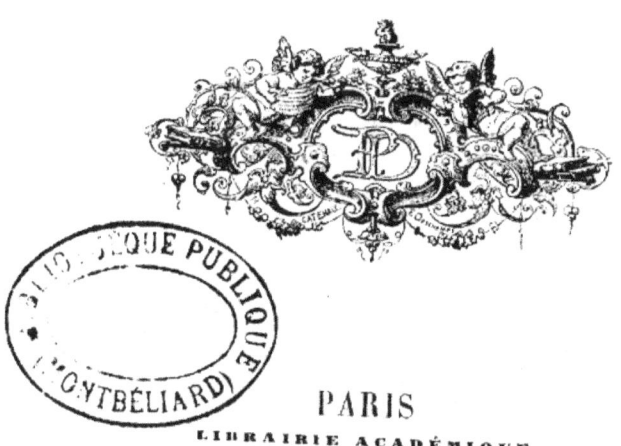

PARIS

LIBRAIRIE ACADÉMIQUE

DIDIER ET Cᴵᴱ, LIBRAIRES-ÉDITEURS

35, QUAI DES AUGUSTINS, 35

1868

PIERRE PUGET

A LA MÊME LIBRAIRIE

————

JOSEPH VERNET ET LA PEINTURE FRANÇAISE

AU XVIIIᵉ SIÈCLE

D'APRÈS DES DOCUMENTS INÉDITS

PAR

M. LÉON LAGRANGE

1 volume in-8. — Prix : 7 francs.

————

PARIS. — IMP. SIMON RAÇON ET COMP., RUE D'ERFURTH, 1.

INTRODUCTION

Sur le portail de l'École des beaux-arts, comme deux Hermès gardiens du sanctuaire de l'art français, se dressent deux bustes, placés là par un sentiment de justice nationale, celui de Poussin et celui de Puget. C'est qu'en effet dans ces deux hommes se résume le suprême effort du génie artiste de notre nation. La France ne comprend pas la peinture sans la pensée, la sculpture sans la passion. Si la peinture française n'a rien osé de plus sublime que les abstractions philosophiques de Poussin, la sculpture, de son côté, n'a produit qu'une fois, au milieu d'une foule de talents purs gracieux, savants ou énergiques, un artiste assez puissant pour passionner le marbre par la force et par la grâce, par la science et par le sentiment, et

cet artiste, c'est l'auteur du *Milon* et de *la Conception*, du *Saint Sébastien* et de l'*Alexandre*, c'est
Pierre Puget.

Il y a plus, et quelque chose s'ajoute à cette
figure déjà si grande. Puget a demandé aux diverses
formes de l'art la variété de leurs moyens d'expression. Peintre, il a fait des tableaux qui suffiraient pour
lui assurer un rang distingué dans l'école française.
Architecte, il a animé la pierre d'un souffle original. Dessinateur habile, il a jeté sur le vélin des
compositions maritimes pleines de verve. Mais surtout, par l'application de son génie de sculpteur à
la décoration navale, il sut marquer cet art disparu
d'un cachet de grandeur et de richesse incompa-
rables.

Et puis, Puget a été un homme. Or, dans l'art,
comme ailleurs, les hommes sont rares. On ne peut
approcher celui-là sans être saisi par les grands
côtés de son caractère. On se sent en présence d'une
de ces individualités viriles qui commandent la
sympathie. Dans ses luttes contre l'obscurité, dans
ses conflits avec l'ignorance, dans ses défaites sous
l'hostilité systématique, se déploie une nature libre
et fière, aussi riche d'imprévu, aussi tourmentée,

aussi puissante que ses œuvres. Chez lui, le génie
n'est que le trop-plein de l'âme, et l'âme reste toujours à la hauteur du génie. Suivre, à travers les
péripéties d'une vie agitée, une telle organisation,
c'est, à côté d'une attachante étude d'art, une curieuse étude morale.

Je ne suis ni le premier ni le seul qu'ait séduit
un pareil travail. Sans parler des notes partielles
qui se rencontrent en différents endroits, dans le
Voyage du Levant de Tournefort, dans le *Cabinet*
de Florent Le Comte, dans l'*Abecedario* de Mariette,
le premier historien de Pierre Puget fut un de ses
contemporains, le sculpteur De Dieu, qui avait eu
l'honneur de le loger chez lui à Paris. Son *Mémoire*,
rédigé à la demande du père Bougerel, fait la
moitié des frais de la notice consacrée à Puget par
le savant oratorien dans ses *Mémoires pour servir*
à l'histoire des hommes illustres de Provence, publiés en 1752. L'Académie de Marseille, riche déjà
de plusieurs discours sur le même sujet, mit au
concours, en 1807, l'éloge du grand artiste. Émeric David obtint le prix avec un *Discours* solennel
d'où il a su tirer plus tard, pour la *Biographie uni-*
verselle de Michaud, une notice substantielle. Les

concurrents évincés, Duchesne aîné, Féraud et Alphonse Rabbe, ont fait aussi imprimer leurs ouvrages, très-inférieurs comme critique et non moins pauvres en faits nouveaux. En 1812, parut un autre *Éloge de Puget*, par Zénon Pons, où l'on retrouve à peu près le même fonds, puisé dans Tournefort, Florent Le Comte et Bougerel. Il était réservé à l'ancien archiviste de la mairie de Toulon, feu M. Henry, de porter les premiers coups à l'échafaudage de faits plus ou moins authentiques qui constituaient jusqu'alors la biographie de Puget. Sa notice, publiée en 1853 dans les *Mémoires de la Société des sciences, arts et belles-lettres de Toulon*, puis imprimée à part, rectifie plusieurs erreurs, produit un certain nombre de documents inédits, et surtout jette un jour tout nouveau sur le rôle de Puget comme sculpteur de décoration navale. L'œuvre de M. Henry a été reprise au même point de vue par M. Margry, archiviste du ministère de la marine, auquel on doit la publication, dans les *Archives de l'art français*, de plus de quatre-vingts lettres ou extraits de lettres adressées à Colbert par les intendants de la marine à Toulon. D'un autre côté, Puget est devenu le héros obligé des historiens de parti pris, et M. Laurent Pichat, dans un petit livre sur *l'Art et les artistes* en France, lui a consacré une longue étude où la vivacité des sympathies étouffe trop souvent la vérité des faits.

Les précédents, on le voit, ne manquent pas, les matériaux non plus. Aborder de nouveau l'histoire de Pierre Puget devenait inutile, si l'on n'y apportait pas des éléments entièrement neufs. A force de remuer les archives de Marseille et de Toulon, après avoir même poussé mes recherches jusqu'à Gênes, j'ai pu former un dossier d'environ deux cents pièces, la plupart inédites. Empruntés aux sources les plus diverses, mairies, hospices, préfectures, minutes de notaires, ces documents deviennent le contrôle irrécusable des anciennes biographies. Ils permettront de suivre pas à pas, et presque année par année, la vie de Pierre Puget, en même temps qu'ils feront passer sous nos yeux toutes ses œuvres.

Né en 1622, mort en 1694, Puget a vécu soixante et douze ans. Une existence aussi longue et aussi remplie ne peut se raconter tout d'une haleine. Les étapes qui la partagent marqueront les divisions de notre récit. Dans la première, nous assisterons à l'éducation du jeune artiste, presque exclusivement

peintre jusqu'au jour où son génie de sculpteur se
révèle par les *Cariatides*. A Gênes s'écoule la seconde
période, la plus belle de sa vie, pendant laquelle il
est uniquement statuaire. Puis s'ouvre, à l'arsenal
de Toulon, une ère toute différente, partagée entre
la sculpture navale et l'architecture. La quatrième
époque nous montre Puget à Marseille, faisant
œuvre d'ingénieur et d'architecte et présidant aux
embellissements d'une cité de premier ordre.
Alors arrive la grande époque, celle du *Milon* et
de l'*Andromède*, celle de la gloire et des beaux
jours. Mais bientôt le ciel s'assombrit ; l'affaire
de la statue équestre déroulera sous nos yeux
ses intrigues, ses douleurs, ses hontes. Enfin, une
septième et dernière partie nous montrera Puget
chez lui et nous y retiendra jusqu'à l'heure de sa
mort. Le catalogue de ses œuvres terminera notre
travail.

Ainsi se dessinera, sous ses traits d'homme
et sous ses traits d'artiste, la figure de Puget,
une des plus saisissantes de ce dix-septième siècle
si fécond en grands caractères. Un brillant écrivain, trop habitué à substituer à la vérité le rêve
de l'histoire, M. Michelet, a voulu dresser la statue

de Puget en face de celle de Louis XIV. Plus modeste, contentons-nous de la placer, comme l'a fait
l'École des beaux-arts, à côté de celle de Poussin,
pour unir dans une même admiration le génie provençal et le génie normand, deux fils de l'art ita-,
lien, deux maîtres de l'art français.

PIERRE PUGET

PREMIÈRE PARTIE

PUGET PEINTRE

I

A quelque distance de Marseille, sur les bords
de la Méditerranée, s'étend un large vallon, abrité
de trois côtés par une ceinture de collines, ouvert
seulement au midi du côté de la mer, qui vient
baigner ses falaises escarpées et ses plages molle-
ment arrondies. A part deux hameaux, qui portent
tous deux le nom de Séon, l'on n'y voit, au milieu
des vignes et des figuiers, que des habitations isolées, et la plupart sont des fabriques vouées toutes
à la même industrie. La couleur du sol indique la
nature de cette industrie. Une argile rougeâtre s'y

rencontre presque à la surface en couches épaisses.
Aussi chaque maison a son aire, où s'alignent, pour
sécher au soleil, les briques, les tuiles, les poteries
communes, et, depuis le Château-Follet jusqu'à la
Mirabelle (une ferme de Mirabeau), la fumée des
fours se répand en nuages sur la campagne.

C'est dans ce vallon, berceau prédestiné d'un
sculpteur, qu'une tradition populaire place la naissance de Pierre Puget. Rien n'établit qu'il soit né
ailleurs. En vain, pour découvrir son acte de naissance, a-t-on fouillé les registres des anciennes pa-
roisses de Marseille. Les registres, à peu près com-
plets et assez bien tenus, n'ont rien révélé ni à
nous, ni à personne. En désespoir de cause, on a
cherché à Toulon, comme si l'auteur du *Milon*
n'avait pas signé son œuvre : « Puget Massiliensis. »
De cette absence d'un acte authentique, il faut conclure seulement que Puget est né, non pas dans la
ville de Marseille, mais à ses portes, dans une banlieue où les actes de baptême, recueillis par quelque
prieur de couvent, formaient à la longue un cahier
annexe des registres paroissiaux, probablement
égaré aujourd'hui. Le testament de Puget vient à
l'appui de la tradition. Il y est parlé de vergers
qu'un membre de la famille, André Puget, voulait
vendre à un sieur Gibert, dit Château-Follet, et que
le testateur a retenus par « droit linager, » comme
un bien patrimonial qui ne devait pas sortir de la

famille. Enfin, dans ce même quartier de Château-
Follet, ou l'Estaque, il existe encore des potiers du
nom de Puget, d'autres du nom de Blanc, tous pa-
rents entre eux, et se disant également descendants
de la ligne collatérale. Bien plus, la tradition
a conservé à une fabrique en ruines le nom de
maison de Puget.

La date de la naissance ne repose aussi que sur
des présomptions. Puget, écrivant à Louvois le
20 octobre 1683, lui apprend qu'il est dans sa
soixantième année, ce qui le ferait naître en 1623.
D'autre part, l'acte de décès, en date du 2 décembre 1694, le dit âgé d'environ soixante-dix
ans : deux assertions également vagues. Voici qui
est plus précis. Le père Bougerel, qui écrivait presque sous la dictée de Paul Puget, petit-fils du
sculpteur, dit en propres termes : « Pierre Puget,
dont j'écris la vie, naquit à Marseille le dernier
d'octobre 1622. »

En l'absence d'un acte authentique, il faut donc
s'en tenir aux probabilités. Elles sont toutes en faveur de Bougerel et de la tradition populaire. Pour
nous, Pierre Puget est né le 31 octobre 1622. Il
est né aux portes de Marseille, dans le vallon de
Séon, sur un sol de terre glaise, en face de la mer.
Tout enfant, il a pu jouer avec l'argile qu'il ramas-
sait sous ses pieds. Tout enfant, il a pu se nourrir
du spectacle de l'infini, devant cette mer qu'il devait

peupler de vaisseaux magnifiques. Les grands
hommes ont tous leur légende. Puget a la sienne,
pieusement conservée parmi ces potiers dont nous
parlions tout à l'heure. Ils racontent qu'on surpre-
nait le petit Pierre couché sur le dos au milieu
des champs, suivant du regard le vol des oiseaux
dans les airs, et qu'un jour qu'il avait vu planer un
aigle, il n'eut pas de repos qu'il n'en eut fait en terre
une grossière image.

Un peu de poésie ne gâte rien autour d'un berceau, et ici cette humble poésie est d'accord avec
la vérité. Dans son testament, il est vrai, ainsi que
dans un acte de fondation, antérieur de dix-huit
mois, l'artiste septuagénaire se qualifie « noble
Pierre de Puget, » fils de « noble Simon de Puget, »
père de « noble François de Puget, » et grand-père
de « noble Paul de Puget. » Mais ces actes, les
seuls qu'il ait pu dicter, sont aussi les seuls qui
l'anoblissent. Partout ailleurs, quand il traite avec
les échevins de Marseille ou les intendants de Toulon, il est monsieur Puget tout court, et, dans ce
testament même, lui, si prodigue du *de* envers son
père et ses enfants, il n'en a plus pour son frère
Gaspard ni pour le cousin André. Cependant cette
vanité tardive d'un grand homme qui s'était senti
bien petit à Versailles, écrasé sous les talons rouges,
tenta ses héritiers. On bâtit une sorte de généalogie
d'après laquelle l'auteur de la famille aurait été un

certain Hugues de Puget, employé à la cour des
comtes de Provence, et le consciencieux Émeric
David ne craignit pas de se faire l'écho d'une prétention dont Bougerel ne souffle pas mot, bien qu'il
écrivît sous l'inspiration du soi-disant « noble Paul
de Puget. » Il pouvait être intéressant pour les lec-
teurs de la *Biographie* Michaud de reconnaître en
Puget un gentilhomme. Aujourd'hui le fait a singulièrement perdu de son importance. Mieux que
tous les hasards de la naissance, le génie a doté
Puget d'une noblesse incontestable.

La même illusion a transformé le père, Simon
Puget, en un artiste, sculpteur et architecte. Le
fait est qu'il était maçon, et au besoin tailleur de
pierre : les actes ne lui donnent pas d'autre titre,
et lui-même ne songea à faire de ses deux fils aînés
qu'un maçon et un tailleur de pierre. Sans doute
ces dénominations comportent une certaine exten-
sion. Gaspard Puget, le second fils, a exécuté
quelques figures pour les fontaines publiques de
Toulon. Mais les délibérations du conseil de la commune qui nous font connaître ces travaux, le dé-
signent quatre fois comme maître tailleur de pierre,
et deux fois seulement comme « esculteur. » Jean,
l'aîné des trois, est toujours et partout un maître
maçon. Quant au père, le noble Simon, attendu
qu'on ne cite ni une statue, ni un édifice auxquels
il ait attaché son nom, il nous est impossible de

lui accorder, avec Bougerel, Émeric David, et
tutti quanti, le titre de sculpteur et d'architecte.

Une fois ses fils aînés pourvus de sa survivance,
Simon fut assez embarrassé du troisième. Les deux
premiers avaient choisi la pierre. Il ne restait à
celui-ci que le bois. Le voisinage de la mer avait
peut-être développé chez lui des instincts particuliers. En jouant au milieu des barques de pêcheurs,
il rêvait d'en fabriquer lui-même. On le mit en
apprentissage, dès l'âge de quatorze ans, chez un
maître ouvrier nommé Roman, qui construisait des
galères, et, par force, y sculptait parfois quelques
ornements. Mais ici nous devons laisser la parole à
l'ami de Puget, le sculpteur De Dieu. Mieux que
personne il va nous raconter, dans son style naïf,
les seuls détails que l'on connaisse sur les commen-
cements du grand sculpteur.

Je comenseray a parler de se que j'ay peu apprendre de la
vie de feu l'illustre Pierre Puget, descendent de l'illustre famille
de se nom, l'aient apris de luy mesme, dans le temps qu'il
sciourna a Paris pour ses affaires pendant sept ou huict mois, que
j'eu l'honneur de le loger ches moy avec madame son espouse qui
estoit une sainte femme, aient set avantage de le posseder et d'a-
voir des conversations ensemble. En particullier ma curiosillé m'o-
bligea de lui demander de quelle maniere il avoit comensé l'art de
la sculpture. Il me respondit qu'ils estoient trois fraires, et que son
inclination le porta a cest art, et que son pere fante de grands biens
l'obligea pour trois ou quatre ans au maistre sculpteur des galeres
qui n'estoit pas fort abille homme; et come mondit sieur Puget estoit un homme tres sinsère et d'une grande franchise, il me dit
sinsèrement qu'au bout de trois mois son maistre n'y pouvoit plus
rien montrer, en sorte qu'il luy laissoit faire l'ouvrage à sa volonté

et le laissoit faire et conduire tous les compagnons qui travailloient
à la sculpture des galeres, presque sans s'en mesler. Se manquement
de siense de son maistre l'obligea de songer a prendre le soing de
s'avancer a estudier et a dessiner et a bien conoistre la belle nature. Il luy tarda beaucoup qu'il ne fust arrivé a Rome pour s'y
perfectionner, et pour cest esfait il n'acheva pas le temps de son
obligé, qu'il partit pour l'Italie.

Remarquons tout d'abord cette maîtrise précoce
confiée à un garçon de quinze ou seize ans. Le fait
n'a rien d'invraisemblable — dans un pays d'aveugles le moins clairvoyant passe roi — et il donne
la clef d'un des traits les plus marquants du caractère de l'homme, cet esprit de domination qui
l'accompagna partout, le rendant partout difficile
à vivre, et qui n'était que le reflet prestigieux d'une
nature sentant sa force.

Les biographes complaisants vont plus loin : ils
affirment que le jeune apprenti de maître Roman
construisit et sculpta de sa main toute une galère.
De Dieu n'en dit mot. Et cependant, si la chose
était vraie, Puget, cet homme « sinsère, » n'eût
pas manqué de s'en vanter, et son ami d'en garder
mémoire. Après tout, qu'avons-nous à faire de cette
galère? Dans ce temps où la marine toscane, la
première de la Méditerranée, envoyait au port de
Marseille les galères richement sculptées, dont les
estampes de Della Bella nous ont conservé l'image,
il suffisait à Puget d'ouvrir les yeux pour sentir le
vide de sa prétendue science et pour désirer l'Italie.

Il partit donc sans terminer son temps d'apprentissage. Ce dut être vers 1640. Il avait alors près
de dix-huit ans.

Comment se fit ce voyage? Il n'est pas besoin de
le demander. D'un port de mer à un autre, le
chemin le plus court, c'est la mer. Et cependant,
écoutons Émeric David : — « Déjà Puget est en
route pour l'Italie! Philosophe par sentiment, économe par nécessité, il voyage comme Caton et Diogène, » — c'est-à-dire à pied, c'est-à-dire qu'il s'en
va passer les Alpes et faire le tour du golfe de Gênes!
Laissons Caton et Diogène avec la galère de maître
Roman, et tenons-nous-en au récit de De Dieu.

Il arriva à Livorne par mer, et fust de là à Florence, à dessain de
travailler pour y gagner sa vie. Il prist logis dans une auberge ou
il laissa ses ardes et ses outils qui respondoit de sa despense, attendu
qu'il avoit despensé le peu d'argent qu'il avoit; mais il se trouva
dans un grand embarras après avoir couru inhutilement chés tous
les maistres de Florence qui luy refuserent tous de l'employ, ses
messieurs ne voulant pas employer les estrangers; en sorte qu'il se
vist comme au desespoir et sans aucune ressource de pouvoir retirer se qu'il avoit laissé à son logis, pour pouvoir aler a Romme
chercher une meilleure fortune; et comme il estoit dans cette grande
extremitté, Dieu permist, estant tout esploré, qu'il vist dans une
petite boutique un vieux bon homme sculpteur quy faisoit des petits
ornemens en bois, qui n'avoit point ausy d'ouvrage à luy donner.
Il luy conta, les larmes aux yeux, la grande pene ou il se trou-
voit, en sorte que se bon homme en fust toché, prit un petit manteau
noir à l'usage de Florense et le mena chés l'esculpteur du Gran
Ducq qui ne tenoit pas de boutique, et fist si bien qu'il dit au bon
homme de le mener a son maistre compagnon quy estoit au haut
d'un pavillon, que y travailloit ledit maistre compagnon, qui le re-
garda avec mespris, luy donna pour se moquer de luy a faire un

petit paneau d'ornement de 7 a 8 pouces de long pour 3 à 4 de large, pensent de l'obliger de s'en aler. Il ala querir ses outils qu'il heust pene d'avoir faute d'argent, en laissant pour gage ses autres hardes ; il fist se petit paneau qui estoit tout à jour. — Le maitre parut content de son travail. Puget voyoit cependant avec chagrin d'autres ouvriers qui n'étoient pas si habiles que lui, travailler à des scabellons. — Il demanda la permission d'en faire un de son génie. Il en fist un modele qui le contenta tres bien, et prist une sy grande amitié pour luy qu'il le retira de son logis pour le loger chés luy, et luy fist l'honeteté contre l'usage d'Italie, de le faire manger à sa table avec toute sa famille et l'aima comme son enfan.

A la bonne heure ! voilà l'histoire, l'histoire vraie. De tels détails ne s'inventent pas. Et comme ils nous donnent bien la mesure de l'homme à ce moment de sa vie ! C'est un ouvrier, rien de plus. Il taille le bois ; sur les panneaux qu'on lui confie, il jette des inventions heureuses, des motifs d'ornement remarqués. Mais se préoccupe-t-il d'art, de dessin, de style ? Pas le moins du monde. Il lui suffit à ce métier de gagner un peu d'argent, afin d'arriver au but de ses désirs, le voyage de Rome. Et pourquoi cette ardeur d'aller à Rome ? Parce que là plus qu'ailleurs on devient bon ouvrier, là plus qu'ailleurs on peut espérer gloire et fortune. Justement, dans cet atelier de Toscans, il n'est bruit que de la grande fortune qu'a su faire à Rome un de leurs compatriotes, Pietro Berrettini, natif de Cortone. Or, le patron a là-bas un ami, *intagliatore* comme lui, c'est-à-dire sculpteur en bois, auquel sa qualité de Toscan donne accès auprès de l'illustre cavalier. L'occasion s'offre donc d'elle-même, et Puget n'a garde de la

manquer. Il partit pour Rome vers la fin de 1641,
chaudement recommandé à l'*intagliatore*. Le patron, suivant Bougerel, qui parle ici d'après De
Dieu, « écrivit en secret à son ami à Rome, le priant
d'aller attendre Puget sur le chemin, de le traiter
comme un autre lui-même, lui exagérant le mérite
de celui qu'il lui recommandoit. Puget fut agréablement surpris, lui qui croyoit n'être connu de personne, de trouver quelqu'un à l'entrée de Rome
qui l'attendoit pour lui offrir sa maison et tout ce
qui dépendoit de lui. Il accepta ses offres avec
reconnoissance, mais il n'en abusa pas, et peu de
temps après il loua un appartement. »

Enfin, Puget, au comble de ses vœux, est présenté
au grand Berrettini. Celui-ci le regarde à peine;
mais le jeune ouvrier montre de ses dessins, et le
peintre se ravise. Devenu gracieux tout à coup, il
l'invite à le venir voir souvent. — « Il ne desdaignoit
pas de peindre devant lui, contre son ordinaire,
peignant toujours en son particulier. Ce fust dans
ce temps, poursuit De Dieu, que l'illustre Puget
voulut joindre la peinture à la sculpture, en sorte
qu'après avoir fait plusieurs essais pour les mes-
langes des couleurs et des teintes et pour s'instruire
de l'armonie generale, qu'il s'azarda a son particulier dans une chambre qu'il avoit loué de faire
un tableau d'une moiene grandeur. » — Remarquez
la trahison du traducteur : Bougerel a transformé

en appartement cette chambre que De Dieu nous
donne comme le premier atelier du nouveau peintre.
Il n'était pas question alors d'expositions publiques.
Puget suspendit son tableau à sa porte, et, comme
Apelle, il se mit à la fenêtre pour en juger l'effet.
Les connaisseurs croient reconnaître une œuvre du
maëstro Berrettini. On court lui faire compliment.
Intrigué, il y vient voir en personne, salue l'auteur
confus, et prend texte de ce pastiche pour reprocher
à ses élèves « leur peu d'avancement, dans le temps
que ce jeune étranger, sans presque aucun précepte,
et seulement par la force de son génie, faisoit déjà
des ouvrages si excellents. »

Certes, nous aimerions mieux pour notre héros
un autre maître que l'illustre chef de la décadence
romaine, le maniériste Pietro de Cortone; mais à
qui la faute? La jeunesse va droit au soleil. Or, celui
du Berrettini brillait alors dans tout son éclat. Dernier représentant des saines traditions, le Domini-
quin venait de mourir, et le peintre français qui se
constituait son héritier, Nicolas Poussin, venait de
quitter Rome, laissant les Barberini, ses protecteurs,
adopter à sa place Pietro de Cortone. En vérité,
Puget eût été bien embarrassé d'aller ailleurs. Encore ne sais-je pas si Poussin, restant à Rome,
eût pu avoir sur son compatriote une véritable influence. Entre le génie normand et le génie provençal, il y a un abîme. Ce dernier, fait de fa-

conde et d'éclat, savant de la main avant de
l'être de la pensée, fils du métier et non de l'art,
décorateur par tempérament autant que par goût,
fût resté froid devant le philosophe des Ande-
lys, tandis que les vastes machines décoratives
de Pietro de Cortone le transportaient d'enthousiasme, au point de lui donner le change sur sa
vocation et de lui faire quitter l'ébauchoir pour le
pinceau.

Le voilà donc peintre et adopté par l'illustre cavalier comme un élève de prédilection. Fier de cette
adoption, il s'attache aux pas de son maître. Pietro
de Cortone quitte Rome, Puget le suit. C'était, selon
les uns, pour répondre aux désirs du grand-duc de
Toscane, qui l'appelait à peindre les plafonds du
palais Pitti ; selon d'autres, Berrettini fut pris du
désir de voir l'Italie. Il remonta les Romagnes, par-
courut la Lombardie, la Vénétie, et n'arriva à Florence qu'après ce voyage assez long. Puget l'y ac-
compagnait-il? J'en doute, car il ne me paraît pas
que Puget ait vu Venise. Je croirais plutôt que l'é-
lève s'en fut tout droit à Florence attendre le voyageur. Ainsi s'expliquerait ce que dit Bougerel du
bon accueil fait à Puget par son ancien patron, le
sculpteur du grand-duc, alors occupé au palais Pitti :
« Ils travaillèrent conjointement à la sculpture. »
En effet, il fallait bien gagner sa vie. Mais, Pietro
de Cortone une fois arrivé, adieu le ciseau. Puget

redevient peintre pour aider le maître dans ses
grandes machines.

L'historien Pascoli raconte pourquoi ces travaux
furent interrompus. Pietro de Cortone avait vendu
au grand-duc des tableaux de Titien, rapportés de
Venise. Le prince se laissa persuader que c'étaient
des copies, et il se fâcha. Le peintre, irrité, se hâta
de prendre la clef des champs. Tel fut le vrai motif
du retour de Puget à Rome. De Dieu dit qu'il revint
mettre ordre à ses affaires. Non, il suivait son
maître. Celui-ci sentait tout le prix d'un Sosie aussi
fidèle : il eût voulu le garder toujours avec lui ; mais
Puget allait lui échapper. Sans doute, son vieux
père le rappelait en Provence. En vain Pietro de Cortone lui fit les offres les plus séduisantes ; il lui proposa même sa fille en mariage. Rien ne put retenir
Puget. Évidemment on ne peut expliquer ce départ
obstiné que par des raisons de famille. Il dit adieu
à Berrettini, à Rome, à l'Italie. En 1643, il se retrouvait à Marseille après trois ans d'absence.

Tant d'allées et de venues, tant d'indécision dans
les allures, peignent bien l'esprit inquiet de cet
homme, incapable de repos. Lui qui ne sut jamais
plier de bonne grâce, pouvait-il subir le joug d'une
éducation suivie ? Et désirait-il bien une éducation ?
Il m'est impossible d'admettre chez Puget une ar-
rière-pensée d'aucune sorte. La suite de sa vie nous
le montrera tel que nous l'apercevons dès sa jeu-

nesse : homme d'action et non homme d'étude, tra-
vailleur, ou plutôt, pour me servir d'une locution
moderne, producteur opiniâtre. Son siècle, qui le
connaissait, ne le nomma jamais qu'un ouvrier.
C'est le génie instrumental opposé au génie littéraire.

II

Qu'était-il à son retour d'Italie, sculpteur ou
peintre? Sans doute il l'ignorait lui-même. Aux
yeux du public, c'était le fils du maçon Puget, bon
ouvrier en bois, se mêlant un peu de peinture. Mais
il avait vu Florence et Rome. Il en rapportait le
goût du grand, le sentiment décoratif. Il pouvait
parler du duc de Toscane comme d'un protecteur,
et du plus célèbre peintre romain vivant comme
d'un maître et d'un ami. Il n'en fallait pas davantage pour attirer l'attention sur lui. Tout le monde
n'allait pas à Rome en ce temps-là. Des officiers des
vaisseaux du roi, qui se trouvaient à Marseille, eurent la curiosité de voir le nouveau débarqué, et,
de retour à Toulon, ils s'exprimèrent sur son compte
en termes si flatteurs, que leur amiral témoigna le
désir de le connaître. Le duc de Brézé était jeune.
Quand Puget, mandé à Toulon, lui montra ses esquisses, des croquis faits à Livourne d'après les ga-

lères toscanes, des motifs d'ornements, quelques
dessins de ces fantastiques navires que Pietro de
Cortone mêlait à ses plafonds, peut-être des projets
de décoration navale imaginés sous l'influence du
peintre romain ; au feu qui animait ces compositions
juvéniles, le jeune duc s'éprit d'enthousiasme, et il
demanda à l'artiste marseillais de lui faire un dessin
du plus beau vaisseau qu'il pût rêver.

C'est ainsi que Puget se vit introduit une première fois dans l'arsenal de Toulon. L'apparition
fut courte, et, quoi qu'en aient dit ses historiens,
sans résultat. Puget n'est pas l'inventeur de la sculpture navale. L'intendant de Toulon, d'Infreville,
écrivait à Colbert le 17 septembre 1669, en lui
parlant du sculpteur Nicolas Levray : « Il y a trente
ans qu'il est attaché au service du roy ; c'est lui qui
a fait tous les ornements du vaisseau la *Reyne* et le
Brézé, le *Saint-Philippe*, et de tous les vaisseaux
qui se sont bastis depuis trente années. » Voilà qui
est formel. En 1639, il y avait déjà à l'arsenal de
Toulon un maître sculpteur, et les vaisseaux qu'on
y construisait portaient des sculptures. Puget, sur-
venant en 1644 ou 1645, n'avait donc rien à inventer. De plus, il ne pouvait rien inventer, car
la place de maître sculpteur étant prise, il n'aurait travaillé qu'en sous-ordre, et il est certain qu'il
ne remplaça pas Nicolas Levray, puisque celui-ci
garda sa place pendant trente années consécutives.

Plus tard, c'est-à-dire en 1668, vingt-cinq ans après, nous verrons Puget entrer en maître à l'arsenal, y imposer ses idées, y réformer les sculptures et même les constructions, y commander à Nicolas Levray et aux autres artistes. Pour le moment, ne l'oublions pas, c'est un jeune homme, un génie encore inconscient, un talent à peine formé, tout à fait incapable d'une action aussi décisive. Lui attribuer une telle action, prétendre ou croire, ainsi que l'ont fait Bougerel et Émeric David, que, dès son premier pas à l'arsenal, il y réforma tout, c'est commettre dans le récit de sa vie une erreur par anticipation d'environ vingt-cinq années, c'est lui attribuer dès l'âge de vingt-trois ans une puissance de génie qu'il n'a eue en réalité qu'à cinquante.

On demandait à Puget un dessin, Puget se borna à fournir un dessin. Anne d'Autriche était alors surintendante de la navigation. Le nom de la *Reine* fut donné au vaisseau, et son médaillon occupa la place d'honneur au tableau de la poupe. Nicolas Levray, maître sculpteur de l'arsenal, exécuta les sculptures. Que Puget ait pris part à l'exécution, je n'y vois rien d'impossible; mais, encore un coup, le jeune ouvrier, qui n'avait jusqu'alors travaillé qu'en sous-ordre à Florence, ne pouvait aussi que travailler en sous-ordre à l'arsenal de Toulon, puisque la place de maître se trouvait prise. Si Puget eût, à cette époque, et pendant un espace de temps

aussi limité que l'on voudra, occupé à l'arsenal de
Toulon une position prééminente, les intendants
n'auraient pas manqué d'en faire mention dans leur
correspondance, lorsque, plus tard, il s'agit en effet
de lui donner un rang supérieur à tous les artistes
employés jusqu'alors.

Pendant que la *Reine* était sur le chantier, le
père Bougerel nous apprend que Puget « en fit un
tableau d'environ douze pieds de long où il faisoit
voir trois faces de ce vaisseau, et l'envoya à la reine-
mère. Il le dessina encore sur le vélin. » Du tableau,
point de nouvelles. Quant au dessin, on le retrouve
dans l'inventaire dressé après sa mort. Son petit-
fils Paul le conserva précieusement. Aujourd'hui il
appartient à un amateur de Toulon, M. Malcor, et
l'on a pu le voir à l'exposition de Marseille en 1861.
Traité sur vélin d'une plume fine et légère, ce dessin
représente le vaisseau la *Reine* en mer : dans les
mêmes eaux naviguent plusieurs galères, des barques et deux autres vaisseaux, dont l'un montre un arrière richement sculpté. Sur la poupe de la *Reine*, le
médaillon d'Anne d'Autriche, vue de profil, au milieu d'un semis de fleurs de lis, occupe la place
d'honneur au-dessus de la porte du balcon. Toutefois
la décoration, composée de termes, de génies, de
consoles, n'embrasse pas la façade entière et ne
descend pas jusqu'à la voûte. Nous sommes loin encore des magnificences qu'étaleront le *Monarque*,

le *Sceptre* et tous les vaisseaux construits quelque vingt ans plus tard.

La mort du duc de Brézé, survenue en 1646, enleva à Puget son protecteur. Soutenu un moment à un niveau supérieur par une faveur exceptionnelle, le pauvre ouvrier retomba sur ses pieds. Il fut trop heureux alors de rencontrer un religieux feuillant qui s'en allait en Italie par ordre de la reine mère, pour y dessiner les monuments et les statues antiques. J'aime à croire que dans cette rencontre, toute fortuite suivant ses historiens, il fut tenu compte à Puget de ce qu'il venait de faire en l'honneur d'Anne d'Autriche, et qu'à défaut d'un ordre, ce motif, plus que tout autre, détermina le feuillant à se l'associer. Ils partirent ensemble, départ inexplicable, si l'on n'admet pas deux choses, d'abord que le vaisseau la *Reine* surpassait de trop peu les modèles alors en usage pour valoir à son auteur l'honneur d'être retenu ; en second lieu, que les avantages faits à ce dernier par l'agent d'Anne d'Autriche étaient de nature à compenser les travaux qu'il pouvait trouver soit à Toulon, soit à Marseille.

Rome, c'était toujours le rêve de ce génie encore incertain, qui sentait le besoin de l'étude. Il partit donc, et ce dut être au plus tôt en 1646. Combien de temps dura le voyage? Bougerel dit cinq ou six ans. Nous verrons qu'un document atteste la pré-

sence de Puget à Toulon en 1649. Il faut donc réduire de moitié l'assertion du Père Bougerel. Trois
ans, d'ailleurs, c'est assez pour mesurer et dessiner
les antiques de Rome, et très-certainement Puget ne
s'en tint pas là. Pietro de Cortone vivait encore.
Comment passer devant son atelier sans y entrer?
Non-seulement il y entra, mais j'imagine qu'y recevant toujours bon accueil, il y prit racine, afin d'y
compléter son éducation de peintre. Aussi bien, son
compagnon de voyage ne pouvait lui faire la guerre
sur cet article. Il nous paraît vraisemblable de reconnaître en lui ce religieux feuillant que Félibien
nomme le frère Joseph; et qui « avoit peint sous
Vouet avant que d'aller à Rome, où il se noya dans
le Tibre. » Cette fin tragique expliquerait pourquoi
il ne reste rien du recueil d'antiquités entrepris par
ordre d'Anne d'Autriche, et pourquoi Puget revint
de Rome en Provence, où l'attendaient des travaux
d'un ordre tout à fait secondaire.

En 1649, la communauté de Toulon voulut doter
la ville de fontaines publiques. La soif était grande
sans doute et le besoin pressant, car on en vit quatre
s'élever coup sur coup en différents quartiers. Les
deux premières, dites d'Astouin et du Portail
d'Amont, avaient été baillées à prix fait, en octobre 1648, à Nicolas Levray et Gaspard Puget,
qualifiés tailleurs de pierre. Ils en étaient payés le
22 mars, et, dès le 26, ils passaient un nouveau

marché pour une nouvelle fontaine à construire sur
la place de la porte Saint-Lazare. Celle du portail
d'amont portait une statue de Notre-Dame. Sur celle
de la porte Saint-Lazare, au haut du bassin « re-
jaillissant en quatre tuyaux, » devait s'élever l'i-
mage du saint en pierre de calissanne. Enfin, au
mois de juin suivant, les mêmes Nicolas Levray et
Gaspard Puget, qualifiés cette fois « esculteurs, »
reçurent la commande d'une figure « d'un saint
Louys, pierre de callisaine, avec la couronne, le
sceptre à sa main, avec tous les ornements royeaux
bien et deubement travaillés, » pour être placée au-
dessus du bassin de la fontaine de la Poissonnerie.
Nicolas Levray, nous l'avons vu, était le sculpteur
de l'Arsenal. Quant à Gaspard Puget, il pouvait bien
tailler un bassin et dresser un piédestal, au besoin même copier une Notre-Dame; mais quand il
lui fallut toucher à saint Lazare et à saint Louis, il
sentit son insuffisance. Sans doute son jeune frère
Pierre venait d'arriver à Marseille, où il manquait
d'ouvrage. Il lui fit signe, et Pierre Puget d'accourir. La fontaine de Saint-Lazare, commandée à Gaspard, fut payée le 4 septembre par la communauté
de Toulon à Pierre Puget et Nicolas Levray.

L'auteur du vaisseau la *Reine* fait ici, convenons-
en, la figure d'un assez petit garçon. Que sera-ce
quand nous le verrons, à la fin de cette même année,
descendre à une besogne de barbouilleur? On ne

peut qualifier autrement les travaux dont il est
question dans l'acte suivant, extrait des minutes
d'un notaire de Toulon :

L'an mil six cent cinquante et le troisieme jour du mois de janvier apres midy, estably en personne, pardevant moy notaire et tesmoings, Pierre Puget, maistre paintre de ceste ville de Tollon, lequel
de sou gré a confessé et confesse avoir reçeu du recteur de la confrairie Nostre Seigneur Jesus Christ de l'Esglise cathedralle dudit
Tollon, et par mains et propres deniers de Pierre Tiran merchand
de ladite ville, presant stipullant, la somme de deux cens trente
six livres dix sols tournois prezentement en pieces de huit reaux et
en bonne monoye realle, numeration faite, sçavoir cent trente livres
pour l'escriture faicte par ledit Puget a ladite chapelle et confrairie
Nostre Seigneur, et cent livres pour la dorure faicte au cadre dudit
tableau le mois de decembre dernier, trois livres pour reste de la
peinture du retable, et les trois livres restantes pour fournitures
qu'il a faict pour ladite confraire à l'effect sy dessus...

Le lecteur qui nous suit à travers les fils em-
brouillés de cette biographie doit se demander de
quel artiste nous l'entretenons ici. S'agit-il bien du
grand Puget? Quoi! une inscription, un cadre, une
couche de couleur sur un retable, sont-ce là les
travaux du grand Puget à vingt-huit ans? Mais, dans
le *Discours* d'Émeric David, Puget, à ce moment
de sa vie, a déjà fait bien autre chose. D'abord il a
construit un palais flottant, et « depuis les Ptolémées
la Méditerranée n'avait rien vu de si magnifique
flotter sur ses eaux. » Il est célèbre dans les deux
mondes. Déjà même il a achevé le *Monarque*, ce
vaisseau-amiral que le duc de Beaufort attendait
encore en 1669. « Invité à étudier les édifices des

Césars, il voit sa carrière s'agrandir devant lui ; il con-
çoit avec orgueil qu'il peut devenir à la fois peintre,
sculpteur et architecte. » Et voilà Phidias, Scopas,
Bramante, Michel-Ange, Ghiberti, Donatello, Jean
Goujon, invités à lui faire cortége. « Le plan de sa
vie est arrêté d'avance. La sculpture en marbre fera
son amusement, la peinture son occupation journa-
lière, l'architecture ses délices et sa gloire. » —
« Et dans quelle capitale, poursuit l'orateur, ira-t-il
composer de vastes machines pittoresques, élever
des temples, construire des palais ? O puissant effet
d'une éducation patriarcale ! c'est dans sa ville natale qu'il établira sa demeure. Là où reposent les
cendres de ses pères, là est pour lui le monde entier. » Et tout aussitôt voici le panorama qu'on
aperçoit de cette demeure : « une mer azurée qui
se balance blanchie d'écume..., l'astre du jour qui
réchauffe le mâle coloris des campagnes... Du haut
des monts parfumés découle à flots vermeils le suc
de l'arbre de Minerve. La pomme des Hespérides se
dore et mûrit malgré les hivers. Artiste, saisis tes
couleurs ! les modèles sont devant toi ; tu n'as qu'à
te livrer aux inspirations de ton génie ! »

De ces hauteurs descendre à la quittance que nous
venons de citer, quelle chute ! Mais non, c'est la
vérité, et la vérité n'a jamais tort. Pour moi, je lui
trouve une saveur que rien ne peut remplacer. Oui,
j'aime à voir Puget débutant comme un manœuvre,

quêtant partout de l'ouvrage, et bon pour tous les
travaux. Il sculpte le bois, il sculpte la pierre ; un
vaisseau, une statue, rien ne l'effraye. Pour deux
cents livres il se fera peintre. C'est dans cette existence besoigneuse que se trempent les vrais artistes.
Ici, du moins, vous n'avez pas à craindre qu'une
prétention littéraire vienne gâter le sentiment plastique. Les discussions sur l'idéal ne sont pas de
mise. Il ne s'agit pas d'un mandarin de l'art, il
s'agit d'un de ces hommes chez qui la main et la
pensée ne font qu'un.

Combien, à vingt-huit ans, ont déjà jeté tout leur
feu ! En 1650, Puget n'a pas dit le premier mot de
son génie. Remarquons toutefois que la quittance
de la confrérie le qualifie maître peintre. Comme
nous le perdons de vue jusqu'en 1652, il est permis
d'attribuer à cette période de deux ans la plupart
des peintures d'église dont parle Bougerel et que
l'on voyait à Toulon : une *Annonciation* chez les
dominicains, un *Saint Félix* chez les capucins.
Le père Bougerel cite encore, comme existant de
son temps au village de la Valette, près Toulon, un
Saint Joseph agonisant, un *Saint Hermentaire*,
et, au-dessus du maître-autel, un *Saint Jean écrivant l'Apocalypse;* mais il les cite sur la foi de
De Dieu, et Émeric David, qui en parle sur la foi
de l'un et de l'autre, ajoute qu'ils ont été consumés
par les flammes pendant la révolution.

III

A défaut de ces tableaux disparus, il s'en est conservé d'autres, à Marseille et à Aix, qui permettent
d'apprécier à sa valeur le talent de peintre de Pierre
Puget. Les premiers en date sont ceux qu'il peignit,
de 1652 à 1655, pour l'église cathédrale de Marseille. On va voir à quelle occasion.

Le 16 janvier 1652, Gaspard Puget, cet *esculteur*
que nous connaissons, passait prix-fait avec la confrérie du Saint-Sacrement de la Major, c'est-à-dire
de la cathédrale de Marseille, pour la construction
des fonts baptismaux. Il s'agissait d'une œuvre
mixte, maçonnerie, architecture, sculpture, qui devait être exécutée en six mois, moyennant la somme
de quatre cent vingt-cinq livres. Ces fonts baptismaux ont subsisté jusqu'en 1856, époque de la démolition de la cathédrale. Ils se composaient d'une
cuve circulaire en marbre blanc, placée sous une
coupole que supportaient quatre colonnes cannelées.
Au fond se trouvait, incrusté dans le mur, un bas-
relief en marbre représentant le Baptême de Jésus.
Mais c'était une adjonction postérieure : le prix-fait
n'en dit mot. En revanche, il y est question de deux
figures destinées à soutenir la cuve, figures restées

à l'état de projet, puisque la cuve reposait sur un simple piédestal. L'ouvrage terminé — et c'était, au dire de l'historien de la Major[1], un monument d'une forme assez gracieuse — Gaspard Puget le signa dans l'inscription suivante :

AÑO MDCLII. INOCENTIO X SUMO
PONT. REG. LVDO. XIV. STEPH. DE PVGET
EPIS. SEDĒ. FACTVM. G. P. AVTHORE.

S'il s'en tint aux initiales G. P., ce fut évidemment par ordre, et pour éviter toute confusion entre le nom de l'évêque et celui de l'artisan. La tradition n'avait donc pas tout à fait tort, n'en déplaise à C. Bousquet, quand elle attribuait à Puget les fonts baptismaux de la Major ; seulement elle donnait à Pierre ce qui appartenait à Gaspard.

Quoi qu'il en soit, les prieurs de la confrérie, mis en goût par ce début, voulurent compléter la décoration de leur chapelle. Ce qu'on avait épargné sur la sculpture, on le dépenserait en tableaux. C'est alors qu'apparaît Pierre Puget. Sans doute, son frère Gaspard l'avait appelé à son secours, ainsi que nous l'avons vu faire, lorsque la ville de Toulon le chargea de sculpter ses fontaines. Présenté par lui aux prieurs de la confrérie du Saint-Sacrement, ou, comme ils le disent eux-mêmes, de « la luminaire du *Corpus Domini*, » le cadet des Puget sut gagner

[1] *La Major*, par Casimir Bousquet. Marseille, 1857.

leurs bonnes grâces, et, le 19 octobre 1652, ils passaient prix-fait avec lui. Par cet acte, conservé dans
les minutes de Me Mittre, notaire, Pierre Puget, qualifié « peintre de ceste ville de Marseille, »

Promet de faire et parfaire bien et deubemant deux tableaux avec
ses ornemens necessaires quy represanteront, l'un le baptesme du
Grand Constantin Empereur, et l'autre le baptesme de Clovis Roy de
Franse, pour iceux poser aux deux places vuides quy sont aux deux
costez des fons baptismaux, lesquels le Sr Puget promest avoir faicts
et parachevés bien et deubemant entre issy et aux festes de Noel
prochain, et c'est moyenant le prix et somme de cent quarante livres que lesdits prieurs promestent luy payer dans un an prochain
sans reduit, soubs cette condition toutteffois qu'il soit permis auxdits
S^rs prieurs de pouvoir reffuzer lesd tableaux en cas qu'ils ne soient
tels qu'ils doibvent estre, ce que faisant ils seront deschargés de ladite somme de cent quarante livres...

Les conditions onéreuses acceptées par Puget
prouvent bien quel petit personnage c'était alors, et
en quelle méfiance on tenait son talent. Cent quarante
livres deux tableaux de près de deux mètres de haut
sur presque un mètre de large ! le payement reculé à
une année, et le droit de refus laissé à des hommes
ignorants ! Puget toutefois accepta le marché, tant
il avait à cœur de se faire connaître dans sa ville
natale. Il se mit à l'œuvre, et, à voir les tableaux,
on comprend qu'il n'y épargna pas la peine. Le
Baptême de Constantin et le *Baptême de Clovis*,
aujourd'hui placés au musée de Marseille, ont tra-
versé bien des aventures dont le récit viendra en
son lieu. Il ne faudrait pas y chercher ce qui a dis-

paru, la touche vierge du maître. Même au point
de vue de la composition et du dessin, on n'y découvre rien de caractéristique, si ce n'est les défauts
communs à l'école de Pietro de Cortone, le galbe
petit et ramassé des têtes, la proportion courte des
personnages. Cependant quelques figures élégantes,
telles que l'ange qui descend du ciel, feraient presque
reconnaître un contemporain de Poussin. Ce qui me
frappe surtout dans ces deux tableaux, c'est la curiosité du costume, phénomène assez rare chez les
artistes du temps. Dans le *Baptême de Constantin*,
Puget a voulu être Romain, et il s'est servi, non
sans succès, de ses récentes études d'après les antiques de Rome, témoin une figure de jeune vexil-
laire qui semble détachée de la colonne Trajane.
Dans le *Baptême de Clovis* il a voulu être Français ;
mais, hélas ! l'érudition d'alors ne remontait pas
jusqu'aux temps mérovingiens. Le quinzième siècle
pouvait passer aux yeux de Puget pour le dernier
mot des antiquités françaises, et c'est pourquoi il a
représenté Clovis vêtu d'une culotte de satin blanc
et Clotilde coiffée d'un turban à aigrette. Une autre
particularité digne de remarque, c'est la position de
la tête de saint Remi : le peintre l'a montrée en raccourci, pour diminuer par la perspective la hauteur
de la mitre, et laisser au visage toute sa valeur,
expédient dont il se souviendra plus tard, quand il
aura à sculpter la statue de saint Ambroise à Gênes.

En un mot, ce serait surfaire les deux *Baptêmes*
que d'y voir autre chose que l'œuvre laborieuse d'un
débutant. Mais ce débutant touchait à sa trente et
unième année, quand il livra à la confrérie du
Corpus Domini, le 1ᵉʳ septembre 1653, les deux
tableaux promis pour les fêtes de Noël.

Néanmoins, la confrérie ne s'en montra que plus
rebelle au payement. La dernière quittance est du
1ᵉʳ juillet 1654. Mais l'année suivante, se sentant
probablement mieux en fonds, et flattée du succès
qu'obtenaient les deux *Baptêmes*, elle demanda à
Puget un troisième tableau pour servir de retable à
l'autel du *Corpus Domini*. Cette fois, elle consentait
à payer la nouvelle œuvre deux cents livres, cinquante livres à la signature de l'acte, et le reste à la
livraison. La peinture devait avoir dix pans et demi
de haut sur sept pans et demi de large. C'est en
exécution de ce prix-fait que Puget peignit le *Salvator Mundi* que l'on voit également au musée de
Marseille, grande toile de 2ᵐ,40 sur 1ᵐ,43. Puget
y a représenté le Sauveur du monde assis sur des
nuées, autour desquelles nagent, dans la limpidité
de l'air, de gracieuses figures d'anges. C'est le Christ
au doux regard, au doux sourire; sa main droite
s'incline vers la terre, sa main gauche montre le
ciel. Quoique dégradé encore en certaines parties,
car il a suivi la destinée des deux *Baptêmes*, le
Salvator Mundi garde mieux, en même temps que

la pensée du maître, l'empreinte de son pinceau.
La couleur en est riche, chaude et transparente, la
touche large et souple, le modelé fièrement et gras-
sement accusé. Il n'y a rien là de l'école française.
C'est, avec quelques délicatesses de plus, la *vis pic-
toria* des peintres italiens de l'époque, enveloppée
d'un charme tout méridional. Devant cette œuvre,
on pense certainement au Guerchin, peut-être aux
Carrache, un peu aux Vénitiens, mais faute de pouvoir la rattacher directement à aucune école, on
est bien forcé de reconnaître une œuvre personnelle.

Le *Salvator Mundi* ne fut achevé, livré et payé
que le 30 décembre 1655. Entre cette date et celle
du prix-fait des deux *Baptêmes*, il s'était écoulé trois
ans. Peut-on croire que ces trois peintures rem-
plirent absolument ces trois années, et que Puget,
dans l'intervalle, ne fit point d'autres tableaux?

La supposition me paraît inadmissible. En somme,
les ouvrages de peinture placés sous le nom de Puget
par des actes authentiques ou d'autres documents,
par les dires de ses historiens ou par la tradition,
s'élèvent au nombre de cinquante-six. Il en subsiste
dix-neuf. J'en ai vu treize. De plus, deux ont été
gravés dans le recueil du cabinet d'Éguilles. Puget
peintre s'affirme donc à mes yeux par quinze compositions peintes ou gravées, et c'est sur ces quinze
œuvres que doit porter notre examen. Or, si je les

compare entre elles, il m'est impossible de n'y pas
apercevoir du premier coup des différences considérables, qui les séparent et les reportent à des époques
de sa vie absolument distinctes.

L'exposition qui eut lieu à Marseille, en 1861,
à l'occasion d'un concours régional, a mis ce fait
hors de doute. On y voyait, groupées à côté l'une
de l'autre, cinq toiles aussi dissemblables par le
caractère que par l'exécution, le *Salvator Mundi*,
la *Sainte Famille*, l'*Annonciation*, la *Sainte Cécile*
et le *Portrait* de Puget. L'*Annonciation* accuse
évidemment un élève de Pietro de Cortone. Le mouvement cherche la grâce et tombe dans la manière. En entendant le salut de l'ange, Marie s'est
arrêtée au milieu d'une prière ou d'une lecture,
et, bien qu'absorbée par un sentiment d'adoration
profondément humble, ses mains semblent vouloir
ressaisir le livre qu'elles ont laissé échapper; le ton
y est presque mat, comme dans la fresque, le clair-
obscur à peu près nul, le coloris se résout en une
harmonie blonde et rousse. Au contraire, la *Sainte
Famille* offre un ensemble de tons froid, et même
un peu aigre, dont la dominante serait un bleu
verdâtre; les demi-teintes grises y abondent; l'inten-
sité des ombres s'amortit par la finesse du clair-
obscur. Ajoutez l'individualité des types, un dessin
plus svelte, un air de distinction caractéristique,
vous songerez, malgré vous, non plus aux Bolonais

ni aux Romains de la décadence, mais au plus distingué des portraitistes flamands, à van Dyk. L'inventaire de Puget atteste en effet qu'il possédait
plusieurs copies des grands portraits peints par van
Dyk à Gênes, et, attendu que l'auteur de ces copies
n'est pas désigné, il n'y a nulle témérité à nommer
Puget lui-même. De plus, la *Sainte Famille* est un
portrait. Au centre du tableau, la Vierge, le corps
vu de trois quarts et la tête de face, reproduit les
traits de la première femme de l'artiste, N. Boulet.
De sa main droite elle soutient, debout sur ses genoux, son fils François. Au fond, saint Joseph,
c'est-à-dire Puget, accoudé contre une ruine, con-
temple le groupe heureux de la Mère et de l'Enfant.
La toile a plus de 6 pieds de haut sur 4 pieds
et demi de large. Ce n'est pas le plus important,
mais c'est le plus beau des ouvrages de peinture de
Pierre Puget. Pour qui l'a-t-il peint? On ne sait.
Du temps de Bougerel, la *Sainte Famille* appartenait aux Boyer de Fonscolombe, grande famille
d'Aix ; elle appartient aujourd'hui à M. le marquis
de Saporta, amateur de la même ville.

Quant à l'*Annonciation*, en 1679, lorsque parut
le livre de de Haitze, les *Curiosités de la ville d'Aix*,
elle décorait, avec une *Visitation* qui a disparu, la
« belle chapelle de Messieurs, aux pères jésuites. »
Mariette nous apprend que les jésuites, dépossédés
en 1763, voulurent vendre les deux tableaux. « Mes-

sieurs, » c'est-à-dire les congréganistes, réclamè-
rent, et le Parlement leur donna gain de cause.
Aujourd'hui, l'*Annonciation* se voit dans la chapelle du grand séminaire. En l'absence d'un document qui fixe la date de ce tableau, je n'hésite pas
à le regarder comme contemporain du *Salvator
Mundi*. Il aurait été peint vers 1655, tandis que
la *Sainte Famille* daterait de six ou sept ans plus
tard, 1662 ou 1663, autrement dit du grand séjour
de Puget à Gênes.

Il est vrai qu'une telle hypothèse va directement
contre les assertions du P. Bougerel. L'historien
provençal, se faisant ici l'écho de Tournefort, place
en 1657 la maladie à la suite de laquelle Puget,
sur le conseil de son médecin et de ses amis, aurait
renoncé à la peinture. Mais le même historien cite,
quelques pages plus loin, une lettre de Puget à Louvois, écrite en 1683, dans laquelle le grand artiste
dit en propres termes : « Depuis environ vingt ans
que j'ai quitté le pinceau. » Entre l'affirmation de
Puget et celle de son biographe, laquelle choisir?
Ou plutôt, peut-on hésiter? La vraie date de la
maladie se trouverait donc reculée, de l'aveu du
malade, jusqu'à l'année 1663, ce qui justifie mon
hypothèse.

D'autres preuves viennent à l'appui. Il faut citer
en première ligne le portrait de Puget par lui-
même, qui se conserve au Musée de Marseille. En

1657, Puget avait trente-cinq ans. Or, il suffit de
jeter les yeux sur ce portrait pour se convaincre
qu'il représente un homme d'une cinquantaine
d'années. Coiffé d'une perruque, noblement drapé
d'un riche manteau, le port majestueux, et le sourire du contentement sur les lèvres, ce n'est plus là
le peintre besoigneux que nous venons de voir aux
gages des prieurs de la Major. C'est Puget dans sa
gloire, après ses beaux ouvrages de sculpture de
Toulon et de Gênes. Au Musée d'Aix appartient un
autre portrait postérieur encore. Celui du Louvre
enfin nous le montre dans ses dernières années,
quand l'âge et les déboires de Versailles ont grimé
le masque du vieillard. Il est vrai que le catalogue
du Louvre a toujours inscrit ce portrait sous le nom
de François Puget, et non sous celui de son père.
Mais, comme il existe, dans la même galerie, et
précisément en face, un ouvrage authentique du
fils, qui reproduit le portrait de plusieurs artistes
musiciens de son temps, rien de plus facile que la
comparaison des deux peintures. Autant l'œuvre
de François Puget paraît lisse et froide, autant celle
de son père est pleine de verve et d'énergie : le
modelé s'y accuse par touches heurtées, par empâtements posés carrément à la bonne place : le regard se cherche et la bouche se parle. Il est probable
que Puget laissa interrompue la peinture de la tête ;
après sa mort, le fils aura ajouté la robe de chambre

et le fond, et, pour mieux établir un talent con-
testable, présenté l'œuvre comme sienne. A mes
yeux, les trois portraits de Puget par lui-même,
celui de Marseille, celui d'Aix et celui de Paris n'en
font qu'un ; tous trois sont sortis de la même main,
la main d'un sculpteur qui savait peindre.

Il y a plus. De l'aveu même de Bougerel, Puget
aurait peint à Gênes, en collaboration avec J.-B.
Carlone, le dôme de l'église des Théatins, alors
qu'il travaillait à la statue de saint Sébastien, c'est-
à-dire vers 1664. Plus tard, devenu propriétaire
d'une maison à Toulon, et le premier document
qui mentionne l'achat du terrain est de 1672, il y
peignit un plafond représentant les *Parques*. On
voit sur quelle base fragile repose l'assertion relative à la maladie de Puget. Je ne parle pas seulement de la date, désormais inadmissible, mais de
la maladie, qui s'évanouit à mesure qu'on veut la
saisir. La lettre à Louvois n'établit qu'un fait, c'est
que Puget quitta le pinceau vers 1665, précisément
à l'époque où son génie de sculpteur se révélait
dans toute sa force. Dès lors, quel besoin avons-nous
de maladie et de médecin? Le mal qui arracha le
pinceau des mains de Puget, c'était le bon mal,
c'était cette passion du marbre dont il devait vivre
jusqu'à sa dernière heure. Mais, sous le sculpteur
sommeillait le peintre mal endormi. Quelquefois
encore il put lui arriver de revenir aux travaux de

sa jeunesse et de jeter sur la toile les idées familières
auxquelles le marbre refusait sa sublime éloquence.

IV

La peinture de Puget se caractérise par une exécution spéciale. Il semble qu'un outil autre que le
pinceau a fouillé la pâte, relevé les lumières en fa-
cettes, haché les ombres et découpé les formes. On
croit y sentir le travail de l'ébauchoir. Comme les
portraits, le *Sommeil de Jésus* du Château-Borély,
et la *Sainte Cécile*, qui appartient à un amateur
de Toulon, présentent à un curieux degré ce caractère sculptural. Dans le premier tableau, l'opposition presque violente des tons produit une riche harmonie : l'Enfant divin repose sur un lit d'une blancheur éclatante, vers lequel sa mère, couverte d'un
voile d'un bleu foncé, se penche pour l'adorer.
Dans le second, des petits anges s'empressent autour
de la sainte, assise devant un clavier d'orgue, au
milieu d'attributs et d'instruments de musique : la
peinture y est plus fondue ; le dessin, toujours fier et
quelque peu rude, condescend cependant à se revêtir
d'élégance ; des demi-teintes bleutées donnent au
coloris une grande finesse. Dans l'un et dans l'autre, la particularité des types n'est pas moins

étonnante que la couleur. Tout concourt à marquer
ces deux tableaux de chevalet d'un accent étrange-
ment personnel.

La *Vocation de saint Matthieu*, qui décore l'église
paroissiale de Château-Gombert, village voisin de
Marseille, est au contraire une toile de plus de
4 mètres de haut sur 3 de large. Ici encore,
nous nous heurtons au nom de François Puget. La
Vocation de saint Matthieu a été revendiquée pour
lui par son fils Paul, dans une lettre datée de 1753 :
réclamation tardive de la part d'un homme qui avait
fourni la plupart des faits de la notice du Père Bougerel, publiée l'année d'avant, et qui l'avait laissé
attribuer la *Vocation* au grand Puget, son aïeul.
Ni le *Portrait de musiciens* du Louvre, ni la *Visitation* du Musée de Marseille, et ce sont sûrement les
œuvres les plus importantes de François Puget, ne
permettent de croire qu'il ait pu peindre l'immense
toile de Château-Gombert. En cherchant à dépouiller
son illustre aïeul pour accroître d'autant la gloire
problématique de son père, Paul Puget obéissait à
un sentiment filial plus ou moins bien entendu,
mais démenti par l'évidence. La *Vocation de saint
Matthieu* est plus qu'une grande machine, c'est une
œuvre de style. Entouré d'un groupe d'apôtres d'une
noble tournure, N. S. Jésus-Christ reçoit la soumission du nouveau disciple : son visage offre un type
particulier, caractérisé par la frisure de la barbe

et des cheveux, et empreint d'une véritable beauté.
Au milieu des colonnes drapées de rideaux qui
cachent à demi un fond de paysage, on aperçoit un
personnage appuyé contre une balustrade, un portrait assurément. En effet, lorsque Puget voulut
raccorder son tableau mis en place, un religieux
de ses amis, le père Boulegou, accoudé sur la table
de communion, lui fit remarquer un vide où il
manquait une figure. Aussitôt Puget le pria de
garder sa pose et le logea à l'endroit signaél, avec
un tel succès de ressemblance, que chacun, venant
voir la peinture, saluait le père Boulegou. Quel châtiment pour la critique, si certains peintres de notre
temps s'avisaient de suivre cet exemple !

L'auteur de *Marseille ancienne et moderne*, qui
raconte l'anecdote, publia son livre en 1786. L'année d'après, dans son *Voyage littéraire de Provence*,
l'abbé Papon citait la *Vocation de saint Matthieu*
comme un des meilleurs ouvrages de Puget. En
présence d'une tradition aussi fidèle, d'accord avec
l'impression du tableau, que devient l'assertion isolée d'un petit-fils ingrat ? La peinture de Château-
Gombert doit compter parmi les œuvres authentiques du maître.

Il en est d'autres que je ne puis décrire de *visu*,
et dont l'authenticité ne paraît pas moins certaine.
A son premier retour d'Italie, en 1643, Puget aurait peint, selon Emeric David, le portrait de sa

mère. C'est sans doute le même qui appartient aujourd'hui à un amateur de Nîmes et qu'une exposition récente a remis en lumière. Voici en quels
termes le jugeait la critique locale : « Cette tête austère, et dont on devine sous les rides la primitive
beauté, ce regard dont les années n'ont pu éteindre
la vivacité et l'intelligence, cet ajustement d'une
simplicité monacale qui s'harmonise si bien avec la
sévérité du personnage, ces finesses de touche per-
dues au milieu d'empâtements d'une telle solidité
qu'on dirait parfois que, fidèle aux procédés de son
art habituel, l'artiste a voulu modeler plutôt que
peindre, tout vous arrête, tout vous saisit[1]. »

L'*Abecedario* de Mariette, précieux recueil des
jugements d'un homme à bon droit renommé pour
la sûreté de son goût, nous fait connaître une composition peut-être antérieure à ce portrait, ou postérieure seulement de quelques années, selon qu'on
la rapporte au premier ou au deuxième voyage
d'Italie.

Peu de temps après que Puget eut mis le pied dans Rome, un
françois, B. Thiboust, y grava sur son dessin un David à qui l'ange
du Seigneur apparoît et lui donne à choisir entre les trois fléaux
qui doivent affliger son peuple, et ce sujet, traité dans le plus grand
style, fait voir qu'il étoit, dès lors, en possession de ces idées
grandes, neuves et magnifiques par lesquelles il s'est si fort distingué et qui lui ont d'autant mieux réussi qu'il ne les tenoit que de
lui seul.

[1] M. Ernest Roussel : *Courier du Gard*, 12 juillet 1863.

C'est encore Mariette qui mentionne, pour l'avoir
vu chez son ami Bourlat de Montredon, le tableau
de *David tenant la tête de Goliath*, « une des plus
belles choses que Puget ait peint, » et il ajoute : « Je
ne sçais si l'on peut montrer quelque peinture aussi
fraîche que celle-ci et qui rende aussi parfaitement
la finesse d'une chair délicate et fine. On voit bien
que cet ouvrage n'est pas celui d'un peintre qui fait
de la peinture sa principale occupation et qui a con-
tinuellement à sa main le pinceau... » Dans le com-
mentaire dont il a accompagné le recueil du cabinet
de Boyer d'Éguilles, Mariette accorde également de
grands éloges aux deux tableaux de Puget que renfer-
mait la collection du célèbre amateur d'Aix. Les gra-
vures de Coelemans nous permettent d'en apprécier la
composition. L'un, qui rappelle le *Sommeil de Jésus*,
représente la Vierge Marie, vue à mi-corps, ensei-
gnant à lire à son fils. Mariette, le jugeant d'après
l'estampe, y voyait une imitation du Corrége : il eût
mieux dit, du Guerchin. L'autre est un paysage, la
Fuite en Égypte. Des ruines romaines s'y mêlent à
des arbres élégants. Sur le premier plan, au bord
d'une rivière, la Vierge assise tient entre ses genoux
l'Enfant Jésus debout, et plus loin, derrière des
plis de terrain largement étagés, saint Joseph
semble appeler un batelier. Il est impossible de ne
pas reconnaître dans ce savant paysage un reflet du
grand Poussin. Or, si Puget, lors de son premier

voyage à Rome, en 1641, n'a pu voir l'auteur du
Diogène, cette impossibilité n'existait plus, quand
il y revint en 1646. Poussin, désormais fixé à Rome,
était à l'apogée de son talent et de sa gloire. Sans
doute la *Fuite en Égypte* n'a pas été peinte sous sa
dictée, mais celui qui l'a peinte avait certainement
vu quelqu'une de ces compositions puissantes où
le maître normand associait avec tant de goût
la nature et la figure humaine. Puget dut garder
son œuvre jusqu'au moment où ses relations avec
Boyer d'Éguilles, postérieures d'une quinzaine d'années, la firent passer dans sa galerie. Ajoutons,
comme un détail curieux, que l'exemplaire du cabinet de Boyer d'Éguilles, appartenant au Cabinet des
Estampes de Paris, contient de plus un petit portrait, au bas duquel une main inconnue a tracé ces
mots, d'une écriture ancienne : « Puget pinxit,
Coussin sc. » Le portrait est celui d'un jeune homme
de vingt-cinq ans environ, occupé à dessiner une
académie : il rappelle plutôt les traits de Puget que
ceux de son élève et ami Boyer d'Éguilles.

L'inventaire des biens de Puget, dressé sous ses
yeux, peu de temps avant sa mort, énumère six
peintures plus ou moins terminées qui décoraient
diverses pièces de sa maison : une *Bacchanale;* un
tableau de *Jacob et sa famille;* un *Baptême de
Notre-Seigneur*, paysage; une ébauche représentant l'*Éducation d'Achille*, une autre d'une *Nati-*

vité, une autre enfin « de Nostre-Seigneur Jésus. »
Autant d'œuvres d'une authenticité incontestable,
puisqu'elles sont attestées par un document en quelque sorte auto-biographique. Quant aux tableaux
que les catalogues de ventes ou les on-dit des historiens attribuent à Puget, et qui ont disparu, on
les trouvera enregistrés au catalogue. Je me conten-
terai de signaler dans le nombre une importante
Sainte Famille, vendue en 1819 avec le cabinet
de l'architecte Dufourny : le catalogue nous apprend
qu'elle avait été attribuée à Nicolas Poussin.

V

Sans chercher à établir un parallèle artificiel
entre deux hommes aussi dissemblables que Poussin
et Puget, il est permis de se demander quelle place
occuperait ce dernier parmi les artistes de l'école
française, si l'inconscience de son vrai génie l'avait
réduit à rester peintre. Les descriptions que j'ai
données de ses tableaux montrent comment il entendait la composition, et, sur ce point, Mariette ne
lui marchande pas l'éloge. Ce qu'il faut remarquer, c'est le caractère presque exclusivement religieux de ces compositions. A part les *Parques*, la
Bacchanale et l'*Éducation d'Achille*, Puget n'a

peint que des tableaux d'église. Était-ce nécessité?
était-ce préférence? Si toutes les peintures de Puget
avaient été exécutées par suite d'une commande, en
vue d'une destination fixe, comme l'*Annonciation*
et la *Visitation* d'Aix, les deux *Baptême* et le *Salvator Mundi* de la Major de Marseille, et la *Vocation de saint Mathieu* de Château-Gombert, on pourrait croire que le goût personnel du peintre resta
indifférent au choix des sujets. Mais les tableaux
passés directement de ses mains dans les galeries
des amateurs, et ceux qu'il conserva chez lui sans
songer à les vendre, empruntent également leurs
sujets à l'histoire sacrée. Sauf les trois que nous
avons cités, ce sont des *Sainte Famille*, des *Ma-
dones*, des *Fuite en Égypte*, des *Sainte Cécile*, des
David, des *Jacob*, des *Saint Jean-Baptiste*, des
Nativité. N'y a-t-il pas là une préférence évidente?
On s'en convaincra mieux encore en étudiant le sentiment dont ces œuvres portent l'empreinte. Pas
plus que le sujet, il n'est de commande. Dans l'*Annonciation*, dans le *Salvator Mundi*, dans le *Sommeil de Jésus*, une expression de foi humble et
simple, une douce charité, une grâce toute chrétienne, animent les visages et dictent les mouvements. On voit que le sentiment religieux sort
directement de l'âme du peintre pour vivifier son
œuvre. Si le mérite d'un acte de foi paraît mince
aux yeux de quelques-uns, notre époque, qui de-

mande avant tout aux artistes d'être sincères, devra
tout au moins tenir compte à Puget de la franchise
avec laquelle il exprimait ses convictions.

Après le caractère sculptural de l'exécution et le
caractère chrétien du sentiment, il ne faut pas chercher chez Puget peintre d'autres éléments d'originalité. Pour le choix général des formes, le goût
des draperies et la disposition des lignes, il est de
son temps : il procède de la grande école des Carrache. Mais, à la différence de la plupart de ses
contemporains, il aime la nature, il sait la voir, et,
lorsqu'il se trouve en communication directe avec
elle, dans les têtes, dans les mains, dans les nudités enfantines, il sait en conserver l'accent. Ses
Vierges, sa *Sainte Cécile*, ont plus de physionomie
que de beauté convenue. Les mains du *Salvator
Mundi* sont des portraits. Les petits anges du même
tableau, le *bambino* des *Sainte Famille*, témoignent
d'une étude indépendante qui parfois accuse l'indi-
vidualisme jusqu'à l'incorrection. On sent que ces
petits corps gras et souples ont été caressés avant
d'être peints. Puget connut de bonne heure le sensualisme paternel. Il s'était marié à Toulon en 1650, et,
dès l'année suivante, la naissance de son fils François jetait dans ses bras un modèle appétissant.

Ce qui distingue Puget peintre, aussi bien que
Puget sculpteur, c'est la vie. Sculpteur, il donne
la vie au marbre par la saillie des muscles et l'op-

position des lignes. Peintre, il anime la toile par
l'opposition des lumières et des ombres. Son modelé
vient en avant. Sa peinture est une peinture de
haut relief. Dans les lumières, son coloris cherche
la vivacité ; dans les ombres, la chaleur. De là, un
certain éclat et une harmonie généralement puissante. Mais des notes parfois un peu aigres, c'est-à-
dire des tons trop directement reproduits d'après
la réalité, et mal fondus, viennent déranger l'équi-
libre. En somme, les œuvres peintes de Puget présentent des inégalités et des défauts de plus d'une
sorte. Il serait puéril de vouloir faire de lui un
grand peintre. Il n'eut pas le temps de le devenir.
Mais, dans cette forme de l'art aussi bien que dans
les autres, son génie se donna carrière. Si l'on voulait ne tenir compte que de ses tableaux, et le juger
uniquement à ce point de vue, il faudrait lui réserver une place d'honneur parmi les meilleurs colo-
ristes de l'école française, et puisqu'il vécut au dix-
septième siècle, c'est à côté de son contemporain
Valentin que je voudrais le placer. Seulement, le
premier a su conserver le rayon de soleil méridional que l'autre a laissé perdre. Puget est à Valentin
ce qu'est au verjus de la Brie le raisin doré de la
Provence.

DEUXIÈME PARTIE

PUGET SCULPTEUR

———

I

Nous connaissons Puget peintre : allons maintenant à la découverte de Puget sculpteur.

Il faut, pour cela, rétrograder de quelques années.
Dans une vie aussi pleine, et semée de tant d'inci-
dents, on ne peut quitter son héros d'un pas, sans
laisser accumuler derrière soi un arriéré considérable. Reportons-nous donc au moment où Puget
vient d'achever le *Salvator Mundi*. La quittance de
livraison et de payement est du 30 décembre 1655.
A peine quitte envers les prieurs de Marseille, l'artiste se retourne vers les prieurs de Toulon, et,
comme le maître Jacques de Molière, déposant la
palette pour s'armer du ciseau, de peintre qu'il

était encore à cette date, le voilà, vingt jours après, devenu sculpteur.

Que se passait-il à Toulon? Il s'y passait des choses graves. La communauté, mal logée dans les maisons raccordées au jour le jour qui composaient l'hôtel de ville, voulut transformer ce logis d'aventure en un édifice d'aspect monumental. Le 16 février 1655, elle s'adressait à un tailleur de pierre, Jacques Richaud, pour le dessin d'une porte d'entrée, surmontée d'un balcon. Le 29 avril, elle confiait à Nicolas Levray l'exécution du portail. Les consuls oubliaient donc qu'ils avaient à leur porte un artiste à tout faire, nommé Pierre Puget? Celui-ci accourt, il trace un dessin, il le montre, et supplante à la fois Levray et Richaud. Le 19 janvier, on lui confie tout le travail enlevé aux deux autres. Puget cependant garda Richaud en sous-ordre. Quant à Levray, pour le dédommager, on lui commanda une cinquième fontaine.

L'acte de prix-fait nous dira ce que l'on attendait du nouveau venu.

L'an mil six cent cinquante-six et le dix-neufvième jour du moys de janvier après midy, soubz le regne heureux de tres chrestien prince Louis XIV, par la grâce de Dieu roy de France et de Navarre, comte de Provence, et par devant moy notayre royal de ceste ville de Tolon soubsigné, establys en leurs personnes messieurs Charles Gavot et Pierre Garnier, escuyers, consulz, lieutenantz pour le Roy au gouvernement de ladite ville, seigneurs de la Valdandeyne, lesquelz pour et au nom de la comunauté dudit Tolon, promettant fere ratiffier ces presantes à leur conseil à la première assamblée

d'iceluy à peyne de tous despans domage et intheretz, ont bailhé à
prix fait à Pierre Puget, maistre esculteur habitant en la mesme
ville[1], presant, acceptant et stipulant, prometant de faire bien et
deuement, et pozer à l'hotel de ville en sa fasse du cousté de midy
un portique, lequel sera tailhé et pozé tout ainsy qu'il est démonstré
par le dessain que ledict Puget a fait et remis ez mains de moidit
notaire, signé par lesditz s[rs] consulz, ledit Puget et sa caution, pour y
avoir recours ; — suyvant et conformemant auquel dessain ledict
Puget sera tenu observer audit portique toutes les mezures et proportions soit pour l'architecture, figures et autres ornemantz que y
sont représantés, et lequel portique sera fait de pierre de callis-
sanne de la plus belle fors et excepté les ambassemantz quy seront
faits de pierre de ceste ville, et les boulles de la deffinition du
piedestal du balquon quy seront de pierre gasprée qu'on tire de
la peiriere de la Ste Baulme ; — pour la perfection duquel portique de la fasson contenue audit dessain ledit Puget fournyra son
travailh et toute la pierre, lesdicts s[rs] consulz prometans de fere
fournir par ladite communauté tous les matheriaux necessaires
mesmes les maçons quy arresteront ladite tailhe ou pour faire es-
tayer la fassade de ladite maison et autres manœuvres quy seront
necessaires. Et promet ledit Puget avoir fait et parachevé ledit
portique ainsy qu'il l'a représanté à sondit dessain, à la charge
que toute la tailhe portera tout le corps et espesseur de la muraille
et mesme la riere voussure en bas, au jour et feste de saint Jean
Baptiste prochain, moyennant la somme de mil cinq cens livres, laquelle somme lesd. s[rs] Consulz promettent faire payer audit Puget,
sçavoir six cens livres par tout demain, et le restant a proportion de
la bezogne, à la réserve de troys cens livres quy luy seront payées
lorsque ledit portique sera fait, parachevé et accepté... »

Ce qui donne à cet acte une sérieuse importance,
c'est qu'il est l'embryon d'où sortit le premier grand
ouvrage de sculpture de Pierre Puget. En effet, le
balcon du portique de l'hôtel de ville de Toulon re-

---

[1] Ces mots n'impliquent nullement le séjour habituel de Puget à
Toulon. Ils équivalent à l'expression aujourd'hui consacrée : « faisant
élection de domicile en cette ville. »

pose sur les deux *Cariatides* justement célèbres.
Bien que l'acte parle de figures et d'ornements,
peut-on supposer que Puget se fût contenté du prix
modique de 1,500 livres, si dès lors il avait pensé
à sculpter ces gigantesques statues? La dernière
ordonnance de payement ajouta au prix stipulé
une somme de 200 autres livres, *pour supplément*
de travail. C'est que Puget, en passant l'acte, ne
prévoyait pas où le mènerait son génie. Mais, dès
qu'il eut touché à cette pierre de calissanne, douce
et fine comme le marbre, la fièvre lui monta au
cerveau, et lui, qui n'avait jusqu'alors taillé que
des ornements de bois et une ou deux figures de
fontaines, lui qui venait de passer cinq années à
peindre, il se sentit tout à coup plus sculpteur que
jamais, et, vaille que vaille, il se jeta sur la pierre
à corps perdu.

Plus d'une fois, sur le quai où s'élevait le nouvel
édifice, Puget, en surveillant ses ouvriers, avait
assisté au débarquement des céréales qui s'opérait
et qui s'opère encore en cet endroit. Il avait vu les
portefaix à demi nus, tels qu'on les voit encore
aujourd'hui, aller chercher à bord des navires les
charges de blé, descendre, courbés en deux, la
planche qui relie le navire au rivage, et, par un
puissant mouvement d'épaules, vider le sac aux
pieds des vanneurs. Plus d'une fois, ce spectacle le
fit songer. L'artiste y découvrait la beauté de la

nature en travail. Le penseur y lisait le drame de la force humaine. Un jour, il prit une poignée de terre glaise, et, de ce pouce hardi qui vivifie toute matière, il modela une figure de portefaix : le ballot sur la nuque, les bras relevés, les muscles tendus, le torse coupé de saillies et de ravines, les jambes nerveuses, tout auprès une proue de navire antique, c'est à la fois l'impression traduite de verve et le premier germe d'une œuvre non définie. Un autre jour, comme il cherchait pour son balcon de l'hôtel de ville une forme de console neuve et originale, l'idée s'éclaira tout à coup : aux consoles rêvées se substituèrent les cariatides qui s'agitaient devant lui. Deux portefaix d'alors ont laissé une réputation de vigueur proverbiale, et même un nom a survécu, celui de Marc Bertrand, dit Marquetas. Entre les deux rivaux, ce n'étaient que paris à se rompre le cou. Puget saisit les athlètes au bon moment et les incrusta au mur de l'hôtel de ville. L'un, haletant, va succomber sous le poids qui l'écrase; l'autre, d'un poing crispé soutenant sa tête qui se brise, maudit le défi qu'il a porté.

Une autre tradition, acceptée par les historiens de Puget avec une soumission exemplaire, explique tout différemment l'attitude et le caractère des *Cariatides*. Puget aurait eu à se plaindre des consuls de Toulon, et il se serait vengé, à la manière de Michel-Ange, en les affichant contre leur propre

4

demeure. Mais, ainsi que le remarque avec juste
raison l'archiviste Henry, qui a, le premier, rectifié
cette fable, les *Cariatides* n'ont rien de laid, de
grotesque ni de bouffon. Ce ne sont pas des carica-
tures, ce sont des athlètes peinant et geignant sous
le poids qui les oppresse. Tradition pour tradition,
à celle de Bougerel je préfère celle d'Henry, plus
vraisemblable et plus digne. La première s'accorde-
rait peut-être avec le caractère de l'homme; la
seconde est bien dans l'esprit de l'artiste.

Oui, regardez ces *Cariatides* que le moulage a
répandues partout, et dites si elles ne sont pas filles
de la même idée qui inspira le *Milon*, un hommage à la force physique, mais un hommage plus
spiritualiste que sensuel, où l'enthousiasme de l'artiste n'étouffe pas la haute ironie du philosophe.
Sur un garde-main de la collection Atger, à Montpellier, Puget a tracé ce vers qui dit bien sa pensée:

Vivitur ingenio, cætera mortis habent.

« L'esprit seul vit, tout le reste a sa part de mort. »
Dans les *Cariatides*, comme dans le *Milon*, la force
physique agonise, elle va succomber. Les muscles
se tendent, les veines se gonflent, la poitrine se
creuse, les côtes se séparent, les reins se brisent.
Toute la machine crie et se rompt. On croit entendre
le craquement des os. C'est ce moment que l'artiste
a choisi. Il a arrêté la dislocation, il a fixé la crise

suprême. A la force musculaire, pétrifiée dans sa
défaite, il a dit : Voilà donc jusqu'où tu peux aller,
avec tout l'attirail dont tu disposes! Ce n'est pas
Michel-Ange se vengeant d'un ennemi, c'est Dante,
vengeur de l'esprit, châtiant l'orgueil du corps
par un nouveau supplice, et vouant les Milons
toulonnais à l'éternité d'un enfer.

De ces deux damnés, l'un est jeune, l'autre a
atteint la pleine maturité. La charpente du corps,
les détails de la chair, l'expression même, marquent
la différence des âges. Le plus jeune exhale un long
gémissement. Sur sa face, à demi cachée par le
bras gauche qui y ramène un bout de draperie, se lit
tout un poëme de souffrance. Aussi cette tête moulée
en plâtre était-elle une des antiques dont Eugène
Delacroix ornait son atelier, et il s'en est souvenu
quand il a peint la *Barque du Dante*. Dans l'autre
colosse, c'est le torse qui souffre le plus ; une expression de rage fait grimacer les traits du visage. De
là vient sans doute l'erreur de la tradition. Mais
enfin, entre cette grimace du désespoir et une
charge d'atelier, il y a un abîme. Le plus jeune est
certainement le plus irrépréhensible. L'autre a des
mains communes, et ses yeux, profondément creu-
sés, cherchent trop l'effet pittoresque. Quant à l'exécution proprement dite, il est difficile d'en juger.
L'épiderme de la pierre a perdu sa virginité, par
suite des réparations, très-habiles d'ailleurs, entre-

prises en 1825 par le statuaire Hubac. En somme,
à part quelques détails contre lesquels le goût proteste, les *Cariatides* conservent, dans leur énergie
vivace, une certaine sobriété. Ce sont les œuvres les
plus classiques du maître. Michel-Ange aurait pu
les avouer. L'artiste qui les signa n'avait pas encore
l'esprit gâté par la sotte prétention d'éclipser le
Bernin et l'Algarde.

Dans l'ensemble décoratif dont elles font partie,
les *Cariatides* gardent une valeur proportionnée à
leur importance sculpturale. Nus jusqu'au bas du
torse qu'entoure une draperie roulée, les deux colosses semblent sortir d'une énorme conque marine,
au-dessus d'un pilastre saillant auquel ils se trouvent
liés par un capricieux enlacement de rubans et de coquillages. De plus, une guirlande de feuillage les rat-
tache au claveau, où elle va se perdre autour d'un
mascaron surmontant l'écusson des armes de la ville.
Parmi les ornements qui forment le tympan à jour
de la porte, on voit un autre masque barbu et un
soleil rayonnant, et les vantaux portaient aussi des
sculptures de haut-relief. Ici, la richesse du décor
contraste avec la simplicité de l'architecture. Les
statues commandent l'œuvre tout entière. En com-
posant cette façade, plus vivante que monumentale,
Puget pensait déjà aux vaisseaux qu'il devait animer
de figures analogues.

Les *Cariatides* de Toulon marquent dans la

vie de Puget une grande époque. Jusqu'alors il a
fait œuvre de ses doigts en ouvrier plutôt qu'en
artiste. Le *Salvator Mundi* était déjà un éclair de ce
génie brûlant. Les *Cariatides* en sont l'explosion.
Quand il les termina, en 1657, Puget avait trente-
cinq ans.

II

Après une aussi éclatante révélation de lui-même,
on pourrait croire que Puget va continuer son rôle
de sculpteur. Il n'en est rien. A chaque page de
cette histoire, l'imprévu nous attend. La dernière
ordonnance de payement des *Cariatides*, qui indique
la fin du travail et ajoute un supplément de 200 livres au prix-fait primitif, porte la date du 11 juin
1657. L'année suivante, en juin 1658, nous retrou-
vons Puget à Toulon. Des actes, dont je dois la communication à M. Octave Teissier, archiviste muni-
cipal de cette ville, nous montrent le grand artiste
en procès avec la commune. Il avait, paraît-il, l'intention d'acquérir certaines places de maisons, sises
sur le port, du côté du Levant, et, comme elles ont
été adjugées, pour la somme de 2,560 livres, à un
sieur Anthelme, Puget intervient, déclarant ce prix
inférieur à la valeur réelle; il somme les consuls
d'ouvrir une nouvelle enchère sur son offre de

600 livres, à laquelle sommation les consuls répondent en le renvoyant à se pourvoir en justice, et
Puget se pourvoit en effet par une requête au lieutenant du sénéchal. Or, dans ces actes, il est toujours
qualifié « peintre de cette ville de Toulon. » Qu'en
doit-on conclure, sinon que Puget, depuis les *Cariatides*, n'a pas cessé d'habiter Toulon, qu'il est
revenu à son métier de peintre, et qu'il y a même
gagné assez d'argent pour ajouter à cet ancien métier celui de propriétaire?

Quelques mois après, le voici encore à Toulon,
toujours qualifié peintre, mais en réalité entrepreneur. Tendant les deux mains, de l'une il reçoit un
prix-fait baillé par la communauté, de l'autre il
signe une convention avec les prieurs de la confrérie
du Saint-Sacrement. De quels ouvrages s'agit-il?
Les actes vont nous l'apprendre. Et qu'on ne me
reproche pas de toujours citer les actes, au lieu de
les résumer. Je les aime, ces prix-faits, ces conventions, ces documents si précis, si explicites, plus
instructifs mille fois qu'une froide analyse. Je les
aime pour la couleur locale de leur style, pour le
parfum d'honnêteté qui se dégage de leurs vieilles
formules. Après tout, ces clauses détaillées avec
tant de soin ne nous laissent rien ignorer, et ce naïf
langage, qui est le patois de la belle langue du
grand siècle, fait revivre à nos yeux l'œuvre et
l'ouvrier.

L'an mil six cent cinquante-neuf et le dixiesme jour du mois de janvier avant midy, establis en leurs personnes par devant moy not^{re} royal et tesmoings soubsnommez sieurs Jean Cathellin et Estienne Flameng escuyer, consulz, etc... lesquelz de leurs bons grés, ensuite de la déliberation de leur conseil du septiesme du courant, ont baillé et baillent à prix faict à Pierre Puget peintre de cette dicte ville, stipulant de fere une porte de noyer bonne marchandize et receptable sans aucuns manquement et cravassures pour fermer le balcon estant sur la grande porte de la maison commune conformemant au dessain qui a esté faict a ce subiest demeurant entre les mains des sieurs consulz signé par lesd^{es} parties, sur laquelle porte mettra ledit sieur Puget la figure du Roy dans une niche de pierre de taille bien et deubement polie avec son lustre, du dessoubz de laquelle niche y mettra une table d'attante de la mesme pierre en la forme et travail susdit, où sera gravé dans icelle quelque vers à la louange du Roi, tels que luy seront donnés par escript par lesdits sieurs consulz ; toutes les lettres d'iceulx seront de cuivre ou laton doré d'or moslu ; pour quy fere lesd. sieurs consulz fourniront tous les ferremants quy seront necessaires pour led. ouvrage, mesme les vittres qu'il conviendra mettre sur lad. porte dud. balcon, et led. s^r Puget fournira tous les materiaux, bois, pierre, mains et manœuvriers quy seront necessaires pour l'entière perfection du susd. ouvrage, qui sera tenu observer de point en point le susd. dessain, ce qu'il aura faict et parachevé bien et deubement comme dit est, deux mois prochain du jourdhuy comptables, et a cest effaict sera tenu mettre mains à lad. œuvre par toute cette premiere sepmaine, et ce . moyenant le prix et somme de quatre cens livres... sçavoir deux cens livres present qu'il a receu du sieur Anthoine Rey tresorier moderne de lad. communauté... en escus blanqs et autres bonnes espèces et monoyes comptez et nombrez au veu de moy not^e et tesmoings, et l'en aquitte en lad. desduction sans rappel, et les deux cens livres restantes à l'enthiere perfection dudit ouvrage, accepté qu'il soit prealablement, le tout en paix et sans contradiction aucune...

Ainsi, un buste, une porte vitrée, une inscription en lettres de cuivre doré, rien ne rebute maître Puget. Pour un peu il fournirait les vers. Mais il se contenta de fournir le tout sans y mettre la main.

Même le buste du roi, qui semble mieux de sa compétence, fut exécuté par un sculpteur du nom de Cogorde, et ce sculpteur est un des témoins intervenant à l'acte cité. Vis-à-vis des prieurs du Saint-Sacrement il remplira le même rôle.

L'an mil six cens cinquante neuf et le quatorziesme jour du mois de janvier apres mïdy, stably par devant nous notaire et tesmoings s' Pierre Puget peintre de ceste ville de Tollon, qui de son gré a promis à sieurs Pierre Cauderon et Antoine Burgues, escuiers de ladite ville, recteurs modernes de la chapelle et luminaire de corpus domini erigée dans l'église cathedralle dudit Tollon, avec la presance de s' Anthoine Laurens, bourgeois trésorier de lad. chapelle, presans stipullants, de fere une custode pour l'ornement et usage de lad. chapelle enrichy du travail et ouvrages du dessain dressé par led. Puget qu'il a rière luy signé par lesd. parties et conformemant aux qualités et conditions suivantes : Premieremant lad° custode sera construite de boys de noyer, boys de rose ou boys de pays, bon, sans aubier, cœur de boys, de largeur de dix sept à dix huict pans d'une extrémité à l'autre, et d'environ quinze pans d'autheur ; la chemise de derrière dud. tabernacle ou custode sera faicte de bon boys de sapin de Flandres, lequel boys ne paroistra en aucune façon au dehors de l'œuvre ; led. dessaiñ pourra estre changé en quelque chose sy led. entrepraneur le treuve à propos, pourveu que l'ouvrage ne diminue en rien la valeur dud. dessain ; led. entrepraneur fera commodemant quarante places pour y loger aultant de chandelliers, comprins toutes celles qui sont desja marquées aud. dessain, comme anges chandelliers et autres ; les deux aisles de lad° custode seront de demy relief joignant contre la muraille, et le cors de mitan sera faict tout de plain relief advancé de la muraille de trois a quatre pans sellon qu'il advisera led. entrepraneur, et le tout bien conduict conformemant au dessain, comme aussy la quaisse pour y reposer les saints siboires et solleils de l'hauteur commode aux prestres ; Ledict entrepraneur fera deux tableaux, un à chascun des deux costés de lad. custode ainsy qu'est marqué par led. dessain, tels que seront advisés par lesd. sieurs recteurs à l'huille ; led. entrepraneur fera dorer lad. custode d'or brunit et or

mats du plus beau : sera permis aud. Puget de mettre et mesler
tout aultant de colleurs de marbre jaspé ou autres qu'il treuvera, a
propos, pourveu qu'elles prevalent l'or quy pourroit occuper la
place desdites colleurs, touteffois sans excès ; posera led. tabernacle
et fornira les ferrements, mattériaux et mains de maistres necessaires, lequel il sera tenu d'avoir faict parachevé et posé de la
fasson et qualité susdicte bien deument et comme il apartient a dict
de maistres, gens en cognoissans, veu led. dessain que led. Puget
sera tenu exiber, dans un an prochain du jourd'hui comptable,
moyennant le prix et somme de mil huict cens livres, que led.
sᵣ Laurens tresorier promet et s'oblige payer et aquitter aud. Puget,
six cens livres dans deux mois de ced. jour comptables, trois cens
livres lors que l'esculteur et menuisier de lad. custode sera para-
chevée et les neuf cens livres restantes lorsqu'elle sera posée et acceptée par lesd. sieurs recteurs...

Dans ce second ouvrage, entrepris concurrem-
ment avec le premier, la part de travail de Puget se
réduisait à deux tableaux à l'huile, et peut-être à
quelques panneaux sculptés. Le reste, une fois son
dessin arrêté, était œuvre de menuisier et de doreur.
Aussi, le 13 octobre 1659, s'en déchargeait-il sur
deux ouvriers nommés Panon et Pauchouin, auxquels il abandonnait 825 livres du prix total : il
n'en toucha pour son compte que 975. De cette
somptueuse décoration il ne subsiste plus rien. Un
incendie a tout dévoré en 1681. Le souvenir seul
s'en conserva, et, comme la restauration de la chapelle incendiée fut alors confiée au meilleur élève
de Puget, Christophe Veirier, qui, au lieu de bois,
put y employer le marbre, il est arrivé plus
d'une fois que le travail très-remarquable de l'élève
a été attribué au maître. Aujourd'hui encore, bien

des Toulonnais vous montreront avec orgueil les
Anges adorateurs de la cathédrale, sans se douter
qu'ils ne sont pas de la même main que les *Cariatides.*   -

Jusqu'à l'époque qui nous occupe, l'existence de
Puget, depuis son second retour d'Italie, s'est presque également partagée entre Marseille et Toulon.
Il semble même qu'une préférence marquée l'ait
plus volontiers ramené dans cette dernière ville. La
raison en est simple. Cet artiste voyageur, dont les
brusques échappées nous déroutent, avait essayé
cependant de fixer sa vie. Dès 1650, il épousait sa
première femme, N. Boulet. C'est Bougerel qui
donne la date, et elle concorde trop bien avec le
long séjour de Puget à Toulon pour n'être pas vraie.
Mais, ce que l'historien provençal ne dit pas, c'est
que cette personne, dont il s'abstient de donner le
prénom, était Toulonnaise. Un commandement fait
par huissier à Pierre Puget, en 1660, à Toulon,
porte : « parlant à la personne de son beau-père. »
Cet Anthelme, auquel nous l'avons vu disputer des
places de maisons indûment adjugées, est désigné
ailleurs comme son neveu d'alliance. Ainsi s'ex-
pliquent les séjours fréquents de Puget à Toulon. Il
s'y trouvait en famille. On peut croire qu'il songeait
à y faire un établissement définitif, puisqu'il y ache-
tait des maisons ou des terrains, et qu'il prenait de
toutes mains des travaux à entreprise.

III

Mais les circonstances devaient donner un nouveau démenti aux résolutions de Puget. Le moment
était venu où son génie allait rayonner autour de ce
petit coin de Provence dans lequel il prétendait
l'enterrer. Ici, faute de renseignements propres et
de documents certains, je passe parole au P. Bougerel.

« L'année d'après (c'est-à-dire en 1659), Puget vint à Paris, at-
tiré par M. Girardin qui le mena à sa terre de Vaudreuil en Normandie. Il y demeura jusqu'au 12 juillet 1660. Il y fit deux statues
de pierre de Vernon, de huit pieds et demi de hauteur : l'une représente *Hercule* et l'autre *la Terre* avec un Janus qu'elle couronne
d'olivier. Elles furent estimées 300 écus pièce. Il travailla encore au
modèle d'un bas-relief. M. Lepautre, architecte renommé, trouva
ces ouvrages si beaux, qu'il conseilla à M. Foucquet d'employer un
si habile homme pour les ornements de Vaux-le-Vicomte. Comme
le marbre était extrèmement rare à Paris, ce fameux ministre (qui
avait du goût pour les choses exquises, ajoute Tournefort) envoya
Puget à Gênes pour choisir autant de blocs de marbre qu'il jugeoit
à propos; et c'est lui qui le premier a rendu le marbre si commun
dans le royaume, et nous a montré l'art de le travailler et de le
tailler avec succès. Tandis qu'il se préparoit à son voyage de Gênes,
le cardinal Mazarin lui envoya plusieurs fois M. Colbert pour l'engager à son service; mais il étoit trop attaché à M. Foucquet, pour
consentir aux désirs de cette Eminence : ce qui l'obligea à hâter son
voyage. »

Des deux statues et du bas-relief, point de nou-

velles. Aucun des historiens de Puget n'a décrit
ces œuvres de sculpture. Ils se bornent à reproduire le récit de Tournefort, copié presque sans
changement par Bougerel. Récit précieux, car
il nous donne la clef des futures relations de
Puget et de Colbert. Lorsque, plus tard, nous
verrons Colbert repousser systématiquement les
idées de Puget, il faudra nous souvenir qu'en
une occasion le grand artiste se trouva pris entre
Colbert et Fouquet, et qu'il opta pour Fouquet. Ce
dernier était un ministre puissant : l'autre remplissait auprès de Mazarin les humbles fonctions de
secrétaire. Mais il avait la mémoire longue. Devenu
ministre à son tour, contraint d'employer Puget,
qui s'imposait alors par son génie et par sa gloire
acquise, il lui fit payer cher la préférence accordée
à son rival.

Puget, en 1660, était donc l'homme de Fouquet.
Au mois d'octobre, nous le voyons s'arrêter un moment à Toulon, où il donne quittance définitive de
la custode du Saint-Sacrement, et puis il s'embarque
pour Gênes. Là, en attendant que les marbres destinés à Vaux-le-Vicomte, et choisis par lui dans les
carrières mêmes de Carrare, fussent prêts à partir,
il se réserva un des plus beaux blocs et en tira la
statue de l'*Hercule gaulois*. Bougerel prétend que
l'*Hercule gaulois* a été fait pour M. Des Noyers.
C'est une erreur évidente. Fouquet, ayant sous la

main un sculpteur dont il appréciait le mérite,
l'aurait envoyé en Italie faire besogne de marbrier,
sans y joindre la commande d'une statue? A qui
persuadera-t-on une telle invraisemblance? D'ailleurs, Tournefort ne nomme pas le destinataire de
l'*Hercule*. En revanche, Mariette dit en termes for-
mels que Puget « le fit pour M. Fouquet. » Or, la
petite cour de Vaux-le-Vicomte avait adopté Hercule
comme type allégorique du surintendant. Dans le
parc et dans le château, à chaque pas, on ne ren-
contrait que l'image d'Hercule et ses attributs. Où
Puget aurait-il pris l'idée de représenter le demi-
dieu de l'antiquité grecque appuyé sur un bouclier
aux fleurs de lis de France, si cette idée n'avait fait
partie du programme de flatteries imposé aux artistes du château de Vaux? L'*Hercule gaulois*, c'est
l'Hercule de Vaux, c'est Fouquet triomphant et superbe, la main pleine des pommes d'or des Hespérides, le bouclier de la France protégé par son bras
puissant.

Hélas! tandis que s'élaborait à Gênes cette pom-
peuse allégorie, celui qui en était l'objet tombait de
toute la hauteur de son orgueil. La disgrâce de Fouquet éclata le 5 septembre 1661. Puget n'avait pas
achevé son œuvre, quand cette nouvelle vint le
frapper comme un coup de foudre. Arrêté tout à
coup au milieu d'une mission officielle, il dut
exhaler ses plaintes et demander ce qu'il en serait

de ses marbres et de sa statue. Les marbres chan-
gèrent de direction, et, au lieu d'aller à Vaux, prirent la route de Versailles. Mais la statue ? C'est
alors que j'admets l'intervention de Des Noyers,
fils du secrétaire d'État. Son père même n'aurait
pu, sans se compromettre, hériter d'une commande
de Fouquet. Pour lui l'occasion était bonne d'acquérir, à bon marché, une belle œuvre, et de sauver
Puget, au début d'une poursuite scandaleuse dont
les éclaboussures auraient peut-être rejailli jusqu'à
Gênes. Ainsi s'explique qu'on ait attribué à Des
Noyers l'honneur de la commande, lorsqu'il n'avait
que celui de la possession. Mais un si mince personnage ne pouvait rester longtemps possesseur
d'une œuvre aussi considérable. Colbert mit la main
sur l'*Hercule* comme il avait mis la main sur Fouquet, et, par une cruelle dérision du sort, la statue
destinée au parc de Vaux-le-Vicomte alla orner les
jardins de Sceaux. Ainsi l'apothéose du ministre
tombé devint pour son heureux rival un trophée de
victoire.

L'*Hercule gaulois*, c'est encore la force, non
plus la force en travail, comme dans les *Cariatides*,
mais la force au repos. Ce n'est pas, malgré la
peau du lion de Némée et les pommes des Hespérides, le demi-dieu de la mythologie grecque, c'est
un être personnifiant la vigueur. Il n'a rien de grec.
Puget ne l'a pas emprunté aux cadres de la fable,

pour le rajeunir seulement par l'attitude. Il l'a pris
tout vivant dans la nature réelle, sans se préoccuper
de distinction ni de style, il a choisi l'homme qui lui
représentait le mieux un homme fort, il l'a copié
avec amour, et le seul idéal qu'il ait mêlé à cette
reproduction fidèle, c'est l'esprit de la vie, visible
encore malgré l'absence de mouvement et palpitant
sous l'immobilité des formes. N'y cherchez rien de
plus. De héros, de demi-dieu, de fils de Jupiter, il
n'y en a pas, ou s'il y en a un, il ressemble trop à
certaines résurrections littérales de l'antiquité que
le réalisme a tentées de nos jours. La tête seule suffirait à exclure toute idée de noblesse. Les pieds et
les mains appartiennent à la nature la plus vul-
gaire. De même que, pour les *Cariatides*, Puget
avait ramassé sur le quai de Toulon les types
athlétiques de Marquetas et de son rival, de même,
pour l'*Hercule gaulois*, il se contenta de ramasser
sur le port de Gênes un matelot réalisant au plus
haut degré, non pas la dignité d'un fils de Jupiter,
mais tous les caractères de la force physique conve-
nables à un personnage herculéen. Puget se trompait. Les conditions d'une statue isolée ne sauraient
être celles d'une statue décorative, telle qu'une *Cariatide*. Ou peut-être nous tromperions-nous à notre
tour, si nous jugions trop sévèrement, d'après l'effet
qu'elle produit dans une salle de musée, une statue
destinée à décorer la terrasse d'un vaste jardin.

Quoi qu'il en soit, l'atelier où s'élaborait cette
œuvre devint bientôt le rendez-vous de tout ce que
Gênes comptait d'hommes intelligents. Dans cette
ville, qui formait un État, ville plus puissante par
son commerce que par la guerre, il y avait plus de
princes, c'est-à-dire de commerçants enrichis,
que d'artistes. A défaut d'un Génois capable d'il-
lustrer la république, un étranger était de
bonne prise. Il fallait à tout prix le retenir : les
États voisins en sécheraient de jalousie. Des offres
séduisantes furent faites à Puget. Las de se débattre
entre les prieurs de Marseille et les consuls de
Toulon, privé de son protecteur Fouquet, et trop
honnête homme, ou plutôt trop grand, pour se retourner aussitôt du côté de Colbert, Puget accepta.
Il ne s'agissait plus de peindre des retables ou de
tailler la pierre. On lui donnait du marbre et on
lui demandait des statues. Les familles patriciennes
qui constituaient l'État, l'adoptaient, le patronnaient, le pensionnaient, à la seule condition de
produire des chefs-d'œuvre.

Devant une perspective aussi belle, Puget n'hésita
pas à s'expatrier. Il vint en Provence chercher sa
famille ; mais il semble qu'au dernier moment un
dernier regret l'arrêta. — « Puget est icy, » écrivait,
au mois de mai 1663, l'intendant du port de Toulon,
« mais qui s'en retourne bientôt à Gennes, où l'on
« luy donne mil escus par année et le prix de ses

« ouvrages. C'est un excellent homme; sy vous
« aviez quelque chose à faire préparer à Gennes, il
« pourroit y agir mieux que nul autre ne sauroit
« faire. » — Colbert, à qui s'adressait l'intendant,
resta sourd à cette insinuation détournée, et Puget,
libre d'engagement, put repartir pour sa patrie
adoptive, disant adieu à un pays qui ne savait ni le
connaître, ni le garder.

IV

C'est à Gênes que s'écoula sans contredit la période la plus heureuse de la vie de Puget. Il trouvait
là tout ce qui féconde le génie, un beau ciel, un
peuple artiste, des protecteurs puissants, un bien-
être assuré. Aussi verrons-nous ce mâle génie contraint de tempérer sa violence native, et l'idéal brutal dont il s'était préoccupé jusqu'alors faire place à
des inspirations plus douces. Ou plutôt l'homme se
compléta. Déjà il connaissait la force. Gênes lui fit
aimer la grâce.

Le premier protecteur de Puget fut le noble
Francesco Maria Sauli, d'une illustre et vieille famille où se poursuivait depuis près de deux siècles
la réalisation d'une gigantesque entreprise. Comme
la plupart des patriciens de Gênes, les Sauli vou-

laient élever à Dieu un temple qui n'appartînt qu'à
eux, qui fût l'acte de foi de toute une race, et qui
perpétuât dans leur famille un patrimoine de prière.
Décidée en principe dès 1481, commencée en 1552,
la basilique des Sauli s'élevait hors de la ville sur
la colline de Carignan. Chaque génération y apportait sa pierre, ou plutôt ses marbres. Quand vint le
tour de Francesco Maria, l'édifice était achevé, il ne
s'agissait plus que de l'embellir. La coupole reposait
sur quatre piliers énormes. Dans ces piliers il creusa
des niches, et dans ces niches il voulut placer des
statues colossales. Mais où trouver un artiste capable
d'un tel ouvrage? Jusqu'alors les sculpteurs génois
s'étaient contentés de fournir des modèles à l'or-
févrerie, de travailler le bois et l'ivoire pour en
tirer des crucifix, des châsses, ou ces *machines*
dorées qui représentaient, soit une scène de l'Écriture, soit les patrons d'un ordre ou d'une paroisse,
et que l'on portait aux processions. Tels furent
les Santa Croce, le Bissoni, le Torre. Ce dernier ne
mourut qu'en 1668. Mais jamais Sauli n'aurait eu
la pensée de s'adresser à lui. Il eût préféré attendre
le retour de Filippo Parodi, en ce moment à Rome
à l'école de Bernin, ou peut-être il eût fait venir à
ses frais l'illustre cavalier dont le nom retentissait
d'un bout à l'autre de l'Italie comme celui du maître des maîtres.

C'est dans ces circonstances que le hasard lui

offrit Pierre Puget. L'*Hercule gaulois* disait assez
de quelles grandes choses l'artiste était capable. Le
seigneur Sauli saisit l'occasion au vol. Avec une
générosité que le roi de France imita beaucoup plus
tard et d'assez mauvaise grâce, il engagea Puget à
son service, aux appointements de 300 livres par
mois, ses ouvrages payés en sus. Quatre statues lui
étaient demandées, chacune de dix pieds de haut,
saint Ambroise, saint Sébastien, sainte Madeleine,
saint Jean-Baptiste. La confiance dont témoignait
une commande aussi considérable fait certainement
autant d'honneur à l'artiste qu'à son patron. Le résultat fut d'attirer presque aussitôt à Puget un autre
protecteur non moins généreux et non moins puissant.

Pendant que les Sauli consacraient leurs im-
menses richesses à l'édification d'une basilique de
famille, un autre noble génois, Emmanuel Brignole,
sacrifiait son temps, ses soins et sa fortune à une
œuvre de charité chrétienne et d'utilité publique,
bien digne d'être citée comme un des plus beaux
monuments de l'ancienne république de Gênes. Un
jour, les marchands enrichis, les patriciens superbes, qui composaient le sénat de cette république
aristocratique, eurent une idée sublime, ils fon-
dèrent une magistrature des pauvres. Il s'agissait
de recueillir par les rues et par les chemins les malheureux hors d'état de gagner leur vie. Des libéralités sans nombre vinrent en aide à l'entreprise.

Deux siècles après, la misère avait un palais. On le
nomme encore de son nom primitif, *Albergo de'*
poveri, hôtel des pauvres.

Sans aller jusqu'à prétendre que l'Albergo de'poveri est l'œuvre de Puget, Bougerel affirme qu'il
en eut la conduite. « Le noble qui en était chargé,
ajoute-t-il, ne voulut pas permettre que l'on posât
une pierre sans l'ordre de Puget. » Bougerel parle
ici d'après de Dieu, et de Dieu embellit à plaisir la
vérité qu'il tenait de Puget lui-même. Le fait est
que l'Albergo fut commencé vers 1655, après un
concours auquel prirent part quatre architectes dont
on sait les noms. Les quatre plans parurent si également beaux, que, faute d'en pouvoir choisir un,
on décida les concurrents à les refondre pour en
former un cinquième qui fut suivi. Jusqu'en 1661
le gouvernement dirigea les travaux. Mais alors
l'épuisement du trésor les eût interrompus, si Emmanuel Brignole, intervenant, ne les eût pris à sa
charge. Il se borna à terminer les bâtiments com-
mencés, afin de les rendre habitables, et c'est seulement en 1667 qu'on se remit à l'œuvre pour
ajouter à l'édifice trois nouvelles ailes. Or, en
1655, Puget était encore à Toulon, et, en 1667, il
n'était plus à Gênes. Si donc il a pris part à la construction de l'Albergo, ce ne peut être qu'en 1661,
et, dans ce cas, sa collaboration se réduirait à bien
peu de chose.

Toutefois, si l'on voulait absolument considérer Puget comme un des architectes de l'Albergo, on pourrait lui faire une part dans la construction de la chapelle intérieure. Emmanuel Brignole, chargé d'en diriger les travaux, posa la première pierre en 1657, et l'édifice ne fut terminé que sept ans plus tard, en 1664. Dans l'intervalle, le plan primitif a pu être changé et Puget appelé à donner des conseils. Ainsi se justifierait, jusqu'à un certain point, l'assertion de Bougerel. Ce qu'il y a de certain, c'est que cette chapelle possède un des plus beaux ouvrages de Puget, sa *Conception*. Faite pour Emmanuel Brignole, placée par lui sur le maître-autel, la *Conception* n'appartint réellement à l'Albergo qu'à la mort de l'illustre bienfaiteur, survenue en 1677. Son testament dit en propres termes :

La statua di marmo bianca della santissima Concezione di valuta di pezzi mille di otto reali, ch'esso testatore ebbi gli anni passati da maestro Pietro Puget francese, scultore insigne, con sua corona ed altri ornamenti fatti all' intorno d'essa, la lascia alla detta chiesa della detta opera dell' Albergo de' poveri per conservarla in essa chiesa sopra l'altare maggiore dove oggidi è...

C'est-à-dire : « Quant à la statue de marbre blanc de la très-sainte Conception, de la valeur de 8,000 réaux, que le testateur a fait exécuter autrefois par le grand sculpteur français, maître Pierre Puget, il la lègue, ainsi que sa couronne et les autres ornements qui l'entourent, à ladite église de l'œuvre de l'Albergo de' poveri, pour y être conservée sur le maître-autel où elle se trouve aujourd'hui. »

L'expression « gli anni passati » laisse le champ
libre aux conjectures. La *Conception* est évidemment
le fruit de cette merveilleuse saison du génie qui produisit le *Saint Sébastien*, et qui comprend cinq ou
six années de la vie de Puget, de 1662 à 1667.
Une lettre de Puget que je citerai plus tard, permet
d'en fixer la date. Quant au prix de huit mille réaux,
il indique assez en quelle estime le noble Brignole,
comme le noble Sauli, tenait le sculpteur français.

Ainsi le souvenir de Puget demeure attaché aux
deux monuments les plus importants que le dix-
septième siècle ait vus s'achever dans la ville de
Gênes. Peu s'en fallut qu'il ne se trouvât lié aux
destinées d'un autre édifice, qui fait également l'orgueil des Génois, l'église de l'Annunziata. Ce temple,
étincelant de dorures, de peintures et de marbres
précieux, doit le luxe inouï de sa décoration intérieure aux libéralités des Lomellini, protecteurs des
humbles frères de Saint-François dont il était
l'église conventuelle. Mais l'extérieur ne répondait
pas à tant de magnificence. L'Annunziata n'avait
pas de façade. A l'exemple des Sauli et des Brignole,
les Lomellini vinrent trouver Puget, et Puget, au
lieu d'un simple dessin, exécuta ou fit exécuter un
modèle de façade en bois sculpté. Longtemps ce
modèle se conserva dans le couvent voisin. L'auteur
du *Guide artistique de Gênes*, M. Alizeri, le cite

comme existant de son temps (1847), bien qu'il avoue ne pas l'avoir vu. Pour moi, je l'ai cherché en pure perte. Aucun religieux n'a pu m'en donner des nouvelles. La façade de l'Annunziata, construite seulement en 1840, prouve que l'architecte n'a pas connu le modèle de Puget, ou que, s'il l'a connu, il s'est gardé d'en tenir compte.

V

On le voit, ce n'étaient pas des protecteurs vulgaires, ces nobles génois qui se faisaient les patrons du génie de Puget. A défaut de Fouquet, l'artiste expatrié retrouvait en eux le goût des choses exquises, l'habitude des magnificences et cette libéralité native qui ne sait pas marchander les productions de l'art. Quelles conditions mieux assorties pouvait rencontrer un génie superbe, prodigue de lui-même et amoureux des dernières finesses du beau ! Aux faveurs dont il était l'objet, il répondit noblement. On lui laissait carte blanche. Il produisit des chefs-d'œuvre. Le *Saint Sébastien*, de Carignan, en est un ; la *Conception*, de l'Albergo, en est un autre.

Lié par les poignets à un arbre fourchu, le saint expirant s'affaisse sur lui-même ; les jambes fléchis-

sent, tandis que les **bras** se tendent sous le poids
du corps, et ce corps, brillant de jeunesse et de
beauté virile, tombe comme une masse inerte déjà
envahie par la mort. Cependant un suprême effort
gonfle encore la poitrine. La tête renversée en arrière .jette au ciel un dernier regard, ce regard
des martyrs chargé d'amour et d'espérance. Une
longue draperie enveloppe le tronc de l'arbre et
soutient les lignes du corps, en supprimant des
vides qui eussent choqué l'œil. A gauche, de façon
à balancer le groupe, sont les armes du-héros, trophée de sa gloire terrestre, un casque richement
décoré, une de ces cuirasses romaines que l'on
prendrait pour le torse d'une statue mutilée, le
bouclier, l'épée et la lance, et sur ces armes la
main du sculpteur s'est complu à broder les plus
fines ciselures.

Dans le *Saint Sébastien*, comme déjà dans les
Cariatides, comme plus tard dans le *Milon*, se révèle l'inspiration la plus haute à laquelle ait obéi
Pierre Puget. Ces trois œuvres, filles d'une pensée
commune, on peut les nommer les trois chants du
poëme que son génie chantait au dedans de lui.
Mais quel est ce poëme? Est-ce lui de la beauté physique? Non; quand Puget s'élève au niveau de lui-
même, il atteint la beauté morale : à travers l'enveloppe du corps, il voit l'âme, et il la voit captive
dans un moule fragile, victime douloureuse, malgré

son principe immortel, des souffrances d'une nature mortelle. Cette lutte des deux natures qui
constitue la vie, c'est le problème toujours présent
à l'esprit du grand artiste, l'idée fixe dont son cœur
se sent troublé. La douleur morale naissant de
l'agonie de la force physique, voilà le poëme qu'il
nous chante, et voilà par où cet exécutant de premier ordre appartient à la famille des grands génies
de l'humanité, qui tous sont venus tour à tour
répéter la même élégie. On croit n'avoir affaire
qu'à une main savante; mais cette main obéit
à un cœur ému, à un esprit qui pense. Sous
l'ouvrier il y a un philosophe. Je dirai plus :
si les dures matières où s'exerce sa main s'assou-
plissent avec tant de docilité, c'est un signe qu'une
puissance intime la dirige, et qu'elle reçoit son im-
pulsion non pas du tempérament seul, mais d'un
sentiment passionné qui a son principe d'action
dans les profondeurs de l'âme.

Cette fois, tout en restant fidèle à sa pensée,
Puget a su trouver une force jeune, une douleur
contenue. Le moule dans lequel il a jeté l'âme expi-
rante de saint Sébastien est plein de noblesse et
d'élégance. Un sentiment puissant anime, sans les
déformer, les traits du visage. L'énergie vitale qui
éclate en chaque partie du corps ne compromet pas
la beauté des formes. Malgré la souplesse des chairs,
le torse garde une admirable fermeté, et la tête,

sous l'abondante chevelure qui l'encadre, conserve
un caractère digne de la statuaire antique. Quant à
l'exécution, c'est une vivacité d'outil qui sait encore
s'arrêter à temps, et qui unit, dans une rare mesure, la force et la délicatesse. J'ai parlé de ce trophée d'armes qu'envierait la colone Trajane. Le
corps entier du saint n'est pas ciselé avec moins
d'amour. Jamais Puget n'a atteint à un degré égal
deux qualités qu'on pourrait croire antipathiques à
sa nature, la distinction des formes et la fraîcheur
de l'exécution.

Si la statue placée en face du *Saint Sébastien*,
sous la coupole de Carignan, lui paraît inférieure,
n'en cherchez pas bien loin le motif : c'est qu'elle
n'est pas fille de la grande inspiration de Puget ;
c'est une œuvre d'apparat, une œuvre banale. Il
s'agissait de solenniser l'image d'un des membres
de la famille Sauli, présenté par elle comme can-
didat aux honneurs de la canonisation, et non encore agréé. De là la nécessité de le montrer sous
un visage d'emprunt. On choisit pour prêteur saint
Ambroise. Cette confusion de personnes ne pouvait
manquer de jeter la confusion dans l'esprit de l'artiste. Aussi, faute d'éléments pour caractériser l'un
ou l'autre, a-t-il fait simplement l'apothéose d'un
évêque. Revêtu des ornements sacerdotaux, le bienheureux quitte la terre, et, saisi d'admiration à la
vue des cieux entr'ouverts, il laisse échapper le

bâton pastoral, qu'un petit ange s'empresse de ramasser. A ses pieds, un vase renversé, d'où sortent
des pièces de monnaie, raconte ses libéralités. La
donnée n'a pas toute la clarté nécessaire, parce
qu'elle est le résultat d'une recherche pénible.
Dans l'esquisse en terre cuite du musée d'Aix, le
petit ange tient un livre : à ce motif banal, Puget,
toujours en quête d'idées singulières, a préféré substituer la crosse, au risque de n'être pas compris.
Au premier coup d'œil, on ne se rend pas compte
du mouvement qui contourne le corps du bienheureux sous l'énorme chape dont les plis l'écrasent :
on se demande pourquoi il lève la main droite ; sa
tête, renversée en arrière, de façon à dissimuler
par la perspective la hauteur de la mitre, n'exprime
qu'un sentiment vague d'adoration. Enfin, le bâton
pastoral, coupant la statue en diagonale et débor-
dant même hors de sa base, produit l'effet le plus
disgracieux. Les lignes du groupe sont brisées vio-
lemment ; il n'y a plus d'enveloppe possible. On
doit, au nom du goût, condamner cette œuvre pittoresque ; mais on est presque forcé de l'absoudre au
nom de l'art, si toutefois l'exécution peut jamais
racheter les fautes, que dis-je ? les crimes de la
composition. Puget, comme les sculpteurs de bonne
trempe, était fou de sa main. L'outil l'enivrait.
Non-seulement il faisait trembler le marbre, mais
il le faisait sourire, il le faisait pleurer, il le pétris-

sait en chair délicate, il le découpait en dentelle, il
le fondait en filigrane. Ici, sa main a pris plaisir à
poteler les membres enfantins du petit ange, qui,
vu de dos, montre au public le plus friand morceau
de nourrice. Sous ces doigts d'une habileté merveilleuse, le ciseau est devenu navette pour tisser
d'or la chape épiscopale et moirer la ceinture ; il
est devenu aiguille pour broder l'aube en point de
Venise. Après tout, ces détails sont à leur place,
puisqu'ils disparaissent dans l'ensemble, et, malgré
ses défauts, l'œuvre conserve un grand aspect,
grâce à la largeur des masses sculpturales.

Par un caprice singulier, Puget a jeté une teinte
rosée sur certaines parties des deux statues de Carignan. C'était une façon de les signer en peintre.
En effet, le peintre s'y montre encore trop, le sculpteur pas assez. Il est permis au peintre de concevoir
un mouvement instantané, tel que celui du bienheureux Sauli laissant tomber la crosse pastorale. Il
lui est permis, s'il dessine sur la toile un Saint
Sébastien, d'écarter autant qu'il voudra les bras du
martyr attaché aux deux branches d'un arbre. Les
ressources particulières de la peinture l'aideront à
sauver le mauvais effet de cette fourche, en plaçant
derrière une masse de verdure, une fabrique ou tel
autre objet qui recomposera la silhouette. Mais,
sans vouloir emprisonner l'art dans des règles trop
étroites, le sens commun affirme que le sculpteur

doit s'interdire de telles licences. Seulement, répé-
tons-le encore une fois, et ne l'oublions jamais si
nous voulons comprendre l'artiste dont il s'agit,
Puget n'était ni un peintre ni un sculpteur. C'était
un merveilleux ouvrier, doublé d'un philosophe.
Il n'entendait rien aux lois spéciales de tel ou tel
art, au style, à la ligne, à la couleur; mais il sentait puissamment la vie, il la sentait surtout par la
douleur morale, et, comme il possédait de science
certaine les éléments physiologiques du corps humain, il se servait de ces éléments pour l'expression
de la vie. Un homme moins passionné, mieux formé
par l'éducation, et plus spécialement sculpteur, se
préoccupe davantage du coup d'œil; il combine les
lignes de sa statue de façon à produire un accord
plastique parfait, dût l'enveloppe emporter le fond,
et la vie s'exprimer seulement par le repos. C'est
le triomphe de la sculpture tranquille, qui place
son point de départ dans la forme extérieure. Puget
plaçait son point de départ à la source même de la
vie, il allait du dedans au dehors. Sur l'idéal de
passion qu'il rêvait, il jetait l'attirail du corps, exactement modelé d'après le drame intérieur. Et ce
qu'il voyait dans le corps, ce n'était pas une enveloppe de formes et de lignes, mais un tissu de muscles et de nerfs, la peau même avec son épiderme
rugueux ou luisant. Passion d'une part, matière
de l'autre, voilà tout Puget, sans les raffinements

intermédiaires que l'expérience de l'art a créés pour
fondre l'élément moral et l'élément physique, en
les épurant, si l'on veut, en les tempérant, c'est-
à-dire en les ramenant, l'un de la passion à l'idée,
l'autre de la matière à la forme.

Je ne défends pas Puget, je cherche à me l'expliquer et à l'expliquer au lecteur. Or, plus je
l'étudie, plus je l'aperçois grand par le sentiment,
grand par l'exécution; mais, entre ces deux points
extrêmes du génie, laissant béante une lacune que
ses défauts ne comblent pas. Cette lacune, j'hésite
à l'en rendre absolument responsable. Elle tient à
d'autres causes qu'à un vice d'organisation. Après
tout, Puget comprend la sculpture comme Michel-
Ange, comme Donatello, comme Sansovino et
comme le moyen âge tout entier l'a comprise,
c'est-à-dire comme l'antiquité grecque ne la comprenait pas. Il y voit, non pas l'image de la beauté
physique, mais le miroir de la vie morale, soit
qu'elle se traduise par le sentiment ou par le caractère. La lacune que je signale ne serait donc que
l'entaille profonde faite à l'art de la statuaire par
l'esprit des temps modernes. La dignité de l'homme
intérieur révélée impose à l'art une loi nouvelle.
C'est cette loi qui, depuis l'avénement du christianisme, a préoccupé, à leur insu peut-être, tous les
grands sculpteurs, et Puget lui-même, sans recevoir
d'aucun d'eux sa formule juste et complète.

VI

Le sentiment chrétien se développe et se précise
dans la *Conception* de l'Albergo. Pour la première
fois le sculpteur se trouvait aux prises avec un type
de femme, et quel type ! celui qui résume le mieux
les tendresses infinies apportées au monde par le
christianisme. Que dis-je, peintre ! il avait déjà touché à cette figure d'un idéal si nouveau ; il avait
représenté l'Annonciation, la Vierge mère, la Fuite
en Égypte, en un mot les faits humains de la vie
de Marie. Mais ici, c'est ce qu'il y a de plus délicat
dans le plus délicat des types de femmes, c'est a
pureté divinisée au ciel, le mystère le plus suave et
en même temps le plus subtil de la religion qu'il
fallait exprimer avec les rudesses du marbre. Essayez
d'appliquer à un tel sujet les lois de la statuaire
antique. Le mysticisme les défie. Puget, qui ne s'en
souciait nullement, puisa dans son âme croyante le
sentiment intime du sujet, et il l'enveloppa de toutes
les délicatesses auxquelles sa main savait plier la
matière la plus dure et la plus rebelle. Il en résulte
une œuvre singulièrement jeune, chaste et émue.
La Vierge, au milieu des nuages, s'élève, portée par

les anges, vers celui qui l'a choisie. Son visage
regarde au ciel, comme ébloui. Mais, à côté des joies
de l'amour divin et du saisissement de l'humilité,
on y lit, exprimé par des nuances, le pressentiment
des douleurs futures. Aussi ses mains semblent
chercher la terre, pour ressaisir le point d'appui qui
lui échappe, et peut-être aussi le calme bonheur
qu'elle a perdu. Quant aux anges, on les croirait
muets, tant leur action s'efface. L'un adore le mystère qu'il voit s'accomplir, l'autre l'adore sans le
voir, car, tandis qu'il place sur sa tête un des pieds
de la Vierge, il cache son visage dans les replis d'un
nuage. Est-ce pudeur? est-ce amour? On n'imagine
pas ce que ce sentiment non défini ajoute de charme
rêveur à une œuvre déjà si délicatement nuancée.
D'aucuns ont dit que le marbre avait fait défaut au
sculpteur. J'aime mieux croire, après de tels efforts
d'expression, à un aveu d'impuissance, comme
lorsque Timante cacha sous un voile le visage
d'Agamemnon.

Telle est la *Conception* de l'Albergo, un groupe
d'une suavité pénétrante, dont les lignes montent
en douce spirale, quelque chose de léger et d'aérien,
un soupir mystique saisi au vol à mi-chemin de la
terre et du ciel. Lorsque le pieux fondateur de l'Albergo, Emmanuel Brignole, allait visiter Puget
dans son atelier pour juger des progrès du travail,
il lui arriva plus d'une fois, disent les historiens,

de s'agenouiller pieusement devant l'œuvre divine
qu'il voyait sortir de ses mains.

La critique n'a rien de mieux à faire. Discuter
devient inutile. De toutes les lois de la statuaire vio-
lées, de toutes les règles foulées aux pieds résulte un
chef-d'œuvre que l'antiquité païenne eût désavoué
peut-être, mais que nous sommes bien forcés d'accepter, d'abord parce qu'il répond à un sentiment
qui est encore le nôtre, et ensuite parce qu'il s'impose avec le prestige d'un objet d'art admirablement
travaillé. Ne vaudrait-il pas mieux que cette *Conception* fût peinte, au lieu d'être sculptée, qu'elle
fût en ivoire au lieu d'être en marbre? Peu importe.
L'œuvre est là, elle est en marbre, et elle est exquise.

Remarquons cependant que l'exécution n'appartient pas tout entière à Puget, pas plus, croyons-
nous, que celle d'aucune de ses œuvres. J'ai déjà
nommé Christophe Veirier. Cet habile sculpteur,
neveu de Puget et son élève de prédilection, l'avait
suivi à Gênes. Il ne remplissait pas seulement auprès
du maître le rôle de praticien, il lui prêtait une
collaboration plus directe et plus suivie. On en a la
preuve pour divers ouvrages dont j'aurai à parler.
Il est probable qu'il mit la main au *Saint Sébastien*
et au *Saint Ambroise*. Quant à la *Conception*, c'est
Puget lui-même qui nous apprend le fait dans une
lettre dont je ne puis malheureusement citer qu'un
fragment d'après un catalogue de vente :

« Toulon, 15 feurier 1668.

« ... L'ordre que je reseu de la part du roi pour me randre à
Tollon feu cause que je laissa le trauail de la figure de la Conception Nostre Dame ne pouuant faire autrement de quoi jan heut bien
du desplaisir; mais pour supler a ce defaut, j'ordonna a mes ouvriers de continuer à m'est baucher seste figure dapres le modelle
que je laissa et de finir aucune chosse come toutes les drapoi-
ries..... »

Gênes possède de Puget une autre statue contem-
poraine de la *Conception*, une *Vierge mère*, moins
importante assurément, mais encore intéressante à
connaître. Il la fit pour les Carega, et elle n'a
pas quitté le palais de ces seigneurs, devenu aujour-
d'hui la propriété de la famille Cataldi. Ce n'est pas
sans peine que j'ai pu l'y découvrir, après plusieurs
visites sans résultat. Enfin, un valet, gagné par des
arguments irrésistibles, consentit à me montrer la
chapelle domestique du palais où cette *Vierge* se
cache à tous les yeux. Il me conduisit dans une
salle à manger, il ouvrit les portes d'une sorte d'alcôve fermée, et je me trouvai en présence d'une
statue de grandeur quasi-naturelle, posée à ras du
sol au milieu de vases de fleurs. La Vierge mère est
représentée assise, drapée d'un ample manteau : le
divin Bambino, à cheval sur ses genoux, se retourne
vers elle et de sa petite main caresse le menton
maternel. La grâce de ce geste familier, la vivacité
de mouvement qu'il imprime au corps, la morbidesse des chairs potelées de l'enfant, méritent qu'on

les admire en fermant les yeux sur la vulgarité par
trop naturaliste du type de la mère et sur la lourdeur
embarrassée des draperies. Puget, toutefois, ne fut
pas mécontent de son œuvre, car il en fit faire par
Christophe Veirier une réduction également en marbre, dont il ne se sépara jamais. On la retrouve portée à son inventaire : « Une Vierge de marbre coppie d'après sieur Puget dans sa niche. » Cette copie,
vraisemblablement retouchée par le maître, appartient à un amateur de Marseille.

Vers la même époque, s'il faut en croire Bourge-
rel et les récits dont il s'inspire, Puget aurait eu
encore à traiter un sujet analogue. Le duc de Mantoue lui avait demandé un bas-relief représentant
l'*Assomption de la Vierge*.

Quand il fut fini, il l'envoya au duc de Mantoue. Cette pièce fit
un si grand bruit, que le cavalier Bernin qui venoit en France,
fut exprès à Mantoue pour la voir : et ce grand homme, après
l'avoir attentivement considérée, convint que c'étoit un ouvrage
d'une très-grande beauté. Le duc de Mantoue qui avoit depuis
longtemps envie d'attirer Puget dans ses États, envoya à Gênes
deux de ses gentilshommes pour l'emmener. Ces gentilshommes
l'assurèrent, de la part du prince, qu'il vouloit le récompenser
d'une manière digne de lui. Comme les conditions qu'ils lui offri-
rent, étoient très-honorables, il se rendit facilement, et se pré-
para à partir avec eux. Mais Dieu en avoit disposé autrement ;
car le jour d'avant leur départ il apprirent la mort de ce prince.
Il sembloit que la fortune envioit à ce grand homme la récom-
pense qu'il méritoit. Cette perte lui fut très-sensible ; mais elle
n'abattit pas son courage, et ne refroidit nullement l'envie qu'il
avoit de s'immortaliser dans son art. Les Génois le consolèrent par
leurs caresses et par leurs bienfaits.

A défaut de détails précis et plus intéressants
sur la façon dont Puget avait compris son premier
bas-relief, Bougerel nous en donne, sans s'en douter, la date certaine. C'est au mois de mars 1665
que le Bernin se mit en route pour la France.
C'est la même année que mourut, à l'âge de trente-
cinq ans, le duc de Mantoue, Charles II, auquel succéda son fils Ferdinand-Charles, âgé de treize ans.
Le bas-relief de l'*Assomption* a donc été terminé au
commencement de 1665, et Bougerel commet une
grave erreur, lorsqu'il intercale dans l'histoire de
cet ouvrage l'anecdote qui aurait obligé Puget à
quitter Gênes. En effet, n'oublions pas qu'au mois
d'octobre 1660, Puget était encore à Toulon. Quatre
ans lui auraient donc suffi pour produire l'*Hercule
Gaulois*, l'*Alexandre Sauli*, le *Saint Sébastien*,
la *Conception*, la *Vierge* de Carega et le bas-relief
du duc de Mantoue? C'est aller un peu vite en besogne. Un document écrit nous permettra d'assigner au départ de Puget une date plus vraisemblable. Mais d'abord achevons de décrire les œuvres
dont il dota Gênes la Superbe.

VII

Aux protecteurs que nous connaissons déjà, le
temps en avait ajouté d'autres. Pendant que les
Sauli, de plus en plus satisfaits de leur sculpteur
ordinaire, lui demandaient un projet de maître-autel à baldaquin pour la basilique de Carignan, les
Doria le pressaient de leur faire un dessin d'église
et lui promettaient la direction de l'édifice. D'autre
part, les Spinola lui arrachaient un groupe représentant, dit-on, l'*Enlèvement d'Hélène*, dont je n'ai
pu retrouver la trace. Enfin, un membre de la famille de Marini, devenu théatin et portant dans le
cloître les traditions de libéralité de la noblesse génoise, s'adressait à Puget pour décorer l'église de
son ordre, consacrée à saint Cyr, l'un des patrons
de Gênes. Déjà Puget avait travaillé avec Jean-Baptiste Carlone à la peinture de la coupole : du moins
Bougerel le raconte, et le fait n'a rien d'impossible.
Mais l'assertion de l'historien provençal ne suffit pas
à l'établir contre le silence des historiens génois,
tandis que nous avons une peuve irrécusable des
travaux ultérieurs de Puget dans l'église de Saint-
Cyr.

Il s'agit cette fois, non plus d'un projet d'autel, mais du maître-autel lui-même, c'est-à-dire d'une vaste composition coulée en bronze et comprenant, outre le crucifix, plusieurs figures d'anges et de chérubins, sans parler des feuillages, rinceaux et ornements de toute sorte qui se mêlent aux marbres les plus précieux. L'ouvrage ne fut achevé qu'en 1670, après avoir coûté environ huit années de travail. La commande daterait donc de 1662 ou 1663 au plus tard.

Grâce à l'obligeance des pères théatins qui desservent l'église de Saint-Cyr, j'ai pu relever, dans les archives du couvent, un document singulier, que je vais traduire d'un bout à l'autre, d'abord parce qu'il nous fait connaître, en toutes ses particularités, l'œuvre de Puget, et surtout parce qu'il montre jusqu'où allait à cette époque l'émulation, ce n'est pas assez dire, la jalousie du beau. Le registre auquel je l'emprunte est intitulé : « Annales de la maison et église des RR. Pères clercs réguliers dits Théatins de Saint-Cyr dans la ville de Gênes, écrites depuis sa fondation en 1572 jusqu'en 1651 par le père don André Sottani, Génois, et continuées jusqu'à la présente année 1741 par le père don Innocent-Raphaël Savonarole, Padouan, tous deux de la même congrégation, transcrites par le R. prêtre don Thomas Lupi, du bourg delle Spezie, chapelain de l'église de Saint-Jean-Baptiste

à San Pier d'Arena. » — C'est donc un Savonarole qui parle, et voici ce qu'il raconte, à l'année
1670.

Ce fut une grande consolation pour notre maison que l'arrange-
ment conclu avec les héritiers de Gianetto Spinola, Leonardo Sal-
vago et Jean-Baptiste Imperiali, pour la mise en place du nouveau
maître-autel, tout en marbres précieux et en magnifiques sculptures
de bronze, qu'avait fait faire, en y dépensant 35,000 livres, le père
don Alexandre Marini. Lesdits seigneurs, investis du patronage
(iuspadronato) de toute la chapelle et du chœur, mais nullement
obligés, ainsi qu'ils conste des actes, à renouveler le maître-autel,
prétendaient que l'ancien restât en place, ou bien, s'il s'en faisait
un autre par n'importe quelles mains, ils prétendaient entrer en
possession de ce nouvel autel, comme d'une chose à eux appartenant, et, pour cela, y mettre les armes de la famille Spinola en
signe de patronage. Après plusieurs réunions et conférences pour
trouver un accommodement à cette affaire, on convint enfin de
dresser par-devant notaire une déclaration dans laquelle, sans indiquer ni que l'autel avait été fait aux frais des pères, ni aux frais de
qui il avait été fait, on se bornerait à dire que les Spinola n'y pourraient jamais placer leurs armes, mais que le tout n'en resterait pas
moins soumis au même patronage, et c'est ce qui s'accomplit en
effet, au moyen de deux actes dressés par Jean-Baptiste Borsotto,
l'un en date du 19 avril, l'autre du 21 mai de l'année courante.
Toutefois, afin que le souvenir de l'œuvre et du bienfait du père
Marini ne se perde jamais, je transcris ici ce que je trouve enregistré au livre des procès-verbaux du chapitre, sous la date du
19 avril. — « Le père don Charles-Marie Spinola, préfet, a représenté que, si l'on doit, dans la déclaration à faire en faveur des
héritiers de Gianettino Spinola, déclaration qui reconnaît leur droit
de patronage sur le chœur et le maître-autel de l'église de Saint-Cyr,
en vertu des actes des notaires Barthélemy Borsotto en 1636 et Jean-
Thomas Salmerio en 1655, par lesquels le droit en question se
trouve confirmé aux héritiers fidéi-commissaires ; si l'on doit donc
omettre cette particularité : *Autel fabriqué par les pères à leurs
propres frais*, que le chapitre du 16 courant avait décidé d'y in-
scrire, comme un hommage et une satisfaction légitime réclamée

par le père don Alexandre Marini, auteur dudit autel, si maintenant
l'on doit taire dans la convention aux frais de qui ce nouvel autel a
été construit, c'est néanmoins un devoir de consigner dans le livre
des chapitres de la maison la vérité des faits, à savoir que cet autel,
qui est de marbre noir, orné de bronzes dorés et de pierres rares,
a été exécuté d'après un superbe dessin par l'ordre du père don
Alexandre Marini, avec les deniers fournis à cet effet en quantité
considérable par le seigneur Paul de Marini, son frère, et, si l'on
enregistre ainsi le nom de ce père, c'est afin de ne pas perdre le
souvenir de l'auteur d'un tel bienfait, et de pouvoir prier pour lui et
sa famille. Cette proposition a été adoptée à l'unanimité. Et, pour
qu'on n'ignore pas l'origine et le motif de la construction de ce
nouvel autel, il convient d'ajouter que cette bonne pensée qu'eut le
père Alexandre d'ériger ledit autel, lui a été suggérée par son
dévouement toujours vivace aux intérêts de notre maison et de notre
église, son cœur souffrant d'y voir une telle profusion de marbres,
de peintures et d'or, pendant que le maître-autel, c'est-à-dire Dieu
lui-même, restait seul sans ornements proportionnés à la beauté et
à la richesse du chœur, et sans qu'on pût espérer de l'en voir jamais
décoré, puisque les héritiers du seigneur Gianettino Spinola se trouvaient libérés de l'obligation où ils étaient de le faire, en vertu d'un
acte de 1636, et par une quittance en faveur des pères le 18 juin
1655, aux minutes de Jean-Antoine Salmerio, et par le payement
de 3,500 livres versées entre les mains des pères et de leur procureur don Paul Lercaro le 17 avril 1655, payement qui libère lesdits
seigneurs de tout complément de travail, au dallage, aux balustres,
aux marches des balustres, autant dire au chœur, qu'ils étaient
comme on l'a dit, obligés de décorer; et plus encore (ce qui lui
suggéra cette pensée) ce fut le zèle de ce bon père pour remettre
en plus grand honneur les reliques de nos quatre saints évêques de
Gênes, Félix, Valentin, Rémi, et Cyr, ce dernier protecteur de Gênes
et journellement invoqué dans notre église par les personnes affec-
tées de maux d'yeux qui viennent demander qu'on fasse sur elles
un signe de croix avec l'anneau du saint évêque, lequel anneau est
du quatrième siècle, ainsi que nous l'apprend le pape saint Gré-
goire. Ces saintes reliques demeuraient enfermées dans l'autel de
l'Assomption de Notre-Dame sans aucun signe extérieur, sans que
le peuple en sût rien; maintenant elles sont placées dans l'urne de
ce nouvel et magnifique autel, sur les faces duquel on a pratiqué

quatre ouvertures, et elles restent ainsi exposées à la vue et à la vénération de tous les fidèles. Par cet ouvrage, qui lui a coûté bien de l'argent, non moins de peine et de travail, et beaucoup de temps aussi, puisqu'il a fallu près de huit ans pour l'achever, le père don Alexandre a couronné toutes les dépenses faites par lui pour le bien de notre maison et l'honneur de notre église, ce qui lui vaudra, de notre part, une éternelle reconnaissance, et de nos saints évêques, dont il a ranimé la dévotion, une protection constante dans tous ses besoins spirituels. » — Telle est la déclaration faite en chapitre, que j'ai voulu transcrire mot à mot, afin qu'on n'en perde jamais le souvenir. L'artiste auquel on doit l'autel est M. Puget, Français. (*L'artefice dell' altare fù Monsù Pogget, francese.*) Plusieurs ont cherché à le copier, mais nul n'y a réussi, parce que c'est un ouvrage fait pour l'endroit où il se trouve (*per questo nicchio*, pour cette coquille). La translation des susdites reliques se fit avec toute la solennité possible le 7 juillet, jour de la fête de Saint-Cyr, et la solennité dura neuf jours, l'église magnifiquement ornée, musique choisie matin et soir, et procession solennelle où l'on porta les quatre châsses ou tombeaux contenant les saintes reliques, accompagnées de quantité d'enfants nobles le cierge à la main, nos pères marchant deux à deux en habits de fête, et monseigneur Pinello, évêque d'Abenga, officiant *in cappa magna.*

Dans cet ouvrage décoratif, conçu selon le goût du temps, sans qu'un goût personnel y ait marqué son empreinte, la part du statuaire se réduit, outre le crucifix, à des figures d'anges et de chérubins. Contre la croix est suspendu un ange qui vole. Deux anges adolescents, porteurs de cornes d'abondance, semblent descendre de chaque côté de l'autel. Sur la base où repose le tombeau, deux anges enfants en bronze doré, l'un accroupi, l'autre couché, ayant près d'eux les attributs épiscopaux, tiennent des branches de laurier dont l'écartement encadre une de ces ouvertures grillées pratiquées pour

laisser voir les reliques, et, au-dessus de l'ouverture, deux chérubins confondent leurs têtes ailées
dans une sorte de cartouche chantourné. L'ensemble a de la grandeur et surtout de la magnificence.
Mais c'est toujours la même composition de lignes
incohérentes, sans rigueur ni soutien, que la langue
italienne caractérise d'un mot : *cascante*, comme
si l'on disait : une cascade de lignes. L'aspect monumental se trouve complétement sacrifié au luxe décoratif. Cependant Puget reste toujours lui-même
dans le modelé des nus, dans la science des attaches,
dans l'art de faire courir les muscles sur les os, et
de produire ainsi, avec la souplesse de la chair,
l'illusion de la vie. Ajoutez-y cette expression de
tendresse compatissante qu'il sait donner à ses petits anges, émus des souffrances humaines. Mais,
les luisants de la dorure exagèrent ici la morbidesse
du modelé et de l'expression, et l'on peut croire à
première vue qu'il n'y a ni corps ni âme sous les
peaux boursouflées des deux enfants placés au pied
du tombeau. L'autel de Saint-Cyr n'en est pas
moins une des œuvres capitales de Puget, la plus
importante assurément qu'il ait fondue en bronze.
Elle prouve que le métal lui obéissait comme le
marbre, ou plutôt l'un et l'autre se pétrissaient
sous ses doigts avec la même docilité que l'argile
de son sol natal.

VIII

Ainsi tout venait à Puget, les patriciens et les religieux. Il n'avait qu'à se laisser faire et qu'à tenir ouverte la porte de son atelier, situé *piazza dello Scalzo*, à quelques pas du port. Les nobles de Gênes lui formaient une cour, et les artistes du pays, humiliés de cette rapide fortune d'un étranger, n'avaient plus à glaner après lui que des travaux secondaires. Puget vivait là en famille, avec ses deux élèves, devenus ses aides principaux, le Provençal Christophe Veirier et le Génois Daniel Solaro; il voyait grandir son fils François, déjà il pouvait le confier aux soins de Benedetto Castiglione, une des gloires de la peinture génoise. Lui-même n'avait pas, je pense, abandonné l'art de sa jeunesse, et il donnait à la peinture les moments perdus de sa maturité. C'est alors peut-être qu'il jeta sur la toile ces projets de tableaux, ces esquisses dont son inventaire nous a conservé la liste. Le bien-être avait amené le goût des belles choses. Non-seulement Puget se meublait de chaises et de tables à la génoise, qu'il emporta plus tard à Marseille, mais surtout il se meublait de tableaux. Il avait réuni autour de lui les portraits de ses protecteurs ou des membres les

plus illustres de leurs familles : les Lomellini, les
Brignole, les Inuréa, les Spinola, soit qu'il eût pris
plaisir à copier de sa main les célèbres originaux
de van Dyk, soit qu'il dût ces copies à la générosité
de ses patrons ou qu'il y employât des peintres de
passage. L'inventaire nomme un « Joannis Roze »
(Jean Ros ou Roose, d'Anvers) et un « Lanselot »
tous deux Flamands. De plus, il recherchait les œuvres de ses contemporains, le Cigoli, Mario de Fiori,
le Bernin, ou des artistes de Gênes le plus en réputation, le Cangiage (Luca Cambiaso), le Castiglione.
Son enthousiasme pour l'école génoise allait si loin,
qu'on le voyait, à ce que raconte le Ratti, rester
longtemps en contemplation devant les fresques de
Valerio Castelli ; et, comme on s'en étonnait :
« Vraiment, répondit-il, c'est un peintre dont il
faut tout louer, jusqu'à ses imperfections. »
L'homme qui parlait ainsi mérite bien qu'on lui
garde un peu de l'indulgence qu'il réclamait pour
les autres. Enfin, et ce dernier trait achève de peindre la haute position à laquelle Puget était parvenu,
il eut l'honneur d'être nommé prieur de la chapelle
que les Français résidant à Gênes (la nation française, comme on dit en Italie) entretenaient à l'Annunziata sous le titre de Saint-Louis. « Il en donna
le dessin, qui est très-magnifique, dit Bougerel, et
en fit de plus faire la moitié à ses frais et dépens. »
Ce qui justifierait cette assertion, c'est que les fres-

ques de la chapelle de Saint-Louis ont été peintes
par Domenico Piola, le meilleur ami de ce Valerio
Castelli que Puget admirait si fort, et les deux anges
qui supportent le cartouche aux armes de France
sont l'œuvre d'un Français, Honoré Pelle, sculpteur médiocre, dont le meilleur titre de gloire aura
été cette protection passagère d'un homme de génie.

Rien ne manquait donc au bonheur du grand
artiste, jusqu'alors le jouet d'une capricieuse destinée. Quand on ne saurait pas tous les avantages
de sa position nouvelle, il suffirait de regarder ses
œuvres : elles parlent assez haut. L'auteur de la
Conception et de la *Vierge* de Carega ne pouvait être
qu'un homme heureux. Mais Puget au repos eût fini
par se mentir à lui-même. Tandis que l'artiste s'a-
bandonnait à ces délices de Capoue, une misérable
aventure, réveillant en sursaut le caractère mal endormi de l'homme, allait lui ouvrir un nouvel avenir de luttes et de tourments.

On était en 1667. Déjà le modèle en terre de
la troisième statue de Carignan se dressait sur
la table de l'atelier, et Dieu sait tout ce que Puget
eût trouvé dans son cœur de chrétien et de Provençal pour représenter dignement l'illustre pénitente
Madeleine, la patronne de la Provence. Un soir
qu'il était sorti avec son épée, au mépris d'un règlement de police qui défendait de porter des armes
après le coucher du soleil, il fut rencontré par des

sbires et conduit en prison. — En prison un homme
comme lui ! — Vite il dépêche un exprès à son
protecteur Sauli. Soit paresse, soit empêchement
matériel, celui-ci ne bouge pas et remet au lendemain les démarches nécessaires pour rendre la
liberté à son protégé. Puget passa donc la nuit en
prison. Nuit de tempêtes. Le matin venu, quand on
lui ouvrit les portes, il courut à son atelier, saisit
un marteau et brisa à grands coups le modèle de la
Madeleine.

Voilà l'homme, avec son cœur haut et sa fierté
ombrageuse. Chez lui, l'art n'a rien étouffé, rien
émoussé. Là où le caractère et le génie sont en jeu,
toujours le génie fléchira sous le caractère.

Bougerel, en rapportant cette anecdote d'après
des papiers domestiques, l'a singulièrement enjo-
livée. C'est à minuit que Puget sort, *pour porter des
lettres à la poste!* Ce n'est pas seulement son protecteur Sauli qu'il fait avertir, c'est Brignole, Doria,
Spinola, Lomellini, tout le conseil de la sérénissime
république : pourquoi pas le doge lui-même ? Et
tous d'accourir et de présenter leurs excuses, ce qui
n'empêche pas l'artiste de donner cours à sa colère.
Lorsque Puget racontait l'aventure, il devait la
raconter ainsi : personne n'a plus aucun tort, tout
retombe sur les sbires. La version beaucoup plus
simple de Ratti me paraît préférable. L'historien
génois se trouvait à la source. Mais Ratti se trompe,

quand il ajoute que Puget quitta Gênes aussitôt pour n'y remettre jamais les pieds.

Il est certain que le lien qui retenait l'artiste à Gênes fut dès ce moment rompu. L'ingrat Sauli ne méritait pas que *moussù* Puget continuât à travailler pour lui. Or, le grand travail de Carignan laissé de côté, il ne restait plus à Puget que des ouvrages secondaires ou des promesses hypothétiques. D'ailleurs la façon violente dont il venait de briser son contrat n'était pas de nature à lui rallier d'autres patrons. Enfin, lui-même comprit la leçon que lui infligeait le sort cruel. Un moment exalté par les adulations de l'amour-propre, il avait pu croire le génie l'égal de la richesse. Il retombait de son haut. Dès lors, il fallait partir.

Mais notre homme n'était plus à l'âge des coups de tête. Il avait pu céder au premier transport d'un ressentiment qu'il croyait légitime. Sa résolution prise, il s'occupa de l'exécuter avec la prudence d'un père de famille, trop sage pour ne pas s'assurer un terrain ferme avant de quitter celui qui manquait sous ses pieds. Naturellement c'est vers sa patrie qu'il tourna les yeux. Il écrivit à Marseille, et fit ses offres de service, non point en qualité de sculpteur, mais en qualité d'architecte. N'avait-il pas derrière lui ses travaux de l'Albergo et ses projets pour l'Annunziata et pour Carignan? Voici la réponse qu'il reçut des échevins marseillais :

A M. PUGET, ARCHITECTE, A GÊNES

Le 9ᵉ juillet 1667.

Mr nous avons receu la vostre du 24ᵉ juin dernier, à laquelle
ne pouvons pas répondre positivement, attendu l'absence de deux
de nos Mʳˢ collegues et la maladie de vostre frere. Nous ne refu-
sons pas vostre civillité de nous obliger beaucoup puisque voullez
feire ce trauail avec affection comme bon patriote. Comme nos messieurs seront ici et vostre frere sur pied, nous vous donnerons raison
sur tout, et vous assurerons comme nous fezons a present, que
sommes, etc.

Quel était ce travail que Puget voulait faire par
affection pour sa patrie ? On peut choisir, car Marseille entrait alors dans une période de transformation. Mais d'abord il s'agissait de construire un
hôtel de ville, et, quelque temps auparavant, les
échevins avaient écrit à des marchands génois afin
de se procurer le marbre nécessaire. Puget, qui
avait eu vent de l'affaire, offrait sans doute de s'en
charger. Tout en procurant les marbres, il les tail-
lerait en colonnes, en chapiteaux et même en statues. Puis la pensée lui vint de fournir l'édifice.
Et pourquoi ne se serait-il pas regardé comme le
directeur nécessaire de tous les embellissements pro-
jetés ? Malgré la tiédeur de la réponse des échevins,
il partit donc, bien assuré qu'une fois sur les
lieux, nul ne saurait mieux le faire valoir que lui-
même.

TROISIÈME PARTIE

PUGET DÉCORATEUR DE VAISSEAUX

I

Le retour de Puget en Provence marque dans son histoire le début d'une période nouvelle, abondamment remplie. De 1668 à 1672, Puget vit en partie double, un pied à Toulon, l'autre à Marseille, quand il n'en a pas un troisième à Gênes ou à Aix. Les affaires qui l'appellent d'une ville à l'autre, les travaux qu'il y exécute ou qu'il y dirige, s'entre-croisent et s'enchevêtrent de façon à former un pêle-mêle de dates et de faits presque inextricable. Bougerel et Emeric David y ont perdu leur peine. Faute de documents précis, ils sont tombés dans de graves erreurs. Pour débrouiller un écheveau aussi confus, le plus sûr est de le dédoubler. Au lieu de louvoyer sans cesse entre Marseille et

Toulon, prenons terre à l'arsenal de Toulon, et voyons ce qu'était ce théâtre où Puget allait jouer un rôle si important.

Sans les documents qui attestent l'éclat de la décoration navale dans les siècles passés, il serait impossible de croire même à l'existence d'un tel art. Aujourd'hui, quand nous voyons en mer une escadre de guerre, avec ses masses uniformément noires, rayées d'une bande blanche, et décorées de canons pour tout ornement, ce spectacle ne produit sur notre âme qu'une impression lugubre. Une seule idée s'en dégage, l'idée de la mort, et cette idée semble tellement en harmonie avec la destination des vaisseaux, que nous n'en cherchons point d'autre. Dès lors, la livrée de deuil dont ils sont revêtus nous paraît leur vêtement naturel. Personne n'imagine qu'un vaisseau de guerre ait pu être peint de couleurs gaies, qu'il ait porté des statues, des bas-reliefs, des guirlandes de fleurs, toute une décoration resplendissante d'or, d'azur et de poupre. Et si l'on s'avisait de demander pourquoi le sculpteur n'est plus appelé à vivifier sous son ciseau les bois géométriquement équarris, pourquoi le peintre ne vient plus égayer de riants tableaux ces chambres où le marin doit passer de longs mois d'exil, à ces étranges questions, les gens de mer hausseraient les épaules. Le génie maritime nous imposerait silence, revendiquant une spécialité qui n'appar-

tient qu'à lui. Tous nous renverraient au *Merrimac*
et au *Monitor*, le dernier mot de l'art naval du dix-
neuvième siècle.

Il y a deux cents ans, le génie maritime n'existait pas. Mais l'art de la décoration navale existait.
Une escadre n'avait pas l'aspect d'un convoi funè-
bre. Elle éveillait d'autres idées que l'idée de la
mort. C'était la majesté royale s'affirmant sur la
mer, c'était la gloire des découvertes, c'était le
triomphe d'une nation civilisée, c'était la fête de la
richesse et de la puissance. Dans nos arsenaux, des
légions d'artistes épuisaient leur talent en inventions fières ou gracieuses, et de leurs mains sortaient des vaisseaux, monuments d'un art grandiose, dont les Du Quesne et les Duguay-Trouin sa-
vaient faire, à jour dit, de formidables machines de
guerre.

L'histoire de la décoration navale nous mènerait
beaucoup trop loin. Je dois me borner ici à en es-
quisser quelques traits principaux, sans sortir de
l'arsenal de Toulon.

C'est au seizième siècle qu'il faut remonter pour
trouver les origines de cette histoire. C'est alors,
en effet, qu'une marine de guerre commença à se
former dans les ports de la Méditerranée. Des seigneurs provençaux, armant à leurs frais des galères,
et même des vaisseaux, comme d'autres levaient
des régiments, venaient les offrir au service du roi

de France. La fantaisie individuelle avait beau jeu,
et, comme le zèle créait une rivalité de luxe, on
ne peut pas douter que ces galères, construites à
Marseille par des Génois, n'aient porté dès lors
des ornements semblables à ceux dont se paraient
les galères italiennes. Essai timide, assurément,
et sans influence. La marine provençale existait
encore trop peu. Elle apparaissait ou dispa-
raissait selon les besoins du moment. En 1598,
quatre galères toscanes suffisaient à tenir en échec
toute la côte de Provence.

L'année 1620 vit s'organiser à Toulon un commencement de corps de marine militaire. Puis survint, en
1631, le *Règlement* du cardinal de Richelieu, déci-
dant que les vaisseaux ne seraient plus à la charge
des capitaines, mais à la charge de l'État. La marine
française date d'alors ; et d'alors date aussi, plus
indirectement, l'application générale de l'art à la
décoration navale.

Les recueils de pièces maritimes conservées au
Cabinet des estampes de Paris ne donnent pas
d'exemples de décoration navale antérieurs au seizième siècle, et les exemples qu'ils fournissent se
rattachent tous uniquement aux traditions de la
renaissance italienne. On n'y aperçoit rien qui
témoigne d'un art antérieur. Sans doute, les nefs
du moyen âge étaient peintes et dorées, mais aucun
monument ne les montre décorées de figures et d'or-

nements. Quand le pinceau fidèle et précis de
Memlinc retrace les épisodes de l'histoire de sainte
Ursule, les navires sur lesquels s'embarquent les
vierges de Cologne représentent ceux que le peintre
du quinzième siècle avait vus de ses yeux. Or, ces
navires ne portent aucune décoration. Le vaisseau
flamand, conservé à l'Armeria de Madrid et daté de
1523, n'a qu'une frise d'ornement courant le long
des bordages. Il faut arriver jusqu'en 1568 pour
apercevoir un véritable système décoratif appliqué,
non pas encore aux vaisseaux, mais aux galères, et
à des galères de la Méditerranée, c'est-à-dire sous
l'influence italienne. Un écrivain espagnol, van der
Hummen y Leon, décrit en termes pompeux la galère destinée à don Juan d'Autriche, dont la poupe,
enrichie de nombreuses figures peintes, représentait les épisodes de l'histoire de Jason. Enfin, au
commencement du dix-septième siècle, lorsque
Stephano della Bella grave ses estampes de marine,
le système est complet, avec tous les éléments qu'il
comporte. Des cariatides s'appuient aux flancs de la
galère; des chimères ailées supportent le carrosse;
des termes séparent les bas-reliefs. La répétition des
mêmes motifs sur plusieurs bâtiments analogues
prouve bien qu'il ne s'agit pas d'un fait isolé, mais
d'un système d'art adopté depuis quelque temps
déjà et passé en usage. Or, cet art n'accuse point
d'autre origine que la Renaissance italienne. C'est un

dérivé de ce grand courant qui se répandit partout
pour tout vivifier et tout rajeunir.

Voilà donc un point acquis. En 1634, au moment
où s'organisait l'arsenal de Toulon, la décoration
navale n'avait plus rien à apprendre, en ce qui
touche les galères. Il s'en fallait de beaucoup que
l'ornementation des vaisseaux fût aussi avancée.
Les vaisseaux du seizième siècle ont leur arrière plat
et nu. Une pièce allemande, gravée en 1597, nous
montre un vaisseau pourvu d'un balcon découvert,
et décoré, le long des bordages, de plusieurs mufles
de lions et d'un grand rinceau sur un fond noir. Mais
la disproportion de ces ornements avec les dimensions du navire semble indiquer, de la part du
dessinateur, un travail de fantaisie. Toutefois, le
vaisseau gravé en 1603 par H. Hondius offre
une décoration analogue; celui de Janssonius, en
1602, n'a qu'un écusson sculpté au château d'arrière.

Pour les premières années du dix-septième siècle,
les estampes de Callot et de Della Bella fournissent
des renseignements précieux. Parmi les nombreux
vaisseaux représentés dans les pièces du siége de la
Rochelle (1624 à 1628) et dans celles de l'île de
Rhé (1625), on distingue quatre types différents.
Tous ont l'arrière absolument nu, sauf un écusson
sculpté au château. Les uns ne portent ni balcon
ni galerie. D'autres sont pourvus d'un balcon en

saillie découvert, semblable à celui des vaisseaux
de 1597 et de 1603. Chez quelques-uns, le balcon
se relie au château par une sorte de berceau à
jour. Enfin, un certain nombre de vaisseaux
anglais couvrent ce berceau d'un revêtement d'é-
cailles. Il est facile de se convaincre, en voyant ces
pièces, que la saillie des balcons et des galeries
devint le premier motif de décoration ; ainsi que les
bandes des galères, on les divisa en panneaux sculptés, séparés par des termes, et l'on orna de feuillages les consoles qui les supportaient. Les estampes
de Della Bella, gravées en 1634, témoignent d'un
progrès sensible. Trois types de vaisseaux, plus
neufs sans doute, annoncent déjà le système qui se
prépare. L'un rachète par des cariatides les courbes
qui soutiennent son château d'arrière, étroit et cin-
tré du haut. Un autre développe au sommet de sa
poupe un tableau où apparaît une figure sculptée
en bas-relief entre deux termes en ronde-bosse. Un
troisième montre une façade déjà composée de ses
principaux éléments : le couronnement, formé d'un
fronton arrondi que surmonte le fanal ; le tableau,
où s'étalent les armes du souverain ; les cariatides,
sirènes ou chimères, dont le mouvement ondulé
accompagne les courbes des flancs et joint le couronnement à la voûte.

Évidemment, les premiers vaisseaux construits à
Toulon durent participer plus ou moins du même

système. L'empire de la mode ne date pas d'hier.
Quant aux artistes chargés d'appliquer ces principes
décoratifs, le plus ancien que l'on puisse citer est
Nicolas Levray. Une lettre de d'Infreville, écrite en
1669, nous apprend qu'à cette époque Nicolas Levray était déjà attaché au service du roi depuis trente
ans, ce qui nous reporte à l'année 1639. Il n'y avait
eu jusqu'alors dans la Méditerranée qu'un très-petit
nombre de vaisseaux construits en Provence. La
flotte du comte d'Harcourt qui s'y montra en 1636
et 1637 était formée en grande partie de vaisseaux
empruntés aux ports de l'Océan. C'est à la Roche-
Bernard que fut construit, par un charpentier diep-
pois, le vaisseau la *Couronne*, regardé alors comme
une merveille, qui portait sur sa poulaine un Hercule vainqueur de l'Hydre, et dont la poupe et les
galeries avaient reçu, d'un sculpteur demeuré inconnu, une décoration magnifique. En 1638, la
Couronne vint se joindre à la flotte du comte d'Harcourt devant les côtes d'Espagne, et peut-être la nécessité d'un radoub la conduisit-elle à Toulon où
elle s'offrit comme un modèle aux artistes provençaux. Tout concourt donc à indiquer l'année 1639
comme la date des premiers travaux de Nicolas Levray et comme celle de l'introduction de la sculpture navale à l'arsenal de Toulon. Je n'ai pas à m'é-
tendre ici sur les travaux de Nicolas Levray. Il
sculpta les ornements du *Brézé*, vaisseau amiral de

l'escadre que le duc de Brézé conduisit en 1643
contre les Espagnols. Il sculpta, en 1645, le vaisseau la *Reine*, d'après les dessins de Puget. Le *Parfait*, construit à la même époque, sortait également
de ses mains. Puis, lorsque les troubles de la mino-
rité de Louis XIV amenèrent un temps d'arrêt dans
les constructions navales, de 1648 à 1651, Nicolas
Levray, rendu à l'art civil, éleva des fontaines
en société avec Gaspard Puget et Pierre Puget. On
se souvient qu'il avait obtenu le prix-fait du portail
de l'hôtel de ville de Toulon, en 1656, quand son
terrible rival survint et lui enleva l'ouvrage. Le
maître sculpteur retourna aux travaux de l'arsenal,
qui commençaient à reprendre un peu de vie, grâce
aux campagnes du duc de Guise et du duc de Mer-
cœur. Le traité des Pyrénées, en amenant la paix,
permit de développer les ressources futures de la
guerre. On mit sur le chantier de nouvelles esca-
dres, on radouba les vieux vaisseaux. Une lettre de
l'intendant La Guette, écrite à Colbert le 12 juin
1663, va nous montrer ce qu'était à ce moment l'art
de la décoration navale, et surtout ce qu'il prétendait être.

Je prends la liberté, M., de vous faire présenter par le sᵣ Chap-
pellier mon nepveu ou plustot par M. Pellissary, le portrait de la
gallere *Capitane* comme estant une œuvre de vostre ministère plustot que de mes soings.

J'ay beaucoup de regret que le peintre n'a pas esté assez ingé-
nieux pour la représenter aussy belle et aussy magnifique qu'elle se

voit icy et qu'elle paroistra dans les portz estrangers. Et s'y j'estois assez éloquent pour vous en faire une véritable description vous advoueriez sans doute qu'elle est incomparablement plus enrichie et plus ornée que ne le représente la peinture. Et mesme le peintre n'ayant sceu faire voir le dedans de la poupe qui est doublé de lambris d'olivier et de bois d'Inde qui représente quantité de fleurs de lys d'or, d'Elles couronnées, et qui ce ferme avec un ballustre doré, on peut dire qu'il a caché ce qui est de plus singulier dans la construction de la gallere.

Enfin, M., j'ay souvente fois souhaitté que vous eussiez pu voir les bastiments qui se sont construits icy depuis que vous avez voullu jeter les yeux sur le fait de la marine, mais particulièrement la capitaine et le vaisseau *S. Philippe*, puisque vous auriez congneu que ce sont deux machines, qui, outre qu'elles seront très-bonnes à la guerre, seront encore propres à faire esclater sur les mers la magnificence de Sa Majesté.

Tel est le programme de la décoration navale clairement indiqué. Il ne suffit pas que la construction produise des machines très-bonnes à la guerre, il faut que l'art les rende propres à faire éclater sur les mers la magnificence du roi de France. Eh bien, n'en déplaise au génie maritime, il y avait de la grandeur dans un tel programme, il y avait surtout de la vérité. Car aucune des productions de la nature, aucune des œuvres de Dieu n'est brutalement utile. L'art enveloppe tout. La machine humaine, plus parfaite à coup sûr que la plus savante machine à vapeur, a été jetée dans un moule dont la beauté n'enlève rien à sa puissance. On se rapproche donc de la vérité souveraine, quand on pare l'utile des vêtements du beau. On s'en éloigne,

quand, déchirant le beau, on nous montre l'utile
dans sa triste nudité.

L'histoire de la décoration navale est là tout entière, et l'histoire de Puget aussi.

II

La lettre que je viens de citer parle d'un peintre,
auteur du portrait de la galère capitane. Il y en
avait un en effet à l'arsenal de Toulon, et nous pouvons le nommer. C'est Jean-Baptiste de La Rose,
premier auteur d'une famille d'artistes qui ne s'é-
teignit qu'au milieu du dix-huitième siècle. Je n'ai
pas à raconter ici comment Pierre Mignard le dis-
tingua à son retour de Rome, comment le cardinal
Mazarin, pour lequel il avait peint une *Vue de Marseille*, eut un moment l'idée de lui confier la tâche
échue plus tard à Joseph Vernet, la peinture des
ports de France, comment enfin il entra à l'arsenal
de Toulon. Toujours est-il qu'en 1663 la décoration
des vaisseaux du roi reposait sur deux artistes, le
sculpteur Levray et le peintre La Rose. Tous deux
concoururent aux travaux du *Saint Philippe*, dont
les peintures et les sculptures revenaient, c'est l'intendant qui l'écrit, à la somme énorme de 20,000 livres. Mais, lorsque d'Infreville arriva pour succéder

à La Guette en 1665, il ne put se dissimuler que le
développement de la marine appelait des artistes
plus habiles; il chercha, il s'informa s'il n'existait
pas en Provence quelque sculpteur de mérite. En
voyant les cariatides de l'hôtel de ville, si bien
faites pour porter une galerie de vaisseau, il demanda qui en était l'auteur. On lui nomma Puget,
on lui parla du vaisseau la *Reine*. Dès lors, l'intendant conçut la pensée de rapatrier Puget et de lui
confier les travaux d'art de l'arsenal. Une lettre,
retrouvée naguère à la Bibliothèque impériale, permet de rapporter à d'Infreville tout l'honneur d'une
mesure qui donna de magnifiques résultats. L'intendant s'adressait à Colbert.

A Toulon, le 18 janvier 1667.

... Si quelque chose retarde à nos ouurages, ce sera la sculpture,
mais l'on peut se battre sans ces sortes d'ornements qu'on auancera
toutefois autant qu'on pourra.

.Depuis que je suis en Prouence, j'ay sollicité un nommé Puget
habille sculpteur, qui s'est retiré de Toulon depuis plusieurs années,
et s'est allé habituer à Gennes. Je le croirois necessaire pour la
perfection de l'Amiral (le vaisseau amiral) et des autres grands vaisseaux qu'on va bastir. Il est fort en estime comme excellant à son
art ; aussy se fait-il beaucoup valloir, comme l'on peut remarquer
par ses pretentions, dont j'en enuoie autant, je travailleray à les
modérer, et le mesnageray, si sa Majesté a agréable qu'on le rapelle
en France.

Les premières avances faites à Puget par la décoration navale remonteraient donc à la fin de 1666,
c'est-à-dire au moment où l'auteur du *Saint Sébas-*

tien jouissait pleinement de la gloire et du bonheur qu'il s'était acquis à Gênes. La conscience de cette situation peut seule expliquer les conditions étranges qu'il osa adresser à d'Infreville, avec l'imperturbable candeur du génie. A la lettre de l'intendant se trouve annexée la copie que je reproduis ici :

ENVOYÉ A LA COUR PAR M. D'INFREVILLE LE 18 JANVIER 1667

Coppie des conditions que le sʳ Puget sculpteur désire qu'on luy accorde, auant que d'entrer au service du Roy dans son Arsenal à Toulon qu'il a envoyées à M. d'Infreville Intendant.

Premièrement

1. Je voudrois que l'ordre en vint du Roy, ce qui vous seroit facile escriuant en cour, comme necessaire pour la gloire de notre nation.

2. Je veux estre considéré non point comme ouvrier, mais comme principal officier.

3. Je veux donner le dessein de l'architecture du nauire, j'entends tout ce qui est hors de l'eau, ou Euure mort, et que mes desseins fussent suivis de point en point après auoir esté examinez de vos principaux maistres comme Rodolphe, Poumet et Coulom.

4. Qu'il me sera permis d'enrichir de mes ornemens à ma façon sans qu'on me contredise, soit maistre de hache ou autres officiers.

5. Qu'il me sera donné un habille homme pour me soulager à ma volonté, auquel on payera un escu par jour.

6. Qu'il ne sera enuoyé aucun dessein, soit à Monseigʳ l'amiral ou au Roy, ou tableau, qui ne soit porté par Puget.

7. Que je ne veux trauailler de mes mains qu'aux modelles, ou desseins du trauail.

8. Que les officiers n'auront rien à dire, sy je fais trauailler à mon astelier, en marbre ou en bronze.

9. Qu'on me payera mes gages à 4500 l. par année par auance.

10. Que je ne m'oblige dans le trauail que pour deux ans.

11. Que sy on bastit fabriques de pierres dans l'Arsenal ou hors de l'Arsenal despendant de la marine, j'en veux estre l'architecte, et en donner les dessains.

Il suffit de lire ces conditions pour deviner l'impression qu'elles produisirent sur Sa Majesté Colbert. Ses relations avec les artistes de Versailles, les Le Brun, les Mignard, les Girardon, ne l'avaient pas habitué à tant d'orgueil. Un artisan provençal se croire nécessaire à la gloire de la nation ! un ouvrier prétendre au rang d'officier ! On dut en rire dans les bureaux des bâtiments du Roi. Et cette dictature absolue sur les vaisseaux, sur les constructions, comment la concilier avec le bien du service? Que devenait la centralisation? Que dirait M. Le Brun, si l'on créait à Toulon, au profit d'un inconnu, une royauté rivale de la sienne? Nous n'avons pas la réponse de Colbert. On peut y suppléer par le récit des faits qui suivirent. Ils nous montreront quel coup terrible Puget s'était porté à lui-même en avouant sincèrement ses prétentions. A partir de ce jour, Colbert ne devait voir en lui qu'un incapable ou un fou.

Pour prouver à d'Infreville qu'on pouvait se passer de cet insolent ouvrier, Colbert lui envoya Girardon, une de ses créatures de Versailles. Celui-ci se contenta d'une simple visite, au mois de juillet 1667, et se hâta de revenir, rappelé par des affaires de famille et par des travaux qui lui tenaient bien plus à cœur. Quelque temps après, comme il fallait songer à la décoration du *Royal-Louis*, alors sur le chantier, d'Infreville imagina de mettre le projet au concours, entre Nicolas Levray, J.-B. de La Rose, et un sculpteur flamand nommé Rombaud Languenu, alors âgé de trente ans, auteur d'un grand travail de sculpture en bois pour la cathédrale de Toulon. Puis, une fois en possession des trois dessins, au lieu de choisir, il les envoya à Paris, ou plutôt à Versailles, en chargeant Rombaud Languenu de les présenter à Colbert.

C'était à Le Brun de prononcer. Mais les inventions provinciales du trio toulonnais lui parurent répondre si mal à l'idée d'un vaisseau nommé le *Royal-Louis*, qu'il fit lui-même un quatrième dessin, et, de peur qu'une œuvre aussi excellente ne fût maltraitée par les manouvriers de l'arsenal, Colbert décida qu'un véritable artiste irait diriger le travail. Il désigna encore Girardon.

Cette fois, Girardon commença par dépêcher en avant, en même temps que Rombaud Languenu, porteur du dessin de Le Brun, un de ses praticiens nommé Turaut ou Taureau. Puis, il arriva en personne le 27 mars 1668. Il trouvait à l'arsenal trois sculpteurs en position de maîtres : Nicolas Levray, Gabriel Levray, son fils, et Rombaud Languenu. Taureau obtint immédiatement une position égale. A chacun de ces quatre artistes, Girardon confia une escouade, ou escadre, d'ouvriers, et il en plaça une cinquième sous les ordres d'un ornemaniste, Guillaume Gay. C'était, en tout, une troupe de qua-

rante ouvriers que Girardon jetait sur le *Royal-Louis*.
A chaque escouade il départit sa tâche, et lui-même
établit le modèle des deux figures principales et de
la poulaine, laissant Taureau et Rombaud libres de
modeler directement les autres figures d'après le
dessin de Le Brun.

Cette nouvelle organisation du travail ne pouvait
contenter d'Infreville. La présence de Girardon con-
tenait les rivalités des chefs d'ateliers. Mais, lui parti,
l'intendant allait se trouver seul en présence de quatre artistes de position égale, prétendant se diriger seuls. Aussi écrivait-il à Colbert, dès le 10 avril :

> C'est ce qui m'auoit donné la pensée d'appeler icy le s^r Puget,
> car assurément on a besoin d'un homme qui aye reputation et
> crayance à conduire 30 ou 40 personnes de ce mestier qui s'yma-
> ginent en sçavoir autant les uns que les autres. Son séjour à
> Gennes, quoyque beaucoup chéry et estimé de personnes qui ayment
> son art, le fait songer à sa retraite en son pays de naissance qui est
> Toulon, par la crainte qu'il a que ceux de son exercice, naturels de
> Gennes, ne le fassent périr en ayant desia couru le risque, ce qui
> me fait croire que sans y estre apelé il y reviendra.

Puget, on le voit, jouait au plus fin. Après avoir
persuadé à l'intendant que son pays de naissance
était Toulon, il lui présentait l'aventure des sbires
comme un mauvais tour des sculpteurs gênois. L'intendant, subjugué par une supériorité qu'il reconnaissait de bonne grâce ne songeait qu'à s'approprier un homme aussi précieux. Il insistait
encore, d'une façon indirecte, le 24 avril. « — Je
prévois, disait-il, que dans peu il naistra de la

jalousie entre nos ouvriers ; je feray bien mon possible pour les tenir en leur devoir, mais il est absolument nécessaire d'avoir un commandant comme
le sieur Girardon ou une personne de sa suffisance
pour conduire un sy bel ouvrage et assujettir les
gens de ce mestier, qui ne se gouvernent pas comme
les autres artisans, cet art n'estant pas commun et
dont le mérite n'est connu qu'à ceux du mestier. »
— Girardon, lui aussi, dut parler comme d'Infreville, et Colbert se laissa facilement convaincre, en
réfléchissant à tout ce qu'il se préparait d'ennuis
pour l'avenir, s'il lui fallait, à chaque nouveau vaisseau, envoyer de Paris un dessin et détacher un
sculpteur du service de la cour. C'est alors que le
nom de Puget sortit de ces trois bouches, tant il
était, comme on dirait aujourd'hui, l'homme de
la situation.

III

Mais où se trouvait alors maître Puget ? Nous
l'avons laissé à son départ de Gênes, faisant voile
vers Marseille, où il espérait obtenir aussitôt des
travaux importants. Son espoir fut déçu. Les échevins avaient les mains liées par des traités antérieurs.
La seule part qu'ils purent laisser prendre à Puget
dans les agrandissements de leur ville fut le prix

fait d'une des portes de la nouvelle enceinte, « proche
le couvent de l'Observance. » Il ne s'agissait point
d'art, mais seulement d'une besogne d'entrepreneur.
Puget s'associait à un maçon nommé Dominique
Conssolin; tous deux se qualifiaient tailleurs de
pierres et se contentaient de 700 livres. L'acte porte
la date du 23 septembre 1667.

L'aubaine était mince pour l'auteur du *Saint-Sébastien*. Il se retourna d'un autre côté. L'intendant
des galères, Arnoul, s'occupait de compléter les
constructions de l'arsenal de Marseille. Puget lui
offrit ses conseils, et nous verrons que l'intendant
sut en profiter. Mais, pas plus que les échevins, il
ne pouvait employer Puget à un ouvrage de quelque
importance sans l'agrément des ministres, et les
ministres ne connaissaient pas Puget. Celui-ci comprit bien vite ce qu'il avait à faire. Le 31 janvier
1668, les échevins écrivaient au cardinal de Vendôme :

— « Hier le fils de M. Arnoul (l'intendant des
galères) party pour Paris. M. Puget l'accompagne.
Il se pourroit qu'il fist quelque proposition pour
l'agrandissement de nostre ville. »

Mais ne s'était-il pas déconsidéré par l'excès de
ses prétentions? Une lettre du duc de Beaufort, citée plus loin, prouve qu'en 1669, Puget n'avait
pas encore eu l'honneur d'entretenir Colbert. Et
cependant, le ministre s'occupait autant de l'agran-

dissement de Marseille que de l'Arsenal de Toulon.
Sans doute, l'occasion lui parut bonne de montrer
à l'ouvrier provençal, en lui fermant sa porte, combien peu il était nécessaire à la gloire de la France,
et l'artiste, de son côté, put se convaincre qu'à
Versailles il était un inconnu. Une seule issue lui
restait pour entrer au service du Roi, la décoration
navale. Mais, si l'on voulait passer par cette porte,
il fallait se faire petit. Une leçon de modestie,
c'est donc tout ce que Puget rapporta de son voyage.

Aussi, à peine de retour, froissé dans son orgueil, ou plutôt dans la conscience de son génie,
Puget s'en fut à Gênes. Il y avait laissé un grand
ouvrage en cours d'exécution, le maître-autel de
Saint-Cyr. Diriger la fonte des figures de bronze,
les reprendre au ciseau, compléter les détails, c'é-
tait assez pour l'occuper. En même temps, le groupe
de la *Conception*, déjà ébauché, sollicitait la main
du maître. Ce sublime boudeur n'avait donc pas à
craindre de rester oisif, et peu à peu il redevenait
gênois, lorsqu'il reçut l'avis que le Roi de France
réclamait ses services.

Colbert cédait enfin aux sollicitations de d'Infreville, ainsi qu'en fait foi une lettre de l'intendant
au ministre, en date du 1er mai 1668.

Je feray sçavoir au sieur Puget les intentions de Sa Majesté et
feray mon possible pour le faire revenir icy. Il y a longtemps que
je n'ay eu commerce avec luy, ce qui faict que je ne diray encore

rien de la résolution qu'il pourra prendre. Je l'exciteray par toutes
sortes de moyens à venir servir icy Sa Majesté et d'y prendre la
direction et conduite de tous les sculpteurs. Il en est très-capable
et feray en sorte qu'il envoyera les dessins des autres ouvrages à
Sa Majesté.

En effet, la situation de l'arsenal rendait Puget de
plus en plus nécessaire. Colbert rappelait Girardon
« pour l'obliger à retourner travailler aux entre-
prises qu'il a faictes pour le Louvre, » c'est-à-dire à
la galerie d'Apollon, ouvrage infiniment plus glorieux que la sculpture des vaisseaux, et, sans doute
aussi beaucoup plus du goût de l'artiste. D'Infreville se retrouvait seul vis-à-vis des anciens sculpteurs et de Taureau dont tous étaient jaloux. Ce dernier voulait jouer au maître. Les escouades entraient
en guerre. Les épées sortaient du fourreau. Comment faire exécuter les mémoires et les ordres laissés
par Girardon, si l'on n'avait pas « un homme d'âge
et d'autorité pour conduire cette jeunesse? » Cinq
vaisseaux en construction, cinq autres en perspective, « c'est de quoy occuper Puget, » écrivait
l'intendant. « Et quand il ne serviroit qu'à donner l'intelligence aux ouvriers qui travailleront
sous luy en ces sortes d'ouvrages, je crois qu'il ga-
gnera et méritera bien les appointements qu'on luy
donnera. » L'arsenal attendait donc son salut d'un
seul homme.

Cet homme était prêt. Mais, puisque la coquet-
terie lui réussissait vis-à-vis des avances de la déco-

ration navale, il continua le même manége, et se laissa solliciter. « J'attends le sieur Puget, qui a peine à partir de Gênes, écrivait l'intendant. Il me mande estre au lict et qu'il partira aussitôt que sa santé le permettra. » Enfin, après deux mois de pourparlers, le sieur Puget daigna se rendre aux désirs de Sa Majesté le roi de France. Il arriva à Toulon le 8 juillet 1668.

IV

Deux jours après, Puget visitait l'arsenal, et l'intendant en rendait compte au ministre.

J'ai enfin obligé le sieur Puget à venir icy où il est arrivé depuis deux jours. Il n'a veu qu'aujourd'huy les ateliers du Roy qu'il a parcourus, particulièrement celuy des sculpteurs, où il a veu des desseins et modelles sur lesquels on travaille pour la poupe de l'*Amiral* (c'est-à-dire du *Royal-Louis*); il en fait beaucoup d'estime et admire la diligence qu'on apporte pour achever cet ouvrage. Il est sy fort attaché à travailler au marbre qu'il voudroit bien avoir de quoy s'occuper à ces sortes d'ouvrages. Il m'a tesmoigné qu'il auroit peine aujourd'huy à s'assujettir à travailler de sa main aux ornements des deux navires auxquels on n'a point encore travaillé jusqu'à présent, mais qu'il se portera volontiers à donner ses desseins auxquelz il fera travailler par les sculpteurs qui sont icy, qu'il visiteroit souvent pour corriger s'ilz manquoient aux proportions qu'il leur auroit données, et il semble que c'est ce qu'on peut espérer de luy. Car asseurément il a acquis une telle réputation par les pièces qu'il a faites et laissées à Gennes que ces messieurs se sont engagés à lui faire continuer de semblables ouvrages, a quoy

il ne s'engagera pas s'il est commandé de S. M. de faire quelque
pièce qu'il pourroit envoyer tout achevée aussi bien que le marbre
qu'on emporte d'icy pour le Louvre. Je le mesnageray le mieux
qu'il me sera possible et tireray de luy ce que je pourray pour l'entreprise des poupes et pouleines du *Daufin Royal* et du *Monarque.*
Il m'a proposé une chose depuis son arrivée que je ne crois pas à
rejetter, qui seroit de faire cinq ou six modelles de poupes qui ser-
viroient de desseins pour tous les navires qu'on bastiroit à Toulon,
auxquelz, en diminuant quelques figures tantost à l'un tantost à l'autre,
et en y posant d'autres, cela y feroit quelque différence et contenteroit
ceux qui s'entendent à cet art, et serviroit d'ornement à tous les
vaisseaux qu'on pourroit bastir, ces sortes d'ouvrages ayant une relation les uns aux autres ; et il ne seroit pas nécessaire de faire autant
de modelles comme on auroit de navires; je sçauray profiter de son
séjour et tirer de luy tout ce qui nous sera nécessaire de son art.

Il est difficile de mieux mettre un personnage en
scène que ne le fait cette lettre. Elle peint Puget,
non pas en buste, mais en pied. Un comédien émé-
rite, habitué, selon le langage des coulisses, à *soi-
gner ses entrées*, ne s'y serait pas pris plus habilement
pour faire ce premier pas, si important, si décisif. Il
visite, il loue, il admire. Mais, travailler de sa main,
fi donc! Une surveillance générale, une haute direction, à la bonne heure! Et de là cette idée de poncifs, si étrange à première vue. Son affaire à lui,
c'est le marbre. En parcourant l'arsenal, il voit sur
le quai ces blocs destinés au Louvre, et voilà sa tête
qui part. Qu'on les lui donne, il en tirera des chefs-
d'œuvre. Ainsi, à côté de la vanité qui s'étale naï-
vement, le génie éclate et déborde.

En appelant Puget à Toulon, Colbert ne paraît
pas avoir eu d'idée bien arrêtée. On dirait presque

qu'il agit à son corps défendant. En effet, il lui
constitue une pension de 5,600 livres, ce qui le
place bien au-dessus de Taureau et de Rombaud,
appointés, l'un à 1,200, l'autre à 1,000, et cependant on le voit aussitôt jaloux de retirer d'une main
ce qu'il accorde de l'autre. D'Infreville n'eût pas
mieux demandé que de s'en remettre entièrement
sur Puget du soin de diriger la sculpture et de commander les sculpteurs. Mais Colbert résiste aux en-
traînements de l'intendant et lutte pied à pied contre
les prétentions très-légitimes de l'artiste. Voilà les
deux hommes aux prises, Colbert et Puget. Duel
étrange qui dura dix ans. Le ministre demeura
maître du terrain. Puget céda la place, mais sa défaite administrative fut pour l'artiste la préface d'un
triomphe plus grand.

Le *Royal-Louis* était sur le chantier. Colbert recommande bien vite qu'on en laisse la conduite à
Taureau : Puget n'a rien à y voir. D'Infreville propose de confier à ce dernier l'embellissement d'un
canot. — « Il ne faut pas qu'il soit si pressé, écrit
Colbert en marge de sa lettre. Qu'il ordonne au sieur
Puget de faire le dessin d'une poupe de vaisseau et
me l'envoye, pour connoistre ce qu'il sçait faire. »
— « Ce qu'il sçait faire, » le ministre l'ignore,
quoiqu'il l'ait attaché au service du roi, et il en demande la preuve, lorsque déjà le *sieur* Puget est à
Toulon depuis un mois, les mains liées, et lorsque

l'*Hercule gaulois* décore les jardins de Sceaux! Aussi
l'artiste se retourne de tous côtés, cherchant où répandre l'activité qui le dévore. S'agit-il de construire
une étuve? Il donnera un dessin. Faut-il fondre des
canons? Il est prêt, et d'Infreville, ravi d'avoir sous
la main un homme de mérite, le consulte pour
l'étuve et pour les canons. En même temps, il compose la poupe du *Monarque*, il décore le canot, et
cependant il demande qu'on lui envoie de Versailles
« quelques desseins de figures de marbre pour s'occuper, qu'il les envoyera toutes faictes et accom-
plies. » Sur ces entrefaites, Arnoul, l'intendant
des galères à Marseille, l'envoie querir, et les échevins marseillais le réclament « pour dresser le dessein de leur porte royale et les alignements des rues
et agrandissements de leur ville. » Puget y court et
leur présente un dessin merveilleux dont je parlerai
plus tard, afin de ne pas interrompre ce récit. Girardon, qui se rendait en Italie, le trouva au milieu
de ces travaux multiples. En bon confrère, il daigna
l'y aider : c'est lui qui donna à Arnoul les dessins
des poupes des galères. A Toulon, où il séjourna
plus de deux mois, il dressa le modèle du *Dauphin-
Royal*, tout en corrigeant les défauts du *Royal
Louis*. Toutefois, il ne paraît pas que les deux sculpteurs aient cessé de vivre en bonne intelligence, au
moins à la surface. Girardon reprit sa route du côté
de Gênes; Puget, sans doute, l'avait prié de s'y ar-

rêter, afin de juger de son savoir-faire et d'en rendre compte à Colbert. Girardon n'y manqua pas, et voici en quels termes il appréciait les œuvres de son rival. — « J'ay vu isy des ouvrages de Mons. Puget, écrivait-il le 2 janvier 1669. Il y a beaucoup d'art dans se qu'il faict et le marbre bien travaillé. Si on veut y chercher le beau naturel et la belle draperie, sela n'y est pas; néanmoins faict grand efaict. »

L'attente d'une visite du roi avait imprimé aux travaux de l'arsenal de Toulon une vie nouvelle. Cette attente fut trompée. La grandeur, et quelque chose de plus, attachait Louis XIV au rivage de Versailles. Au lieu du roi, c'est le duc de Beaufort qui vint surveiller en personne l'armement de la flotte destinée à l'expédition de Candie. Il choisit pour vaisseau amiral le *Monarque*, dont Puget avait fait le dessin, et Puget, trop longtemps laissé dans l'inaction, fut sommé de terminer en un mois toute la sculpture. Bougerel raconte à ce propos une anecdote caractéristique.

Un mois avant son départ, ce prince (le duc de Beaufort), fut visiter le vaisseau le *Monarque* qu'il devoit monter : « Vous verrez, dit-il à Puget, que la galerie de ce vaisseau ne sera pas faite lorsque je serai obligé de partir. Puget lui repondit « qu'il feroit de son mieux pour lui donner contentement, que Son Altesse n'avoit qu'à compter sur sa parole, que tout seroit prêt. « Le Duc insista, et parla avec tant de chaleur, que, la conversation s'étant échauffée, Puget, l'homme du monde le moins endurant, lui répliqua : « Je vois bien, monseigneur, que mon service n'est pas agréable à Votre Altesse, je la prie de me donner mon congé. » — « Le Roi,

répondit fièrement le duc, ne retient personne à son service. » —
Sur-le-champ Puget se retira. Le chevalier de S. Tropès, capitaine
du port de Toulon, prit alors la liberté de remontrer au duc avec
quelle peine et quelle difficulté la cour était venue à bout de faire
revenir Puget de Gênes ; qu'il y avoit à craindre que le Roi ne désap-
prouvât sa conduite ; que Son Altesse devoit faire réflexion que
Puget n'étoit pas un ouvrier du commun. Le duc de Beaufort prit
en bonne part ses remontrances et dépêcha aussitôt un page pour
lui ordonner de venir le voir. Le page le trouva occupé à préparer
sa malle pour s'en retourner à Gênes. Le Duc l'embrassa à son arrivée, le pria d'oublier le passé, lui donna des marques sincères de
l'estime qu'il faisoit de son mérite. Ils projettèrent ensuite de faire
construire un arcenal à Toulon, et un magnifique hôtel que ce
prince avoit dessein de faire bâtir pour lui dans cette ville.

La réconciliation fut complète. Nous en avons la
preuve dans une lettre écrite quelque temps après
par le duc de Beaufort, le 28 mai 1669, et adressée
à Colbert.

Le *Monarque* a presque toute sa sculpture à sa place et déjà beaucoup de dorure. Il ne fera point de honte au maître à qui il appartient ;
celui qui a fait ses ornemens est un nommé Puget qui me paroit un
très-habile homme ; s'il avoit eu l'honneur de vous entretenir, vous
le trouveriez tel en peinture, sculpture et architecture. Il méritoit,
selon le sens de tous ceux qui le voient, d'être à Paris. J'ai ouï
dire à des personnes de Gênes, connoissans, qui ont vu le cavalier
Bernin, que celui-ci ne lui doit rien et que la république le veut
attirer à quelque prix que ce soit. Ce Puget tient comme au-dessous de lui de travailler à autre chose qu'en marbre et à de somp-
tueux édifices ; néanmoins il lui a pris envie de bâtir lui-même un
vaisseau ; ce que je souhaiterois de tout mon cœur, l'en tenant plus
capable que nos charpentiers : ce seroit le moyen de l'arrêter icy.
Cela n'empêcheroit pas qu'on luy donnast de figures de marbre à
conduire, colonnes ou autres choses qui seroient faciles à porter
après. Les marbres viennent de ce pays. J'ay cru ne devoir pas
celer tout ceci dont vous savez juger mieux que qui ce soit. Je pas-
sionnerois pourtant que ce fut après avoir entretenu le personnage.

S'il avoit eu le loysir il eut fait des merveilles au *Monarque*. Il
entend bien notre marine, y a déjà navigué et s'y plait. »

Au ton de cette lettre, à la confusion qu'elle fait
de Gênes et du Bernin, des statues et des colonnes,
à la naïveté avec laquelle le duc appuie les vœux les
plus chers de Puget, on ne peut méconnaître une satisfaction donnée à l'artiste offensé, et inspirée, sinon
dictée, par lui. Colbert, qui connaissait le prince, un
peu court de cervelle, comme chacun sait, se contenta de répondre : « Je tâcheray de donner de l'employ au sieur Puget, puisque vous l'estimez capable
de bien servir. » — Et le duc partit se faire tuer
devant Candie.

V

Une expédition non moins importante se préparait au même moment à l'arsenal de Toulon. Il s'a-
gissait d'envoyer une escadre aux Indes. — « Prenez bien garde, écrivait Colbert à l'intendant d'Infreville, que les vaisseaux destinés pour ce voyage,
que non-seulement leur bonté, mais mesme leur
beauté donne quelque idée de la grandeur du roy dans
ces pays-là. » — Cette lettre est du 14 juillet 1669.
Quelques jours après, le ministre ajoutait encore :
— « Je conviens que les ouvrages de sculpture des
trois grands vaisseaux construits en dernier lieu à

Toulon consomment beaucoup de temps ; mais vous
m'advouerez vous-même qu'il n'y a rien qui frappe
tant les yeux ny quy marque tant la magnificence
du roy que de les bien orner comme les plus beaux
qui ayent encore paru à la mer, et qu'il est de sa
gloire de surpasser en ce point les autres nations. »
—Notons bien ceci : voilà Colbert partisan du luxe
des décorations navales, et partisan plus déclaré qu'on
ne l'était à Toulon. D'Infreville, en effet, se plaint que
le *Royal-Louis* n'en finisse pas. Le *Royal-Dauphin*,
dont Girardon a donné le modèle, avance peu. Quant
à Puget, chargé de vaisseaux de moindre importance, l'*Ile-de-France* et le *Paris*, il n'a pas voix
délibérative sur la question. Mais il ne paraît pas
abonder dans le sens de Colbert, car on le voit s'employer à toutes sortes d'occupations, comme un
homme qui, faute de besogne, ne sait où placer ses
loisirs. Il fait des dessins des vaisseaux en voie
d'exécution, il s'exerce à la fonte avec Landouillette,
il termine la construction de l'étuve, il dresse des
plans pour l'agrandissement de l'arsenal. Cependant autour de lui tout est activité et travail. Cinq
vaisseaux sont à la charpente, cinq à la sculpture :
le peintre La Rose tire sur une toile le portrait du
Royal-Louis. Le sculpteur Levray reçoit à faire la
poupe du *Royal-Dauphin*. Taureau sera chargé
d'une autre ; une troisième sera donnée « au petit
Flamand à qui Girardon avait séparé la moitié des

ornements du *Royal-Louis*, » c'est-à-dire à Rombaud Languenu dont cette phrase nous apprend la
nationalité. L'intendant d'Infreville se débat au milieu de ses artistes. Puget et La Rose, prenant leur
rôle au sérieux, veulent tout diriger, même les ouvriers employés au *Royal-Louis*. Mais Taureau, la
créature de Girardon, se révolte. C'était de tous la
plus mauvaise tête : « il ne peut assujettir personne
à travailler sous lui, écrit d'Infreville ; il est débau-
ché, querelleur ; » — Quant à Puget et La Rose,
« ce sont, dit-il ailleurs, des ouvriers qui se font
valoir et savent prolonger leurs ouvrages pour se
rendre nécessaires. » Sur ces entrefaites, arriva à
Toulon un homme qui seul osa tenir tête à Puget,
si bien qu'il finit par le dégoûter de l'arsenal et des
vaisseaux.

Cet homme est le chevalier de Clairville. Son apparition au port de Toulon marque l'aurore d'une
révolution, le premier coup porté à l'art de la décoration navale. Clairville, commissaire général des
fortifications, venait pour s'occuper de la clôture
du cap Sépé et de l'agrandissement de l'arsenal. Or
déjà Puget, regardé comme la plus forte tête de Toulon, avait sur la demande du duc de Beaufort, donné
des plans de l'un et de l'autre travail. Clairville,
irrité de l'omnipotence d'un artiste qui empiétait
sur ses attributions d'ingénieur, se fit un parti pris
d'improuver toutes les idées, toutes les œuvres de

Puget. Ce bâtiment de l'étuve, d'une structure belle
et magnifique, qui n'est plus qu'à couvrir, il veut
le jeter à bas. La muraille de clôture du cap, ima-
ginée par Puget comme une œuvre d'art et d'utilité
tout ensemble, c'est-à-dire, ainsi que s'exprime l'intendant, « avec un ordre d'architecture qui contente la vue, » il la condamne. Les plans d'agrandissement, dressés par l'artiste dans cet esprit de
beauté qui ne l'abandonnait jamais, il les repousse.
Il ne veut pas qu'il reste rien à l'arsenal que ce
qu'il propose. En vain d'Infreville résiste, en vain
il représente Puget comme un excellent architecte,
en vain il demande qu'on lui laisse achever le côté
du parc commencé, pendant que Clairville con-
duira l'autre, afin que l'on juge de la différence de
beauté, différence qui n'augmente presque point la
dépense. L'ingénieur tient bon, met en avant,
comme toujours, l'économie, les exigences de la
défense militaire, et, comme toujours, il l'emporte.
La retraite de d'Infreville, survenue au mois d'avril
1670, eut peut-être pour cause ce triomphe de l'esprit positif sur des projets dès longtemps caressés,
où le goût éclairé de l'intendant trouvait mieux son
compte.

Toutefois Puget, soutenu à Toulon par d'Infreville, à Aix par le premier président, Forbin d'Oppède, à Marseille par Arnoul, intendant des galères, obtint que ses plans ne seraient pas complé-

tement éliminés. On les envoya à Colbert avec ceux
du chevalier de Clairville. Mais cette lutte où il
avait vu Colbert se tourner si résolûment contre lui,
acheva de l'aigrir et de lui rendre odieux le ministre, qui, l'ayant appelé à Toulon, l'y tenait à peu
près inactif. Il obtint ou prit un congé, et s'en
fut à Gênes, sa ressource suprême en temps de disgrâce, son asile, son mont Sacré. C'était à la fin de
1669.

VI

Qu'allait-il faire à Gênes? Nous le savons. Il allait donner le dernier coup de ciseau au groupe de
la *Conception* de l'Albergo qu'il s'était vu contraint
d'interrompre l'année précédente, et dont son élève
Veirier avait terminé les draperies. Il allait mettre
en place l'autel de Saint-Cyr. Il y portait aussi une
Vierge en marbre commandée par les Lomellini.
Enfin, il devait s'occuper en route d'une double
commission des échevins de Marseille. Car ce génie
actif, dont le principal attribut n'était pas la simplicité, avait besoin, pour bien conduire une affaire, d'en avoir trois ou quatre à mener de front.

La commission des échevins le conduisit à Carrare.
Il s'agissait de choisir des marbres pour les chapiteaux des pilastres de l'hôtel de ville. Il s'agissait

aussi d'exécuter en marbre un ouvrage commandé depuis quelque temps déjà, l'écusson aux armes du roi, qui forme le claveau de la porte du même édifice. Je reviendrai sur ces deux articles, lorsque, le chapitre de la marine terminé, il sera temps d'entreprendre celui des embellissements de Marseille. Sur l'autel de Saint-Cyr et sur la *Conception* il n'y a plus rien à dire. Quant à la *Vierge* des Lomellini, c'est une statue, ou plutôt un groupe, de 1^m,70 de haut environ. La figure n'a guère plus d'un mètre, mais elle s'élève sur un piédestal de nuages au milieu desquels se jouent deux petits anges. Ce n'est pas la vierge mère, c'est la vierge Marie, sous les traits d'une jeune fille de quinze ans, plus jolie que belle, plus maniérée qu'élégante. Préoccupé de deux idées, la jeunesse et la virginité, Puget a voulu rendre la première par la forme, la seconde par l'expression. Mais l'expression, à force de chercher la candeur et la timidité, n'arrive qu'à une afféterie boudeuse. La forme reproduit une nature pubère où l'on sent l'éveil de la vie, et presque de la volupté. En un mot, la *Vierge* de Puget peut donner la main à l'*Innocence* de Greuze. L'exécution, plus délicate et plus exquise que jamais, montre à quel degré le sculpteur a caressé son œuvre. C'était pour lui une volupté de se retrouver en face du marbre. Il l'a pétri avec une tendresse sensuelle. Qu'il l'ait exécuté à Tou-

lon ou à Gênes, ce morceau de gourmet a dû lui
faire passer de bien douces heures où il oubliait
Colbert, Clairville et tous ses ennuis administratifs.

Un des deux anges porte une sorte de temple sur
le fronton duquel on lit DOMUS AUREA, et sur la base,
la main de Puget a gravé l'inscription suivante :

N. D. PVGET. MAC. F. AN. D. M. P. MDCLXX.

c'est-à-dire : *Nobilis Dominus Puget Massiliensis
faciebat anno Domini mense primo* 1670. — Cette
Vierge, faite pour la chapelle domestique des Lomellini, est aujourd'hui placée sur l'autel de l'Oratoire de saint Philippe de Néri, qui la reçut, en
1762, de Stefano Lomellini, en échange d'une statue
médiocre et de quelques prières.

VII

Quand Puget revint à Toulon, au mois de juin
de l'année suivante, il trouva un nouvel intendant
installé à l'arsenal. Louis Matharel ne connaissait
pas le grand artiste. Celui-ci débuta par se poser
en maître, pour regagner le terrain perdu. En son
absence, Rombaud et Taureau avaient donné le
dessin et commencé le travail des poupes de plusieurs vaisseaux neufs. Puget veut qu'on détruise

leur ouvrage. Bien plus, soit qu'il prît au sérieux
la demande du feu duc de Beaufort qui désirait
qu'on lui fît construire un vaisseau, soit qu'il ne
craignît pas d'abuser de l'inexpérience du nouvel
intendant, voilà Puget qui prétend non-seulement à
la direction de la sculpture, mais encore à la direction absolue des constructions : excellent moyen de
se mettre à dos, après les sculpteurs et les ingénieurs,
les charpentiers eux-mêmes. Matharel embarrassé,
en réfère à Colbert qui répond :

« L'intention du Roy est que le sieur Puget ayt la direction des
ouvrages de sculpture; mais il faut que Rombaud et Taureau qui
travaillent à présent sur les dessins de M. Le Brun au *Royal-Louis*
et au *Dauphin-Royal* achèvent leurs ouvrages, et aussytost qu'ils
auront fini, il faudra qu'ils travaillent sur les desseins dud. Puget,
bien entendu qu'auparavant d'en mettre aucun à exécution, il me
les envoiera pour les faire voir au Roy. — Quand à la construction
des vaisseaux, ledit Puget ne doit pas en prendre la direction,
c'est à luy à s'assujettir pour la sculpture à ce qui sera résolu par
les officiers et les charpentiers du port, et s'il se met de pareilles
chimères dans l'esprit, il faudra bientôt le remercier. . . . . . »

Certes, personne mieux que nous ne rend justice
au génie de Colbert. Mais qui ne serait blessé d'un
tel langage ? Les prétentions de Puget étaient exa-
gérées, d'accord, mais non sans fondement, car la
sculpture d'une poupe de vaisseau présentant une
surface de 200 mètres carrés se lie étroitement à
sa construction même, et c'est pourquoi il avait
spécifié qu'il donnerait le dessin de l'architecture.
Quand nous comparons la position abandonnée par

Puget à Gênes, position dont le moindre avantage était de lui permettre de produire de grandes œuvres, et cette situation précaire, subalterne, que lui fait à Toulon le zèle ombrageux d'un ministre français, nous ne pouvons que plaindre le grand artiste ainsi réduit à l'inaction, mis en suspicion continuelle, et traité à quarante-huit ans, après les *Cariatides*, après l'*Hercule Gaulois*, après le *Saint-Sébastien* et la *Conception de l'Albergo* de Gênes, comme un petit garçon ou un ouvrier sans cervelle. Mais de tous ces ouvrages, Colbert ne connaissait rien, pas même, à ce qu'il semble, l'*Hercule Gaulois* dont il était possesseur. Il n'avait vu ni Gênes ni Toulon. Contre nos jugements sévères on pourra donc invoquer en faveur du ministre la plus forte et la plus triste des circonstances atténuantes, l'ignorance.

Quelques historiens ont pensé que Colbert poursuivait en Puget l'ancien protégé du surintendant Fouquet. Comment en douter, quand on voit sa haine saisir avec avidité les moindres occasions de nuire à l'homme dont il a brisé la carrière? Puget, absent six mois, réclame seulement le premier quartier de l'année 1670, pendant lequel il avait un congé. Le ministre refuse, et s'apercevant que ce trimestre est de trois cents écus, il en prend texte pour trouver l'appointement « un peu fort » et demander « les ouvrages qu'il fait à ce prix-là. »

Matharel osa répondre, c'est un courage dont il
faut lui tenir compte. — « Il a le génie fort beau,
dit-il, et très-propre à servir en ce port pour les
choses auxquelles il est destiné, c'est-à-dire aux dessins et ouvrages de sculpture en quoy il excelle; il
prétend aussy estre sçavant en l'architecture de
terre et de mer et il parle assez bien de l'une et de
l'autre. Il a conduit icy un pavillon qui sert à l'es-
tuve, lequel est fort bien basti mais fort mal
placé…. »

C'est précisément ce « beau génie, » ce génie
touche-à-tout qui soulevait contre Puget les spécialités jalouses. Le chevalier de Clairville continue à
demander la démolition de l'étuve. Les entrepreneurs de la sculpture s'écartent des dessins donnés,
ce qui oblige à recommencer l'ouvrage, et la faute
en retombe sur Puget. Voici maintenant un chef
d'escadre, d'Alméras, qui déclare les poupes des
vaisseaux trop lourdes, nuisibles à la navigation et
au combat. Puget allègue que celle de l'*Ile de France*
a été faite en dépit de ses ordres, il convient du
défaut et veut le réformer, il est d'avis de réduire
les ornements. Peine inutile : Colbert s'empare de
la déclaration de d'Alméras et la tourne contre Puget. — « Il n'y a rien de si important, écrit-il, que
de retrancher tous ces grands ouvrages auxquels les
sculpteurs s'attachent plus pour leur réputation que
pour le bien du service. » — La lettre est du 24 oc-

tobre 1670 ; vient-elle bien du même ministre qui
écrivait, le 14 juillet 1669, c'est-à-dire quinze mois
auparavant? — « Il n'y a rien qui frappe tant les
yeux ny qui marque mieux la magnificence du Roy
que de bien orner les vaisseaux..... » Que s'est-il
passé dans l'intervalle d'une lettre à l'autre? Presque rien. Un mot a été prononcé, mot magique qui
a toujours eu le privilége de faire faire aux gouver-
nants de la France les plus curieuses volte-face. —
L'Angleterre ! — Oui, l'Angleterre a retranché les
poupes ornées (faute de bons sculpteurs) ; l'Angleterre désapprouve les galeries (sauf à les reprendre plus tard). Imitons l'Angleterre.

Une fois ce grand mot lâché, Puget devient inutile. Qu'a de commun l'art exubérant qui déborde
de son vaste génie avec l'étroit positivisme anglais ?
Ce n'est plus qu'une question de temps. En effet,
Matharel, soutenu par bon nombre de capitaines,
voudrait capituler. Mais toujours Colbert revient à
la charge : — L'Angleterre ! — C'est le *sans dot*
d'Harpagon. Et d'Alméras, trop heureux de naviguer dans les eaux du ministre, lui envoie un mémoire où il s'appuie sur l'Angleterre pour écraser
Puget. — « Il vaudrait mieux, ose dire le fougueux
chef d'escadre, que le Roy luy donnast dix mil escus
tous les ans pour ne jamais mettre les pieds dans
l'arsenal. » Ce vœu, dont la réalisation eût comblé
Puget de joie, un ordre du roi du 26 mai 1671 le

reproduit brutalement, et déclare que tous les dessins de l'artiste seront soumis à l'approbation du
conseil des constructions. C'est l'arrêt de mort du
pauvre homme. Aussi il agonise. Il s'est rejeté sur
un projet d'arsenal. — « Prenez garde, écrit Colbert à Matharel, c'est un homme qui va un peu vite
et qui a l'imagination trop chaude. » — Il voudrait,
à défaut de vaisseaux, s'occuper des galères : — « Je
n'ay pas besoin, écrit Colbert à Arnoul, que le sieur
Puget travaille à aucun dessein, envoyez un modèle
et je ferai travailler aux ornements par M. Le
Brun. » — L'auteur du *Saint Sébastien* eut alors
une idée sublime : il inventa des lanternes ! et Colbert approuva les lanternes du sieur Puget !

A ce jeu-là personne ne se trompait, ni Colbert
ni Puget. Le premier aurait bien voulu se débarrasser de l'artiste, n'était la difficulté de le remplacer.
Celui-ci aurait bien voulu se débarrasser du ministre, n'était la question des appointements. Il en
revint à son premier projet, ou plutôt à son idée
fixe, obtenir la commande d'un ouvrage en marbre. Dans toute cette affaire, Puget me paraît
assez tiède à l'endroit de la décoration navale. Ce
qu'il prétend, ce qu'il convoite dès le premier jour
à l'arsenal de Toulon, c'est une position analogue à
celle des sculpteurs de Versailles, un appointement
fixe en qualité de maître, le marbre à discrétion et
ses ouvrages payés en sus. Un tel désir n'avait rien

que de légitime. En ce moment, après la lutte et
les déboires, il se réveilla plus vif que jamais. Faire
une statue, c'était le seul moyen d'affirmer hautement sa valeur et de fermer la bouche à ses ennemis. Il en avait écrit à Colbert au mois de novembre
1670, en réclamant le quartier impayé. Colbert
comprit enfin ce que cette proposition avait d'avantageux à son propre point de vue, puisqu'en laissant
Puget à l'arsenal pour contenir les sculpteurs su-
balternes, elle annihilait son influence sur la direction des travaux. Il consentit, sans se douter qu'il
lui préparait un triomphe. Mais il fallut que Puget
envoyât des dessins des statues projetées, et, quant
au quartier en retard, il n'en fut pas plus question
que si son abandon avait été le prix du consentement du ministre. Au surplus, voici la réponse de
Colbert à Puget :

Paris, 26 décembre 1670.

Vous aurez appris, depuis peu, par M. Matharel, ce que vous me
demandez, par vostre lettre du 20 du mois passé, au sujet des marbres qui sont à Toulon et de l'ouvrage que vous proposez de faire
pour le Roy. Ainsy je n'ay qu'à vous répéter de faire des dessins
de ce que vous aurez envie de faire et me les envoyer ; et après
les avoir fait voir à Sa Majesté, je vous feray sçavoir ses intentions à
cet égard et donneray les ordres qu'il faudra à M. Matharel pour
vous faire délivrer les blocs de marbre, engins et hommes nécessaires pour y travailler.

J'attends les nouveaux dessins de poupes de vaisseaux qu'il me dit
que vous avez faits ; il faut observer de vous restreindre en cela à
ne point incommoder les manœuvres, ni empescher leur assiette
par un poids inutile.

La réforme anglaise, réclamée par d'Alméras, eut ainsi ses coudées franches. Elle porta non-seulement sur la sculpture des poupes des vaisseaux, mais encore sur la peinture des chambres, où se retrouvait le même goût de magnificence, et elle alla jusqu'à Marseille frapper la décoration des galères. Puget n'en conserva pas moins sa position de maître-sculpteur. Content de pouvoir se plonger dans le marbre, il se soumit à tous les retranchements exigés par Matharel pour la décoration navale, et se borna dès ce moment à diriger de haut et de loin. A partir de 1672, nous verrons Puget occupé un peu partout en Provence, hors de Toulon. En même temps, il s'emparait des pièces de marbre qu'il trouvait gisantes dans l'arsenal et les faisait équarrir, en attendant la réponse de Colbert sur les dessins qu'il avait envoyés. Ces dessins, une lettre de Matharel nous l'apprend, c'était la figure de *Milon de Crotone* et l'*Alexandre rendant visite à Diogène*.

Après ce long récit que je n'ai pas voulu interrompre et qui nous conduit à une nouvelle période de la vie de Puget, il faut nous arrêter un moment pour chercher quelle fut l'influence de l'auteur du *Milon* sur la décoration navale.

VIII

Les historiens ont singulièrement exagéré cette influence parce qu'ils manquaient de documents précis. Ni Bougerel ni Émeric David n'avaient vu ces poupes et ces galeries dont ils font tant d'état ; ils parlaient par ouï-dire. En effet, les vaisseaux construits du temps de Puget subirent de bonne heure des remaniements considérables. Les fragments qu'on en conservait n'étaient pas sortis de l'arsenal de Toulon. Quant à ses dessins, on devait les croire enfouis dans les archives de la marine. Il n'en était rien cependant. Soit que Colbert y attachât peu d'importance, soit qu'aucun dragon ne veillât alors sur les archives, dès le commencement du dix-huitième siècle les dessins de Puget, ses projets officiels, ses épures, se trouvaient en différentes mains. Henry fut le premier qui songea à s'en servir; il en a décrit deux. Aujourd'hui on en rencontre un peu partout à Paris et en Provence, excepté à l'arsenal de Toulon et au ministère de la marine. Pour moi, il m'en est passé sous les yeux une trentaine, originaux ou copies, et c'est sur ces pièces d'une authenticité certaine que je tâcherai d'asseoir mon jugement, beau-

coup plus que sur les fragments conservés au musée de marine du Louvre.

Ces fragments consistent en neuf bas-reliefs et
quatre figures de bois doré que le catalogue nous
donne comme sculptés par Puget pour l'arrière de
la galère la *Réale*. Mais d'abord, rien n'autorise à
croire que Puget ait jamais touché aux galères. C'est
à Marseille que se construisaient les galères. Puget
avait la direction de la sculpture des vaisseaux qui
se construisaient à Toulon. Une seule fois l'intendant
des galères, Arnoul, l'appela à Marseille pour le
consulter. Il s'y rendit avec Girardon, et une lettre
de d'Infreville nous apprend que c'est « Girardon qui
a satisfait M. Arnoul pour l'embellissement des
pouppes des galères. » En ce qui touche la *Réale*,
les documents sont encore plus explicites. Colbert
écrivait à Arnoul le 23 janvier 1671 :

> Sur ce que vous m'escrivez que le s^r Puget sculpteur n'a pu tra-
> vailler au modele de la *Réale* à cause de l'employ qu'il a à Toulon,
> je vous diray que je n'ay pas besoin que led. s^r Puget travaille à
> aucun dessein, mais seulement que vous me fassiez faire prompte-
> ment un modèle en bois réduit au petit pied, sçavoir un pouce et
> demy pour pied, plus ou moins, et que toutes les pièces soient
> réduites à cette mesure, et en même temps que vous y fassiez ad-
> jouster des pièces de bois contenant les saillies que les ornemens
> peuvent avoir sans incommoder la navigation de la galère et sur ce
> modele ainsy fait je feray travailler aux ornemens par M. Le Brun.

C'est en effet ce qui eut lieu. On s'en convaincra
par les extraits suivants des lettres du ministre :

14 AOUST 1671. — A présent que le sculpteur et le modele de

Réale sont arrivez, je m'assure que vous y ferez travailler avec diligence.....

21 AOUST 1671. — Je suis bien aise que le sculpteur de la *Réalle* soit arrivé et que vous vous disposiez à y faire travailler avec la diligence convenable à un ouvrage de cette qualité. Vous devez observer surtout que le sculpteur ne doit point s'éloigner du dessein du s^r Le Brun qui est assurément le plus beau....

27 NOVEMBRE 1671. — Je suis bien aise de l'assurance que vous me donnez que la galère la *Favorite* sera bientost achevée et que la *Patronne* sera preste pour la campagne prochaine. Pressez-en toujours la construction......

Continuez aussy le travail de la *Réalle*. Je suis bien aise de ce que vous me mandez que les desseins qui vous ont esté envoyez réussissent. Il faut faire en sorte que ce soit la plus forte galere qui ait jamais été mise en mer.

Aucun doute à ce sujet. La *Réale* a été décorée, d'après les dessins de Le Brun, par un sculpteur venu de Paris. Quant à l'identité de la *Réale* de Colbert avec celle dont les fragments subsistent au Louvre (car le nom de *Réale* s'appliquait à la galère montée par l'amiral), cette identité n'est pas moins clairement établie. Un document cité par M. Jal dans son *Glossaire nautique*, et c'est une note du sieur de Viviers, inspecteur général des galères, nomme six galères construites par ordre de Louis XIV, en indiquant le sujet de leur décoration : « La *Réale*, le soleil, par comparaison avec Sa Majesté; la *Patronne*, la lune par rapport avec M. le duc du Maine; la *Favorite*, Pallas, par rapport à la personne que S. M. honore le plus de ses bonnes grâces; la *Reine*. » — Les extraits des lettres de Colbert, qui parlent à la fois de la *Réale*, de la *Pa-*

tronne et de la *Favorite*, assignent à ces trois galères une date commune, et, comme les bas-reliefs
du Louvre représentent l'histoire du *Soleil*, il s'en-
suit nécessairement qu'ils appartiennent à la *Réale*
de 1671 et qu'ils ne sont pas l'œuvre de Puget. C'est
à Le Brun qu'il faut en restituer l'invention et la
composition.

Au surplus, si l'on étudie de près ces bas-reliefs,
on se convaincra bien vite que rien n'y rappelle le
style ou la main de Puget. Les poses des figures sont
communes, sans effort viril, sans recherche de
beauté musculaire. L'exécution, empâtée par la dorure, reste au-dessous du médiocre. Il n'en est pas
de même des figures en ronde bosse représentant
deux *Renommées* et deux *Tritons*. Mais rien ne
prouve que ces *Renommées* et ces *Tritons* aient appartenu à la *Réale*. On conservait pêle-mêle à l'atelier de sculpture de Toulon, avec les bas-reliefs de
la *Réale*, six paires de grandes figures provenant
des anciens vaisseaux. C'étaient les deux Renommées, les deux Tritons, deux Sauvages la massue
levée, deux guerriers romains, deux atlas couverts
d'une peau de lion, deux licteurs. Il n'existait à
leur sujet qu'une tradition confuse. En 1822, Emeric David, au moment de publier son *Éloge de Puget*, écrivit au maire de Toulon pour savoir en quoi
consistaient les fragments de sculpture sur bois de
l'arsenal, et le maire lui transmettait la réponse de

l'arsenal, ainsi conçue : « Deux Renommées, deux
Tritons de la galère commandante; un Sauvage, de
la seconde commandante, cinq figures en ronde
bosse de la main de Puget, et cinq figures aussi en
ronde bosse par ses élèves. Un tableau et trois bas-
reliefs, de la composition de Puget, représentant le
Soleil, etc. » Lorsque, plus tard, le sculpteur Félix
Brun signala ces fragments à l'attention de M. Charles
Dupin, ingénieur de la marine, la note qu'il rédigea
attribue les bas-reliefs à la *Patronne*, qu'il confond
avec la galère amirale. Mais, en revanche, il distin-
guait très-bien entre les tableaux de « la composition de Puget, » et les Renommées et les Tritons
« de la main de ce grand artiste. » Toujours est-il
que M. Dupin fit transporter au musée de marine
du Louvre ce qui parut le meilleur parmi ces fragments, c'est-à-dire les Tritons, les Renommées et les
bas-reliefs, et là on exécuta, d'après un modèle envoyé de Toulon, une réduction de la *Réale*, qui en-
globe à la fois et les bas-reliefs et les quatre figures
en ronde bosse. Ainsi, à Toulon, traditions confuses
et contradictoires; à Paris, intention pieuse de
former un ensemble en rajustant des éléments hétérogènes : c'est sur ces bases fragiles que repose
l'attribution du catalogue du musée de marine. Les
bas-reliefs, nous le savons maintenant, sont de la
Réale et pas de Puget; quant aux figures en ronde
bosse, je les crois de Puget et pas de la *Réale*. Les

Renommées peuvent avoir appartenu à la *Patronne*
ou à la *Favorite*, si tant est qu'elles proviennent
d'une galère ; car rien n'empêche qu'au lieu de
porter le carrosse d'une galère, elles aient porté les
bouteilles d'un vaisseau. Pour les Tritons, ils rappellent, à s'y méprendre, ceux qui soutiennent le
balcon inférieur du vaisseau le **Monarque**, et cette
place à la poupe d'un vaisseau leur conviendrait
beaucoup mieux que celle qui leur a été donnée
dans le modèle de la *Réale*.

IX

C'est surtout par des dessins que nous pouvons
apprécier le rôle et la valeur de Puget au point de
vue de la décoration navale. Ces dessins sont de
deux sortes : les uns, de pure fantaisie, représentent
des navires imaginaires ; les autres sont le portrait
anticipé de vaisseaux qui ont vécu. Les premiers
nous montrent l'artiste jetant sur le vélin les rêves
de son génie, sans autre souci que la beauté ; dans
les autres, on le voit accepter une forme donnée, l'embellir sans la détruire, l'accompagner en la
brodant, respecter les limites assignées à son goût,
en un mot, se réduire au rôle de décorateur. Nous
devons étudier de préférence la dernière catégorie,

parce qu'elle nous offre des documents positifs, c'est-à-dire les épures officielles des vaisseaux construits sous Louis XIV à l'arsenal de Toulon. Je connais jusqu'à présent, soit par les dessins de Puget, soit par les reproductions qui en ont été faites, treize de ces vaisseaux. En voici la liste :

1° LA REINE. — Dessin chez M. Malcor, à Toulon :

2° VAISSEAU ANONYME. — Dessin chez M. Sénéquier, à Toulon ;

3° LE MONARQUE, 1668. — Photographie chez M. Pierre Margry, à Paris. — Copie ancienne de l'arrière, chez M. Malcor, à Toulon.

4° L'ILE-DE-FRANCE, 1669.

5° LE SCEPTRE.

6° LA TROMPEUSE.

7° LA BOUFFONNE.

8° LA THÉRÈSE ROYALE.

Calques, chez M. Pierre Margry, à Paris [1].

8° bis. LA THÉRÈSE ROYALE. — Le même vaisseau ; le dessin m'appartient ;

9° VAISSEAU ANONYME. — Dessin chez M. Jules Boilly, à Paris ;

10° LE PARIS. - Dessin au château Borély, musée de Marseille ;

---

[1] Ces calques ont été faits par son père, M. Antoine Margry, sur d'autres calques exécutés par Caffiéri en 1676, d'après les originaux de Puget, qui appartenaient alors au comte de Narbonne-Pellet.

11° LA MADAME. — Dessin au château Borély, musée de Marseille;

12° LE RUBIS. — Dessin appartenant à M. le marquis de Chennevières, musée d'Alençon;

13° LE SOLEIL ROYAL. — Copie postérieure, musée de marine du Louvre[1].

Remarquons d'abord que, dans tous les vaisseaux du dix-septième siècle, l'avant ou la poulaine n'a pour ornement qu'une grande figure, un guerrier, une femme, le plus souvent un lion. C'est sur l'arrière, autrement dit la poupe, que s'accumule la décoration; aussi la plupart de ces dessins ne représentent-ils que des arrières. Le *Monarque* est le seul qui se montre tout entier, de bout à bout, en mer, avec tous ses agrès et cordages, dessiné à une assez grande échelle pour permettre d'en étudier les moindres détails; c'est aussi celui dont l'arrière est le plus richement décoré. Je vais essayer d'en donner la description.

Qu'on se figure une façade de plus de deux cents mètres carrés, partagée en trois étages. Au sommet, sous le couronnement, se trouve ce que j'appellerai

---

[1] Le Musée de marine expose et catalogue sous le nom de Puget, n° 791, un autre dessin de vaisseau qui certainement n'est pas de lui. La froideur de l'invention, la maigreur allongée des formes, le procédé du lavis à teintes plates, ces trois caractères, antipathiques au génie de Puget, auraient dû rendre la confusion impossible. Je le croirais de ce Turcau ou Taureau, que Girardon amena de Paris, et peut-être même de son fils Toro, dont les dessins, conservés à Toulon, présentent des caractères identiques.

le tableau, quoique ce nom désigne ordinairement
la façade tout entière. Sous le tableau s'avance un
premier balcon ; à l'étage inférieur, un balcon plus
vaste s'étend devant les fenêtres de la salle du conseil : c'est, comme on dit en Italie, le *piano nobile,*
l'étage d'honneur. D'autres fenêtres s'ouvrent encore plus bas et forment le troisième étage, lequel
repose sur ce que l'on nomme la voûte. Là, se rencontrent la jaumière, d'où sort le gouvernail, et les
écubiers par où passent les câbles. Dans le *Monar-*
que, le couronnement est un fronton arrondi, sur
les rampants duquel sont couchées deux grandes
statues, Mars et Bellone. Les extrémités de la moulure du fronton portent les fanaux, et reposent sur
deux Renommées dont les pieds vont rejoindre le
premier balcon. Au centre du tableau, un groupe
en demi-relief représente Louis XIV en guerrier
romain au milieu d'un trophée d'armes et de figures
de captifs ; ses pieds ont pour soutien un riche cul-
de-lampe qui fait saillie devant les fenêtres du premier étage. Quatre termes, élevant leurs bras
jusqu'à cette console et aux moulures qui l'ac-
compagnent, relient le tableau au grand balcon
d'honneur, d'où leurs gaînes semblent sortir. Le
premier balcon passe derrière, sauf la partie centrale qui s'avance à leur niveau et qui porte l'écusson aux armes de France. Le balcon d'honneur,
très-richement décoré de balustres, forme aussi une

10

saillie centrale décorée d'un autre écusson qu'entourent des géniès ; il se développe de chaque côté,
le long des flancs du vaisseau. Aux angles, une
grande statue assise se groupe avec des Amours :
d'une part, Neptune ; de l'autre, la Terre. Enfin,
ce grand balcon est supporté par des consoles ornées de mascarons et par dix cariatides alternées de
Tritons et de Sirènes, dont les jambes en queue de
poisson se collent le long du bord, au-dessous des
fenêtres de l'étage inférieur. Un cul-de-lampe abondamment garni de feuilles, quatre consoles opu-
lentes, et, aux angles, deux chevaux marins, soutiennent cette dernière saillie qui est la voûte, et
c'est entre ces motifs de décor que s'ouvrent la jaumière et les écubiers. On ne peut rien imaginer de
plus magnifique. Étant donné le problème, c'est-à-
dire une façade à plusieurs étages en retraite, il
n'était pas possible de le résoudre mieux, de mieux
lier les diverses parties d'un aussi vaste ensemble,
de mieux sauver les différences des plans, de mieux
remplir les vides, de mieux garnir les surfaces.
L'art se déploie avec une opulence sensuelle sur le
carcasse établie par le constructeur, la fécondité
du génie couvre d'un manteau de pourpre et d'or
les inventions de l'esprit positif, le Beau triomphe
de l'Utile en lui prêtant une vie idéale.

Dans la *Thérèse Royale*, les conditions du problème sont modifiées et réduites, sans que le gé-.

nie perde de sa vigueur ni de sa grâce. Il n'y a plus
que deux étages entre le tableau et la voûte ; par
conséquent, il n'y a plus place pour ces termes
formant galerie, pour ces cariatides soutenant la
voûte et ces statues colossales couronnant le fronton. Celui-ci, chantourné en forme de coquilles ju-
melles, abrite deux enfants, groupés au pied du
fanal central. L'un semble regarder la scène de
l'étage inférieur, l'autre se penche, une couronne
à la main. Des palmiers encadrent le tableau, d'où
se détache, en bas-relief, puis en haut-relief et en
ronde bosse, la figure de la reine, assise dans un
char que traînent deux dauphins. Les rênes de ces
coursiers aquatiques sont tenues par deux grands
tritons qui s'élancent des angles du vaisseau, par-
dessus la galerie. Le balcon ressemble à une vasque
cannelée et l'on en voit sortir des têtes de serpents
impuissants. Une composition aussi animée conviendrait mal à un édifice de pierre : elle paraît
faite tout exprès pour accompagner, par le mouvement des figures, la marche du navire. La vie
circule partout, et la ligne architecturale s'égaye de
mille détails. On sent que le génie a emprunté
à la nature ses formes, à l'art décoratif ses éléments habituels, et qu'il a tout refondu, foulé et
pétri dans un moule de fantaisie poétique. La
vue seule des dessins cités plus haut, peut faire
comprendre quelle variété de rêves a su enfanter

ce cerveau toujours jeune et prodigue à l'excès.
Dans la *Trompeuse*, les palmiers de la *Thérèse
Royale*, ce que j'appellerai les pilastres du tableau,
sont remplacés par un groupe de deux figures
nues, dont le corps finit en queue de poisson, et qui
s'embrassent avec des mouvements d'une adorable
perfidie. Dans la *Bouffonne*, ces pilastres sont des
satyres ; dans l'*Ile-de-France* et la *Madame*, ce sont
des courtisans en costume de marquis ; à leurs
pieds, des figures assises symbolisent, l'une, la Fidélité, avec un chien, l'autre, la Sincérité, avec un
miroir, et le tableau représente une dame à sa toi-
lette. Au tableau de la *Bouffonne*, on voit une
nymphe rieuse chevauchant toute nue sur un âne,
un tambour de basque à la main : des mascarons
comiques s'accrochent à la voûte ; sur le fronton,
des singes jouent avec des guirlandes de fleurs.
Le tableau de la *Trompeuse* est vide : des mufles
de sangliers remplacent les mascarons ; au couronnement, entre les coquilles, apparaît un gros masque
riant sous la peau de bête qui le recouvre. Le tableau
du *Sceptre* montre une main sortant des nuages et
tenant le sceptre au-dessus de la couronne placée
sur une table ; le tableau du *Paris* est orné d'un
navire antique. Ces deux derniers vaisseaux, qui
ne portent des figures assises ou des chimères ailées
qu'à l'angle du balcon, ont, aux deux côtés du tableau,
des colonnes torses seules ou accouplées. En somme,

les vaisseaux que je viens de décrire se rapportent
à trois modèles différents : le premier, représenté
par le *Monarque ;* le second, par la *Thérèse Royale*,
la *Madame*, l'*Ile-de-France*, la *Trompeuse*, la *Bouffonne ;* le troisième, par le *Paris* et le *Sceptre ;*
vient enfin le *Rubis*, qui marque une quatrième
transformation. Jusqu'alors Puget a peu à peu réduit le nombre des figures en ronde bosse ; dans le
Rubis, il les supprime tout à fait. L'architecture
et l'ornement ont seuls fourni les éléments de la façade, très-riche encore et très-vivante, qui décore
la poupe du *Rubis*. Ainsi, ces dessins marquent
les étapes parcourues par le génie de Puget, depuis
le *Monarque*, où ce génie éclate et s'étale sans entraves aux applaudissements de d'Infreville et de
Colbert lui-même, jusqu'au *Rubis*, où ce génie
étouffé ne bat plus que d'une aile, à la grande satisfaction du même Colbert, et pour la plus grande
gloire de l'anglomanie administrative.

Maintenant, quelle est, dans ce système de décoration navale, la part d'invention de Puget? A
dire vrai, elle me paraît assez mince. Entre
les poupes de Le Brun et de Girardon et celles de
Puget, je ne vois qu'une question de personnes,
c'est-à-dire de génie. Puget n'a rien inventé, il a
reçu des mains de ses prédécesseurs un système déjà
complet ; il l'a retouché, il l'a amplifié ou réduit,
selon les exigences du moment, mais il ne l'a pas

créé. Tout au plus a-t-il innové dans quelques détails, par exemple en couvrant les galeries qu'on
laissait jusqu'alors découvertes. Sa grande innova-
tion, c'est la vie donnée à ce décor allégorique. Chez
Le Brun et chez Girardon, l'allégorie, savante et
compassée, sent toujours un peu l'ennui. Ce sont
gens imbus du respect des règles et qui portent en
pleine mer l'esprit académique. Avec Puget, rien de
pareil. L'Académie, il voudrait bien en être, mais
il ne sait ce que c'est. Les règles, il se les fait à lui-
même ; sa science a surtout pour base l'expérience
personnelle. Il connaît la mer, il l'aime ; et, comme
un nageur se sent frémir d'aise à l'aspect d'une
plage, lui aussi tressaille de plaisir devant un vaisseau qui l'appelle, son imagination s'échauffe, ber-
cée par le mouvement du navire ; et de ses mains
d'ouvrier sort une œuvre toujours jeune, toujours
animée, toujours poétique et amusante.

J'insiste sur ces deux points : la science de Puget
est une science individuelle ; l'art de Puget est un
art vivant qui étonne, qui déconcerte, qui blesse
parfois le goût, mais qui n'ennuie jamais. Et voilà
toute son originalité dans cet art de la décoration
navale qu'il n'a pas créé, mais qu'il a fait sien,
parce qu'il l'a fait vivre.

QUATRIÈME PARTIE

PUGET ARCHITECTE

I

Lorsqu'on suit, à travers ses péripéties étranges, le drame héroï-comique de l'arsenal de Toulon, il semble que l'activité de celui qui y jouait le rôle principal dut s'y dépenser tout entière, absorbée par tant de travaux et par les ennuis qu'ils traînaient avec eux. On aurait tort de le croire. En résumé, l'application de l'art aux constructions navales ne prit que la moitié de cette période de la vie de Puget qui s'étend de 1668 à 1672. Si, revenant à notre point de départ, nous nous tournons du côté de Marseille, nous y verrons le même homme, tour à tour peintre, sculpteur et décorateur de vaisseaux, ouvrir à son génie une porte nouvelle en s'improvisant architecte.

Le moment paraissait bien choisi. Puget, à son
retour de Gênes, trouvait Marseille en travail. Après
de longues luttes intestines, dépouillée enfin de ses
libertés municipales, et désormais assouplie au devoir de fidélité, l'indolente et mobile cité des Pho-
céens s'était vue contrainte de prendre part au grand
mouvement de rénovation qui s'étendait de Versailles et de Paris à toutes les parties du royaume.
Bon gré mal gré il lui avait fallu se résoudre à marcher avec la France. Il avait fallu adopter le mot
d'ordre national, la volonté du roi. Or la volonté du
roi, plus d'une fois déclarée, était de faire de Marseille une ville grande et belle.

Ɂ De là, une double nécessité : s'agrandir et s'embellir. Des lettres patentes du mois de juin 1666
imposèrent l'agrandissement. Un arrêt du conseil
en fixa les limites. La ville, en défiance d'elle-même,
se mit entre les mains d'un traitant ou partisan,
lisez d'un capitaliste — moyen banal, mais qui n'a
pas vieilli — jusqu'au jour où les exigences de ce
dernier amenèrent une rupture, soldée, comme
toujours, par une forte indemnité. Quant à l'embellissement, il consistait seulement alors dans la construction de l'hôtel de ville, œuvre bâtarde commencée on ne sait quand ni par qui, et poursuivie
tant bien que mal sur des plans hétérogènes. Les
ouvrages de sculpture décorative venaient d'être
confiés, le 27 avril 1667, à un maître marbrier du

pays, Noël Gaultier. Mais, à mesure que la ville
s'étendrait, il lui faudrait bien d'autres édifices,
des portes, des marchés, des hôpitaux (on ne parlait pas encore de casernes). Évidemment, il y avait là
pour un artiste de génie une belle place à prendre,
et c'est celle qu'ambitionnait Pierre Puget.

Il arrivait les mains pleines de rêves, sinon de
projets. Cette ville dont il s'éloignait à regret, si
bien nommée Gênes la Superbe, avec ses palais
de marbre, ses églises tapissées d'or, ses rues à magnifique ordonnance, lui apparaissait comme le type
d'une cité commerciale véritablement grande et
belle, comme le modèle encore informe de ce qu'il
fallait créer à Marseille. Chose étrange, Puget trouva
de suite à qui parler. Sans placer aussi haut leur
idéal, les échevins avaient également de nobles vi-
sées, ainsi que l'atteste la lettre suivante, adressée
par eux, le 13 mars 1668, au cardinal duc de Vendôme, gouverneur de Provence :

Monseigneur,

Le 6ᵉ de ce mois nous transigeames avec le traictant de l'agrandissement de cette ville par l'entremise de M. le Premier Président
et nous nous mîmes à son lieu et place moyennant 217,000 livres
que nous obligeâmes de payer, sçavoir 100 m. l. au Roy et 107 m. l.
a luy mesme pour tous les frais qu'il avoit faict et pour toutes les
pretentions de proffit qu'il croyoit de faire. Les raisons qui nous
porterent à prendre sur nous cet agrandissement furent de tirer
nos concitoyens de la pression de ses rigoureuses taxes, et de conserver le plus que nous pourrions la beauté de la ville par toutes
les décorations que nous pourrions imaginer de luy faire afin que

les étrangers qu'ils y abordent et qu'y n'entrent pas plus avant dans
le Royaume jugeassent par cette ville de la grandeur et de la puissance de votre Monarque. Ce traicté, Monseigneur, feust faict avec
un applaudissement général soit de ce peuple soit de toute la Provence qui voyoit avec deplaisir le pitoyable changement de cette
ville.

Au fond de l'affaire il y avait sans doute autre
chose qu'une question de beauté. Mais enfin j'aime
à voir cette préoccupation entrer en ligne de compte
avec les intérêts matériels d'une ville et peser sur
les décisions de ses magistrats. La suite prouvera
que ce n'était point un masque. Chez ces négociants
appelés à l'honneur d'administrer une grande cité,
le goût lutte encore contre l'économie; le positivisme n'a pas tout envahi. Aussi se tournent-ils vers
l'homme qui représente en Provence l'esprit du
beau, vers Puget. A Marseille, comme à Toulon,
l'histoire de Puget va se résumer dans la lutte de
l'esprit du beau contre l'esprit positif.

Ce sont les échevins qui ouvrent le feu. Ils s'a-
dressent à d'Infreville, l'intendant de la marine à
Toulon, le 13 août 1668.

Hier nous fusmes voir M. de Beringhen pour prandre ses avis sur
le plan que nous avons fait prandre de cette ville et fauxbourg que
nous désirons suivant la volonté du Roy enfermer de murailles, et
comme c'est un ouvrage auquel il ne faut rien espargner pour former
un beau dessein, nous vous supplions très humblement d'avoir la
bonté de permettre au s^r Puget quy est employé aux arsenaux du
Roy de venir en cette ville pour huict jours, afin que nous puissions
sur les lieux prandre ses advis. Nous espérons, M^r, cette grâce de
vous, puisque avons l'honneur d'estre.....

Et l'archivaire, qui a transcrit cette lettre sur le
registre des copies, ajoute en marge : —« Autre sur
le mesme suiect au sieur Puget. » De plus, la correspondance de d'Infreville atteste que l'intendant
de Marseille, Arnoul, joignit ses instances à celles
des échevins.

Cette fois, Puget ne se fit pas attendre. Il accourut, flatté de la confiance de ses concitoyens, et prêt
à y répondre royalement. On pense jusqu'où pouvait
s'échapper l'imagination d'un tel homme, quand rien
ne lui tenait la bride. Pendant plus d'un mois, dans
les loisirs que lui laissait l'arsenal de Toulon, il
s'épuisa en inventions grandioses. Vers le milieu
d'octobre, il revint à Marseille avec un « dessein
merveilleux » (ce sont les expressions de d'Infreville), si merveilleux, que le duc de Vendôme l'a-
dopta d'enthousiasme et l'envoya à Paris. De leur
côté, les échevins comptèrent à l'artiste une somme
de 1,000 livres pour « ses paynes, travaux et frais
de plusieurs voyages. »

En même temps, ainsi que je l'ai dit, Arnoul le
consultait pour l'arsenal des galères. On ne pouvait,
en effet, songer à embellir Marseille sans lui donner
un arsenal digne de ses nouvelles splendeurs. Quelques extraits des lettres de l'intendant des galères à
Colbert, publiées par M. Jal, en diront plus sur ce
sujet que les plus longs commentaires.

14 AOUST 1668. — Quant à l'arsenal, au deuant près, il sera en

estat; lequel deuant j'aurois bien voulu ne point faire que le Roy ou
vous ne l'eussiez veu, d'autant que Puget de Gennes qui a veu mon
dessin et approuué autant que je le puis souhaiter, me pousse à des
pensées plus nobles et plus grandes que celles que j'auois ; mais il
cherche à bastir sa réputation plus tost qu'un arsenal pour le Roy.
Je l'ay prié de me les mettres sur le papier, je vous l'enuoray.

4 SEPTEMBRE — Je void que vous seriez bien aise que tout l'Arsenal
put estre en sa perfection quand le Roy viendra ; cela sera, et je tra-
uaille avec le s^r Puget de Gennes à régler le deuant, ne trouuant pas
la pensée que j'auois eue d'y faire des magasins si belle, que de le
laisser à jour par arcades ; mais il ne considère que le beau, je
regarde l'utile et le nécessaire ; auec ce qui m'embarrasse, à cause
de la dépense, c'est le quay qu'il faut faire pour communiquer d'un
port à l'autre.

22 SEPTEMBRE. — Je n'arresteray rien auec le s^r Puget de Gennes
que je ne vous en enuoye les desseins, et mesme pour la fermeture
du deuant de l'Arsenal, j'estois résolu d'attendre vostre venue avec
le Roy pour la conclure.

Remarquons le mot dont se sert l'intendant :
Puget de Gênes. Il le croit Italien, de là sa confiance.
Major è longinquo reverentia. S'il le savait Marseillais, il se garderait bien de le consulter sur ce qui
intéresse Marseille. Puget, de son côté, traite ses
compatriotes comme s'ils étaient Génois, c'est-à-dire
d'intelligents parvenus, se gouvernant eux-mêmes,
maîtres de leurs deniers et de leur goût. Il lui en
coûtait si peu de leur donner une ville idéale !

Sur ces entrefaites, les élections communales,
qui avaient lieu à la fin de l'année, amenèrent au
conseil des échevins nouveaux, moins artistes et
plus positifs que leurs devanciers. Ceux-là prirent
peur. Ils aperçurent le gouffre financier qu'il fallait traverser pour arriver à l'idéal. Et tout aussitôt

les voilà qui, le même jour, écrivent à Colbert, à
Beringhen, au marquis de Lionne, afin de conjurer
l'orage, c'est-à-dire l'exécution du plan de Puget.

Lorsque nous avons faict le traitté de l'agrandissement, disent-ils
à Colbert, et que nous avons pris le party, moyennant 207 m. l., ce n'a
été que pour faire cesser l'oppression du partisan et nous mettre à
couvert de ses violences, nous avons faict ce grand effort pour
mettre fin à tous les procès civils et criminels qu'il avoit sussités
contre les habitans et nous n'avons engagé la Communauté à une
somme si considérable que pour esviter ses persécutions, mais nous
avons creu en mesme temps que le Roy n'auroit pas moins de bonté
pour nous que pour le traittant, que nous ne serions pas obligés de
faire une plus grande despance que celle qu'il auroit faict, et qu'il
nous seroit permis de faire la nouvelle enceinte de murailles con-
formement aux lettres patentes. Nanltmoins, s'il falloit exécuter
le nouveau plan que S. A. de Vandosme a envoyé à la cour, ce
seroit nous obliger à l'impossible, c'est un magnifique dessain et
une idée d'une grande et belle ville, mais qu'il n'est pas propor-
tionnée à notre foiblesse et dont l'exécution n'est pas à nostre pouvoir. Nous vous suplions, Mgr, dans le dessain que S. M. fixera de
cet agrandissement d'avoir esgard à nostre pauvreté ou de nous
laisser la mesme liberté qu'avoit le partisan.

A Beringhen, premier écuyer du roi, ils tiennent
le même langage :

Après l'occasion que vous aviez si favorablement offert de presanter vous mesme le dessein de l'agrandissement à Sa M^te, nous
en avions fait fere le plan à Puget, et d'abord qu'il nous l'eust
remis, S. A. de Vandosme nous le demanda pour le voir et l'a du
depuis envoyé à la cour, cela nous a privé de l'avantage que nous
espérions s'il eust esté présanté au Roy de vostre main. Nous
croyons pourtant, Mr, que le manque de parolle auquel nous n'a-
vons pas contribué ne nous privera pas des effets de votre bonté
ordinaire dans cette occasion. Le plan est convenable à la puissance
de nostre grand monarque, mais l'exécution est au-dessus de nos
forces. Nous avons traicté avec le partisan dans l'intention de faire
le moings de fraicz qu'il nous seroit possible, et, s'il falloit entre-

prandre cet ouvrage de la façon qu'il est proiecté nous aurions nous
mesme travaillé à nostre propre mal et nous aurions contribué à
nous engager à une despance extraordinaire. Il nous seroit glorieux
de comancer un sy beau dessein si nous jugions que nostre communauté fust en estat de l'exécuter, mais nous connoissons si bien
nostre foiblesse que nous sommes obligés d'empêcher ce quy nous
semble avantageux et de réduire le travail de cest agrandissement
à une enceinte médiocre. Sa Mᵗᵉ l'avoit permis au traictant par ses
lettres patentes, nous ne demandons que la mesme permission
qu'il avoit accordée à un inconnu. Nous vous aurons, Mr, une obligation infinie de nous l'obtenir, et nous joindrons cette faveur à
toutes celles que nous avons si souvent reçues de vostre protection
et de l'amitié que vous avez pour ceste ville.

En lisant ces explications embarrassées, on comprend la vérité de ce qu'Arnoul écrivait à Colbert :
— « Les habitants de Marseille seroient bien difficiles à contenter s'il falloit prendre leur aduis,
la plupart ne sçavent ce qu'ils veulent et l'autre
partie ne sçait ce qu'il luy faut. »

La lettre au marquis de Lionne, ministre des
affaires étrangères, datée, comme les précédentes,
du 8 janvier 1669, n'est pas moins explicite. J'en
extrais seulement le passage suivant, qui nous
apprend un fait nouveau :

Mr le Cardinal de Vandosme nous ayant représanté que le Roy
voulloit fere une grande et belle ville de Marseille, il a fait faire un
plan qu'il a envoyé à Mr de Colbert.....

Ainsi c'est dans les mains de Colbert que la fatalité jetait ce « dessein merveilleux. » Le ministre,
qui condamnait à Toulon les plans de Puget, pouvait-il les approuver à Marseille? Assurément non.

L'affaire fut vite réglée. Dès le 21 janvier on avait la réponse. Le premier échevin, après avoir rappelé au conseil « qu'ensuite de l'advis de Monsieur de Beringhen, Messieurs ses collègues et luy avoient fait faire à Puget de Thollon le dessein de l'agrandissement, » déclara que « Monseigneur de Vandosme l'ayant mandé à Monseigneur Colbert, ce dernier auroit cru que le roy l'avoit trouvé trop vaste, et que Sa Majesté, dans le désir qu'elle avoit que cet ouvrage fût au plus tôt achevé, avoit ordonné qu'il seroit fait conformément à ce qu'étoit porté par l'arrêt du conseil du 24 mars 1667. » Ce qu'ayant entendu, le conseil, en conseil bien appris, se hâta d'approuver, « puisque, ajoute le procès-verbal, telle est la volonté du roy, à laquelle on doit toujours aveuglément obéyr. »

Toutefois, malgré ce beau zèle d'obéissance, au mois d'avril on délibérait encore sur les limites de l'agrandissement. Le cardinal de Vendôme, l'amiral, le chevalier de Vendôme, le général des galères et les consuls d'Avignon, convoqués ensemble à Marseille, arrêtaient un plan définitif qui fut déposé au greffe de la commune. Je n'ai pas à raconter ici dans ses détails, d'un intérêt tout local, l'affaire de l'agrandissement de Marseille. A vrai dire, je n'y ai touché que pour dégager la part qu'a pu y prendre Pierre Puget.

II

Or, les documents cités le démontrent jusqu'à
l'évidence, cette part est considérable. Puget fut
appelé de Toulon par les échevins, sur le conseil de
Beringhen. Il travailla un mois et demi pour leur
compte et reçut une indemnité de 1,000 livres.
Il dressa un plan et fit un dessin, envoyés à Versailles par le duc de Vendôme, qui eurent l'honneur
de passer sous les yeux du roi. Voilà des faits certains. Il est vrai aussi que le plan fut réduit; mais
rien ne prouve qu'on l'ait complétement écarté.
Quant au dessin, c'est-à-dire aux élévations et perspectives des édifices à construire d'après le plan,
rien ne prouve non plus qu'il n'en ait pas été tenu
compte. Les échevins, en possession des magnifiques
projets de Puget, auraient renoncé à en profiter,
par la raison qu'ils diminuaient la surface de l'a-
grandissement? Une telle hypothèse est inadmissible. La réalité même lui donne un démenti, et
Colbert le confirme, puisque dans une lettre du
1er mai 1671, il dit en termes précis : « A l'égard
des alignements de la ville, j'expédie pareillement
un arrest du conseil pour commettre le sieur Puget
pour en prendre soin et pour obliger à ne faire au-

cuns bastimens sans sa participation. » Et, quelque temps après, le 25 septembre, il écrit encore
au même, c'est-à-dire à Arnoul : « Sur les difficultés que vous avez avec les échevins de Marseille
et sur la proposition que vous faites d'establir Puget pour voyer, vous devriez examiner un peu la
suite que doit avoir une affaire de cette nature. »
Le doute n'est plus permis. Évidemment les échevins empruntèrent au plan de Puget ses principales
divisions, ses grandes lignes. Mais Puget, en tra-
çant à travers la ville de Marseille la voie grandiose
qui commence à la porte d'Aix et finit à la porte de
Rome, avait peut-être rêvé de lui donner partout la
même largeur, et cette largeur fut réduite avant et
après le cours. Peut-être conçut-il l'idée de couper
cette première voie par une autre non moins large,
de l'arsenal à la porte Noailles, et celle-là aussi fut
réduite à la Canebière[1]. On ne peut refuser à Puget
l'honneur de ces conceptions marquées au coin du
génie. De même, le dessin représentait sans doute
les deux principales artères de l'agrandissement
bordées sur tout leur parcours d'édifices uniformes,

---

[1] La Canebière ! il faut bien la nommer par son nom, cette rue célèbre entre toutes dans les fastes de la plaisanterie. « Si Paris... » On
sait le reste ; mais on ne sait pas sur quelle base sérieuse s'appuyait la
vanité tant bafouée des Marseillais. A une époque où tous les ports étaient
fermés du côté des villes par de hautes murailles, comme l'est encore le
port de Gênes, ce fut une grande nouveauté et un légitime sujet d'orgueil vis-à-vis des Italiens et des Espagnols, qu'une rue ouvrant directement sur le port, et donnant à la ville la perspective pittoresque des
navires mouillés le long des quais.

plus semblables à des palais qu'à des maisons, et là
encore l'économie communale réduisit le projet sans
abandonner l'idée primitive. Il suffit de jeter les
yeux sur les maisons qui subsistent encore à Marseille de chaque côté du cours Saint-Louis et à
l'angle de ce cours et de la Canebière. Il y a là un
ensemble de constructions brusquement interrompu,
dont le style homogène paraît emprunté aux palais
génois, et, si l'on compare ce style à celui que Puget adopta pour sa maison de Toulon, il deviendra
impossible de ne pas assigner à ces édifices presque
identiques une origine commune. Les maisons du
cours Belsunce, malgré leur diversité, ont aussi un
air de ressemblance. Les balcons à cariatides, dont
quelques-unes sont ornées, n'ont pu être imaginés
que par l'auteur des *Cariatides* de Toulon. Seulement, il les avait distribués de chaque côté suivant
une ordonnance symétrique, et la liberté rendue aux
constructeurs a détruit cette symétrie. Si l'on descend à l'examen des détails, les mascarons, les
mufles, les clefs de voûtes, les frises d'ornements,
les rinceaux, les lignes des volutes, la forme des
divers membres, tout, dans le décor aussi bien que
dans l'architecture, présente une analogie frappante
avec les œuvres incontestées de Puget. Ses deux
maisons, celle de Toulon et celle de la rue de Rome
à Marseille, attestent suffisamment son talent d'architecte. Or, les prédilections dont elles témoignent

se retrouvent agrandies, amplifiées, embellies, dans les édifices du cours Saint-Louis.

Puget s'inspire de Gênes. C'est à l'*Albergo de' Poveri*, c'est aux palais de cette riche cité qu'il a emprunté son système d'architecture. Un soubassement rustique, comprenant le rez-de-chaussée et l'entresol, des pilastres dessinant le corps principal composé de deux étages, et, au-dessus d'une corniche à saillie fièrement accusée, des mansardes formant attique, tels en sont les traits généraux. Des divisions aussi larges et si bien soutenues donnent aux constructions du cours Saint-Louis un incontestable caractère de grandeur, de richesse, de puissance. Elles ont le mérite d'être rationnelles, de se modeler sur les dispositions intérieures et de s'approprier aux besoins de la vie. L'ensemble porte le même cachet de science et d'art personnel qui caractérise toutes les œuvres de cet homme étrange, aussi habile architecte qu'il était grand sculpteur.

Il arriva donc que Puget vit ses plans et ses dessins adoptés en principe, et suivis en fait, sauf les modifications suggérées par l'économie. On commença par s'y conformer rigoureusement, témoin les deux côtés du cours Saint-Louis et la première aile de la Canebière. Puis on s'en inspira, comme dans les maisons qui flanquent le bas de la rue d'Aix et dans un certain nombre de celles du cours Belsunce. Enfin, quand des maçons médiocres furent

chargés d'élever les constructions d'angle des rues
qui s'ouvrent sur ce même cours, les rues du Tapis-
Vert, des Fabres, de l'Étrieu, etc., ils reproduisirent,
en rechignant, les principales divisions de Puget,
imposées sans doute par la commune. Mais leurs
pilastres informes, leurs attiques sans proportion
ne sont plus que la charge maladroite d'un style
dont ils ne comprenaient pas le premier mot.

Bougerel, qui assigne à ces travaux une date tout
à fait erronée, les confirme néanmoins, et ajoute
quelques détails puisés dans un mémoire manuscrit
communiqué par la famille.

Puget se rendit à Marseille où il fut employé pour donner les
desseins de l'embellissement du Cours; ce qui l'arrêta plus longtemps qu'il ne croyoit. Il donna à l'architecte l'ordre que tous les
particuliers devoient suivre pour la régularité de l'architecture, en
six feuilles de grand papier. Le cours de Marseille, quelque beau
qu'il soit, l'auroit encore été davantage, si l'on avoit suivi exactement son desscin. Comme il avoit de grandes idées, il vouloit qu'on
donnât plus de largeur et de longueur à ce Cours qu'on ne lui en a
donné : qu'à chaque isle on fit une belle porte cochère à la maison
du milieu ; ce qui, joint à la magnifique architecture qu'on admire
partout, auroit fait croire aux étrangers que c'étoient tout-autant de
palais magnifiques.

Il fit aussi alors, à la prière de M. de La Salle, un des principaux
gentilshommes de Marseille, un superbe dessein pour un hôtel de
ville : on le trouve à Marseille chez M. Gravier. Les connoisseurs
sont frappés de la beauté surprenante de ce dessein.

En définitive, et c'est là le point qu'il importe
d'établir, lorsque, au dix-septième siècle, la volonté
de Louis XIV entreprit de renouveler la ville de

Marseille, comme la volonté de Napoléon III la re-
nouvelle aujourd'hui après un intervalle de deux
cents ans, cette rénovation de la première cité commerciale de la France s'opéra sous l'influence directe
de Pierre Puget. Il fut l'âme de l'agrandissement
de 1668, et l'agrandissement de 1863 a encore obéi
à son inspiration, en prolongeant, au delà de l'ancienne porte Noailles, cette large rue de la Canebière
qu'il avait vu couper par la moitié.

III

Mais Puget n'était pas homme à se contenter
d'une inspiration idéale. Il avait, entre autres génies,
celui de l'entreprise. Il sut fort bien descendre dans
l'arène, et tantôt avec ses frères Jean et Gaspard,
tantôt avec tels ou tels, se réduire au rôle de maître
maçon. L'affaire lui réussit, car on le voit, précisément à cette époque, placer diverses sommes, en
obligations à 5 pour 100 et 4 pour 100, sur les communautés de Marseille et de Toulon. D'autre part, son
testament le montre encore en possession, la veille
de sa mort, de nombreuses *places à bâtir* dans les
limites du nouvel agrandissement. Or, comme ces
placements d'argent semblent en contradiction avec
les débours qu'il aurait dû faire pour l'achat des

terrains, j'imagine que les terrains lui furent con-
cédés par la ville à titre d'indemnité, et qu'ils représentent en quelque sorte son salaire d'architecte-
voyer du nouveau Marseille.

De plus, il prit une part directe à la construction de plusieurs édifices publics. Bougerel parle
d'un dessin pour l'hôtel de ville. Mais ce dessin arrivait trop tard. L'hôtel de ville, commencé
depuis plusieurs années, se construisait cahin-caha.
Puget ne put que contribuer à la décoration de l'é-
difice et corriger quelques-unes des fautes de ses
architectes anonymes. Le 27 avril 1667, les échevins
de Marseille avaient, il est vrai, passé prix-fait avec
un maître marbrier, nommé Noël Gaultier, pour
les ouvrages en marbre de l'hôtel de ville, mais ils
avaient réservé les chapiteaux des colonnes et pilastres qu'ils s'engageaient à fournir eux-mêmes. Lorsque, en 1670, Puget s'en fut à Gênes inaugurer
l'autel de Saint-Cyr, il reçut commission de s'arrêter
à Carrare et d'y commander ces chapiteaux. C'est
l'objet d'une lettre, inédite, qui s'est conservée dans
les registres de l'hôtel de ville de Marseille où j'en
ai pris copie.

A MESSIEURS LES ÉCHEVINS DE LA VILLE DE MARSEILLE,
A MARSEILLE.

Messieurs,

Je me suis donne lhonneur de vous escrire et vous envoie le
compte des chapiteaux de marbre que je vous ay faict faire a Carare

don je vous reste debiteur de 190 Lire 14 que je tient pour Reseu
des armes du Roy que je fais et que vos predesesur mont ordonné
et doubtant que vous naies pas reseu lesdict compte je les envoy a
mon frere Gaspard vous les trouveres tres fidelles on travaille apres
les armes pour les esbaucher je vous suplie Mesieur de man anvoïer
(de largant) pour y continuer esperant lhonneur de vos comande-
mens je suis de tout mon cœur.

Messieurs

Vostre tres humble et tres obeissât ser^r

P. PUGET

A Genes le 3 janvier 1670.

Il semble résulter de cette lettre que, dès avant
1670, Puget aurait reçu des échevins une autre
commande, celle de l'écusson des *Armes du Roi* qui
décore la façade de l'hôtel de ville. Du moins le
prétendait-il ainsi. Cependant, l'année précédente,
un sculpteur de la ville de Liége, nommé Martin Gro-
fis ou Groffils, avait obtenu le prix-fait de la décoration de la façade. Il s'engageait à exécuter toute la
sculpture qu'on entendait faire « au frontispice de
la porte du balcon du côté du port, depuis l'imposte
de ladite porte jusques à la grande corniche, » c'est-
à-dire un buste du roi entre deux captifs avec un
trophée d'armes. Une convention postérieure de
quelques mois modifia le programme : aux captifs
on substituait deux vertus, la Victoire et la Force.
Le tout devait être payé 1,950 livres. De Puget, pas
un mot. Mais celui-ci tint bon. Fort d'une promesse
qui remontait peut-être très-loin et qui ne reposait
sur aucun acte authentique, il se regardait aussi

comme engagé, et la preuve est qu'il faisait ébaucher l'écusson. La tradition a toujours attribué à Christophe Veirier une part de collaboration dans cet ouvrage. C'est lui, sans aucun doute, que Puget avait fait venir de Gênes à Carrare pour surveiller l'exécution des chapiteaux, et qu'il chargea d'ébaucher son œuvre. Encore fallait-il la faire accepter des échevins. L'affaire traîna en longueur, non sans procès, j'imagine. Finalement, le 25 janvier 1673, pour régulariser l'ancienne promesse, on dressa une convention dont Bougerel donne le texte. Par cet acte, qui est, à vrai dire, un acte simulé, Puget promet « de tailler et d'insculpter de sa main sur « la pièce de marbre blanc qu'il a fait venir de Gênes « par leur ordre, d'onze pans de hauteur et six de « largeur ou environ (mesure de Provence) les Ar- « mes du Roi, environnées de ses deux ordres, avec « la couronne au-dessus, supportées par deux figures « angéliques, et les rendre parfaites, polies et lus- « trées ; de les mettre dans l'hôtel de ville franches « de port, et d'assister de ses soins pour les mettre « en place sur le frontispice de l'hôtel de ville, du « côté du port, par tout le mois d'août prochain, « moyennant le prix et somme de 1,500 livres pour « tout. »

Bougerel nous apprend encore que, les *Armes* une fois posées, au moyen d'un procédé économique inventé par Puget, ce dernier présenta un mémoire

aux échevins pour obtenir un supplément de prix,
disant que le marbre employé lui avait coûté 1,396
livres ; qu'ainsi il n'avait eu pour sa peine que 104
livres sur les 1,500 qu'on lui avait données, et of-
frant, si l'on voulait lui céder ces armoiries, de les
payer sur-le-champ 6,000 livres. Ces remontrances
et ces offres ne touchèrent personne, et le conseil,
auquel on soumit la dépense le 7 mai 1674, se contenta de l'approuver « fort agréablement. »

En effet, la ville de Marseille faisait là une bonne
affaire. L'écusson des *Armes du Roi*, qui surmonte encore aujourd'hui le claveau de la porte de l'hôtel de ville
est un morceau exquis. Deux enfants, modelés avec
une rare souplesse, supportent le cartouche. On ne
peut nier que les proportions n'en soient un peu fortes.
Sans doute l'ouvrage avait été commencé avec l'intention de le placer plus haut, à l'endroit où s'étalent,
sans Vertus ni captifs, le trophée d'armes et le buste
du roi, ouvrage lourd et indigeste du Liégeois Groffils.
La révolution a respecté les « figures angéliques, »
et c'est une modération dont il faut lui savoir gré.
Mais elle a gratté la couronne et les ordres royaux
sculptés sans doute avec cet amour de la perfection
que Puget apportait aux moindres détails. Aux armes
gravées dans le champ de l'écusson on substitua le
niveau et le bonnet phrygien, ainsi que l'atteste un
dessin du Cabinet des Estampes. La restauration, à
son tour, remplaça ces emblèmes par des fleurs de

lis. Peut-être, en 1830, y mit-on la charte. Aujour-
d'hui, le cartouche est vide au milieu d'un cadre
chantourné. Les génies subsistent seuls, et c'en est
assez pour rendre à jamais précieuse l'œuvre char-
mante de Puget.

L'hôtel de ville de Marseille se ressent du grand
nombre de mains par lesquelles il a passé. Trop de
médecins ne valent rien pour un malade : trop d'architectes gâtent un monument. Depuis l'architecte
primitif, qui oublia l'escalier, toutes sortes d'artistes
et des artistes de toutes sortes touchèrent à cet édifice bâtard. En 1670, les échevins demandaient au
conseil de suspendre les gages des maçons qui s'em-
ployaient encore à le terminer, et parmi ces maçons
se trouve un Puget qui doit être un des frères, Gaspard ou Jean. Trois ans après, Pierre Puget lui-
même était appelé en consultation : l'édifice crevait
de toutes parts. Le maître ordonna une grande ceinture de fer. Comme le maçon chargé des travaux
d'appropriation intérieure, Alexandre Casteau, s'en
acquittait assez mal, le « grand Puget, » ainsi le
nomme la délibération du conseil, fut prié de donner son avis pour « les corniches, les modillons, »
c'est-à-dire les ornements de sculpture, aussi bien
que pour la chapelle et la voûte de la grande salle :
il dirigea le sculpteur auquel incombaient ces travaux, et c'est par ses conseils que celui-ci, qui se
nommait Pourtal ou Portal, reçut l'ordre de faire

dans la chambre consulaire une cheminée « d'excul-
ture » à la place de celle que Casteau devait faire
toute simple.

Deux mois ne s'étaient pas écoulés que l'état du
malade nécessitait encore l'intervention du docteur :
les murailles s'ouvrent, les planchers se séparent.
Puget, fidèle à son traitement, prescrit une nouvelle
ceinture de fer pour contenir les déviations de l'é-
difice rebelle. Le moyen réussit sans doute, car l'on
continua de s'occuper de la décoration intérieure.
La communauté de Marseille saisit au passage un
artiste qui revenait de Rome, où il avait joui de la
pension du roi, Bénigne Sarazin, fils du fameux
sculpteur Jacques, et lui confia, le 7 mai 1674, pour
le prix de 700 livres, les peintures à exécuter dans
la chapelle de l'hôtel de ville.

IV

Vers le même temps, une autre occasion s'était
offerte à Puget de faire œuvre d'architecte. Le programme de l'agrandissement comportait la construction d'une halle pour les nouveaux quartiers. Au
lieu de traiter directement par prix-fait, la communauté mit l'édifice aux enchères le 18 mai 1672. Il
résulte du procès-verbal d'enchères que le dessin,

plan et élévation, existait dès lors, et l'on peut
croire que Puget en était l'auteur, car il disputa
vivement l'adjudication, mise d'abord à 12,000 livres, et, de rabais en rabais, il finit par l'emporter
à 8,350, tant il avait à cœur d'en rester chargé.
Toutefois, comme le service du roi le retenait à
Toulon, il fit agréer, pour conduire les travaux,
son frère Jean, se réservant seulement la haute direction de l'œuvre. Cette « halle de la poissonnerie
et boucherie » fut terminée en 1674. C'est un édifice original, le plus léger assurément des édifices
de ce genre construits en pierre, le meilleur des
ouvrages d'architecture de Puget, le monument le
plus grec de l'antique cité phocéenne. L'air y circule
librement, et le soleil y joue avec l'ombre de la façon la plus pittoresque. Émeric David l'a fort bien
décrit, quoique le début de sa description sente fu-
rieusement l'éloquence académique de 1807.

Quelle élégante simplicité dans ce *forum* où de modernes Hellè-
nes étalent la pêche de leurs époux! Vingt colonnes ioniques et
isolées, dont cinq s'alignent sur chacune des deux façades, et sept
sur les côtés, en forment l'ensemble. Des marches à trois rangs,
posées entre les stylobates des colonnes, offrent un accès commode
à la foule qui monte et qui descend. Les arcs reposent sur les chapiteaux, et la charpente du toit, soutenue par des antes, forme une
corniche naturelle. Le sentiment de l'économie peut avoir inspiré
cette pensée; mais, pour cette fois, l'économie s'est alliée avec le
goût. Quatre fontaines placées aux quatre angles extérieurs, rafraî-
chissent l'air, et donnent la vie à l'ensemble. La piquante légèreté
qui distingue cet édifice ne viendrait-elle pas du nombre impair
des colonnes, autant que de leurs proportions et de leur couronne-

ment ? L'Égypte, Égine, Pœstum, Corinthe, Phigalie, ont autorisé, quoique par de rares exemples, cette disposition des colonnes en nombre impair. Ce n'est pas seulement dans des basiliques, et d'autres édifices purement civils, qu'elle a été mise en pratique, mais encore dans des temples. L'ingénieuse invention de la cinquième et de la septième colonne a répandu dans le *forum* de Puget une sorte de mouvement, en harmonie avec l'action perpétuelle des acheteurs et des marchands qui le fréquentent, et avec la vivacité du peuple auquel il est destiné ; tout est d'accord. A la grâce de ce monument, je reconnais la fille de Phocée, ou plutôt je retrouve dans le chef-d'œuvre de Puget la Grèce elle-même, la Grèce caractérisée par la finesse de son goût et par l'élégance de ses mœurs.

Trois années avaient suffit à Puget pour conquérir une réputation d'architecte. On comprend quel piédestal devaient faire à cet homme tant de talents réunis sur la même tête. Aussi voyons-nous, à ce moment, la Provence se donner à lui presque sans réserve. De tous côtés on l'appelle, on le consulte, et, quand il ne produit pas de sa propre main, son influence, acceptée par tous les artistes qui l'entourent, marque leurs productions d'un caractère particulier. Il a de puissants protecteurs, entre autres le premier président du parlement de Provence, Henri de Forbin d'Oppède, et, comme le premier président se trouve investi de la tutelle de son petit-fils Jean-Baptiste de Boyer, seigneur d'Aiguilles, Puget se voit amené à exercer aussi une sorte de tutelle sur ce jeune homme, amateur passionné des beaux-arts. C'est Puget qui le recommande à ses amis de Gênes, ou qui peut-être l'emmène avec lui dans un de ses nombreux voyages. C'est à Puget

que s'adresse Boyer, lorsque, de retour d'Italie et
déjà riche d'une belle collection, il veut devenir
artiste. Enfin c'est encore Puget que la mère de
Boyer d'Aiguilles charge de bâtir un hôtel digne de
son fils et des chefs-d'œuvre dont il aime à s'en-
tourer. L'hôtel d'Aiguilles existe encore à Aix, depuis longtemps veuf de ses hôtes, passant de main
en main, selon les hasards des successions et des
ventes. A l'époque où je l'ai visité, un fabricant de
fausses pâtes d'Italie y remisait son industrie, sans
souci du nom illustre qui devrait sauvegarder une
telle demeure. La ville d'Aix s'honorerait en consa-
crant à un service public ce petit palais plein de
souvenirs d'art et fruit d'un art savant. Puget, fidèle à son système d'architecture, a choisi le pilastre
comme élément principal de la décoration extérieure. Six pilastres corinthiens marquent les divisions de la façade. D'autres décorent les ailes demeu-
rées inachevées. La porte d'entrée, le vestibule et
l'escalier sont rejetés à l'angle de gauche, afin de
laisser aux appartements du corps de logis plus
d'espace et de valeur. Le rez-de-chaussée ne comprend, en effet, qu'une vaste salle qui a dû être la
galerie de peintures de Boyer d'Aiguilles. Ainsi Puget a préféré la logique à une symétrie banale, et
c'est une preuve de plus de cet esprit judicieux, de
ce goût indépendant qu'Émeric David relève avec raison dans les œuvres d'architecture du grand artiste.

L'hôtel d'Aiguilles date de l'année 1675 ou environ. Quelque temps après, les administrateurs de l'hospice de la Charité de Marseille invitèrent Puget à leur construire une chapelle. La première pierre fut posée le 20 avril 1679. Dès lors cet édifice commença à s'élever sous la direction de Pierre Puget, secondé de son frère Jean. Mais la construction dura plus de dix ans, et, confiée enfin aux mains négligentes de son fils François, elle ne devait pas être achevée. Ici encore, on me permettra de citer Émeric David :

Un accent plus grave devait distinguer l'oratoire où les indigents de la charité chantent en commun leurs prières. Une coupole ovale, soutenue par douze colonnes corinthiennes, en forme le centre ; sur l'axe longitudinal, et en avant, est un *pronaos* ou vestibule carré ; au fond du temple, s'élève un autel unique : à droite et à gauche, sont deux chœurs : l'un pour les vieillards et les enfants, l'autre pour les femmes. La grande hauteur du dôme porté par un tambour, le style mâle des colonnes qui le soutiennent, la ligne continue de la corniche qui en dessine le contour, la lumière qui, frappant vers le centre, va se dégradant sous les profondeurs latérales, toutes ces beautés donnent à l'édifice une physionomie majestueuse et mélancolique. Un dôme hémisphérique, surtout s'il est élevé sur un tambour, et percé de hautes fenêtres, verse dans l'intérieur de l'édifice une lumière plus abondante et plus égale : un dôme ovale produit, à cause de ses différentes courbures, des jours plus resserrés, des ombres plus fermes, un effet plus mystérieux... Cette dernière disposition était peut-être celle qui convenait le mieux à un asile de pénitence et de charité. Elle devait d'ailleurs flatter l'imagination de Puget, par cela même qu'elle renferme quelque chose d'austère et de singulier.

Ceux qui ont vu la chapelle de l'hospice de la Charité souscriront difficilement à ce jugement

d'une indulgence excessive. Mais le dernier trait est
juste. Puget, séduit par une idée piquante, a voulu
plus que jamais faire acte d'indépendance. Il a
cherché l'élégance là où l'ampleur eût été nécessaire. Cette nef étranglée, ces maigres colonnes
chargées d'une corniche opulente, cette coupole bizarre, les proportions mesquines du portique extérieur, tout semble indiquer que le jugement a
fait défaut à l'artiste. Cette fois, il faut savoir le
reconnaître, tant de recherches d'une personnalité
capricieuse n'ont abouti qu'à la pauvreté. Pour
excuser Puget, on a besoin de se souvenir qu'il n'a
pu surveiller en personne, jusqu'au dernier jour,
l'exécution encore imparfaite de son œuvre.

La tradition attribuait aussi à Puget un édifice
mieux réussi et non moins original, l'ancienne église
des Chartreux de Marseille. Une lettre du chevalier
de la Roque, publiée dans *le Mercure de France* de
1743, décrit longuement l'église des Chartreux
comme une œuvre de l'artiste marseillais. Mais les
annales du monastère, conservées aux archives de
la préfecture des Bouches-du-Rhône, donnent à cette
assertion un démenti formel. Il y est dit, en effet,
que le vénérable dom Berger, élu prieur en 1675,
« mit son application et ses soins à tracer et à dessiner lui-même les plans et élévations des bastiments
et de l'église de cette chartreuse, dont l'admirable
et ingénieuse structure fait connoître la délicatesse

et le bon goust de ce très-vénérable père, n'y ayant aucune maison dans l'ordre bastie si régulièrement selon l'institut et les règles de l'architecture. » L'annaliste ajoute plus loin « qu'en 1694 le père Berger fit travailler aux voûtes des chapelles du sanctuaire et de la nef, en sorte que, dans le commencement de l'année 1695, elles se trouvèrent achevées ; que, depuis, il a donné le prix-fait de la grande corniche, des degrés et du dessus de la colonnade et du portique, etc... » Il ne paraît pas possible de suspecter de tels documents, surtout quand on voit un plan de la ville de Marseille, de 1785, reproduire le portail de l'église des Chartreux, avec cette légende : « Du dessin de dom Berger, ancien procureur général de l'ordre à Rome. » D'autre part, cependant, il est difficile de ne pas reconnaître dans la façade de cette église plus d'un point de ressemblance avec trois édifices incontestablement construits par Puget, la halle, la chapelle de la Charité et la maison de la rue de Rome. C'est le même rapport entre la hauteur des colonnes et l'entablement, le même effacement des profils, à l'exception de la corniche toujours très-accusée et très-riche, le même aspect général d'élégance un peu maigre et de simplicité presque pauvre. L'évidence commande et permet de conclure que Puget, à l'apogée de sa gloire d'architecte en 1675, fut consulté par le vénérable prieur. S'il ne donna pas un dessin, il corrigea celui de dom

Berger. Plus tard, pendant que la tradition laïque dé-
pouillait le chartreux au profit de l'artiste, la tradition
monastique ne voulut, au contraire, se souvenir que
du moine architecte. Au surplus, écoutons Bougerel.
Il attribue à Puget « la construction de l'église des
Capucins de Marseille, jusqu'à la corniche, » et il
ajoute : « Le reste du dessin n'est pas de lui. » Lisez
Chartreux au lieu de *Capucins*, qui d'ailleurs est
impossible, et nous voilà d'accord. Il restera à dom
Berger l'intérieur de l'édifice. Mais Puget devra être
considéré comme l'auteur de la façade, au moins dans
sa partie inférieure. Et, pour bien dire, ce portique
d'ordre ionique est à nos yeux le morceau d'architecture le plus capable de lui faire honneur, après la
halle.

Son talent d'architecte, né d'une nécessité locale,
Puget sut aussi l'utiliser pour lui-même : l'agrandissement de Marseille lui permit de se construire
une maison à l'angle des rues de Rome et de la Palud. En 1672, il devint propriétaire, à Toulon,
d'un terrain et d'une maison à l'angle de la rue
de Bourbon et de la rue de l'Hôtel-de-Ville, et là
encore, il se bâtit une habitation. Plus tard enfin,
un grand terrain, qu'il possédait à Marseille, au
quartier de Fontgate, fut transformé par lui en une
villa où il finit ses jours. Les deux premières subsistent : elles rentrent, sauf quelques détails, dans
le système d'architecture adopté pour les maisons

du Cours Saint-Louis. Je me réserve d'en parler,
lorsque, après avoir épuisé la vie publique du grand
artiste, nous pourrons étudier Puget chez lui. Il est
temps de quitter ces chemins de traverse où il nous
a entraînés à sa suite et de retrouver sur son véritable terrain, statuaire plus viril et plus puissant
que jamais, l'auteur du *Milon*, de l'*Andromède* et
de l'*Alexandre*.

CINQUIÈME PARTIE

LE GRAND PUGET

I

Pendant cette période, si abondamment remplie de travaux de tout genre, le génie de sculpteur de Pierre Puget avait sommeillé sans jamais s'éteindre. Au milieu des chantiers de l'arsenal de Toulon, au milieu des embellissements du nouveau Marseille, l'auteur du *Saint Sébastien* poursuivait une idée fixe dont la réalisation lui coûta dix ou douze ans, en sorte qu'il semble vraiment n'avoir dépensé dans l'architecture et dans la décoration navale que le trop plein de son activité. Dès son premier pas à l'arsenal, il avait vu gisants sur le rivage des blocs de marbre sans emploi, et depuis, il n'avait cessé de les couver du regard, demandant chaque jour l'autorisation d'en tirer des chefs-d'œuvre. Les

lettres des intendants de Toulon répètent à satiété
cette demande; et certes il fallait que le ministre
eût l'oreille bien dure pour y rester sourd. Enfin,
nous l'avons vu, en 1671, Colbert, satisfait de l'invention des fanaux, consentit à entendre l'opiniâtre
réclamation du génie. Puget lui envoya deux dessins, l'un de la figure de « Milon le Crotonien, »
l'autre d'un « Alexandre rendant visite à Diogène le
philosophe. »

Le choix de Puget s'était porté sur des sujets qui
peignaient bien l'état de son âme. Toujours préoccupé de l'idée de force, qui lui avait déjà dicté les
Cariatides, il prenait cette fois pour type de la
même idée, non plus des portefaix de Toulon, mais
un célèbre athlète de l'antiquité. Seulement, comme
pour joindre une leçon philosophique à l'étalage de
la plus haute vigueur de l'homme, il le représentait
plus que souffrant, vaincu dans sa lutte insensée
contre les forces de la nature. C'était rehausser par
un nouvel exemple la puissance de la force morale,
seul digne objet des désirs de l'humanité. D'autre
part, il voulut déployer aux yeux des courtisans de
Versailles un spectacle magnifique, celui d'Alexandre
le Grand et de sa cour promenant leur triomphe au
milieu de la ville de Sinope. Mais là encore, l'esprit philosophique se faisait jour. Un pauvre homme,
logé dans un tonneau, arrêtait le conquérant en lui
disant : « Ote-toi de mon soleil. » Antithèse amère,

cri de révolte de l'artiste, qui, venu de Gênes pour
servir le roi-soleil, se trouvait séparé de l'astre de
Versailles par des obstacles accumulés comme à
dessein !

Il s'écoula un an, avant qu'arrivât l'autorisation
de travailler aux marbres. Colbert, écrivant à Puget
le 13 mai 1672, n'en souffle pas mot.

J'accuseroy seulement par ces lignes la réception des desseins
que vous m'avez envoyés concernant la marine; mais comme je ne
les ay pas encore examinés, je remettray a vous faire sçavoir mes
sentiments sur ce qu'ils contiennent, c'est toute la réponse que je
feroy à vostre lettre du 23 passé.

Nous n'avons pas cette lettre de Puget du 23 avril.
Mais elle devait traiter d'un autre sujet que de ces
dessins de marine dont on se servait pour le retenir encore à l'arsenal. Quoi qu'il en soit, il résulte
d'un état de dépenses dressé par Puget et annoté
par l'intendant Arnoul que « l'arrentement du lieu
où ont esté travaillés les marbres, » commença en
1672. Puget triomphait. Il se mit d'abord à l'œuvre
avec ardeur. Pendant six jours, vingt hommes
furent employés à dresser les marbres, et pendant
quatre ans, Puget les caressa de son ciseau. Puis,
les travaux d'architecture entrepris à Marseille ab-
sorbèrent tout son temps, et trois années se passè-
rent sans qu'il y touchât. En 1679, le bas-relief
n'était que dégrossi; le *Milon*, plus avancé, avait
encore certaines parties qui n'étaient que bretées.

Alors surgit une question délicate, dont personne n'avait songé à s'occuper. Combien valaient ces deux ouvrages? Puget, jusqu'alors employé ou toléré comme maître sculpteur, s'aperçut qu'il ne figurait plus sur l'état des officiers du port. Colbert l'avait biffé d'un trait de plume, et cependant il continuait à lui demander des dessins de galeries de vaisseaux et de différents bâtiments de mer. On comprend qu'il ne put pas entrer dans l'esprit de Puget de faire cadeau de ses œuvres au roi de France. Pendant qu'il réclamait le payement des dessins sur le pied de cent cinquante livres chacun, il laissa les marbres tels quels, jusqu'à ce que le prix en eût été réglé du consentement du ministre.

En attendant, l'arsenal n'eut garde de lâcher sa proie. Le *Milon* lui appartenait, au moins comme marbre. On transporta la statue inachevée dans ce que l'on nommait le « Jardin du Roi » ou le « Petit Parc. » C'était, en effet, un jardin attenant à une maison, nommée aussi « Maison du Roi, » l'un et l'autre entretenus par l'arsenal aux dépens de Sa Majesté. J'ai trouvé, parmi les devis des décorations des vaisseaux, un curieux devis de fournitures faites pour ce jardin par Joseph Gairaud, jardinier entretenu aux appointements de 800 livres par an, sous la direction du sieur Le Roy, maître jardinier envoyé de la cour. Il ne s'agit de rien moins que de douze mille oignons d'hyacinthes blanches, vingt

mille oignons de narcisses de Constantinople, trente
mille tubéreuses, deux mille jonquilles printa-
nières, le reste à l'avenant. C'est au milieu de ces
parfums que le *Milon* dressa pour la première fois
sa silhouette douloureuse. C'est là que Le Nôtre le
vit, en inspectant les hyacinthes et les narcisses.
C'est là que le marquis de Seignelai l'admira, à la
veille de son départ pour l'Italie. Les éloges que
l'un et l'autre en firent à la cour décidèrent Colbert à en presser l'achèvement. Le 4 février 1681,
dix ans après l'envoi des dessins, il écrivait à l'intendant Girardin de Vauvré : — « Faites moy
sçavoir combien Puget voudroit pour achever la
statue du *Milon* et les bas-reliefs qu'il a commencez[1]. »

Puget était à Marseille; il demanda 8,000 livres,
et Vauvré, le 8 mars, transmettait sa réponse.
Colbert marchanda, comme toujours. Il fallut que
Vauvré se rendît à Marseille, et voici ce qu'il répondait le 25 mars :

Je vis à Marseille le Sieur Puget sur la demande qu'il m'avoit
faite de huit mil livres pour achever la statue de Milon et les deux
bas-reliefs. Je n'ai pu le résoudre à les faire à moins de six mille

---

[1] « Les bas-reliefs, » dit Colbert; et Vauvré de répéter : « les deux
bas-reliefs. » Puget n'avait cependant sur le chantier que la statue du
Milon et le bas-relief d'*Alexandre*. Mais il pensait à l'*Andromède*. Soit
qu'il hésitât encore s'il la traiterait en ronde bosse ou en bas-relief, soit
qu'il y eût confusion dans l'esprit de Vauvré, c'est évidemment de ce dernier ouvrage qu'il s'agit. On va voir d'ailleurs qu'il fut écarté du marché. Jusqu'en 1683, il ne sera question que du *Milon* et de l'*Alexandre*.

livres, estant obligé de quitter Marseille, où il a fait nouvellement
de tres beaux ouvrages et où il en a de commencez.

On pourroit espargner, en le faisant venir icy, la despense du
maistre sculpteur que le Roy y entretient, donner au sieur Puget les
appointements qu'il avoit autrefois, et, comme il y a peu de travail
pour les vaisseaux, le faire travailler à des statues et autres ouvrages pour le Roy, n'y ayant rien présentement de meilleur à Rome
que ledit sieur Puget. Il auroit peine à quitter Marseille, mais je
crois que je l'y pourrois engager.

Cette combinaison économique, dont l'initiative
venait évidemment de Puget lui-même, agréait si
fort à l'intendant, que, trois jours après, il la re-
prenait encore :

J'ai veu le sieur Puget à Marseille, qui se disposoit à aller à
Genne conduire la statue d'une vierge de marbre qu'il a faite, qui
est une des plus belles choses et des mieux finies qui se puissent
voir[1]. Il en a eu mil escus, quoiqu'elle ne soit pas à beaucoup près
de la grandeur de celle du Milon. Il me fit voir plusieurs lettres par
lesquelles on l'invite d'aller travailler à Gennes. Cependant je l'ay
fait resoudre à achever le Milon qu'il ne peut pas finir à moins de
mil écus. C'est présentement un homme rare, et je crois qu'il
seroit avantageux de le retenir ici avec de bons appointements, et
les lui faire gaigner en lui faisant faire des ouvrages pour le Roy.

Mais Colbert n'avait que faire d'un artiste de génie
dans un arsenal dirigé désormais par des ingénieurs. Il donna l'ordre de passer marché pour l'a-
chèvement des marbres, et Puget fut libre de les
emporter à Marseille. C'est ce qu'il fit au mois
d'août, sans que l'intendant eût pu le décider à un

---

[1] C'est la *Vierge* du palais Carega, dont j'ai été obligé de parler, par
anticipation, page 82.

nouveau rabais sur le prix de 6,000 livres auquel il avait consenti.

Six mille livres cette grande statue du *Milon* et cet énorme bas-relief d'*Alexandre!* En vérité, l'on croit rêver. A la même époque, pour des ouvrages de bien moindre mérite, Le Brun et Girardon tiraient du trésor royal des sommes d'une bien autre importance. Mais ils travaillaient à Versailles, sous le regard du roi. Puget, relégué à Toulon et à Marseille, n'était qu'un ouvrier de province. Ni Seignelai ni Le Nôtre n'avaient pu convaincre Colbert. Les lettres de Vauvré, assez tièdes d'ailleurs, ne lui inspiraient pas une confiance absolue. La vue seule du *Milon* dut lui ouvrir les yeux. Mais alors il était trop tard. Dans cette lutte entre un grand artiste et un grand ministre, la mort allait se charger de mettre le ministre hors de cause.

II

Au mois d'août 1682, après un an de travail à Marseille, Puget annonça qu'il avait achevé son œuvre. Cependant, il ne pouvait s'en séparer sans qu'un acte authentique assurât ses droits pour le présent et pour l'avenir. Il dépêcha son fils François à Toulon, afin d'obtenir de Vauvré cette ga-

rantie nécessaire, et en effet, entre l'intendant et
le représentant de Puget intervint un traité dont
voici le texte :

Marché fait avec le sʳ Puget sculpteur pour acheuer les ouvrages
de marbre du Milon et le bas relief qui représente Alexandre qui
va trouver Diogene dans son tonneau 6000 l.

L'an mil six cens quatre vingt deux et le dix septième jour du
mois de septembre après midy messire Louis Girardin de Vauvré,
conseiller du Roy en ses conseils, intendant de la justice, police et
finances des armées nauales de sa Majesté es mers du Levant, reparations et fortifications des places maritimes de ce pays de Prouence, ayant eu ordre de la cour, le mois de novembre xviᶜ quatre
vingt un, de faire parascheuer par le sʳ Pierre Puget, sculpteur, le
Millon pour le Roy, a scavoir : la teste, les mains, les pieds et le
lyon, et repasser toute la figure; d'enuiron onze pieds de hauteur,
qui n'estoit que grossierement fait, ainsy que la terrasse, et encore
le bas-relief, qui représente Alexandre qui va trouver Diogene dans
son tonneau et plusieurs autres figures qui n'estoyent aussi que grossierement ebauchées, de la hauteur de quatorze pieds et huit de
large, le tout en marbre ; apres plusieurs traitez faits avec led.
Sʳ Puget et avoir eu le sentiment de diuerses personnes les plus
expérimentées audit trauail, le prix en auroit esté aresté et conclud
à six mil livres C'est l'acheuement dud. Millon trois mil livres et
celuy du bas relief ou est représenté Alexandre, semblable somme
de trois mil livres; ensuyte dequoy led. sʳ Puget auroit commencé
led. travail qui se trouue, de present, fort auancé; et comme il est
nécessaire d'en rediger le marché par escrit; est la cause que par-
deuant nous, notaire royal à Toulon et tesmoin fut present, en sa
personne Sʳ François Puget, peintre, fils et interuenant pour ledit
Sʳ Pierre Puget, promettant qu'il ratifiera ces presentes dans la
huitaine ; lequel, au nom de sond. pere, s'est obligé en faueur de
Sa Majesté, led. sʳ intendant de Vauvré stipulant, en presence de
messire Antoine de Mauclerc Conseiller du Roy Comᵉ de la marine,
au departement de Toulon, de paraschever et finir les susdits ouvrages avec toute la perfection qui se pourra et de continuer le travail, afin qu'il soit en estat d'estre receu au plustosts et ce, moyennant le prix et somme de six mil livres pour le tout, qui seront

payées aud. sʳ Puget, comme led. sʳ intendant au nom de sa Majesté promet, et de luy expedier des ordonnances par Mʳ le tresorier au feur et a mesure dud. ouvrage, a condition que le Roy fera tous les frais qui seront nécessaires a la reserue de l'atelier que led. Sʳ Puget fera a ses frais, et a led. sʳ Intendant obligé les effets de ͵Sa Majesté, led Sʳ Puget la personne et biens ͵de sond. pere à toutes cours Concedant acte fait et publié a Toulon dans la maison dud. sʳ intendant, en presence de Louis Deborde, praticien et André Chastroux dud. Toulon, tesmoins requis et soussignez, avec les parties a l'original pour copie.

DE VAUVRÉ.

Quand François revint à Marseille avec ce marché, j'imagine qu'il reçut une belle algarade. Il avait oublié de spécifier le piédestal du *Milon*, dont son père s'était chargé, et qui semblait dès lors compris dans le prix de la statue. Puget refusa de ratifier l'acte. Il accourut lui-même à Toulon, et, douze jours après, il passait un second marché dont voici également le texte, tel que l'ont conservé les registres de l'Arsenal :

L'an mil six cens quatre vingts deux et le vint neufⁱᵉ jour du mois de septembre avant midy, par contrat du xvⁱⁱᵉ du courant Sʳ Pierre Puget sculpteur du Roy se seroit obligé envers Sa Majⁱᵉ de faire faire partye des ouvrages a faire et imparfaits de la statue de Milon, mais comme Mⁱʳᵉ Louis Girardin de Vauvré, consᵉʳ du Roy en ses con¹ˢ, intendant de la justice, police et finances des armées navales de Sa Mᵗᵉ es mers du Levant, reparations et fortifications des places maritimes de Provence, a ordre de la Cour du mois de Novembre 1681 de faire parachever ladite statue, Il auroit fait un autre marché avec led. Sʳ Puget. Et c'est le sujet que par devant nous no¹ʳᵉ royal a Toulon et tesmoins fut present en sa personne led. Sʳ Pierre Puget lequel a promis et s'oblige en faveur de Sa Majesté, ledit Seigneur Intendant acceptant et stipulant pour elle, en la présence de Mⁱʳᵉ Antoine de Mauclerc Consʳ du Roy controlleur de

la Marine au Departement dud. Toulon de faire faire le pied destail
de la susdite statue de marbre blanc de Carrare de cinq pieds et
demy de hauteur, six pieds de longueur et de quatre pieds et demy
de largeur composé de sept pièces, sçavoir la mer dudit pied destail, la simeuse et sa corniche du soubassement, son zoquolle composé de quatre pièces de toute perfection, Le tout poly et travaillé le
mieux et le plus proprement qu'il sera possible, et fournira led.
s^r Puget le marbre, travail des ouvriers et tous autres frais jusques
et rendu a Marseille par tout le mois de Decembre prochain, Et ce
moyennant le prix et somme de deux mille livres que led. Seigneur
Intendant au nom de Sa Majesté promet de faire payer aud. Sieur
Puget sur des ordonnances qu'il lui fera expedier sur M. le Tresorier de la marine pendant le susd. temps, et a led. Sr Puget ratiffié
et aprouvé le marché cy devant fait led. jour xviie du présent mois
ou le s^r François Puget son fils est intervenu pour luy, et a led.
Seigneur Intendant obligé les effets de Sa Majesté et led. Sr Puget
ses biens a toutes cours concédant acte fait et publié aud. Toulon
dans la maison dud. Seigneur Intendant, present Louis de Borde
praticien et André Chastroux clerc dud. Toulon requis et soussignés
avec les parties a l'original.

L'odyssée de *Milon* n'est pas terminée. De nouveaux documents vont nous permettre de la suivre
pas à pas jusqu'au terme du voyage.

Le 5 novembre 1682, lettre de Vauvré :

La statue de Milon est achevée et encaissée ; je ne manquerai pas
de l'envoyer au Havre par le premier vaisseau.

Le 5 janvier 1683, autre lettre du même :

J'ai fait toucher au Sr Puget 4,500 livres a compte des statue et
bas-relief de marbre et du pied d'estal du Milon qu'il a fourny. Je
vous supplie, Monseigneur, de me faire remettre des fonds pour
cette depense. Je feray apporter icy le Milon et son pied d'estal pour
les passer au Havre sur le *Bien chargé*, le capitaine d'un vaisseau
de St Malo qui charge pour le Hàvre n'ayant pas voulu les porter à
moins de 12,000 a cause de leur pesanteur.

Led. Sr Puget continue de travailler au bas-relief. On a trouvé le Milon une tres bonne piece.

Extrait des registres du contrôle de la marine, déjà publié par Henry :

Payé a patron François Renouard la somme de soixante livres pour le port de Marseille a Toulon de huit caisses contenant la figure de marbre et autres ouvrages finis par le sieur Puget pour envoyer au Havre de Grace sur la fluste le *Bien chargé* et de là à partir pour les Maisons Royales de Sa Majesté suivant l'ordonnance et quittance du xiii Janvier 1683.

Le 1er février, lettre de Vauvré au ministre :

J'ai fait charger la statue de Milon et son pied d'estal sur le *Bien chargé* avec les quatre petits canons de fonte de feu Baube pour estre remis au Havre de Grace. . . . .

Le Sr Puget travaille au bas-relief qui a besoin encore d'un an de travail pour l'achever.

Enfin, les caisses sont transportées du Havre à Versailles, et François Puget, envoyé à la cour par son père, procède au déballage. Qu'arriva-t-il alors ? Laissons parler un témoin oculaire, le bonhomme Jean de Dieu :

Je diray sur ce mesme suget que, lors que ladite figure fust portée dans le jardin de Versailles, et que l'on heut houuert la quaisse pour la faire voir a la raine Marie Therese, elle en fut sy touchée qu'elle s'ecria : « Ha le pauvre homme ! » Voila tout se qun grand sculpteur doit rechercher. On voit bien cette expression dans la figure du Lahocon, mais l'illustre Puget, par son grand art, a donné la vie a la matiere, en sorte que l'on voit que toutes les parties trauaillent et soufrent. Elle est dessinée dun sy grand goust, qu'il la faut admirer en toute chose. On l'auoit pausée, par une grande malisse, dans plusieurs endroits destournez du petit parc, pour la rendre inconnue ; mai le Roy, qui en conoissoit le méritte,

la fist placer a la face de l'entréc de lalée royalle, qui est le plus
bel endroit de son jardin. La figure est haute de huict a neuf pieds,
dun tres beau marbre. Jetois present, lors que la Reine heust ceste
surprise.

Bien d'autres étaient présents, qui auraient pu,
s'ils avaient su l'histoire de Puget, s'écrier, non
plus à propos de l'œuvre, mais à propos de l'artiste :
« Ah! le pauvre homme! » Le peintre Le Brun eut
le mérite de comprendre quel baume il pouvait
verser de loin sur un cœur ulcéré. La lettre qu'il
écrivit à Puget, le 19 juillet 1683, doit lui compter
parmi les bonnes actions de sa vie :

Je me suis trouvé à l'ouverture de la caisse de votre figure de
Milon, lorsque le Roi la fit ouvrir : et lorsque S. M. me fit l'honneur
de m'en demander mon sentiment, je tâchai de lui faire remarquer
toutes les beautés de votre ouvrage; je n'ai fait en cela que vous
rendre justice ; car en vérité, cette figure m'a semblé très belle en
toutes ses parties et travaillée avec un grand art.

J'avois eu l'honneur de vous écrire il y a quelque temps :
M. Girardon m'avoit promis de vous faire tenir ma lettre ; mais je
vois qu'il ne s'est pas acquitté de sa promesse. Je vous témoignois
l'estime que je faisois de votre mérite, et vous demandois part en
votre amitié ; faisant plus de cas de l'affection d'une personne de
vertu comme vous, que de celle des plus qualifiées de la cour.

Je voudrais, pour compléter les documents qui
composent la longue histoire du *Milon*, avoir à
citer, comme dernier chapitre, une lettre de Colbert. Le ministre daigna-t-il enfin reconnaître quel
était ce Puget dont il marchandaït le génie depuis
douze ans et plus? Il ne subsiste à ce sujet aucun
témoignage. Déjà Colbert voyait pâlir sa brillante

étoile. Déjà Louvois le serrait de près. La maladie
le tenait peut-être alors éloigné des affaires. Il mourut le 6 septembre 1685, quelques mois après
l'inauguration triomphale du *Milon* dans les jardins
de Versailles.

Sur le *Milon* tout a été dit. L'original est connu
de tous ceux qui ont vu le Louvre. Le moulage en a
multiplié les copies. On regarde avec raison cette
statue célèbre comme le dernier mot du génie de
Puget. Non-seulement sa science y est tout entière,
mais surtout sa pensée favorite y apparaît plus complète qu'en aucune de ses œuvres. Dans les *Cariatides*, la force physique agonisait; dans le *Milon*,
elle râle. Et qu'a-t-il fallu pour triompher d'un
corps athlétique dont la puissante machine semblait
défier la mort? Presque rien. Une fente d'arbre qui
se referme, et c'en est fait. Quatre doigts d'une
main y restent pris, et c'est assez pour livrer le
fort des forts en pâture aux bêtes. Aussi, tandis
que la chair frémit sous la morsure, tandis que
le corps se roidit une dernière fois, l'abattement
ploie déjà les épaules, et la tête se lève désespérée,
plus sensible à la défaite de l'orgueil qu'à l'épou-
vante du supplice. Saint Sébastien meurt sans combat, mais il achète au prix de son sang une gloire
immortelle. Milon expire dans une lutte inutile où
il voit s'anéantir à la fois et sa gloire et sa vie. Le
portefaix de Toulon s'enrage à porter l'énorme far-

deau qui l'écrase. Milon, épuisé, n'a plus de colère
et s'avoue vaincu. Pour exprimer le néant de la
force, Puget ne nous la montre pas broyée par un
formidable engrenage: il n'emprisonne pas les deux
mains du colosse, pas même une main toute entière :
il se contente de paralyser quatre doigts, comme pour
mieux distiller goutte à goutte l'horrible supplice,
le supplice de l'âme châtiée par la dissolution du
corps.

Entre cette idée et l'idée païenne il y a un abîme,
il y a l'abîme des siècles. Par sa conception du rôle
de la force brutale, par son intelligence de la misère physique, par le sentiment des douleurs de
l'âme, Puget est chrétien, plus encore que par ses
Vierges et ses *Saintes Familles*. Il l'est à la façon
de Michel-Ange. A l'un ni à l'autre on ne peut demander la correction limpide des formes qui caractérise la statuaire antique. Avec le christianisme, le
corps humain a perdu la beauté spéciale, et en quelque sorte sacrée, que lui reconnaissait le monde
païen. Enveloppe, surface, vêtement, il obéit au
souffle intérieur, il se modèle sur un principe, il
exprime une beauté immatérielle, qui ne lui appartient pas plus que le vin n'appartient à l'amphore.
Il était but, il devient moyen. Évidemment son
infériorité se traduira par une déchéance de la
forme. Le *Milon* est moins beau que le *Laocoon*,
mais il souffre davantage. Si l'antiquité avait fait le

13

Milon, malgré ce qu'il doit souffrir, elle aurait
voulu le faire aussi parfait de formes que le *Laocoon*.
Puget l'a fait sublime de douleur.

Ainsi, la science de l'art se déplace. Elle ne consiste plus à atténuer, par respect de la beauté physique, l'action de la douleur morale. C'est le procédé
antique, tant vanté par Winckelmann et Lessing.
Au contraire, elle prend à tâche d'assouplir chaque
forme et chaque détail de la forme au jeu du drame
intérieur. Le corps, moyen d'expression, dût-il se
tordre et grimacer, il faut qu'il parle, il faut qu'il
dise ce qui se passe au dedans. C'est au génie à
fixer les limites. Faute d'avoir su arrêter à temps
la déformation extérieure, l'art du moyen âge, trop
souvent dirigé par des mains malhabiles, a été
jusqu'à la laideur. Puget lui-même a osé quelquefois plus que ne le voudrait un goût délicat. Mais
dans le *Milon*, comme dans les *Cariatides*, il garde
la mesure. Image vivante de la douleur la plus terrible, le *Milon* de Puget n'en est pas moins beau.

III

Colbert mort, Louvois lui succéda, et l'un des premiers actes de Louvois fut de se souvenir de Puget.

Il lui écrivait le 16 septembre, dix jours après la mort de son prédécesseur :

Le Roy m'ayant fait l'honneur de me donner la charge de surintendant des bastiments, je vous prie de me mander si vous n'avez point des ordres de faire des statues pour le Roy, et, en cas que vous en ayez, de me mander en quel état elles sont.

Le 2 octobre suivant, le même ministre, écrivant à Vauvré, revient sur ce sujet qui lui tenait à cœur, et, cette fois, il entre dans de plus grands détails :

J'ai veu la statue représentant un Milon que le Sr Puget a faite, qui m'a paru fort belle ; je vous prie de faire que le bas-relief representant un Alexandre qui va trouver Diogène dans son tonneau ne soit pas plus avancé jusques à nouvel ordre, et cependant de m'envoyer un mémoire des dimentions que l'on pretendoit donner audit bas relief et un dessein de ce qu'il devoit representer.

Je vous prie de savoir ce que ledit Sr Puget veut de la statue qu'il acheve representant une Andromede enlevée par Persée, de me mander le temps qu'elle pourra être achevée, de m'en envoyer une esquice avec les dimentions justes et cependant de lui donner ordre de ne s'en point deffaire que vous n'ayez eu de mes nouvelles.

Je prendray tres volontiers pour les bastiments du Roy tout ce que fera ledit Sr Puget pourvu qu'il soit de la force du Milon.

Je vous prie de scavoir de luy ce qu'il pourroit entreprendre et en combien de temps, et à quel prix il pourroit livrer chaque ouvrage qu'il proposera de faire, voulant bien luy en laisser le choix.

Mandez moy aussy quel est son aage et s'il y a apparence qu'il puisse encore travailler longtemps. Je vous prie d'avertir ledit Sr Puget que je ne desire point de piedz d'estaux de marbre, tous ceux de Versailles n'estant que de pierre.

Si je ne jugois pas a propos de prendre le bas relief dont il est parlé cy dessus, je fais estat que les quinze cents livres, que le Sr Puget a receu a compte de cet ouvrage, seroyent autant de payez sur l'Andromede.

Quel bienfait pour Puget que des lettres semblables ! Comme il dut bénir le successeur de Colbert ! Lui, jusqu'alors réduit à vanter ses propres
mérites, se voir compris du premier coup ! Au lieu
de s'épuiser en sollicitations sans résultat, voir un
ministre faire les avances ! Il n'en fallait pas tant.
C'était la goutte d'huile sur le feu bouillant du
génie. Aussi ce génie s'enflamme. Des rêves gigantesques brillent devant ses yeux comme des réalités.
Il répond lui-même à Louvois, non point par une
lettre, mais par un long mémoire où il s'abandonne
à cœur ouvert. Je reproduis, d'après le P. Bougerel, cette pièce importante. Sous le poids de l'émo-
tion qui l'agite, Puget devient éloquent, il trouve
des accents sublimes, tels que la fameuse phrase
par laquelle il s'est peint tout entier : « Le marbre
tremble devant moi ! »

Je me suis remis, Monseigneur, après mon grouppe de l'enlèvement d'Andromède par Persée, dont j'enverrai bientôt le dessein.
J'espere que cet ouvrage sera plus beau, et plus agréé que celui de
Milon ; la pièce de marbre est sans aucun défaut, et blanche comme
la neige. J'y ai travaillé en divers temps cinq ans, y comprenant le
modèle que j'ai fait aussi grand que le marbre : je pense, Monseigneur, qu'elle sera achevée vers le mois de Mars. Cette pièce a dix
pieds et demi de hauteur : Persée est presque aussi grand que le
Milon, et l'Andromede à proportion.

Le bas-relief de Diogene a 9 pieds de largeur, 12 de hauteur, et
9 pouces de grosseur. Le marbre est tres beau, et l'ouvrage est à
deux tiers fait et dressé dans l'atelier. Diogene est à l'embouchure
de son tonneau, assis tenant en sa main un rouleau de papier. Sa
lanterne, et son bâton sont à côté. Alexandre est à cheval, accompagné de quelques Officiers aussi à cheval, dont l'un tient

son bouclier, et son casque, et l'autre une enseigne. Il y a encore
d'autres figures appropriées au même sujet, que vous verrez, Monseigneur, par le grifonnage, ou esquisse que j'enverrai au plutôt.
L'ouvrage est de deux pièces l'une sur l'autre, dont celle du fonds
fut rompue ; mais elle sera bientôt remplacée. En attendant cette
pièce, je travaille à l'Andromede.

Je n'ai pas d'autres ouvrages en main ; parce qu'après avoir
achevé ceux que j'ai entrepris, je faisois dessein de me retirer à
Genes, où j'étois demandé pour conduire quelques fabriques : mais
si mes ouvrages sont agréables au Roi, comme Sa Majesté en a
donné quelques témoignages avantageux, je serai ravi de m'exercer
pour sa gloire le reste de mes jours.

Quand aux autres ouvrages que je pourrois entreprendre pour
contribuer à l'ornement de Versailles, le premier seroit le Roi à
cheval sur trois pieds ; et pour soutenir le fardeau, je pratiquerois
quelques broussailles de lauriers mêlées avec quelques épines,
armures des ennemis, mêmes quelques soldats renversés au pied de
la statuë du Roi, qui seroit grand à peu près comme la statuë de
Milon, le reste à proportion.

L'autre ouvrage de grande considération, dont je me ferois fort
de sortir avec honneur, ce seroit un Colosse au milieu du canal de
Versailles d'environ 38 pieds de hauteur, composé de six pièces. Ce
seroit un Apollon ayant les jambes ouvertes, soûtenues par deux
rochers : le colosse seroit élevé, et les jambes élargies, ensorte que
le *Diac* et le *Heu* y pussent passer dessous. On feroit au bas du
rocher, quelques Tritons, Sirenes, ou Coquillages : ce sont des desseins dignes de la grandeur du Roi, tels que vous les proposeriez vous-
même, Monseigneur, qui ne visez qu'à sa gloire, et à attirer l'admiration des étrangers par des ouvrages non communs. Je vous supplie de ne pas douter de l'exécution et la perfection de celui-ci. Je
vous en répondrois au péril de ma vie, si j'avois l'honneur de l'entreprendre. Que s'il se faut réduire à quelques ouvrages de moindre
dépense, je fis à Genes le modèle du ravissement d'Hélene, qui étant
exécuté en marbre, seroit quelque chose d'extraordinaire ; j'en
enverrai le dessein.

J'avois quelque résolution maintenant de faire un Apollon pour-
suivant Daphné métamorphosée en Laurier, un peu plus grand que
nature, approchant de celui du Cavalier Bernin. Je méditois encore
un groupe d'Apollon écorchant Marsyas, pour représenter une

espèce d'Anatomie : ce qui est fort recommandable parmi les Sculpteurs et les Peintres. Je représenterois Apollon comme s'il parloit en se raillant, et en mettant son couteau dans la gaîne.

Je me suis nourri aux grands ouvrages, je nage quand j'y travaille; et le marbre tremble devant moi, pour grosse que soit la la pièce. Le S. Sebastien que j'ai fait à Genes dans l'Église de Carignan, est une figure colossale ; le B. Alexandre Sauli qui l'accompagne, est de même grandeur : ces deux-là, le Milon et l'Andromede, sont quatre morceaux de très-grande considération, sans compter le bas-relief d'Alexandre visitant Diogene, et beaucoup d'autres ouvrages que j'ai faits depuis environ 20 ans que j'ai quitté le pinceau, dont la plùpart ont été vus de M. Le Nôtre, et ont été à la satisfaction de tout le monde : ce qui est fort rare, au regard de beaucoup d'ouvrages, où la plùpart de nos grands hommes ont fait des fautes.

Toutefois, Monseigneur, avant que de penser à aucun autre ouvrage, je crois, sous votre bon plaisir, qu'il faudra attendre que mon Andromede soit posée à sa place ; et j'espère, Monseigneur, qu'alors vous serez plus persuadé de ma suffisance. Je ferai en ce temps-là un voyage à Paris, ainsi que vous souhaitez ; je vous entretiendrai plus pertinemment et plus solidement de toutes choses, en recevant vos ordres, et tâchant de vous satisfaire le mieux que je pourrai : en même temps je vous dirai le prix le plus juste auquel pourront revenir les pièces que j'ai déjà faites, et de celles que je me propose de faire. Vous voulez sçavoir mon âge, Monseigneur : je suis dans ma 60ᵉ année, mais j'ai des forces et de la vigueur, Dieu merci, pour servir encore longtemps ; et les bontés que vous aurez pour moi, avec l'honneur que vous me faites, me feront rajeunir.

Ce mémoire n'a pas besoin de commentaires. La grande personnalité de Puget y éclate sans entraves, et nous apprend sur son compte plus que nous n'aurions osé demander. Il faut seulement remarquer que les mots, « je suis dans ma soixantième année, » ne doivent pas être pris au pied de la lettre. Puget veut dire qu'il a soixante ans accomplis. En effet,

sa soixante-unième année ne sonna que dix jours
plus tard, le 30 octobre 1683.

IV

L'*Andromède* n'a pas une aussi longue histoire
que le *Milon*. Mais nous pouvons également suivre
toutes les phases de cette histoire, grâce à des documents certains.

Dans sa lettre à Louvois, du 20 octobre 1683,
Puget nous apprend qu'il avait travaillé à l'*Andro-
mède*, « en divers temps, cinq ans, y comprenant
le modèle, qui étoit aussi grand que le marbre. »
Quelques mois après, en 1684, il la terminait et la
signait sur les deux côtés de la base : P. PUGET MASSIL.
SCULP. ARCH. ET PIC. SCULPEBAT ET DICABAT EX.... A.
DOM. MDCLXXXIV. Un ruban déroulé, portant les noms
LUDOVICO MAGNO, complète le sens de l'inscription.
« Pierre Puget, Marseillais, sculpteur, architecte
et peintre, a sculpté cette œuvre et l'a dédiée à Louis
le Grand, l'an du Seigneur 1684[1]. » Le 28 juin, Lou-

---

[1] Après le mot EX, une entaille du marbre interrompt l'inscription. Le
catalogue du Louvre donne : EX A... (*ex animo*), ce qui pourrait signifier
« de cœur, » — « et l'a dédiée de cœur à Louis le Grand. » Mais je n'ai
pu apercevoir trace de l'A.

vois recevait la nouvelle de l'achèvement du travail.
Il répondit à Puget le 7 juillet :

> Vostre lettre du 28 du mois passé m'a esté rendue. Vous ne devez
> point compter que je puisse accepter pour le Roy la figure d'An-
> dromede à laquelle vous travaillez sans l'avoir veue ; ainsi il faut
> que vous la fassiez amener icy si vous voulez me mettre en estat
> d'en traiter pour Sa Majesté.

En refusant de recevoir l'*Andromède* sur parole,
Louvois ne cédait pas, comme on pourrait le croire,
à un mouvement de défiance personnelle contre
Puget. Une lettre de ce dernier va nous montrer
que la mesure était générale. Heureux temps, où
un ministre se croyait obligé, avant d'accepter une
œuvre d'art, de la voir de ses propres yeux ! Nous
avons fait des progrès depuis cette époque. Nos
sculpteurs ne sont plus des Puget, mais ils n'ont
plus affaire à des Louvois.

Voici ce que Puget écrivait à un de ses amis, le
sculpteur Lieautaud, un illustre inconnu, qui venait
de donner la mesure de son talent dans la décoration du maître-autel de l'église de Saint-Maximin.
Retrouvée par M. Magloire Giraud, cette lettre apporte un document précieux à l'histoire de l'*Andromède*.

A MONSIEUR JOSEPH LIEAUTAUD ESCULPTEUR A LA CIEUTAT

Marseille, ce 4 aoust 1684.

Monsieur,

Je vous salue, vous faisan offre de mes humble respect et tou-
siours en estact de recevoir vos commandemens a tout ce que je

pourraj rendre servisse. Le donneur de la presante est un estuca-
tore lombardo ; on dit qu'il est tres habile, et come nous avons la
reputation a lur pais et que nous en avons occupé quelcun soit dans
la Provance ou an Languedoc, je vous prie, s'il y a moient, de lui
donner quelque chose a faire seulement pour pacer, vous m'obli-
gerés. Je n'aj rien de nouveau pour mes afaires a vous entretenir,
sinon qu'on faict travailler pour Versail tout ce qu'il y a de plus
abille hommes esculpteurs, mais a fort bas pris, et les figures de
hauteur de sept et demi, on ni donne que huict mois de temps et
seront estimées a la fin chascun selon leurs merites. Pour mon
afaire a moy, Monsieur de Louvois m'a faict l'onneur de m'escrire
plusieurs letres et m'a faict prometre de me randre a Paris, et
quant a mon Andromede, je la dois embarquer sur le veseau qu'on
attand de Sivita-Vechia, qui porte lestatue du Roy, par le Cavalier
Bernin, et pour son pris mondit seigneur n'a rien voulu determiné
qu'il ne l'aie veue. Je suis bien aize de vous avoir entretenu de mes
petit afaire, sachant que vous y tenez une bonne part. Je vous donne
le bon jour et suis parfaictement, Monsieur,

> Votre tres humble et tres affectionne serviteur
>
> PUGET.

Voilà donc la fortune de l'*Andromède* attachée à
celle du *Louis XIV* du cavalier Bernin. Or nous
savons, par les recherches de M. de Montaiglon[1], que
la flute le *Tardif*, qui portait cette statue, arriva à
Toulon au mois de novembre. Le 17 février 1685
elle faisait son entrée au Havre, et l'intendant de la
marine saluait à grand renfort de canons, de bom-
bes et de mousquets, l'œuvre plus que médiocre de
l'artiste italien, tandis qu'il laissait passer sans tambour ni trompette l'œuvre à coup sûr supérieure
de l'artiste français. Un smak hollandais reçut alors

---

[1] *Revue universelle des Arts.* — Le *Louis XIV* du cavalier Bernin
par A. de Montaiglon.

les marbres et les remonta sur la Seine jusqu'à
Paris, où ils arrivèrent le 9 mars. Mais pendant
qu'on débattait si la statue équestre de Louis XIV
serait placée à Paris ou à Versailles, l'*Andromède*
prit les devants. François Puget, dépêché par son
père dans ce but, put la débarquer et la conduire à
Versailles, où il la présenta au roi. Le 25 mai, Louvois adressait à l'artiste une lettre dont Bougerel
nous a conservé le texte :

Le Roy a vu votre *Andromède* dont Sa Majesté a été tres-satis-
faite. Elle a ordonné qu'elle vous seroit passée sur le pied de quinze
mille livres. S. M. aura bien agréable que vous travailliez le plus
diligemment qu'il vous sera possible à un autre groupe dont le Roi
vous laisse le choix, vous recommandant qu'il soit à peu près des
mêmes proportions que celui du *Milon*.

M. Jal a retrouvé dans les comptes des Bâtiments
du roi les pièces justificatives de l'*Andromède*.
Mais je crains que dans la première ordonnance de
payement il n'ait lu et imprimé 4,000 au lieu
de 400.

Au sʳ de Vauvré Intendant de Toulon, 4000 livres pour son remboursement de pareille somme par luy payée au nommé Puget,
sculpteur, à compte de la figure de marbre qu'il a faite representant l'Andromede. — 11 février 1685.

Au sʳ de Lubert 625 l. pour son remboursement de pareille
somme qu'il a payée au Havre de Grace pour fret de deux figures
de marbre qui y ont esté amenées de Marseille, l'une representant
Andromede, faite par Puget, sculpteur, et l'autre venant de Florence. — 18 février.

Au sʳ Puget sculpt. à Marseille 14,500 l. pour avec 300 l.

qui luy ont esté cy devant payez, faire le parfait payement de
15,000 l. pour le prix du groupe d'Andromède, qu'il a fait de
marbre pour le service du Roy. — 1ᵉʳ juillet 1685.

Au nommé Puget fils, sculpteur, 1100 l. pour gratification en
considération du voyage qu'il a fait pour conduire la figure d'Andromède de Marseille à Versailles. — 15 juillet 1685.

V

Malgré la satisfaction du roi et le haut prix
auquel il tarifait l'*Andromède*, Bougerel nous
apprend que quelques critiques osèrent se faire jour.
On trouvait la figure d'Andromède trop petite et
Persée un peu vieux pour un jeune héros. Tournefort, lors de son passage à Marseille, communiqua à
Puget ces observations. Le grand artiste rejeta d'a-
bord la faute sur son élève Veirier, qui avait un peu
trop raccourci la figure d'Andromède en l'ébauchant.
Mais il ajouta qu'après tout elle avait les mêmes
proportions que la *Vénus de Médicis*. « Quant à
Persée, dit-il en riant, le coton qu'il a sur les joues
marque plutôt sa grande jeunesse que son âge
avancé. » Puis, comme on insistait encore sur la
taille de l'Andromède, il répliqua qu'elle était aussi
grande que la plus grande dame de la cour.

Cette curieuse conversation, rapportée par Tournefort et Bougerel, atteste que Puget, en artiste de
race, avait l'épiderme sensible à la critique. Mais,

à vrai dire, la critique portait juste, et l'artiste se
payait de défaites. Peu importe qu'Andromède re-
produise exactement les proportions de la nature,
si Persée les dépasse. Ou l'une est trop petite, ou
l'autre est trop grand. De même, le coton des joues
du héros peut bien appartenir à l'adolescence, mais
l'ensemble de ses traits appartient certainement à
la maturité. C'est que Puget n'était plus le juvé-
nile auteur du *Saint Sébastien*. Il s'entendait
mieux à exprimer la souffrance d'un athlète brutal
que la jeunesse d'un héros amoureux. Néanmoins,
Louis XIV, à qui ne déplaisaient pas les femmes,
petites ou grandes, déclara qu'il préférait l'*Andromède* au *Milon*. Puget eut la bonne foi de ne pas
souscrire à l'opinion royale. — « Il est vrai, disait-
il, que le marbre d'*Andromède* est plus beau,
mais la figure du *Milon* est plus achevée. »

Il nous semble qu'en adoptant l'opinion de Puget,
consacrée par le temps et par le jugement public,
la critique doit s'appuyer sur d'autres motifs que
la beauté du marbre ou la perfection du travail.
La princesse Andromède exposée aux fureurs d'un
monstre dont le beau Persée la délivre, c'était un
sujet de galanterie plus à la portée des raffinés de la
cour que l'agonie du *Milon* et des *Cariatides*. Mais
quel triste galant que ce philosophe de province !
Dans les sentiers du Tendre il marche en dépaysé.
Il n'a pas daigné faire sourire Andromède, et le

jeune prince, fils de Jupiter et de Danaé, reste insen-
sible comme un Caton. Il n'exprime que l'ivresse
du triomphe, la satisfaction d'avoir obtenu de sa
vigueur ce qu'il en désirait ; l'orgueil de dénouer
les chaînes liées au rocher l'emporte chez lui sur le
plaisir de conquérir la princesse. Celle-ci, à son
tour, n'a que la fatigue du supplice, elle ne voit
pas son libérateur ; elle pâme, rien de plus. J'aperçois bien auprès d'elle un Amour, et, selon le docte
Bougerel, la présence de l'Amour « fait assez connoître que la passion fut le motif de cette entreprise. » Mais cet Amour aussi, loin de sourire,
semble pleurer. Au lieu d'une tragédie racinienne,
Puget a donc fait de l'Andromède un drame
héroïque, où domine, non pas l'amour, mais le sentiment d'un horrible trépas conjuré par la vail-
lance.

On peut dire, à la louange de ce groupe, que la
forme y est plus contenue, plus distinguée. L'élan
du héros, qui tend et gonfle ses muscles, s'arrête à
une limite que l'*Hercule gaulois* a dépassée, et que
le *Milon* même ne respecte pas en toutes ses parties.
Le corps d'Andromède est beau ; les jambes surtout,
nerveuses et pleines, gardent une élégance exquise ;
seul, le petit Amour montre une cuisse dont les
peaux semblent battre sur une chair absente. Mais
sa tête et son dos sont deux morceaux admirables.
En somme, le goût se trouve mieux satisfait de

l'*Andromède* que d'autres œuvres du même artiste.
A part les draperies volantes, dont le jet exagéré
ajoute à la composition, déjà surchargée de détails,
une emphase inutile, je n'y suis guère choqué que
de ce masque de Méduse qui tire la langue : laide
et sotte grimace, impuissante à tuer un monstre,
mais bonne pour prêter à rire. Quant à l'exécution,
plus adroite et plus savante que jamais, elle conserve dans ses délicatesses une remarquable virilité.

Je ne quitterai pas l'*Andromède* sans une dernière remarque. C'est la seule figure de femme nue
sortie du ciseau de Puget. Lui qui jusqu'alors s'était
plu à cacher la femme sous les voiles pudiques de la
Vierge, il osa, cette fois, déshabiller le modèle.
Cédait-il à un retour de jeunesse ou au plaisir de
montrer sa science ? Toujours est-il qu'on chercherait en vain dans son œuvre une tentative du
même genre. Le *Ravissement d'Hélène*, dont parlent ses biographes, en indiquerait peut-être une
autre ; et si la terre cuite possédée par M. Boilly est
authentique, ce seraient donc en tout trois femmes
nues qu'aurait produites ce sérieux génie, dans sa
longue carrière de peintre et de sculpteur. Le fait
me paraît mériter d'être signalé. Puget, qui pous-
sait le rendu de la chair jusqu'aux dernières limites
de l'imitation matérielle, n'y attachait cependant
aucune idée de sensualité. Soit virilité native, soit
chasteté volontaire, les formes puissantes de l'homme

l'attiraient plus que les grâces voluptueuses de la
femme. Sans partager au même degré cette sublime
indifférence, David (d'Angers) et Eugène Delacroix
ont donné un exemple analogue. Rarement ils ont
déshabillé la femme pour le plaisir de montrer ses
charmes nus. Le sensualisme de leur génie se dé-
pensait plutôt, comme celui de Puget, dans l'expression d'un drame vivant qui, après tout, et quoi
qu'on en dise, agit plus fortement sur l'âme que ne
le font les séductions de la chair.

La lettre écrite par Louvois, le 25 mai, au reçu
de l'*Andromède*, parlait d'un autre groupe à exécuter en pendant au *Milon*. On peut imaginer
avec quelle joie Puget accueillit cette commande.
Il se hâta de remercier le ministre, en le priant de
préciser ce qu'on attendait de lui ; et Louvois répondit le 17 juillet :

> J'ay receu vostre lettre du 28e du mois passé qui ne désire de
> reponse que pour vous dire qu'il suffira que le groupe que vous
> faites soit travaillé sur trois faces.

Quel devrait être le sujet de cette troisième composition ? Nous l'ignorons, et Puget n'en savait rien
lui-même. Sauf l'*Andromède* dont le modèle fut
préparé de la grandeur du groupe, il n'entrait pas
dans les habitudes de travail du grand artiste d'é-
puiser sa verve sur un modèle en terre. Une petite
maquette recevait son premier jet. Pour l'inspirer
véritablement il lui fallait le marbre. Puget s'em-

pressa donc d'en demander à Carrare, et le placet
de 1692 nous apprend qu'on lui envoya un magnifique bloc de 800 pesant, qui ne coûtait pas moins
de 8,000 livres d'achat et 1,500 livres de port.
Mais quand il arriva, Louvois n'existait plus. Avec
lui avait disparu la commande. Cette fameuse pièce
de marbre, à laquelle l'artiste ne voulait pas toucher
à moins d'avoir la certitude de rentrer dans ses
débours, demeura chez lui jusqu'à sa mort comme
un perpétuel sujet d'inquiétude et de réclamations
inutiles. Puget disparut à son tour, sans avoir
réussi à en tirer un nouveau chef-d'œuvre.

En attendant, il s'était remis au bas-relief d'*A-
lexandre et Diogène*. Avant d'entreprendre une
œuvre nouvelle, il fallait achever celle-là, commencée depuis quatre ans, et surtout la faire accepter.
Il ne paraît pas que Louvois en eût grande envie.
On préférait pour Versailles des statues et des groupes, propres à orner les jardins. Où placer une
grande page de marbre de dix pieds de haut? Et
cependant, le génie mixte de Puget s'accommodait
peut-être mieux du bas-relief que de la ronde-
bosse. Il y trouvait un compromis entre la sculpture et la peinture. Il pouvait y jeter un plus grand
nombre d'idées et s'abandonner aux caprices de
son goût décoratif. Le bas-relief d'*Alexandre* resta
longtemps encore sur le chantier, où nous le re-
trouverons plus tard, et l'œuvre suprême qui

lui succéda fut encore un bas-relief, la *Peste de Milan*.

VI

Dans l'entre-temps de ces grandes machines, il dut sortir, et il sortit en effet des mains de Puget quelques œuvres de moindre importance. Tel serait le bas-relief du *Ravissement de sainte Madeleine* sculpté contre un des piliers du maître-autel de l'église Saint-Sauveur à Aix. Une tradition constante le lui a attribué. Si on l'enlevait à Puget, ce serait pour le donner à Veirier, son élève. Or, bien que le voisinage d'une œuvre authentique de ce dernier atteste le mérite trop peu connu de l'élève, il y a dans le *Ravissement* des délicatesses dont on ne peut faire honneur qu'au maître. Au milieu d'un paysage qui rappelle les vertes solitudes de la Sainte-Baume, on voit Madeleine s'enlever doucement, soutenue par deux anges enfants, ou plutôt aspirée par un rayon d'amour que lui jette le ciel. Un des deux messagers divins élève en l'air un petit vase plein des larmes de la belle pénitente. Un troisième touche de ses petites mains la tête de mort sur laquelle elle a pleuré. Au second plan, à demi cachés par les rochers et les arbres, deux an-

14

ges adolescents contemplent d'un œil méditatif ce grand miracle de repentir et d'amour. L'un a passé son bras au cou de l'autre ; il semble lui demander quelles sont donc ces fautes qu'il faut pleurer si longtemps. L'horreur instinctive du mal, l'ignorance, la pitié, la chasteté native, nuances délicates d'un sentiment deviné par un cœur chrétien, animent les deux physionomies, et la main, obéissant à la pensée, a prodigué aux deux personnages toutes les suavités du dessin, toutes les élégances de la draperie, tous les charmes de l'exécution la plus fine. A part la tête de la sainte, qui est belle et pure, à part le tripotage toujours exquis des chairs enfantines, c'est dans le groupe des deux anges adolescents que réside la valeur du bas-relief de Saint-Sauveur. Les draperies de Madeleine, découpées en plis trop minces, jettent un fatras pittoresque au milieu de cette page poétique, où l'âme de Puget nous apparaît une fois de plus tout imprégnée de chasteté et de tendresse.

Tel serait encore le groupe de l'*Assomption* que l'on a pu voir naguères à Paris, chez un marchand de musique de la Chaussée-d'Antin. Une figure de femme drapée, des anges, des nuages, les éléments sont les mêmes, mais la composition les a variés. La vierge Marie croise ses mains devant sa poitrine ; agenouillée sur les nuages où se jouent deux chérubins, elle monte vers le ciel, accompa-

gnée de deux anges, dont l'un s'élance à travers
l'espace pour la soutenir. Ce groupe orna longtemps la chapelle du château de Saint-Martin de
Paillères, près de Marseille. Il y a environ vingt-
cinq ans, à la suite d'un partage, l'héritier auquel
il échut s'empressa de l'attribuer à Puget, ce qui
lui valut un procès qu'il gagna. L'*Assomption* fut
alors offerte au Musée de Marseille, puis au Louvre,
sans que ni Paris ni Marseille consentît à en donner
les cent mille francs qu'on demandait : le directeur du Musée de Marseille obtint du moins les
fonds nécessaires pour faire exécuter un moulage
qu'on y conserve encore aujourd'hui. Le Père Bougerel, dans les notes qui lui servaient à préparer
une vie de Veirier restée manuscrite, cite l'*Assomption* de saint Martin de Paillières comme une de ses
œuvres « mais exécutée d'après la composition de
Puget. » M. de Chennevières va plus loin : « Je crois
sincèrement, dit-il, que ce groupe a reçu, sinon
en toutes ses parties, du moins en beaucoup de
ses figures, la touche et la beauté du ciseau de
Puget. Les plus belles œuvres de Veirier ne le
montrent ni aussi pur ni aussi fin. » Un examen
attentif confirme la vérité de l'une et l'autre appréciation. Avec Bougerel, j'admets que Veirier s'est
servi d'un dessin du maître, et ce dessin pourait
bien être celui de la première *Assomption*, que Puget
exécuta en bas-relief pour le duc de Mantoue : car

certaines parties du groupe, et notamment le petit
ange dont le corps suspendu forme une sorte de
pont entre les nuages et la Vierge, conviendraient
mieux à un bas-relief, qu'à un ouvrage de ronde-
bosse. Avec M. de Chennevières, je reconnais deux
parts dans l'exécution, l'une plus matérielle, plus
terre à terre; l'autre plus magistrale, plus inspirée.
L'ouvrier a traité de son mieux les cheveux, les
oreilles, les draperies, les nuages; le maître est
venu ensuite, et son esprit, pénétrant le marbre,
l'a animé d'une force d'expression peu commune :
il a fait vivre, non-seulement le visage de la Vierge,
mais ses mains, et son pied, et l'un des deux chérubins, et l'ange placé à gauche. Il semble que
Puget, satisfait de l'œuvre de son praticien, a voulu
se l'approprier par de savantes retouches.

Au surplus, si l'on compare l'*Assomption* aux
Anges enfants du Louvre, placés sans hésitation
par le catalogue sous le nom de Puget, on comprendra la distance qui sépare ces deux ouvrages.
Dans ce groupe enfantin, exécuté pour le tabernacle des Minimes de Toulon, on retrouve les
trous et les évidements par lesquels se caractérise à
mes yeux le travail de Veirier. C'est qu'en effet
Veirier seul en est l'auteur. Alexandre Lenoir, lorsqu'il organisa le Musée des monuments français,
attribua cet ouvrage à Puget, et l'attribution a été
jusqu'aujourd'hui acceptée sans conteste. Qui donc

connaît Christophe Veirier? quel Musée se soucie
de ses œuvres? Et cependant, Bougerel, dans sa vie
manuscrite de Veirier, nomme formellement parmi
les œuvres de cet artiste le maître-autel des Minimes de Toulon. L'histoire s'accorde avec les caractères visibles de l'œuvre pour rendre à Veirier
les *Anges enfants* du Louvre, comme la tradition
s'accorde avec la vraisemblance pour restituer à
Puget la plus grande part du groupe de l'*Assomption*.

D'un autre côté, l'arsenal de Toulon n'avait pas
complétement rompu la chaîne de l'artiste trans-
fuge. En 1681, Duquesne ayant demandé des dessins de vaisseaux, c'est à Puget qu'on s'adressa. Il
en fit d'autres en 1685 pour le chevalier de Tour-
ville. Il s'agissait de réaliser l'idée émise par Puget
lui-même, dès son entrée à l'arsenal de Toulon,
c'est-à-dire de déterminer certains modèles, types ou
poncifs, que l'on enverrait dans les différents ports
du royaume, « pour fixer à l'advenir les ornemens
de la poupe et de l'éperon, en sorte que l'on puisse
oster tous ceux qui sont superflus, qui ont chargé
jusques à present inutilement les vaisseaux, qui les
ont empesché de bien naviguer. » Ainsi s'exprimait
le ministre de la marine, Seignelai, digne successeur de Colbert. Le dessin de la poupe du *Rubis*,
que possède M. de Chennevières, donne une juste
idée du modèle adopté alors comme le dernier mot

de la réforme. La sculpture a entièrement disparu,
sauf deux ou trois mascarons ; l'architecture fait tous
les frais du décor. Mais Puget, qui avait pris goût à
bâtir, n'attachait plus à son talent de sculpteur la
même importance. Il s'intitulait ingénieur du roi,
et on l'aurait comblé d'aise si on l'avait laissé construire un vaisseau sans même lui permettre de le
décorer.

VII

C'est là l'originalité de Puget dans l'école française. Comme les grands artistes de l'Italie, il
possédait la plénitude des dons de l'art. A l'exemple
de Léonard de Vinci et de Michel-Ange, il pouvait
se qualifier ingénieur, c'est-à-dire homme qui fait
profession de génie. Pas plus que Léonard de Vinci
ou Michel-Ange, il ne séparait la peinture, la sculpture, l'architecture, ces trois sœurs, devenues pour
nous des spécialités jalouses. Il n'y voyait que les
canaux d'une même pensée, les instruments dociles
dont la même main devait savoir se servir tour à tour.
Dans sa maison de Toulon, tout est de lui, la construction, l'ordre général de l'architecture, la forme
des chapiteaux, les ornements des pilastres, le mascaron sculpté au-dessus de la porte d'entrée : pour

l'intérieur, il retrouva sa vieille palette et peignit
un plafond représentant les *Parques*. A quelques
pas de là, il jetait sur le fronton d'une porte de la
maison d'Entrechaus deux jeunes lions rampants,
caprice de pierre échappé à sa main prodigue. Puis
il allait à Aix donner aux Laurans, seigneurs de
Peyrolles, les plans de leur hôtel, et tracer, pour le
jurisconsulte Saurin, le dessin de sa maison de
campagne de Roche-Fontaine. Bien plus, aucune
des applications matérielles des arts ne lui demeura étrangère. Il avait débuté par la sculpture
en bois. A Gênes, il aida Carlone dans les fresques
du dôme des Théatins, il fondit les bronzes dorés
de l'autel de Saint-Cyr. A Avignon, le trésor de la
cathédrale conserve un petit *Christ à la colonne*,
en argent, précieux ouvrage du même ciseau qui
faisait trembler le marbre du *Milon*. L'hôtel de
ville de Manosque possède la tête, également en
argent, de Gérard Tenque, le fondateur des hospi-
taliers de Saint-Jean de Jérusalem, et c'est à Puget
qu'on l'attribue. A Marseille, il existe des chenets
en fonte de fer, qui portent l'empreinte de son
pouce viril. Parcourez ses dessins, dont j'ai cherché
à dresser le catalogue, vous le verrez tour à tour
paysagiste et ingénieur, modeleur d'ornements ou
peintre d'histoire, menuisier, architecte, marbrier,
peintre de marines, c'est-à-dire ordonnateur savant
des formes diverses dont l'art dispose et des ma-

tières que la nature lui soumet. Il y avait, à la dernière exposition de l'Union centrale, un projet de
fontaine imaginé par Puget pour M. d'Albertas.
Deux dessins analogues, mais beaucoup plus importants, figuraient à la vente Pujol, en mars 1864.
La vente Desperet (juin 1865) en comprenait un
autre, dont le *Magasin pittoresque* avait déjà publié la gravure. Aucune de ces quatre fontaines ne
se ressemble. Ici, une statue de Fleuve, mélancoli-
quement assise aux pieds de riches colonnes, là un
Hercule ouvrant passage aux eaux ; ailleurs, devant
un large portique, la figure d'une ville maritime,
portée sur un navire à bord duquel deux pêcheurs
retirent leurs filets. Dans ces compositions, comme
dans le projet de maître-autel de la collection Atger
à Montpellier, comme dans les poupes de vaisseaux
que j'ai décrites, le génie multiple de Puget se déploie à l'aise, avec une fécondité que rien n'arrête.
Elles offrent toujours un aspect magnifique, une
abondance d'inventions neuves, une science des
formes humaines, une recherche du détail, qui
font autant d'honneur au sculpteur qu'à l'architecte, et l'exécution du lavis est celle d'un peintre.
Ce grand goût d'idéal, qui a inspiré les fontaines
de Puget, les rendait presque impossibles. Peut-
être celle dont M. d'Albertas demanda le dessin
a-t-elle décoré ses jardins de Gémenos. Quant aux
autres, on en chercherait en vain la trace, en Pro-

vence ou ailleurs. Mais tant de dessins, d'un travail infini, attestent l'activité prodigieuse de cet
homme, qui, tout en réalisant les conceptions les
plus grandioses, trouvait encore le temps de se répandre en superbes projets.

SIXIÈME PARTIE

LOUIS XIV ET PUGET

I

A l'époque où nous sommes parvenus, la vie de Puget présente un beau spectacle. En dépit des difficultés de la route, le but est atteint. Le travail a vaincu, le génie s'impose, l'artiste a conquis la gloire, et, par un singulier privilége, il règne sans conteste dans son pays natal. Cet ouvrier en bois qui partit sur une felouque pour aller chercher de l'ouvrage en Italie, ce peintre que les prieurs de confréries tarifaient au plus bas, cet homme qu'une sotte aventure chassa de Gênes et qui se retira de l'arsenal de Toulon devant les empiétements de l'esprit positif, c'est aujourd'hui le grand Puget. Tant de luttes n'ont servi qu'à le grandir. Tant de déboires n'ont abouti qu'à lui faire un piédestal du haut duquel il plane sur la Provence pleine de ses œuvres. Bien plus, le *Milon* et l'*Andromède* ont étendu son auréole jusqu'à Versailles. Reconnu par la cour, loué par le Roi, Puget compte désormais parmi les artistes dont la France s'honore.

C'est alors que l'ironie de sa destinée l'arrache à son triomphe, et, en le leurrant d'une gloire suprême, vient verser dans son cœur une dernière amertume.

L'occasion cependant paraissait favorable entre toutes. On était en 1685, l'année de la révocation de l'édit de Nantes. Le coup d'État du 20 octobre, si sévèrement jugé par l'histoire, retentit en France comme un signal. Partout les arts s'éveillèrent pour en glorifier l'auteur. Partout sortaient de terre les statues triomphales. Quelle plus belle matière offerte au génie de Puget que l'apothéose de cette Majesté royale qui personnifiait à ses yeux la patrie, et qu'il était si fier de servir? Louis le Grand modèle du grand Puget! heure solennelle qui rapprochait l'un de l'autre le souverain et l'artiste, tous deux à l'apogée de leur gloire!

Déjà le duc de la Feuillade avait entrepris, à ses frais, d'élever, en l'honneur du roi, le monument de la place des Victoires, inauguré seulement en 1686. Mais cet hommage ne pouvait suffire. Une statue pédestre se prête mal à l'apothéose. D'ailleurs, l'inscription Viro immortali reléguait encore

Louis XIV, sinon parmi les mortels, au moins
parmi les hommes. Le moment arrivait de faire de
lui un héros, presque un dieu. Après tant de conquêtes il lui manquait un titre, celui de vainqueur
de l'hérésie. Les événements accomplis à l'intérieur,
de 1681 à 1685, ajoutèrent à sa couronne ce prestige sanglant et mirent le sceau à la puissance
royale. Un monarque qui osait les dragonnades
donnait la mesure de sa force. Or, le culte de la
force a ses fidèles qui ne marchandent pas les autels. La France entière adora. Partout, dans les
provinces, il y eut une explosion de zèle, à qui fè-
terait le plus vite et le mieux ce que l'on nommerait aujourd'hui le triomphe du principe d'autorité.

A défaut d'autels, ce fut comme un mot d'ordre
d'ériger au roi des statues triomphales. Les états de
Bretagne assemblés à Dinan au mois d'août 1685,
prirent les devants. Ils décidèrent qu'une statue
équestre de Louis XIV serait élevée en telle ville
qu'il plairait à Sa Majesté de choisir. Le roi désigna
Nantes, et sa réponse nous apprend que la proposition adoptée par les états avait pour auteurs le
duc de la Trémouille et l'évêque de Saint-Malo. La
Bourgogne suivit cet exemple, pressée par M. le
Prince, gouverneur de Dijon. Lyon ne devait pas
tarder à faire de même. Enfin, au mois de novembre,
la petite ville de Lambesc vit se réunir l'assemblée

générale des communautés de Provence, et là, le
comte de Grignan, lieutenant du roi, appuyé par son
frère l'archevêque d'Arles, proposa d'élever à
Louis XIV une statue équestre, monument de l'a-
mour de ses peuples. La proposition fut votée d'enthousiasme. On voit d'où partait l'initiative. L'amour
des peuples n'avait qu'à suivre.

En Provence, il arriva ceci. Au lieu de supplier
le roi d'indiquer la ville où il voudrait voir se dresser sa statue, l'assemblée laissa la ville d'Aix assu-
mer l'honneur et la dépense de l'entreprise, sauf à
obtenir l'agrément de Sa Majesté. Il lui semblait
qu'un tel honneur lui revînt de droit, comme capitale de la province. Mais une autre ville résolut de
le lui disputer, ou plutôt de rivaliser avec elle dans
l'exécution d'un si noble dessein. Et le roi, au lieu
d'une statue, put croire un moment qu'il en aurait
deux.

Cette ville, qui osait s'ériger en capitale, c'était
Marseille. Elle se considérait dès lors, et non sans
raison, comme la cité la plus importante de la Provence. Le Parlement siégeait à Aix. Mais la vie
était à Marseille, avec l'activité commerciale, avec
l'industrie, avec la richesse. La création du port
militaire de Toulon semblait n'avoir eu d'autre
effet que de créer au port marchand de Marseille,
qui d'ailleurs gardait les galères, une protection
permanente et efficace. Comme Nantes, comme

Dijon, comme Lyon, comme Aix, Marseille voulut
avoir sa statue équestre de Louis XIV.

Le 2 décembre 1685, à peine de retour de Lambesc, les échevins se hâtèrent de convoquer le conseil de la communauté, selon les formes voulues,
c'est-à-dire à son de cloche, voix de trompe et cris
publics. En l'absence du gouverneur Viguier, la
présidence fut dévolue à Mᵉ Virelle, avocat en la
cour, juge royal civil et criminel au tribunal Saint-
Louis. Les quatre échevins, protecteurs et défen-
seurs des priviléges, franchises et libertés de la ville
de Marseille, étaient présents. Les vingt conseillers
assistaient à la séance. Pour plus de solennité, on
avait invité plusieurs gentilshommes et un très-
grand nombre de citoyens et d'habitants.

Au milieu de cette imposante assemblée, qui
remplissait la grande salle de l'hôtel de ville, le
sieur Paul, premier échevin, se leva d'abord, et
exposa en peu de mots l'objet de la réunion : « Le
zèle que Marseille a toujours immuablement conservé pour Sa Majesté ne permettant plus de différer
de lui en donner des marques qui y soient propor-
tionnées par leur durée, si notre foiblesse ne nous
laisse pas des moyens de lui en donner qui y répondent d'une autre manière, il seroit à propos d'ériger
en cette ville la statue équestre de ce grand roi en
bronze, et, pour cet effet, de supplier très-humblement Sa Majesté de nous le permettre. » Après ce

préambule, l'échevin requit le conseil de délibérer, et donna la parole au sieur Chalvet, assesseur.

La harangue de l'assesseur Chalvet eut, en son temps, un grand succès. Je dois la reproduire en entier, comme un document nécessaire de cette histoire. Mais il y manquera le meilleur de son sel, l'inimitable accent qui devait imprimer une si noble allure aux périodes du Cicéron marseillais.

Messieurs,

L'image de Louis le Grand que ses héroïques vertus, sa bonté paternelle pour ses sujets, ses exploits inouïs dans la guerre, sa sagesse incompréhensible dans la paix ont gravée dans nos cœurs et tracée dans nos esprits, cette chère image dont la distance des lieux ni la suite des années ne peuvent nous empêcher de recevoir ni de conserver l'aimable impression, il est temps de la produire au dehors, de l'exposer aux yeux de toutes les nations que le commerce ou la curiosité attire parmi nous et de laisser à la postérité un monument éternel de notre bonheur et de notre zèle.

Marseille, fameuse sœur de Rome, cher objet de l'admiration de tous les peuples de l'univers, ancienne académie des sciences et des beaux-arts, ville célèbre par ta situation heureuse, par l'affranchissement, par la commodité de ton port, mais plus encore par ton inviolable fidélité, il te manque un principal ornement. La statue de ton roi, qui, dans les siècles idolâtres, auroit mérité des temples et des autels, doit embellir, doit consacrer ta vaste enceinte, et, après cela, tu n'as plus rien à désirer pour ta gloire.

Mais où m'engage insensiblement l'ardeur de mon zèle? Particulièrement, que puis-je me proposer en parlant dans cette assemblée? Discours inutile, discours injurieux à ceux qui m'écoutent, si je vous faisois ce tort de m'imaginer que vous avez besoin d'être persuadés pour consentir à la proposition qu'on vient de vous faire.

Témoin de la joie qui a éclaté dans vos yeux et sur vos visages quand vous l'avez entendue, je ne sçais si l'impatience où vous êtes de conclure cette délibération solennelle que vous avez mille fois prévenue dans vos entretiens me permettra d'achever un discours que je consacre pour vous et pour moi à la gloire immortelle de Louis le Grand dans une occasion où Marseille condamneroit un stupide et lâche silence.

Suspendez, messieurs, suspendez pour quelques moments cette juste et louable impatience, et bien que vous ne deviez rien entendre que vous ne pensiez vous mêmes et que tout le monde ne pense et ne publie comme vous, agréez que sans art et avec cette naiveté que notre ciel et notre génie nous inspirent, j'explique ici notre pensée commune sur la statue qu'on vous propose d'ériger, que nul autre Roy n'a jamais si justement méritée et qui ne sçauroit être placée dans un lieu plus avantageux et plus propre que le sein de notre patrie.

La Providence mit la plus belle couronne du monde sur la tête auguste de ce grand Roi dans son enfance, et la Fortune, qui sembloit prévoir que la vertu de ce merveilleux enfant ne lui laisseroit rien à faire pour lui quand il règneroit par lui-même, se hâta de le combler de ses faveurs et le rendit victorieux et redoutable, dès les premières années de sa belle vie. Durant le temps qui succéda à son enfance, la sagesse d'une héroïne et la prudence d'un grand ministre eurent part au gouvernement, tandis que ce feu dont toute la terre devoit sentir la chaleur ou recevoir la lumière achevoit de s'allumer.

Mais à peine Louis gouverne seul qu'il se montre digne du titre de Grand que le consentement de tous les peuples lui a donné ; il met en usage un nouvel art de régner qu'il n'a appris de personne, et où personne ne pourra peut-être jamais atteindre, si cet avantage n'est réservé à son auguste postérité.

Il n'a des ministres que pour la dignité et pour la bienséance et non pour la nécessité et pour le besoin. Appliqué à tous les devoirs qu'il se fait dans la royauté, comme s'il n'en avoit qu'un seul à remplir, adoré au-dedans, chéri, admiré, redouté au-dehors, arbitre de la guerre dont il a changé les maximes, arbitre de la paix dont il a toujours réglé les conditions, il semble qu'il n'est pas sorti de cette longue suite de Rois célèbres qui revivent en sa personne, mais que Dieu seul a pris plaisir à le faire.

Il y a eu tant de mains savantes occupées à écrire ses louanges, tant de bouches éloquentes ouvertes pour les prononcer, qu'il a toujours été loué, mais il a toujours été au-dessus de tous les éloges, et je ne serois qu'un foible écho si j'osois entreprendre de publier en cette occasion une partie des justes louanges qui lui sont dues.

Une seule réflexion me suffit en ce lieu : les loix renouvelées, les abus de la justice réformés et ses longueurs retranchées, le commerce libre et florissant, les finances réglées, la discipline rétablie dans les troupes, l'État conservé dans une paix profonde et constante, les autels relevés, l'hérésie éteinte, le duel aboli et la valeur françoise réduite à son légitime usage, la noblesse purifiée, les désordres bannis, la vertu récompensée, les arts et les sciences cultivés et favorisés, les forces navales du Royaume si peu considérables autrefois devenues si redoutables et si heureuses sous son règne, tant de grandes choses que je rapporte sans ordre parce que mon esprit s'y confond et s'y perd, que je propose sans ornement parce qu'il n'y a point d'ornement étranger qui ne le cède à leur grandeur et à leur beauté naturelle, tant d'autres merveilles également surprenantes que je ne dis pas, qu'il est plus facile de concevoir que d'exprimer, et que je révère avec ce silence respectueux qui est le silence de l'admiration, que dis-je? une seule de toutes ces grandes choses, capable de rendre immortelle toute autre vie que celle de ce grand prince, ne mérite-t-elle pas la statue que nous allons ériger?

Ne nous flattons pas pourtant, messieurs, de pouvoir contribuer ou ajouter quelque chose à la gloire du Roy par cet hommage; trop heureux, si ce monument n'est pas trouvé indigne de Louis le Grand et au-dessous de la vénération que nous devons à Sa Majesté.

Quelques provinces, des villes même du Royaume ont pu nous prévenir dans ce dessein, mais consolons-nous : bien que leur exemple nous soit inutile, nous pouvons les surpasser, si ce n'est par la richesse et par la magnificence de la statue, du moins par l'ardeur et par la pureté de notre zèle, que notre foiblesse et notre impuissance même vont rendre plus considérable.

Cependant, jouissons par avance de l'effet que nous pouvons attendre de la statue de ce grand Roi dans Marseille. Commençons à goûter la satisfaction qui nous demeurera de lui avoir donné cette marque de notre amour et de nos respects.

Je ne dis rien du plaisir qu'il nous sera permis de nous faire,

15

d'avoir eu le bonheur d'employer nos soins et une partie du peu de biens que nous possédons à ériger cette statue; mais quand nos enfants, quand nos neveux et les neveux de nos neveux la contempleront : Heureux nos pères, s'écrieront-ils, qui ont vu ce grand monarque, dont nous ne pouvons admirer que la figure; heureux les siècles dont il a fait tout le bonheur et toute la gloire, heureuse la France dont il a assuré le repos, l'honneur et la félicité, jusques à nous et pour l'avenir le plus éloigné !

Et, dans ce concours de personnes de différentes nations qui abordent toutes à Marseille, quand tous les peuples de la terre arrêteront tour à tour leurs regards sur ce monument auguste, quelle admiration, quel concert de louanges n'excitera-t-il pas, quelles idées ne va-t-il pas renouveler parmi eux?

Voilà, diront les Hollandais, voilà ce fameux conquérant à qui nos ancêtres eurent le malheur de déplaire, et qui auroit bientôt rétabli sous la puissance des rois toutes les provinces que la révolte en a soustraites, si leur repentir et leur soumission n'eussent apaisé son juste ressentiment et arrêté le cours et la rapidité de ses victoires

Voilà, reprendront les Francs-Comtois, voilà ce vainqueur qui prit, qui rendit, qui reprit notre pays, mais toujours avec une nouvelle gloire pour lui, sans qu'on ait pu expliquer s'il y eut plus de justice et de valeur à le prendre et à le reprendre, qu'il n'y eut de magnanimité de sa part quand il le rendit.

Le nôtre, ajouteront les Flamands, fut toujours le théâtre de la guerre, mais on n'y vit jamais guerrier si formidable que celui que cette statue représente. Venir, voir et vaincre, et vaincre souvent sans combat, par la seule terreur de ses armes toujours victorieuses, prendre les villes, conquérir des provinces, malgré les incommodités des saisons les plus rigoureuses, malgré toutes les forces de l'Europe liguées pour les défendre et en aussi peu de temps qu'il en auroit fallu pour les parcourir, c'étoient les miracles ordinaires de sa valeur.

Les Espagnols admireront ce monarque qui auroit étendu les bornes de son royaume au-delà de Madrid, si sa justice et sa clémence n'en eussent mis à ses conquêtes, si sa bonté et sa sagesse ne les eussent enfin réduits à recevoir la paix qu'il donnoit à toute l'Europe et qui termina une guerre si fameuse par ses avantages et par leurs pertes.

Les Impériaux et les Allemands tiendront le même langage, et le fameux passage du Rhin, la mémorable prise de Luxembourg n'y seront pas oubliés.

Les Anglais publieront avec plaisir l'avantage et la gloire qu'il y a pour eux que leurs rois aient entretenu la foi des traités, contracté ou renouvelé des alliances avec le nôtre.

Les Siciliens, à l'aspect de sa statue, se souviendront que la vigilance et les ordres de ce grand roi, la valeur et l'obéissance de ses troupes le rendirent présent aux lieux mêmes où il n'étoit pas; il défit dans leurs mers les flottes d'Espagne et de Hollande unies pour sa plus grande gloire et pour leur plus grande honte, si toutefois il est honteux de céder à un conquérant à qui rien ne peut résister.

Quatre des prédécesseurs de ce grand prince avoient reçu les Génois sous leur puissante protection, ou les avoient soumis par la force de leurs armes; mais ils confesseront que le ciel lui avoit réservé de leur faire entendre leurs véritables intérêts.

Mais sans m'engager dans un plus grand détail qui seroit presque infini et qui ne seroit pourtant ennuyeux que par ma faute, les Italiens, les Turcs, les Persans, toutes les nations de l'ancien et du nouveau monde, informées comme nous des merveilles de la vie de notre roi, touchées comme nous de l'éclat de ses vertus et de la splendeur de sa gloire, avoueront sans contestation que jamais monarque ne fut si digne non-seulement du trône de César, de la couronne de Constantin, du sceptre de Cyrus, mais encore de commander à tout l'univers.

Venez donc, fameux ouvrier que Marseille a produit et élu, vous à qui l'exécution de notre dessein doit être commise, venez, c'est peu d'avoir égalé les anciens, il s'agit de les surpasser et de vous surpasser vous-même. Jamais la sculpture n'avoit travaillé sur une matière si noble. La statue que nous projetons demande tous les efforts, tous les secrets de votre art. Que tous les peuples, que toute la postérité y remarque LA MAJESTÉ DE JUPITER, LA BEAUTÉ D'APOLLON, LA FIERTÉ DE MARS et pour dire quelque chose de plus encore et en deux mots tout ce qui se peut imaginer, qu'on y reconnoisse LOUIS LE GRAND.

Tous les regards se portèrent sur Puget. Toutes les mains battirent en son honneur. Mieux que per-

sonne, il voyait, déjà achevée et dressée au milieu
d'une vaste place, la statue qui devait faire sa gloire
et celle de son pays. Aussi il s'associa de toute son
âme aux démonstrations de zèle et de joie qui ac-
cueillirent, après la harangue de l'assesseur, les
paroles du premier échevin, lorsque celui-ci annonça
que, conformément au vote unanime du conseil,
Sa Majesté serait très-humblement suppliée de permettre que la ville de Marseille lui érigeât une statue de bronze pour être placée dans l'endroit qui
serait trouvé le plus propre pour ce dessein.

La réponse du roi ne pouvait être douteuse. Mais
elle se fit attendre. Aix, appuyée par les Grignan,
obtint la première ce qu'elle demandait. Marseille
dut patienter quatre mois. Peut-être trouvait-on
superflues deux expansions de zèle aussi rappro-
chées. Enfin, le 6 avril, le premier échevin lut au
conseil une lettre du ministre, par laquelle le roi
avait la bonté de permettre qu'on lui dressât à Marseille une statue équestre. Chacun y comptait bien.
Car, séance tenante, le même échevin annonça qu'il
avait demandé des marbres à Gênes pour le piédestal,
et que, d'autre part ayant fait faire un devis de
l'ouvrage, « il en avait été envoyé des copies à Paris
et à Rome pour en proposer l'exécution aux plus
habiles maîtres, et savoir par ce moyen les mesures
qu'on devoit prendre pour régler le prix et valeur
de l'ouvrage. »

En effet, toute médaille a son revers. Le revers du zèle, c'est l'argent. Déjà quelques expressions du sieur Paul et du sieur Chalvet, « notre faiblesse, le peu de biens que nous avons, » dénotent chez les échevins le désir de faire les pauvres. Ce sont gens de commerce qui savent le prix de l'argent. Voter une statue, rien de plus facile. *Verba volant*, et le mistral les emporte. Mais, dès qu'on en vient à l'exécution, la question financière se pose impitoyablement. Or, en ce temps-là, elle se posait souvent à l'improviste. Ces belles guerres, qui n'empêchaient pas de déclarer « l'État conservé dans une paix constante et profonde, » ces glorieuses campagnes ne marchaient que par des contributions plus que volontaires auxquelles les provinces et les communes étaient invitées à prendre part. Et le zèle alors de faire des prodiges. Mais que devenaient les statues?

Puget qui n'entendait point le commerce, ou qui l'entendait à un point de vue personnel, avait d'abord effrayé les échevins par l'audace de ses rêves. — « Combien en coûtera-t-il? » lui demandait-on. Et il se taisait, certain qu'il en coûterait de grosses sommes. De là l'idée des échevins, de mettre l'ouvrage au concours à Rome et à Paris.

Mais, après la séance du 2 décembre, après cette apostrophe publique, qui impliquait un solennel engagement, l'idée du concours venait trop tard. Puget avait dressé un mémoire, un projet, un devis.

C'était donc ce devis qu'on allait colporter de main
en main pour obtenir un rabais. C'était son projet,
taxé par d'autres, qu'on lui opposerait au bon moment, afin de réduire ses prétentions. Une telle
manœuvre manquait évidemment de délicatesse.
Néanmoins, l'agent que les échevins entretenaient
à la cour, s'y prêta volontiers. Chargé de sonder
Desjardins, l'auteur du monument de la place des
Victoires, et Girardon, alors occupé à la statue de la
place Vendôme, il rendait compte de sa mission en
ces termes :

A Paris, ce 25 avril 1686.

Messieurs,

Hier jeus une longue conferance avec Monsieur Girardon qui est
considéré en ce pays comme le plus excelent sculteur, apres avoir
leu et releu vostre project, il me dit que le dessain lui paroissoi
beau, mais que pour me rendre une reponce juste sur ce qu'il fault
augmenter ou diminuer aud. project, et ce à quoy le depance de
l'ouvrage marqué dans le project pourroit aller, il ne le pouvoit
faire que dans la semaine prochaine dans leql temps, il veroit les
ouvriers necessaires pour travailler a la statue dont est question,
comme sont les fondeurs, les doreurs, et ceux qui travaillent aux
gros ouvrages du marbre aussy bien que des marchands des marbres et a mesme temps il regleroit ce quy pourroit le regarder, etc. :

Aujourdhuy ay pareillement eü une longue conferance avec
Mr Desjardins quy est aussy un habille sculteur. Il a fait la lecture
de vostre memoire par diverses fois. Il trouve le dessain beau et
riche a la reserve des 4 colonnes. Il voudroit qu'il y en eust 8, sçavoir deux a chasque cöing du pied destail, autrement les 4 ne re-
pondront pas a la richesse ny au noble subject dud. ouvrage, pour
le surplus il le trouve bien.

Dabord ma dit qu'on lavoit assure que Monsieur puget pour quy
il ma marqué avoir bien de la consideration, faisoit louvrage dont est

question. Jay repondu juste quy est que je ne le connoissois point
et que je nestimois pas que la chose fust ainsy ;

2° Qu'il se chargeroit seullem' de fere lestatue du Roy les Bas reliefs et le cheval en cette ville de mesme quy est marqué aud. memoire ; cest a dire de vous fournir le tout en estat destre transporté
chez vous, et que vous seriez obliges aux frais qu'il faudroit faire
pour led. transport et que pour cela il demandoit *cent soixante dix
mil livres* pour luy, sauf a vous de fournir et faire travailler les
marbres et autres choses marquees aud. memoire ;

3° Qu'il donneroit tous les dessains et les memoires nécessaires
pour travailler sur les lieux ce quy ne le regarderoit point et
mesme qu'il se rendroit sur les lieux lorsq' led. ouvrage seroit en
estat destre mis en place afin de le ranger de la manière qu'il faut,
mais que vous seriez tenus des frais de son voyage sejour et
retour.

4° Que pour fere led. ouvrage il demandoit quatre ans et demy
ou cinq, et que vous feriez quelques avances.

5° Quen cas vous eussiez les matieres de fonte il les achepteroit
de vous sur le pied quelles vous auroient cousté, lui ayant dit que
vous aviez desja les matieres sur les lieux afin davoir des pretextes
honnestes en cas que vous trouviez dailleurs a vous accomoder,
pour vous desgager des demarches que jay faites pour vous aupres
de luy.

A lesgard dud. s' Girardon, jay appris que Monsieur Puget luy
avoit ecrit et mesme quy luy avoit envoye une coppie de son projet.
Il me dit aussy quon lavoit assuré que led. s' Puget travailloit
audit ouvrage et qu'il navoit pas eu de la paine de le croire par ce
qu'il estoit un tres habille ouvrier, je vous marque toutes ces circonstances afin que vous preniez mieux vos mesures.

Jobliois a vous dire que lorsque jay proposé aud. s' Desjardins ce
qu'on pourroit donner a un ouvrier quy iroit travailler sur les lieux
ou quy seroit porté auxd. lieux, il ne ma jamais rien voulu dire.
prenez la dessus vos mesures. des que jauray reponce dud. s' Girardon vous en donneray advis comme estant toujours tres parfaitement.

Messieurs,

Vostre, etc.

Villeneuve.

J'aime à voir dans cette affaire la conduite hono-

rable de deux artistes auxquels il eût été bien facile
d'écraser Puget, trahi par les magistrats de sa ville
natale. La petite campagne honteuse des échevins
n'eut d'autre résultat que de les ramener à l'artiste
dédaigné, qui attendait depuis près de deux ans. On
se décida, le 17 septembre 1687, à lui donner le
prix fait de la statue équestre. Ce document mérite
d'être cité d'un bout à l'autre. On y voit se dresser
l'œuvre de Puget, tel qu'il l'avait conçue. A vrai
dire, c'est moins un contrat qu'une confidence.

PRIX FAIT DE LA STATUE ÉQUESTRE DU ROY
POUR LA COMMUNAUTÉ DE MARSEILLE

L'an mil six cent huictante sept et le jour dix septieme du mois
de septembre advant midy, par devant messire Pierre Cardin Lebret, chevalier seig^r de Flacourt, cons^r du Roy en ses conseils,
M^e des Requestes ord^re de son hostel, intendant de justice, police et
finances, commandant pour Sa Majesté en Provence, dans son hostel
en cette ville de Marseille, et en presence de nous notaire royal et
secretaire de la Communauté de cette ville, constitués en leurs personnes Mrs François Borély et Jacques Charpuis, entiens eschevins,
François Agneau et André Porry, eschevins modernes, protecteurs
et deffenseurs des privileges franchises et immunités de cette ville,
y faisant les fonctions de gouverneur en absance, et de Me Me Marc
Anthoine Descamps advocat en la cour et assesseur de lad^e ville, lesquels de leurs grés, en consequence de la deliberation du conseil
de la Comm$^té$ tenu le second dexembre de l'année mil six cent huictante cinq portant que Sa Majesté seroit tres humblment suppliée
de permettre de faire eslever en bronze sa statue equestre dans la
ville de Marseille, et de l'agréement donné ensuite par Sa Majesté,
ont choisi pour faire ledit ouvrage qui sera un monument perpétuel
de gloire et d'admiration en cette ville pour les habitants et pour
les nations estrangeres qui y abordent de toutes parts, Sr Pierre
Puget, maitre Architecte du Roy, citoyen de cette ville, y demeurant, icy present stipulant, avec lequel ils ont convenu des paches

et conditions cy après, le tout soubs le bon plaisir de Sa Majesté.

Premiérement ledit entrepreneur s'oblige de faire la statue equestre du Roy aux mesures cy apres ;

Savoir que la figure du Roy sera de hauteur de dix pieds dix poulces depuis la plante des pieds jusques au sommet de la teste.

Le cheval aura de longueur despuis le poitrail jusques au deffaut de la croupe neuf pieds sept poulces.

La figure du Roy sera vestue a la Romaine avec son manteau imperial, ayant sa contenance grave et fiere, tenant de la main droite un baston de commandement et de la gauche les rênes du cheval.

Le cheval sera cabré, ne se soutenant que des pieds de derrière et de la queue qui se fortiffiera sur la cymaize du pied destail.

Le metal ou bronze sera de mesme matiere que celle que le Roy fait travailler pour Versailles a l'arsenal de Paris dont MM. les Eschevins feront venir un lingot sur lequel l'entrepreneur se reglera pour en fournir toute la quantité necessaire à l'ouvrage au mesme titre.

A l'esgard de l'espesseur du metal de la figure de Sa Majesté et du cheval, elle sera à la vollouté de l'entrepreneur et selon qu'il le jugera a propos pour la perfection et durée de cet ouvrage, dont il fournira lui-même le dessein.

L'entrepreneur sera chargé du pied destal, afin que suivant son génie, il puisse le faire d'une manière qui reponde a la figure equestre.

Le pied destal sera composé de trois pieces, sçavoir : l'ame au milieu ou les deux corniches, la cymaize et la corniche plus basse avec son soubassement ou zocole composé de quatre pieces marbre bardille.

L'ame du pied destal aura environ onze pieds neuf poulces longueur, cinq pieds deux poulces largeur, cinq pieds sept poulces hauteur.

La cymaize aura par dessus cette longueur sa sortie, comme aussi la corniche, d'environ un pied deux poulces selon que l'entrepreneur le jugera a propos.

Le soubassement ou zocole sera fait comme est dit cy dessus de quatre pieces qui circonderont la corniche de la basse du pied destal et se joindront aux quatre coins du soubassement.

La corniche aura environ deux pieds trois poulces d'espesseur.

La cymaize aura deux pieds d'espesseur.

Toutes lesquelles pieces, au nombre de sept, font dans leur total mille cinquante pieds sept poulces qui d'achept, nollis et transports reviendront environ à la somme de treize mille cinq cent livres plus ou moins, dont l'entrepreneur se charge.

Les trois pieces du pied seront du marbre le plus blanc et le plus fin.

L'ame du pied destal qui est la piece du milieu sera vuidée a un pan deux poulces d'espesseur, comme il sera jugé a propos pour la rendre moins pesante que les deux autres pieces, la cymaize et la corniche, qui est la partie la plus basse, le tout suivant le modele qui en sera fait; seront la corniche et la cymaize dudit pied destal ornées par des feuillages, canaux et chapelets, et tout le reste de l'architecture dudit pied destal sera parfaitement bien polli.

Dans les quatre coins du pied destal il sera pratiqué quatre co-lonnes enfoncées dans les angles avec leurs chapiteaux et bazes du mesme metal que la statue, elles auront environ six pieds y com-prenant les chapiteaux et bazes, lesquelles colonnes seront s'il est possible de marbre noir et blanc antique, ou du plus pretieux iaspe qu'on tire de nos quartiers, lesquelles seront parfaitement bien pollies.

Les chapiteaux et les bazes seront de bronze doré à feu, du meil-leur, du plus bel or et du plus fin.

Aux deux faces du pied destal seront faits deux bas-reliefs, d'en-viron huict pieds neuf poulces de longueur, ou de telle mesure qu'il sera arresté et jugé necessaire et cinq pieds ou environ de largeur pour y estre representé tel sujet qu'il sera agréé par Sa Majesté, les bordures du mesme bas-relief seront d'environ quatre poulces lar-geur, elles seront avec le mesme bas-relief d'une mesme piece.

Au devant et derriere dudit pied destal y sera enchassé les ins-criptions du mesme metal que dessus en lettres grandes et petites qui sortiront en relief pour le moins deux lignes hors œuvre, elles seront dorées, comme les bazes et chapiteaux des colonnes d'or à feu du plus fin.

La statue du Roy sera tout au moins des mesures de celle de Henry quatre, laquelle est generalement estimée fort bien propor-tionnée, ou ainsy qu'il plaira à Sa Majesté.

L'entrepreneur s'oblige de rendre l'ouvrage parfait et de le poser en place dans quatre années au plus tard, a ses frais et despens, d'y travailler et faire travailler sans discontinuation et de fournir tous les attelliers pour dresser ses modeles en petit et grand volume, tant de la figure equestre que du pied destal, ou seront dressés l'un et l'autre tout proche de la fonderie, et les fourneaux comme aussy le metal, et tous les ferrements, tout attirail, machines, grues, cabestans, poullies, cables et generalement tout ce qui sera necessaire pour la perfection de cette ouvrage.

Il acheptera les marbres pour le pied destal et les faira venir à ses risques, frais, cousts et despens, faira faire un enclos ou sera travaillé le pied destal, au lieu et place ou doit estre posé l'ouvrage, quy lui sera assigné par lesd. s⁀ Eschevins, lesquels sobligent de faire pilloter aux frais de la Comm^té l'endroit ou devra estre eslevé cet ouvrage, et remplir pardessus le pillotage jusques au retz de chaussée de bonne pierre de taille, scavoir pierre de coronne jusques a deux pieds pres du bassement et le restant jusques aud⁀ bassem⁀ sera fait de pierre froide de cassis, excedant en sortie plus que du bassem⁀ du pied destal pour le moins de trois pieds tout autour, et cramponner toutes lesd⁀ pièces de crampons de bronze, plombés, ce qui sera fait comme dit est aux frais de la communauté depuis le bassem⁀ du pied destal de bardille jusques aux pillotis au temps que led. s⁀ Puget le jugera a propos, dont il prendra la conduite; Et c'est moyennant le prix et somme de

Les parties n'ayant pu en convenir ont laissé en blanc ce qui doit estre donné aud. s⁀ Puget entrepreneur pour estre le vuide remply par Sa Majesté suivant son bon plaisir, sur les desseins et modeles qui lui seront presentés.

Lesd. s⁀ˢ Eschevins feront payer aud. s⁀ Puget en desduction du prix des ouvrages vingt quatre mille livres dans deux ans à raison de mille livres par mois, le premier payem⁀ se faira a la fin du present mois, et ainsin de suite, et ils s'obligent en outre de luy fournir des lettres de credit scavoir de la somme de onze mille livres pour l'achept des marbres, et de dix mille livres en Hollande pour la fonte, lorsqu'ils en seront requis, et les sommes qui seront payées sur lesd⁀ lettres de crédit seront rembourcées par la communauté qui en faira les advances, et led. Puget entrepreneur leur en tiendra compte sur le prix des susdits ouvrages, et le restant de la somme qui sera réglée par Sa Majesté lui sera payée en quatre payes, scavoir, un quart six mois apres les susd⁀ˢ deux années finies, l'autre quart autres six mois apres, et le restant apres l'ouvrage fini

et recepté, a condition neantmoins qu'il fera touttes les diligences
possibles pour advancer, achever, et perfectionner le susdit ouvrage
qu'il ne luy sera pas permis de discontinuer.

L'entrepreneur demeurera chargé de tous les risques et accidents
qui pourroint subvenir, soit en l'achapt, voiture et transport des
matières necess^{es}, et de l'ouvrage ou autrement.

Et lorsque le tout, Dieu aydant, sera achevé et posé, sera pris
des gens cognoissants de part et d'autre pour la réception de
l'ouvrage.

Et icy present Sr François Puget, aussy maitre architecte, lequel
de son plein gré a promis et promet envers lesd^{ts} s^{rs} Eschevins de
continuer le susd^t ouvrage en cas de mort ou maladie dud. s^r Puget
son pere ou autre empechement jusques a sa perfection, et de suivre
et executer tous les pactes et conventions exprimées cy dessus sans
pouvoir pretendre autre chose de la communauté que ce quy restera
a payer de la somme a laquelle le total des ouvrages seront taxés à
peine de tous despens dommages et inthcrest, les parties promettent réciproquement de garder et observer le contenu aux articles
cy dessus, et obligent pour cet effet, sçavoir lesd^{ts} s^{rs} Puget l^{rs} biens
presents et advenir et lesd^{ts} s^{rs} Eschevins ceux de lad communauté
suivant leur pouvoir a toutes cours et ainsi l'ont promis et juré.
Fait et publié aud. Marseille dans l'hostel dud. seigneur intendant,
en presence de s^{rs} Jean Baptiste Grazille et Jean Baptiste Poitier,
merchands dud. Marseille tesmoings requis et signés avec les parties
et mond. seig^r intendant à l'original.

On ne connaît Puget qu'à demi, quand on a vu
seulement ses grandes pièces qui sont au Louvre.
Pour le connaître tout entier, il faut pénétrer dans
ses projets et dans ses rêves, encore plus grandioses.
C'est ce que nous racontent les documents originaux,
et c'est pourquoi je prends plaisir à les citer, au
risque d'être accusé de faire un ouvrage de marqueterie. Le prix fait de la statue équestre reproduit
évidemment le mémoire dressé par l'artiste, et ce

mémoire n'était lui-même qu'une conversation presque idéale de Puget avec son génie, ce dernier dictant les inventions sublimes, l'autre les écrivant avec la bonne foi d'un esprit simple qui ne doute de rien.

> Je dictais, Homère écrivait.

Et l'homme qui entassait ainsi les marbres et le bronze à la gloire de son roi, terminait alors sa soixante-cinquième année.

Avec un programme aussi complet, il n'y avait qu'à marcher. Le 9 octobre Puget recevait la première somme de mille livres promise par mois. Des marbres étaient demandés à Gênes. Le bas-relief d'*Alexandre et Diogène* fut relégué en quelque coin, et l'artiste, non moins confiant que les échevins dans l'agrément du roi et le succès de l'entreprise, se donna tout entier à l'œuvre nouvelle.

II

Cette statue équestre de Louis XIV qu'il s'agissait d'élever, non-seulement aux yeux de ses concitoyens, mais sous les regards de tous les peuples et de la postérité elle-même, ce n'était pas assez pour le génie ambitieux de Puget. Quel endroit de la ville

serait digne de porter son œuvre? A la statue du
roi il fallait une place royale. Pour créer la place
Royale, Puget démolissait la moitié de Marseille. Ce
que le Bernin avait osé à Rome, il l'oserait en
France. Il doterait son pays d'une nouveauté singu-
lière entre toutes. Au lieu de s'en tenir aux vieux
tracés, octogones, carrés, circulaires, il dessinerait
autour de sa statue un élégant ovale. Et, s'il ne
pouvait, comme l'architecte romain, l'encadrer de
colonnades qui ne sont qu'un magnifique décor, du
moins saurait-il y bâtir des palais de la plus noble
architecture. Les rêves de l'agrandissement étaient
dépassés de cent coudées.

Les dessins de Puget existent au nombre de trois.
Ils font partie de la collection du musée de Marseille, qui daignera quelque jour, je l'espère, les
retirer de l'obscur corridor du château de Borély où
je les ai vus. En face de la mer se dressent deux
corps de logis à deux étages dont l'étage supérieur
est une *loggia*, un portique à l'italienne, semblable
aux promenoirs qui couronnent certains palais
gênois. De là, l'œil aurait pu embrasser le panorama
de la rade et compter dans le port les richesses
commerciales de Marseille. Les deux façades se ter-
minent, au milieu, par deux pavillons ornés de
frontons. Entre ces pavillons, une porte triomphale,
qui permettait de fermer le port, donne accès à la
place. Deux longues façades s'y développent en

ovale, interrompues seulement, à l'autre extrémité,
par une rue communiquant à la ville. Elles repro-
duisent l'ordonnance des corps de logis extérieurs,
et des pavillons semblables les flanquent de distance
en distance. Au centre de la place, Puget a figuré la
position de la statue par un piédestal tourné vers la
mer, sur lequel on lit : LOUIS LE GRAND EN TOUT. Les
pavillons offrent une particularité caractéristique.
La fenêtre du premier étage consiste en deux arcades
géminées qui ont pour support commun une colon-
nette ionique à fût renflé. J'ai entrevu à Gênes le
même modèle de colonne, employé comme support d'un escalier à jour. En se l'appropriant, Puget
essaya d'en faire une conception originale. Déjà il
avait appliqué ce motif bizarre à une fenêtre de sa
maison de Toulon. La persistance avec laquelle il le
reproduit dans son projet de place royale, montre
quel intérêt y attachait son amour-propre d'inventeur.

Si l'on combine ensemble la forme de la place
de Saint-Pierre de Rome avec l'aspect de la place
Vendôme et de la place des Victoires, on aura une
idée de ce que devait être la place Royale de Marseille. L'architecte n'y marchandait pas plus son
génie que le sculpteur. Mais hélas ! servir un plat
de cette sorte à une ville de province, n'était-ce pas
la condamner d'avance à mourir de faim ? Les
échevins de Marseille ne prirent point le change.

Ils aperçurent de suite l'abîme financier où les
menaient les rêves de Puget. Celui-ci, cédant à
leurs instances, consentit alors à faire un autre
plan, d'une réalisation moins impossible, qui sup-
posait la place carrée. Le dessin existe également
au château Borély. C'est, à peu de chose près, la
même architecture. Seulement, la coupe à angle
droit permettait de réduire les démolitions et d'utiliser les nouveaux bâtiments.

Toutefois, sur ce point comme sur le prix de la
statue, il fut impossible de s'accorder. Les deux
parties convinrent de s'en remettre au jugement du
roi. François Puget, courrier ordinaire de son père,
reçut la mission d'aller présenter à Sa Majesté et le
prix fait de la statue et le double plan de la place
Royale. Il partit le 15 octobre.

Dès lors commença une lutte qui devait durer
deux années entières. La statue équestre disparaît
au second plan. L'affaire de la place prime tout.
Lequel adoptera-t-on, du plan carré ou du plan
ovale? Peu s'en fallut que la guerre des deux plans
n'égalât en péripéties la guerre des *Deux Roses*.

Puget qui jugeait les choses avec son génie et
avec son bon sens (deux frères moins ennemis
qu'on ne croit), Puget ne séparait pas la place de la
statue, ni la statue de la place. Bien plus, la figure
équestre du roi, telle qu'il l'avait conçue, appelait,
selon lui, un cadre ovale. Or, il n'était pas seul à

penser ainsi. L'intendant de Provence le Bret, les
Forbin, et d'autres nobles personnages, plus soucieux de la gloire de la province que des intérêts
matériels d'une localité, patronnaient ouvertement
le plan ovale. Au contraire, les échevins n'admet-
taient pas que la statue commandât la place, et,
des deux plans, ils n'en approuvaient qu'un, celui
qui se prêtait le mieux à la spéculation. Leur tort
fut de ne pas jouer cartes sur table. Tandis qu'ils
affichaient une stricte neutralité et une confiance
aveugle dans le choix du roi, ils n'épargnaient
rien, sous main, pour amener le triomphe du plan
carré. Ainsi, on les voit accepter, comme porteur
des deux dessins, François Puget, défenseur né de
l'ovale, mais ils ont soin de lui adjoindre l'archivaire de la commune, Rosset, avocat naturel de
leurs préférences. En même temps, ils écrivent à
leur agent Villeneuve de soutenir à tout prix le plan
carré. Celui-ci, en homme qui sait sa cour, a bien
bien vite trouvé le bon moyen. Il leur répond aussitôt :

Vous ne m'avez encore point donné d'ordre pour la gratification
que la ville fait toutes les années audit seigneur ministre, quoique
nous soyons dans le temps accoutumé. Néanmoins, pour le mieux
faire entrer dans les très-humbles prières que je lui ferai de votre
part au sujet de ladite place et pour avoir plus lieu de lui parler,
lui dirai que vous m'avez envoyé une lettre de change pour cela, et
que, dès que j'en aurai reçu la somme, la remettrai à son intendant, ainsi que j'ai toujours fait par son ordre. C'est pourquoi je
vous prie de vous en ressouvenir, ou bien j'avancerai la somme.

16

La lettre de change ne se fit pas attendre : quinze
cents livres au ministre, cinq cents à son commis.
Le plan ovale pouvait venir maintenant. Le terrain
était préparé.

François Puget arriva à Paris avec son compagnon
le 8 novembre. La ville lui avait alloué cinquante
pistoles pour son voyage. Il voulut d'abord se faire
habiller. D'ailleurs la cour était à Fontainebleau,
d'où elle devait revenir à la fin de la semaine. C'est
seulement le dimanche 16 qu'eut lieu la présentation.
On espérait aller jusqu'au roi. « Mais Sa Majesté
ayant pris médecine par précaution et demain al-
lant à Marly, nous a fait dire, rapporte Villeneuve,
qu'elle ne pouvait voir lesdits plans jusqu'à la semaine prochaine. » Il fallut donc se contenter du
ministre, Colbert de Croissy. A la vue des dessins,
celui-ci faillit oublier la lettre de change. Heureusement Villeneuve était là.

Ledit seigneur ministre, écrivait-il le lendemain, trouva les dessains très-beaux et plus qu'aucuns qui ayent encore parus, princi-
pallement celui en ovalle, parce que tout le desain est en profil
comme s'il estoit dans sa perfection tant pour le dehors que pour
le dedans de la place dont est question, au lieu que celuy quy est
carré n'est que simplement traisé (tracé) sans qu'il paroisse aucune
chose de l'édifice qui en devoit faire l'ornement, en sorte qu'apres
que nous fumes sortis de son cabinet, je fis semblant d'avoir oublié
de luy parler d'une autre affaire afin d'avoir plus de liberté de luy
parler et que led. sieur Puget ne s'en aperçut pas, je rentray dans
led. cabinet, et ayant expliqué aud. Seigneur qu'outre que la place
carrée seroit pour le moins aussy belle que l'ouvalle, et qu'elle n'em-
pecheroit point l'agrandissement du port toutes fois et quantes que

Sa Majesté le désirera faire, que les maisons seroient plus logeables
et que le bastiment en cousteroit moins et par ces raisons la place
seroit bientôt bastie, y ayant plusieurs particuliers qui s'estoient
presentés pour achepter des places à bastir, au lieu que pour l'o-
valle il ne se presente personne, ce quy vous faisoit craindre que cet
beau ouvrage ne demeura imparfait pendant un long temps...

Les raisons n'étaient pas absolument mauvaises,
au point de vue de l'édilité. Mais le procédé ne valait
rien. Ainsi, les deux Marseillais admiraient en toute
innocence les splendeurs de Versailles, pendant que
Villeneuve faisait la leçon au ministre ! Le ministre
promit de s'en souvenir et de préparer le roi, afin
d'éviter toute surprise.

Laissons maintenant Villeneuve raconter la
grande journée.

29 novembre 1687.

Aujourd'huy samedy, suivant l'ordre de Mgr de Croissy, je me
suis rendu à Versailles, sur les 8 heures du matin, accompagné de
MM. Rosset et Puget. D'abord nous avons été chez ledit seigneur, et
de là, sur les neuf heures, chez le roi. Sa Majesté nous a fait entrer
dans son cabinet et pendant près d'une demi-heure elle s'est donné
la peine d'examiner les plans et les desseins de la place Royale que
vous lui avez envoyés ; elle a été charmée de ces dessins, les trouvant extrêmement beaux et plus particuliers que tous les autres
qu'on lui a déjà présentés de plusieurs endroits, et comme elle a
autant de bonté pour ses subjects qu'elle a d'élévation et de naissance, elle a dit plusieurs fois en différents temps que si ces dessins étoient exécutés, il en cousteroit beaucoup à la ville. Je lui ai
répondu que vous étiez très-heureux d'avoir pu faire quelque chose
de distingué et qui peut lui plaire, que vous n'attendiez que son
approbation pour celui qui lui plairoit le plus pour le faire mettre
incessamment à exécution et que vous vous feriez des plaisirs les
plus sensibles de surpasser même lesdits dessins s'il vous est possible
pour lui marquer d'autant plus l'amour et le zèle que vous avez pour

Sa Majesté. Dans le même temps, elle a dit qu'elle vous estoit bien obligée, mais qu'elle ne vouloit pas que votre zèle vous emportât jusques au point de faire des choses pour sa gloire qui peut vous incommoder. Dans la suite, je lui ai remarqué même par trois différentes fois l'avance que l'on faisoit dans le port sans nécessité, que cela le rendoit irrégulier, qu'il y avoit plus de nécessité de l'agrandir que de le rétrécir, attendu sa petitesse, l'augmentation continuelle de ses galères, et d'autre part que les bâtiments des marchands à peine peuvent y contenir sans s'incommoder les uns avec les autres et que s'il arrivoit un malheur de feu on ne pourroit pas remédier au mal parce que les bâtiments sont presque joints les uns avec les autres. A quoi Sa Majesté a fait grande attention, et l'ayant suppliée une deuxième fois de faire choix d'un desdits dessins, elle a dit qu'ils estoient tous si beaux qu'elle avoit peine à se déterminer, (adjoustant), ordinairement on n'est pas bien aise d'en passer par l'avis d'autrui. C'estoit à M. Puget à prendre la parole et à remercier Sa Majesté de la consideration qu'elle avoit pour les ouvrages de son père et esviter par ce moyen la censure desdits ouvrages; ce qui m'a donné lieu de prendre la liberté de dire à Sa Majesté que, si elle aimoit également lesdits dessins, les carrés seroient d'une plus facile exécution, qu'il y avoit déjà des particuliers qui s'estoient présentés à vous pour acheter des places, que les maisons seroient belles et commodes, au lieu que dans le dessin ovale elles seroient presque toutes en triangle, ce qui vous faisoit même douter de pouvoir mettre la place dans sa perfection aussi promptement que vous le désirez ; d'ailleurs que Sa Majesté et tous ses subjects trou- veroient un plus grand avantage en faisant la place carrée, parce que, dès que Sa Majesté auroit fait achever le nouvel arsenal, il y avoit apparence qu'elle feroit abattre l'ancien pour que la statue de Sa Majesté fût dans un lieu plus à découvert et plus facile à admirer et sa grandeur et sa magnificence, auquel temps on pourroit agran- dir le port considérablement, ce qui seroit plus commode pour ses galères et très-avantageux pour tous ses subjects. Sa Majesté, après avoir dit que lesdits dessins estoient très-beaux, qu'il les falloit faire voir à M. Mansart et ayant donné l'ordre à Mgr de Croissy et à moi, messieurs de vous marquer qu'elle ne pouvoit pas être plus satisfaite de votre zèle, ensuite nous avons été chez Mgr de Croissy où nous avons trouvé madame de Maintenon et plusieurs autres dames auxquelles ledit seigneur, ayant parlé de la beauté desdits dessins et de l'estime que Sa Majesté en avoit fait, elles ont souhaité les voir et toutes ont demeuré d'accord qu'il ne se pouvoit rien voir de plus grand ni de si noble. Madame de Maintenon y a adjousté qu'elle appréhendoit qu'il n'y eust quelque obstacle causé par la grande dépense qu'il falloit faire et en même temps elle a demandé si la ville avoit des fonds. Je lui ai répondu en Normand, c'est-à-dire ni oui, ni non, mais que Sa Majesté auroit la bonté de vous permettre d'imposer sur vous-même une taxe convenable pour ladite dépense, m'ayant répondu qu'il ne se pouvoit rien de plus généreux ni de plus honnête.

Ensuite ledit sieur Mansart étant arrivé chez ledit seigneur, il a vu les dessins, il a trouvé que la place carrée seroit mieux par les susdites raisons dont je l'avois prévenu, ledit seigneur adjoustant d'autant mieux que messieurs de Marseille le souhaitent pour le bien de l'État, qu'il falloit rendre la place droite étant un peu de côté, qu'il falloit retrancher les colonnes du bas et n'y faire que des pilastres et que, pour cet effet, il feroit un petit dessin, mais qu'il ne le pouvoit donner que lundi prochain à deux heures après-midi, ce qui m'a obligé de revenir à Paris, avec M. Rosset, après néanmoins que Mgr de Croissy a eu la bonté de me promettre que le nouveau dessin ne seroit point présenté à Sa Majesté sans me le communiquer, et même qu'il feroit en sorte que Sa dite Majesté vous donne (comme je l'en ai prié), le vieux arsenal ou du moins la place pour pouvoir agrandir le port, parce que voici une occasion très-favorable et même y trouvant quelque disposition. L'incertitude où je suis que mon dit seigneur de Croissy me fasse advertir pour aller audit Versailles et que je n'aye pas le temps de vous écrire le premier jour de poste, fait que je vous fais la présente à l'avance, pour vous être envoyée en cas que je sois audit Versailles et, à mon retour, je vous donnerai advis de tout ce qu'il aura suivi, comme étant toujours plus..., etc.

VILLENEUVE.

Ainsi les dessins plaisent au roi, à madame de Maintenon, au ministre; mais l'intervention de Mansart vient tout gâter. Villeneuve l'a prévenu, afin d'en faire un avocat du plan carré, et le traître,

mécontent de ce rôle passif, s'empare des projets
de Puget pour les modifier, autant dire pour les
détruire. Quoiqu'il ne fût encore que premier architecte, Mansart agissait déjà en futur surintendant. Pouvait-il permettre qu'on remuât une
pierre, même au fond de la Provence, sans y mettre
la main? Quand Villeneuve sentit sa faute, il était
trop tard. Grâce à ses finesses, cette journée porta à
Puget et à la place royale un coup dont ni l'un ni
l'autre ne devait se relever.

Quant à François Puget, il ne voit rien. La majesté de Louis XIV l'a ébloui. Il en perd la tête
jusqu'à se croire un personnage. Lui aussi écrit aux
échevins, et il est curieux de comparer ses impres-
sions à celles de Villeneuve :

Messieurs,

Je ne doute point que Mʳ de Ville-neve ne vous aie fait savoir
de la maniere que le Roy a reseuz et admiré les desains que j'ay eu
l'honneur de luy presenter de vostre part. Il ne ceroit poin bon a
ma bouche de vous dire toutes les louanges et l'estime que Sa Majesté
en a fait. Sufit de vous dire qu'il est si satisfait du zèle que vous
avés pour luy qu'il an aura une antiere reconoisance. Il n'a point
vouleu se déterminé pour le quaré ni pour l'auvale. Il a ordonné a M. de Croisi de les faire voir à M. Manzar dont il les a
treuvé fort bau et fort magnifique. L'androït lui a pareu si bau
qu'il souète en faire une pancée ; mes selon (moi) son projet ne
ruisira pas. J'espaire, Mesieur, que vous aures satisfaction de vostre
entreprize. Tous seus qu'ils ont veu les deseins disent qu'il n'on
rien veu dans l'Europe de si magnifique. Je vous asseure, Mesieur,
que c'è l'entretien de la Cour ; j'espaire que nous obtiendrons l'a-
grandissement deu port ; je n'eparne pas mes soins et pène pour
se sujet, non point pour la gloire que j'en pourois esperé, mès un

plesir a moi mesme. Je vous prie, Mesieur, de me vouloir continuer
l'honeur de vostre estime an calité de, Mesieur, vostre tres unble et
et tres obeisant serviteur.

F. PUGET.

De Paris, le 7 Desambre 1687.

Mansart passa quinze jours à s'approprier l'idée
de Puget, et pendant ce temps, rapporte Villeneuve,
« il faisoit sa cour, sans mot dire, à tous ceux qui
pouvoient faire valoir ses dessins. » Enfin il produisit un projet détestable, qui, pour agrandir la
place, diminuait de moitié les terrains à bâtir, et
rendait les constructions aussi difficiles que dans le
plan ovale. Le roi hésita d'abord. L'équité lui disait
de laisser à Puget ce qui était à Puget. Mais Mansart
disait le contraire, et l'on sait le portrait qu'a tracé
de lui le duc de Saint-Simon : « L'adresse de Mansart était de montrer au roi des plans imparfaits
qui tout seuls lui missent le doigt sur la lettre.
Alors il s'écriait qu'il n'aurait jamais trouvé ce que
le roi proposait ; il éclatait en admiration,...» etc.—
Au risque de briser une grande âme, le roi donna
la préférence au plan de Mansart.

III

Cependant François Puget continuait à ne rien
voir. La lettre suivante ne fait honneur ni à sa
pénétration, ni à son adresse.

De Versaille, le 19 décbre 1687.

Mesieur

Je suis dans un chacrin extreme de ne vous avoir point donné de mes nouvelles et vous faire savoir lettat de nos afferes naiant peu joindre M' Mansar pour nous communiquer son dessain; a la fin nous y sommes parveneus et vous diray en premier lieu que le S' Mansear n'a point reuisi dans son dessain et mesme le Roy dit qu'il faloit nous laisser faire à nostre vollonté et ne point donner le chagrin a mon pere de voir d'autre dessains que les siens. Le Roy apres setre explique comme cela il voulut voir une segonde fois le plan et fit appeler M. Mansar avec ces dessains, mes le Roy appres les avoir veu nan dit rien; tout cela estant finy, je fis des nouvelles instances à Sa M. seur l'avancement deu port elle me repondit quelle anavoit deia parle a M' de Seignelay et quil cecrioit fort la desseus mais je donne au Roy de si fortes rezon quil masscura quil en parleroit encore une fois, ce quil me fait croire que tout ira bien et vous asseure Mesieur que je ne quiteray point prise ny la veue de S. M. que je naie obteneu le receulement deu nouveau arsenal, pour la grandissement deu port et la demolition deu vieu arsenal il nous a reponden que cela ce fera avec le temps le nouveau nestants pas encore fait. Cela vous doit Messieur foire esperer que quand la place Roialle sera faite et le nouveau arcenal le Roy nous donera ceste satisfaction; Je eu loncur de lantretenir un fort lontans sur la necesite quil liavoit dudit agrandissement dont il nous a ecoute avec aplication. M' de Vile neueve a fait son devoir et a apuie fort mes rezon: dans peu de temps nous aurons responce, ce ne sera pourtant pas sans paine aiant un si puissant seigneur a conbatre Mes pleus jy trouveray de dificultes plus jauray de plaisir donant mes souïns a ma patrie et pour une commeunaute dont les chef que jonores infiniment auront quelque egar aux grandes despences que je seuis oblige de faire a la cour. Cet en quoy je vous prie de faire un peu de consideration et de me croire parfaitement.

Messieur

Vostre tres unble et tres obeisant serviteur

F. PUGET.

Le même jour, Villeneuve rendait compte en

toute hâte aux échevins du résultat de cette deuxième
audience, qui se résumait pour lui dans le triomphe
du plan carré. Mais le lendemain le ministre écrivait à son tour, et sa lettre ne dit pas tout à fait la
même chose.

A Versailles, le 20 Xbre 1687.

Messieurs

Le Roy a fort agreé les temoignages que vous lui avez donné de
vostre zèle par la resolution que vous avez prise d'ériger une statue
equestre de sa Majesté dans la place que vous pretendez faire bastir ;
elle approuve davantage le dessein carré que celui de l'ovale, et
quoy que celuy que le sr Mansart a fait par les ordres de sa Majesté
luy ayt paru plus parfait, elle vous laisse la liberté de prendre un
peu plus ou moins de place pour les bastimens cest a dire de
donner dix toises de profondeur aux lieux destinez pour bastir quoy-
qu'il ny en ayt que huit par le plan dud. sr Mansart.

Sa Majesté s'estant aussy expliquée qu'il falloit faire lad. place
royale comme si l'ancien arcenal ne subcistoit plus cela peut vous
donner lieu de croire qu'avec le temps elle le fera demolir.

A l'esgard de l'avancement du port, sa Majesté en a desja parlé
a Mr de Seignelay, et je vous feray sçavoir ce qu'il aura pleu a
Sa Majesté en décider.

Je crois estre obligé de vous temoigner que le sr de Villeneuve
vostre agent a agi en cette affaire, comme il m'a toujours paru
qu'il faisoit dans toutes les autres pour les intérest de la ville de
Marseille, c'est a dire avec beaucoup de soin et d'application, qu'il
a esté nécessité de faire icy plusieurs voyages et mesme d'y séjourner
quelques jours touchant lesd. plans.

Je suis

Messieurs

Vostre tres humble et tres affectionné serviteur

De Croissy.

Qu'on se figure l'effet produit à Marseille par ces
lettres contradictoires, la colère de Puget, la stu-

péfaction des échevins. N'était-ce pas assez de deux
plans? Et voilà qu'on leur en annonce un troisième,
et, de plus, on leur laisse la liberté de choisir : la
liberté, ce lourd fardeau dont ils espéraient se dé-
charger sur le roi ! Les explications postérieures de
Villeneuve ne font qu'ajouter à leurs perplexités.
Le 5 janvier 1688, ils écrivent à leur agent sous
l'empire d'un sentiment dont il faut leur tenir
compte :

> Nous vous prions de nous esclaircir de notre doute au suiet du
> choix du plan quarré de la place Royalle si c'est celuy de M. Man-
> sart ou celuy du sʳ Puget que Sa Majesté veut estre suivy. Si c'est
> celuy de M. Mansart, nous sommes obligez de vous dire que M. Puget
> recevra en cela un tort notable, contraire a sa grande réputation qui
> est sy bien establie, et apres tout il est surprenant qu'apres que le
> Roy s'est si bien expliqué en sa faveur, ayant ses desseins en main
> et ayant seulement dit de les faire voir aud. sʳ Mansart, celuy cy y
> aye touché sans ordre et aye voulu encherir. Nous vous recomman-
> dons l'interest dud. sʳ Puget, et nous sommes obligez de vous dire
> quil nous a déclaré formellement que si nous devions mettre en
> exécution les desseins du sʳ Mansart, non seulemᵗ il ne s'en meslera
> pas, mais mesme il ne faira pas la statue équestre, et il seroit deja
> party d'icy pour s'aller plaindre au Roy si nous ne l'avions arresté
> en luy faisant esperer quil n'y avoit encore rien de gaté pour luy.
> Quand a nous, nous nous soumettrons toujours a la volonté du Roy
> et a ce qu'il plaira a Mᵍʳ de Croissy de nous ordonner de sa part.

Ainsi, l'affaire s'embrouille à plaisir. L'irrésolu-
tion des échevins, l'entêtement de Puget, le tour de
gobelet de Mansart, les sottises de François, la neutralité du ministre, tout se réunit pour l'entraver.
Ajoutez-y les intrigues de Villeneuve. Car bientôt,
cet agent ne se contente plus de son rôle d'instru-

ment passif. Un motif secret, qui nous échappe, le
fait passer du dévouement au zèle et du zèle à la
passion. Pendant deux ans toujours sur la brèche,
écrivant pour le moins autant qu'il agit, il multiplie les démarches, et il multiplie les lettres qui
racontent ses démarches. On dirait qu'il sert un
intérêt personnel, tant il s'entend à desservir l'intérêt contraire. Ce n'est qu'un instrument, mais
c'est un instrument qui s'aiguise sans cesse, et qui,
un jour, directement provoqué par les Puget, se
retourne contre eux, comme un poignard. La
haine alors, la haine la plus basse, l'aveugle, le
précipite et entraîne avec lui dans le même gouffre,
et Puget, et les échevins, et la statue et la place.

Puget, cependant, continuait à toucher de la
communauté les sommes promises, mille livres par
mois. Il fait venir les marbres du piédestal, il prépare ses chantiers. Ses nobles amis de Gênes lui ont
envoyé un magnifique cheval pour lui servir de
modèle. Il l'étudie, et deux fois il essaye de réaliser,
en terre et en cire, cette statue qui est désormais le
rêve de ses jours et de ses nuits. Mais son rêve ne
sépare pas la statue de la place. L'une et l'autre se
tiennent dans son génie, et ne font qu'une œuvre.
La logique de l'art lui défend de les scinder. Fana-
tisme de l'unité, dira-t-on. Sans doute, mais quelle
leçon pour nous, qui osons décorer du nom d'unité
les raccords les plus hasardeux ! Même au xvii° siè-

cle, plus fidèle qu'aucun autre à l'unité dans l'art,
la prétention de Puget parut exorbitante. D'abord,
on s'y prit doucement. « Sa Majesté a dit qu'elle
apprenoit de toutes parts que M. Puget se désoloit
de ce qu'elle n'avoit pas choisi un de ses plans,
qu'il falloit lui faire savoir que son intention étoit
qu'il travaille incessamment à la statue équestre, et
que, lorsqu'il seroit question de travailler à la place,
elle donneroit ses ordres. » Ainsi s'exprimait Villeneuve. Puis on pria Louvois d'écrire à l'intendant
de Provence, et cette lettre encore, en date du
6 mars 1688, est pleine d'égards, de ménage-
ments : — « Il est à propos que vous insinuiez
doucement et comme de vous-même au sieur Puget,
que sa fonction regardant uniquement la statue
équestre, il est à propos qu'il s'y renferme, quant à
présent, et qu'il convienne au plus tôt du prix de
cet ouvrage avec les échevins de Marseille, afin d'y
travailler promptement, sans se mettre trop en
peine de l'exécution de la place royale, et lui faire
entendre qu'il est encore question, en cela, de voir
ce qui conviendra le mieux, non-seulement pour la
beauté de cette place, mais aussi pour l'utilité du
port et la modicité de la dépense. » — Peine perdue :
Puget tient bon, Puget repousse tous les conseils,
Puget se rebelle contre la volonté du roi. Louis XIV
a dit : « La statue d'abord, la place après. » Puget
dit : « La place avant tout, la statue ensuite. » Su-

blime, mais déplorable obstination ! Il ne touchera
pas à la statue, s'il n'est le maître de la place : les
échevins le prennent au mot, et, eux aussi se montant la tête, forts de la liberté que leur laisse le roi,
ils font table rase de tous les plans.

Alors commencent de véritables hostilités. Entre
l'esprit de beauté que Puget exagère et le positivisme
des échevins, la guerre est déclarée. Ceux-ci, toujours prudents, envoient en éclaireur une lettre de
change : cinq cents livres pour le commis du ministre, deux cent cinquante pour Villeneuve. Quant
au ministre : « ayant su que madame la marquise
de Croisy avait donné ordre d'acheter en cette ville
de Marseille, dans la manufacture de soie nouvellement établie, une pièce de damas vert de 120 aunes,
dont le prix a monté à 722 livres, » ils font payer
cette somme, avec l'agrément du conseil, et ils
chargent Villeneuve d'offrir l'étoffe à la marquise,
« comme une petite marque de leurs recognoissan-
ces de tant de bons offices que M. son époux rend à la
communauté en toutes les occasions. » Puget, qui
ignore le rôle du damas vert dans les affaires de ce
monde, ne sait que bouder, en couvant des tempêtes.

La campagne s'ouvrit vers la fin de 1687. Comme
si ce n'était pas assez de tant de difficultés, voilà que
les intérêts généraux, invoqués contre Puget, se
compliquent d'un intérêt particulier. Le renouvelle-
ment de l'échevinage, qui avait lieu tous les ans au

mois de novembre, venait d'appeler aux fonctions
de premier échevin un homme dont le nom contraste ridiculement avec son rôle en cette affaire.
François Agneau voua aux plans de Puget une
haine féroce. Pourquoi? Parce que les plans de
Puget dérangeaient les siens. Le doux Agneau
possédait au Cours une maison qu'il aurait voulu
voir arriver en façade sur la place Royale, et Puget
avait eu le grand tort de ne point s'occuper de la
maison du doux Agneau. Tandis que Puget s'effor-
çait d'amener la place Royale vers le port, Agneau
la tirait du côté du cours. Quand il eut fait lâcher
prise à Puget, vite il dressa son petit plan et l'expé-
dia à la cour, non sans crier bien haut contre les
insinuations perfides qui l'y poursuivaient. Médi-
sance ou calomnie, cri de l'envie ou de l'opinion,
l'insinuation doit être acceptée par l'histoire. De
Dieu l'atteste, Bougerel la confirme ; la correspondance des échevins la combat de son mieux, mais
les fureurs qu'elle provoque chez Villeneuve ne lui
donnent qu'une vraisemblance de plus. C'est sous
l'échevinage d'Agneau que Puget fut vaincu. Comment l'innocenter de la défaite?

Au surplus, l'intendant des galères, Arnoul,
semblait pressentir cette affaire, lorsqu'il écrivait
quelques années auparavant : « A Marseille, l'intérêt particulier l'emporte sur le général... Comme
les échevins se font par pure cabale, il n'y a que la

cabale qui agit... Est-ce pas une chose pitoyable de
voir une pauvre ville qui deburoit regorger de biens
estre engagée extraordinairement, pour avoir voulu
chacun enrichir son amy et son parent? »

Laissons parler De Dieu, écho de Puget lui-
même :

La mesme republique (de Gènes) ayant apris que nostre Illustre
devoit faire la figure equestre de Sa Maiesté Louis quatorze, luy en-
voierent pour present et pour luy servir de modelle un des plus beaux
cheuaux qu'ils purent trouver. Il auoit faict son modelle ou le Roy
estoit monté sur un cheval cabré les deux jambes en l'air, qui auroit
esté pausé dans la superbe place Royalle faicte de son dessain pour
estre bastie au fond du milieu du port dans le lieu nommé la Cane-
biere, et quoy qu'il heust un contract passé auec les consuls de Marseille, qu'il heust faict les prouisions necessaires pour led' houurage,
sur quoy il auoit reseu a conte dix mile liures, je me trouue hobligé
de remarquer issy a la confusion des messieurs de Marseille, quy est
le lieu de sa patrie, qu'il a esté mesprisé jusques a faire casser le
contract faict avec heux pour substituer un tres grand ignorent
nomé Clerion, natif de Tres, meschant sculpteur ; sest infame prosedé fust machiné et fabriqué par un des consuls nomé Lagneau,
quy auoit une maison dans le cours, lequel vouloit obliger
monsr Puget de destourner la situasion de la plasse, gaster la belle
simetrie du fons du port et la transposer du costé des bastimens
que lon nome lhostel de Malte quil auroit faleu abatre, et pourquoi?
Sestoit par lambission que sa maison fust au point de veue de ladicte
plasse ; et par sest indigne prosedé ils se sont priués de se magnifique ouurage qui auroit honnoré le Roy, la provinse et leur ville a
la posteritté...

Notés que pour le bel aspect que se fameux ouurage auroit faict
au fons du port, Sa Mayesté auoit consenty a la demolision de son
arsenal ; toutes ses particullarittés sont tres veritables que jai
aprises de l'illustre offensé.

La maison de Lagneau estoit situee a la fasade du cours quy
auroit regardé le port sur la droite et non au milieu.

Suivant De Dieu, Agneau ne serait pas seulement

coupable d'avoir ravi à Puget l'honneur de la place Royale, c'est lui encore qui l'aurait éloigné de la statue équestre en suscitant Clérion. Les faits, on va le voir, semblent donner raison à ce nouveau grief. Agneau nous apparaît décidément comme le bouc émissaire de toute l'affaire.

Le grand bruit mené à la cour par François Puget et par Villeneuve avait eu pour résultat de donner l'éveil sur les projets des Marseillais. On en parlait dans ce monde d'artistes qu'entretenaient les travaux de Versailles. Or, parmi eux se trouvait un sculpteur provençal, Jacques Clérion, né à Trets en 1639, employé par les bâtiments du roi à faire quelques-unes de ces statues d'après l'antique dont on décorait les jardins, et comme tel, placé sous la coupe de Mansart, premier architecte. L'idée vint-elle du chef ou du subordonné? Toujours est-il qu'au mois de mai 1688, Clérion adressa aux échevins un mémoire dans lequel il exposait ses titres et formulait ses propositions. Ses titres, j'ai bien peur que Villeneuve ne les ait résumés d'un mot : « Il est un homme fort doux et d'une humeur toute contraire à celle de M. Puget. » Qu'avait-il produit? Trois ou quatre copies, un *Jupiter*, une *Junon*, une *Vénus*, et, de son invention, un *Bacchus*. L'idée de remplacer Puget, de la part d'un homme qui passait tous les jours devant le *Milon* et l'*Andromède*, est une preuve suffisante de médiocrité. Mais

Clérion tenait par ses alliances à la nombreuse
famille des Boulongne, qui tenait à la manufacture
des tapis de la Savonnerie et à l'Académie de peinture. C'étaient là, à défaut de titres, des recomman-
dations sérieuses. Aussi Villeneuve l'adopta-t-il
d'emblée. Quant à ses propositions, il offrait de
faire la même statue que Puget, le piédestal, les
bas-reliefs, et il demandait cent cinquante mille
livres.

Puget, on s'en souvient, n'avait point spécifié le
prix de la statue équestre. Il redoutait cette entrave
à l'expansion de son génie. Il voulait garder jusqu'au bout ses coudées franches, persuadé qu'à la
fin le roi, c'est-à-dire Louvois, saurait lui faire
allouer le prix de son travail. C'est par cette lacune
que les échevins le tenaient. Clérion disait son prix,
ils pressèrent Puget de dire le sien. Puget déclara
s'en référer au roi. Mais le roi laissait les échevins
libres d'agir à leur guise et pour la place et pour
la statue. C'est donc avec eux qu'il fallait débattre,
et c'est justement ce marchandage avec des ignorants qui soulevait d'indignation et de dégoût l'âme
du grand artiste. Il résista. On le fit assigner devant
l'intendant Lebret, l'intendant le pressa. Il fut iné-
branlable. Plusieurs conférences n'aboutirent à rien.
Drapé dans sa dignité outragée, il ne cessait de
répéter : « Ou la statue avec la place, ou rien. » On
le prit au mot. Après tout, le contrat qui liait les

17

échevins à Puget ne concernait que la statue. Puisqu'on ne pouvait s'entendre sur le prix de la statue,
le contrat tombait de lui-même. Il ne restait qu'à le
dissoudre. Une ordonnance de l'intendant Le Bret,
en date de septembre 1688, prononça la dissolution.

Agneau triomphait. Le premier usage qu'il fit de
sa victoire fut de marchander Clérion, et Clérion,
ivre de joie, accepta un rabais de vingt mille livres.
Mais, à la cour, on s'étonnait d'un pareil choix. Le
ministre Croissy écrivit aux échevins pour leur
conseiller de prendre en remplacement de Puget,
Coysevox ou Desjardins. Un gentilhomme provençal,
qui se trouvait à Paris, leur conseilla Rayolle. Tout
valait mieux que Clérion. Les échevins répondirent
qu'ils s'en tenaient à ce dernier, parce qu'il ferait
l'ouvrage à Marseille, ce que ne pourraient faire ni
Coysevox ni Desjardins. Et pour la place, ils s'em-
pressèrent d'écrire à Niquet, ingénieur du roi en
Languedoc, et à l'architecte Pierre Mignard, d'Avignon, les priant de venir indiquer l'endroit le plus
favorable. C'était se jeter en pleine tour de
Babel.

Puget évincé, Puget débouté de ses prétentions à
la place et de ses droits à la statue, il semble que
tout soit terminé pour lui. Mais à ce moment suprême, l'artiste se remue, et tout est remis en
question. Il a bien compris que le véritable champ

de bataille, c'est la cour, et, comme un général
habile, il s'y rend en personne. Pourquoi vient-il
si tard?

IV

La lettre suivante, retrouvée au milieu de la
correspondance des échevins de Marseille, va nous
montrer quelles étaient encore, à ce moment, les
illusions de Puget.

A Paris, ce 25 septembre 1688.

Mesieurs

Il est de mon devoir de vous faire asavoir de mon arrivée à
paris, et aiant veu Monsei^r l'intendant à Aix, il m'asura qu'on ne
bougeroi rien de nostre entreprisse que je nusse parlé à Monseigneur de Colbert Croisy et mesme quil en escrivoit encore par
l'ordinaire. Sela matandri beaucoup le ceour (cœur) et je fus confus
de son honnesteté. Je considera encorre à mesme temps le desir
en general que ma patrie a d'avoir lestatue du Roy de ma main, j'ay
resolu, mesieurs, d'acorder le pris a cent sinquante mil livres de
set ouvrage conformont (conformément) le contenu du contrat passé,
à la réserve que sy, quant l'ouvrage sera en pied dans mon atelié,
ne pouvoit tenir en pied, en y metant et aiustant encore dix ou
douze quintal desus entre le col du cheval et la figure, ne pouvant
suporter ledict pois, je ne pourois retourner faire un autre asay
(essai) sans une considerable despance, despance capable a macabler,
a ce cas je serois obligé de faire le Roy et le cheval comme seux
quon faict à Paris, car je ne conseille pas de metre rien soubs le
vantre du cheval, de quelle manière qu'on le fasse, car nous pou-
rions metre quelque trophee soubs le vantre du cheval, si la machine ne pouoit se soutenir, mes je ne l'estimeroit pas comme
autrement. Voilà, Mesieurs, ce que je me suis pancé de vous donner

avis, en atandent l'onneur de vostre responce je suis avec tous
mes respects,

Mesieurs,

Vostre tres humble et tres affetiné et bien
obéisant serviteur,

P. PUGET.

Iert matin j'ariva le 24 de corant. Je me mest en estat qu'on
me presente au Roy, car il se (sait) que je suis arivé à Paris.

« Le Roi sait que je suis à Paris, » n'est-ce pas là
un mot sublime ? Ce qui ne l'est pas moins, c'est la
candeur de ce vaincu qui ne veut pas voir sa défaite,
sa confiance dans ses concitoyens qui le trahissent,
l'attendrissement qui lui saisit le cœur dès qu'on le
paye d'une bonne parole, et surtout la foi inébran-
lable, la foi absolue du génie en lui-même et en son
œuvre dont il s'amuse à discuter les détails d'exécution, alors que l'idée même lui échappe. Combien
cette âme d'or allait se trouver dépaysée à Versailles,
parmi les courtisans ignorants de son nom, au milieu des intrigues habilement ourdies de Villeneuve
et de Clérion ! En vain il s'agite pour arriver jusqu'au
roi. Le roi, qui sait qu'il est à Versailles, ne daigne
pas le recevoir. En vain il présente placets sur placets, mémoires sur mémoires ; le ministre arrête
tout au passage, et remet tout à Villeneuve, le
vrai roi en cette affaire. Les lettres de Villeneuve,
longues, minutieuses, passionnées, sont comme le
procès-verbal de cette grande infortune. On y suit
le pauvre homme pas à pas, on compte ses déboires,

on le voit passer inaperçu dans la foule, partout
rebuté, traité de visionnaire, relégué au plus bas
avec les hommes à talent. Pour le peindre tout entier, Villeneuve a trouvé un mot qu'il répète souvent
comme la plus sanglante injure. C'est, dit-il, un
homme « particulier. » Lisez original, personnel,
absolu, lisez impossible.

Aussi qu'arrive-t-il ? Las de voir revenir à chaque
conseil cette interminable affaire de Marseille, le roi
se fâche tout de bon. Il accorde Clérion aux échevins, puisqu'ils le veulent, et Clérion ose apposer sa
signature sur le même contrat qu'a signé Puget.
Villeneuve le presse, et Clérion fait un modèle qui
ravit d'aise Villeneuve. Il est vrai que pour lui la
question se réduit presque à une question d'écurie.

Ledit s^r Clerion après qu'il a fait son modelle quy est de la
hauteur de trois pieds, je l'ay desja fait voir à quatre escuyers
d'Académie de mes amis, tous m'ont dit que c'estoit un très beau
ouvrage et singulier ; je l'ay aussy fait voir à Monsieur le Marquis de
La Marthe qui s'entend très-bien aux chevaux. Il en a aussy esté
très satisfait, et dès qu'il aura achevé le feray voir et examiner par
M. Girardon, sculpteur ordinaire du Roy et qui a inspection sur
tous les autres pour sçavoir s'il y aura quelque chose à augmenter
ou diminuer, et ensuite le feray voir à Mgr de Croissy et même à
Sa Majesté, sy ledit seigneur le trouve à propos, après cela ledit
modelle sera moulé pour estre porté a vostre maison de ville et
vous estre presenté afin d'avoir vostre agrément.

Le s^r Clerion, écrit-il encore le 1er décembre, va faire mouler la statue qu'il a fait, a cause de laquelle je l'ay fait voir a plus
de vingt personnes de calité et très-connoisseurs au bien qu'a
des escuyers d'academies, comme aussy a Monsieur de Fourville,
tous lesquels ils en ont été très-satisfaits; en effet je vous assure

sans déguisement que vous aurez une astatue des plus belles et des
plus particulières.

Et quelques jours après, Clérion part avec son
modèle pour le présenter aux échevins et s'implanter
enfin sur le sol même de son rival.

Mais ces faits accomplis n'entament pas la sérénité olympienne de Puget. Il se regarde toujours
comme le maître de l'affaire. Appuyé par Le Bret,
par Vauvré, l'intendant de Toulon, par Forville,
gouverneur viguier de Marseille, il ne peut croire à
une trahison du roi. Les échevins délivrés de sa présence font les braves. Mais ils ont peur : « Il faut se
tenir sur la défensive.... Il est bon de ne pas presser l'affaire, » parce qu'on croirait la communauté
plus riche qu'elle n'est. En effet, juste châtiment du
ciel, voici un arrêt du conseil qui frappe Marseille
d'une contribution de 80,000 livres en remboursement de ce qui est dû en reste aux propriétaires des
maisons démolies pour la fortification du fort Saint-
Jean et l'agrandissement de l'arsenal des galères.
C'est Vauvré, qui, indigné de voir les échevins lési-
ner avec Puget, qu'il aime, leur a joué ce joli tour,
par l'intermédiaire de Seignelai.

François Puget, qui commence à savoir sa cour et
qui a reconnu la puissance de l'intrigue, imagine
d'opposer aux menées de Villeneuve d'autres menées,
à ses démarches d'autres démarches. Il rédige des
placets, il présente des pétitions. C'est entre eux un

jeu de cache-cache. Villeneuve est-il à Versailles ?
les Puget ne bougent point. S'il tourne les talons,
les placets de pleuvoir. Alors le commis de Croissy
se hâte de l'avertir, et il accourt pour arrêter les
placets chez le ministre. Sa mauvaise humeur, su-
rexcitée par la lutte, lui dicte d'interminables lettres, vivant tableau de cette cour de Versailles, où
s'agitaient, entre les jardins et la chapelle, sur un
escalier, dans un corridor, les intérêts les plus
grands et les plus petits de la France. Dans ce manége d'antichambre Villeneuve est passé maître.
Familier avec tous les couloirs, tous les degrés,
toutes les issues, il grimpe à tous les étages et gratte
à toutes les portes, il connaît tous les commis. Au
contraire, Puget s'y perd. Au milieu de la foule des
courtisans, il a cherché des hommes de son bord. Où
les trouve-t-il ? Non point parmi les artistes de l'A-
cadémie de peinture ou de sculpture, tous plus ou
moins jaloux de son génie, mais, Villeneuve nous
l'apprend, parmi les musiciens, les laquais et les
marmitons de cuisine. Son fils a peint les courtisans
de cette grande infortune. Le tableau est au Louvre,
on y reconnaît le marmiton Lulli, Quinault, et
d'autres. Si Molière vivait encore, il serait de la
bande.

Les Puget imaginent une démarche décisive. Ils
montrent au ministre une lettre « signée de plusieurs
particuliers de Marseille, par laquelle ils marquent

qu'on ne veut point d'autres ouvriers qu'eux. » Villeneuve déclare la lettre fausse, elle ne peut être que
l'œuvre de quelque misérable, puisque les échevins
seuls ayant le pouvoir de régir et gouverner la ville,
tout le reste doit être compté pour rien. Alors sa
fureur ne connaît plus de bornes. Ces Puget sont
des fous, des visionnaires, qui manquent à toutes
les convenances, qui parlent tout haut, dans cette
cour où l'on parle tout bas, « sans se mettre en
peine s'ils commettent toute une ville. » Il dénonce
leurs « témérités, » leurs « menteries, » leurs « in-
solences. » Bien plus, ramassant l'arme de Basile,
il représente Puget comme un homme incapable
(et le *Milon* était à Versailles !), comme un génie
usé (et le bas-relief d'*Alexandre et Diogène* l'attendait encore sur le chantier). Que dis-je, Basile ?
c'est Tartuffe se redressant contre ceux qui lui
disputent le terrain de la cour, et criant aux
Puget :

C'est à vous d'en sortir.

Il ne se contente plus de les traiter de fous et
d'incapables : comme Tartuffe, il les appelle des
« séditieux. » Il ne lui suffit plus de les combattre :
comme Tartuffe, il veut les chasser. Aux petites
maisons, ces passionnés de l'art et de la gloire !
Comme Tartuffe, il a son exempt sous la main et il
sollicite des échevins « l'ordre de les faire arrè-

ter. » Puget à la Bastille! il lui manque cette
auréole.

Sur ce lamentable voyage de Puget à la cour, il
nous reste un témoignage moins suspect que celui
de Villeneuve. Le grand artiste reçut l'hospitalité
chez un de ses compatriotes, le sculpteur De Dieu,
ainsi que ce dernier nous l'apprend lui-même au
début du mémoire dont j'ai cité quelques passages.
« J'eus l'honneur, dit-il, de le loger chez moi pendant sept ou huit mois avec madame son épouse,
qui étoit une sainte femme, ayant cet avantage de
le posséder et d'avoir des conversations ensemble. »
Mais, non content de posséder Puget et de le faire
causer, De Dieu le suivait; il s'attachait à ses pas.
Ce n'est plus par ouï-dire qu'il parle, c'est comme
témoin oculaire.

Je diray isy une particularité quy se passa dans Trianom, près
Versailles, dans le temps que Monsieur Puget vint à Paris; j'eus
l'honneur de le conduire à Versailles, où estant arrivé, il souhaitta
de saluer Monsieur Le Nostre dens son appartement, lequel estoit
intendent des Jardins du Roy et conteroleur de ses bastiments,
avec quy il auoit fait une tres grande amitié. Mais ne l'aient pas
trouvé chés luy, ou il apprist qu'il estoit alé avec le Roy a Trianom,
il y fust; mais on luy refusa l'entrée de la grille, a cause que Sa
Majesté avoit donné ordre de ne laisser entrer personne. Le portier
fist sauoir a Monsᵣ Le Nostre que Monsᵣ Puget souhaitoit de le
saluer. Il ne manqua pas de venir promtement a la grille, ou ils se
firent des amitiés resiproques; mais aient grande volonté de luy
faire voir tous les appartemens, apres auoir un peu ruminé sur se
sujet, il lui dit tout d'un coup : « Je m'en vais demander au Roy la
permission de vous faire entrer. » Il l'obtint fasilement et le fist
entrer. J'eus l'avantage de l'accompagner. Monsieur Le Nostre le

fist passer soubs un grand vestibule soutenu par des grandes colonnes de marbre groupées de deux en deux, et le fist entrer dans
un magniffique salon où le Roy jouoit au billard, qui est a l'entre'e
de la galerie qui va aux apartemens. Le S' Le Nostre marchoit premier, et Monsieur Puget le suivoit en faisent une profonde reve-
ranse a Sa Majesté. Le Roy luy fist l'honneur de luy tirer son chapeau, et il suivit Monsieur Le Nostre qui luy fist voir tous les
beaux apartements quy estoient tous meublés magniffiquement de
disferente couleurs, et tous de disferente maniere. Mons' Le Nostre
le fist sortir par le mesme salon, mais le Roy estoit rentré. Il ne
fust pas plutost arrivé dans la cour du chateau, que plusieurs grands
seigneurs et des officiers des bastimens l'entourerent ; où Monsieur Mansard, qui estoit pour lors parveneu a la sur Intendense des
batimens, apres la mort de Monsieur le marquis de Vilaserf[1], plusieurs de ses messieurs firent beaucoup de questions a Mons' Puget
tochent la figure équestre du Roy pour Marseille, a quoy il respon-
dist en peu de mot sur l'iniustice que sa patrie luy avoit faicte ;
sur quoy Mons' Mansard luy dict que, s'il vouloit faire ladite figure
pour le prix que Clerion la devoit faire, qu'il luy en feroit donner
la preference. Alors se sentent offensé luy respondit : « Sachés,
Monsieur, que je ne fais de comparaison qu'avec un cavalier Lale-
garde et un cavallier Bernin. » Cette response finist la conversation
et me fist un très-grand plaisir que je luy temoigné en particulier,
et qui faict voir la mauvaise foy de sest architecte, quy tire par se
moien un lache tribut, prive le Roy des belles houvrages des plus
grands hommes, pour s'en attribuer tout l'honneur, pour paroître
indignement superieurs sur seux qui ont incomparablement plus
de merittes qu'eux ; mais s'est la misere de se temps.

Bougerel, à la prière duquel De Dieu se décida à
rédiger ses souvenirs en 1726, rapporte exactement
l'anecdote précédente. De plus, il cite un autre trait
qu'il dit tenir de la même source.

M' le marquis de Louvois surpris d'apprendre par Puget lui-

[1] Ceci est une erreur de De Dieu que Bougerel a répétée. Mariette la
relève dans son *Abecedario*. Mansart ne devint surintendant, en remplacement de Villacer, qu'en 1698.

même qu'il n'étoit pas content de ce que le Roi lui avoit donné, lui demanda « ce qu'il souhaitoit des statües qu'il feroit dans la suite. » « Je demande, dit Puget, que Sa M. me les paye selon leur valeur. » — Le ministre en parla au Roi. « Il faut, répondit-il, que Puget s'explique plus clairement. » Mr de Louvois le pressant de lui dire plus précisément ce qu'il souhaitoit ; Puget, à ce qu'on assure, lui demanda une somme très-considérable. « Le Roi n'en donne pas « davantage à ses généraux d'armée, » répliqua le ministre. — « J'en conviens, répondit Puget : mais le Roi n'ignore pas qu'il peut trouver facilement des généraux d'armée dans ce nombre d'excellents officiers qu'il a dans ses troupes ; mais qu'il n'est pas en France plusieurs Puget. »

Rapprochez ces mots, ces anecdotes, ces lettres, voilà l'homme. Je le répète, à Versailles c'était un homme impossible. Rien de plus opposé à la discipline hiérarchique de cette cour, qu'une telle personnalité, aussi indépendante, aussi entière, aussi orgueilleuse, si l'on veut : mais il est de légitimes orgueils. Placez Puget dans une république italienne, un petit État allemand, ou une ville libre de Hollande, il y trônait en génie souverain, il prodiguait à son pays les merveilles d'un art souple et fécond. Pourquoi se laissa-t-il séduire au prestige du Roi-Soleil ? Pourquoi, au lieu de rester à Gênes, écouta-t-il la voix de Colbert qui l'appelait à Toulon pour l'y enterrer ? C'est que Puget avait un cœur de citoyen et un cœur de sujet. Provençal, il aimait la patrie provençale. Français, il était fier de son roi. Il crut peut-être que Marseille, la vieille cité municipale, lui offrirait un théâtre libre, analogue à celui de Gênes. Il s'imagina que Louis XIV traiterait avec lui de majesté à

majesté, de génie à génie. Désabusé trop tard, il sut
du moins garder intacte sa double fidélité. Marseillais, il retourna mourir à Marseille. Sujet du roi, il
accepta les amertumes de la volonté royale. Avant
de quitter Paris, il vint s'incliner devant ce monarque qui l'avait honoré d'un coup de chapeau, et il
partit heureux, car Louis XIV, en lui donnant une
médaille, lui dit : « Allez, monsieur Puget, et tra-
vaillez toujours pour moi et me faites de belles choses
comme vous savez faire. »

Quelques mots suffiront pour terminer l'histoire
de la statue équestre. Une question d'argent l'avait
entravée dès le début. Une question d'argent l'arrêta
net. Déjà les échevins cherchent les moyens dila-
toires. Le nouveau contrat avec Clérion leur pèse.
Le zèle de Villeneuve les effraye, ils s'efforcent de le
modérer, il ne faut pas qu'on les croie trop riches.
L'affaire entra alors dans sa période décroissante.
Les successeurs d'Agneau ne songèrent qu'à la pré-
cipiter. Villeneuve rugissait toujours et bondissait
sous les coups réitérés de Puget père et fils. Mais
déjà son rôle était fini : celui des procureurs commençait. A la diplomatie succédait la procédure.
Puget, de retour à Marseille au mois de janvier 1689,
cita les échevins en appel contre la cassation de son
contrat. Ceux-ci le citèrent en répétition des sommes
payées. Puis vint Clérion qui les citait en garantie.

Il était réservé au glaive de Mars de trancher ce

nouveau nœud gordien. La déclaration de la guerre
à la Hollande avait clos l'année 1688, et l'année
1689 s'était ouverte par l'arrivée de Jacques II à
Saint-Germain. A l'heure où Puget entamait sa procédure contre les échevins, l'incendie allumé par
Louvois dévorait le Palatinat. Seignelai mettait la
flotte sur un pied formidable. Le roi opposait quatre
armées à la coalition de l'Europe. Il s'agissait bien
alors de discuter le prix d'une statue triomphale, il
s'agissait de la gagner. La communauté de Marseille,
craignant une contribution trop forte, prit les
devants ; et le 14 mars 1689, le conseil assemblé
votait au roi un don de 400,000 livres, y compris
les 80,000 déjà imposées. Le lendemain une belle
lettre signée des échevins annonçait la nouvelle à
Louis XIV en le priant de tirer sur eux. Ce fut le
dernier coup. Adieu la place royale, le plan ovale, le
plan carré, la statue équestre. Restaient les procès.
Indemnité à Clérion, indemnité à Puget, indemnité
à Gouffre, marbrier que Puget avait envoyé à Gênes.
En somme, il en coûta assez cher à la ville de Marseille pour n'avoir pas la statue de son roi bien-
aimé.

Une lettre, écrite par l'archivaire Rosset, au mois
de juillet 1689, donne le secret des générosités de
Marseille.

Marseille, 6 juillet 1689.

L'affaire de la statue est délicate. On a insinué à MM. les échevins
que la ville seroit soulagée de cette dépense en grossissant le don

du roi. Cependant la somme est donnée et nous restons chargés de ce monument de gloire dont il semble qu'on ne peut pas reculer l'ayant demandé avec tant d'empressement. M. Puget ne veut pas se désister de son contrat, ni M. Clérion du sien. Ce premier a fini un ouvrage d'un bas-relief d'Alexandre et de Diogène qui est assurément digne d'admiration. Il prétend de retourner à Paris pour aller le placer à Versailles et de prendre de là occasion d'obtenir du roi qu'il fera la statue. Nous l'avons assigné par-devant M. l'intendant pour rendre les 9,600 livres reçues, déduit ses dépenses légitimes. Il a de grandes prétentions là-dessus. Il me semble qu'un arrêt du conseil finiroit ce débat, et les mettroit tous deux en repos et la ville aussi. Cette affaire est d'une grande considération et demande beaucoup de prudence. Messieurs les échevins s'assembleront pour délibérer sur la sommation du sieur Clérion qui est finement tournée et vous écriront ensemble leurs intentions.

L'arrêt fut rendu le 30 août, à la grande satisfaction des échevins et de Puget aussi, j'imagine. Clérion non plus ne dut pas regretter le fardeau dont on le déchargeait. Chacun des acteurs de la comédie reprit alors sa liberté compromise par tant d'années de lutte.

Le moins à plaindre, en définitive, était Puget. Dès son retour de Paris, il avait éprouvé ce suprême besoin des vaincus d'affirmer hautement leurs titres à la victoire qui leur échappe. Contre les dédains de la cour, contre les injustices de ses concitoyens, contre les prétentions d'un rival infime, il tenait sa protestation toute prête. Le bas-relief d'Alexandre et Diogène l'attendait sur le chantier. Puget saisit son maillet, et, frappant sur le marbre, comme il il eût voulu frapper sur ses ennemis, en quelques mois il l'acheva.

Réponse écrasante et sans appel, plus concluante qu'un arrêt de justice. Les échevins, qui avaient osé douter de la valeur de ce septuagénaire, demeurèrent stupéfaits. Puget voulait repartir aussitôt, emporter son œuvre avec lui et la présenter au roi. « Voilà ce que j'ai fait d'Alexandre, lui dirait-il ; jugez ce que j'aurais fait de Louis le Grand. » Comme on lui demandait où il prétendait placer cette immense page de marbre, il répondit en toute sincérité qu'il ne lui voyait point d'emplacement plus convenable que la façade du château de Versailles.

Aux yeux d'un historien complaisant, le bas-relief d'Alexandre et Diogène pourrait prendre les proportions d'une allégorie. Ce héros qui parcourt à cheval la ville de Sinope, n'est-ce pas la statue équestre que l'artiste rêvait ? Ce philosophe, peu soucieux des mépris des courtisans, n'est-ce pas lui-même ? Et dans ce chien immonde dont la morsure le menace, qui ne reconnaîtrait la meute ennemie, réduite à une victoire négative ? Que dis-je ? n'est-ce pas le doux Agneau en personne ? Par malheur, un petit croquis, sur lequel on lit la date de 1670 inscrite à côté de la signature, indique clairement à quelle époque remontait l'inspiration première, et comment elle s'était formulée dès le principe. En 1670, Puget était à l'arsenal de Toulon. Voyant tous ses plans d'architecture, tous ses projets de construction et de décoration **navale** combattus pied à pied par

Clairville et d'Alméras, il sollicitait du ministre la
permission d'employer à quelque bel ouvrage de
sculpture les blocs de marbre qui se trouvaient à
l'arsenal. Dans une lettre du 25 décembre 1670,
l'intendant de la marine remercie Colbert d'avoir
accordé la permission, et il annonce l'envoi de dessins représentant les sujets que Puget compte traiter;
« l'un est la figure de Milon le Crotonien et l'autre
d'Alexandre rendant visite à Diogenes le philosophe.»
Mais avant ces dessins définitifs, envoyés seulement
au mois d'avril 1671, Puget avait voulu communiquer à un ami la première pensée de son œuvre ; il
en avait tracé un léger croquis sur un petit morceau
de vélin de 71 millimètres de haut et 61 millimètres
de large, c'est-à-dire d'une dimension qui permettait de l'enfermer dans une lettre, et ce croquis
appartient aujourd'hui à un amateur de Toulon.
On y remarque que la main de Diogène porte
la trace d'une correction. En effet, la tradition
rapporte que Lebrun engagea Puget à modifier
le geste du philosophe, dont la main ouverte paraissait demander l'aumône. On peut considérer
ce précieux croquis comme le jet spontané de la
pensée de l'artiste. Il montre comment, du premier
coup, Puget avait compris à la fois l'ensemble et
les principaux détails de sa composition. Plus tard,
il épura les formes, il raffina l'expression, il inventa
cette forêt d'architecture qui sert de toile de fond

au sujet. Mais déjà il en possédait les éléments constitutifs : l'Alexandre, conquérant charnu, au milieu de l'étalage des pompes matérielles ; le Diogène, nerveux et pauvre, vivant par la pensée ; enfin le chien, symbole de la secte cynique, qui s'approchait pour caresser un frère, et qui s'arrête, flairant un philosophe.

V

Si la sculpture pittoresque voulait plaider une cause perdue, elle ne pourrait invoquer en sa faveur d'argument plus décisif que les deux derniers ouvrages de Pierre Puget. Mais en même temps elle irait au-devant d'une condamnation inévitable. Le bas-relief d'*Alexandre et Diogène* et le bas-relief de la *Peste de Milan* contiennent à la fois, et les qualités les plus brillantes auxquelles la sculpture pittoresque puisse prétendre, et les défauts les plus sensibles dans lesquels elle soit contrainte de tomber. Puget, ici, n'est pas en cause. Contemporain de Bernin et de l'Algarde, comment se serait-il affranchi de la contagion de l'exemple ? Comment eût-il renoncé à ce qu'il considérait avec eux comme un progrès sur l'art antique ? Ou plutôt ne se croyait-il pas, à juste titre, un digne continuateur des anciens, puisque la colonne Trajane et l'arc de Constantin lui

18

offraient des modèles capables d'autoriser les tentatives les plus hardies? Ignorant les Panathénées,
pouvait-il ne pas ignorer ce que l'on a si bien
nommé les lois du bas-relief? Sur une page presque
sans épaisseur, d'une main toujours sûre et maî-
tresse d'elle-même, écrire de grandes choses dans
un style simple, dont le calme double la force, c'est
le triomphe de l'art grec. Puget, au contraire, atta-
quant le marbre d'une main fiévreuse, s'efforce de
lui arracher des saillies provocantes ; il le creuse
indéfiniment pour ajouter des plans à ces saillies et
des lointains à ces plans ; il y appelle les sonorités
de la lumière et les silences de l'ombre ; loin de s'en
tenir à un effet tranquille, il pousse l'expression
jusqu'au drame et le drame jusqu'au fracas. Entre
deux systèmes si opposés, le choix aujourd'hui n'est
plus possible. Mais, ne l'oublions pas, la connais-
sance des grandeurs de l'art grec date d'hier. Ses
lois, que la critique a fixées, ont été longtemps lettre
morte. La Renaissance, qui remit l'antiquité en honneur, n'avait pas distingué entre ses productions,
et tandis que l'art s'en allait à la dérive d'enthou-
siasmes souvent aveugles, c'est à la critique moderne, forte des plus belles découvertes, qu'il était
réservé d'éclairer la sculpture en lui montrant ses
véritables modèles.

La critique a donc le droit de condamner le
système suivi par Puget. Mais Puget s'absout de lui-

même, car il a fait, après tout, œuvre de génie.
Certes on ne conseillera à personne d'imiter cette
sculpture panachée qui entasse dans le bas-relief
d'*Alexandre et Diogène* des hommes, des animaux,
des chaînes, des plumes, des draperies flottantes,
des étendards, des édifices. Si quelque artiste de nos
jours avait l'idée d'un pêle-mêle semblable à celui
de la *Peste de Milan*, où l'on voit le ciel s'entr'ouvrir au-dessus d'un rideau d'alcôve, qui laisse apercevoir un lit placé dans une cour encombrée de
cadavres, il faudrait avoir le courage d'effacer la
moitié de son œuvre. Mais il ne s'agit pas d'œuvres
à faire. Elles sont là, veuves de leur auteur depuis
plus d'un siècle et demi. Oublions un moment le
devoir de la sculpture, et voyons si le génie n'a pas
su prêter à ces monstres quelque beauté.

Or, les beautés sautent aux yeux. Connaissez-vous
beaucoup de nudités sculpturales comparables au
torse de Diogène ? Celui même du *Philopœmen*
n'en approche pas. Connaissez-vous rien de plus élégant que la jambe d'Alexandre ? Ainsi que le faisait
remarquer Gustave Planche à propos du *Milon*, c'est
un tort de voir dans Puget un imitateur de la réalité.
Il ne copie pas servilement la nature. Au contraire,
la nature lui obéit. Elle lui apporte des formes entre
lesquelles il choisit les plus caractéristiques, les plus
vivantes, et quand il les confie au marbre, en même
temps qu'il souligne l'accent de la vie, il accuse

les masses musculaires avec une ampleur idéale.
Ainsi, son Diogène est un vieillard depuis la tête
jusqu'aux pieds, et cependant vous chercheriez en
vain dans la nature le modèle d'un corps en qui
l'âge ait à ce point respecté la beauté. Quant à son
Alexandre, on voit qu'il l'a compris, non point
comme un éphèbe, habitué des jardins d'Académus,
mais comme un batailleur dont le tempérament
robuste résiste à la fatigue, dont la tête trapue sait
porter le poids du casque, dont la poitrine respire
largement sous la cuirasse, dont le bras frappe de
grands coups d'estoc. Ses écuyers sont de vieux ser-
viteurs, j'allais dire de vieux grognards, et le valet
qui tient le chien n'est si grotesquement bouffi que
parce qu'il symbolise aux yeux de Puget les peuples
barbares réduits en servitude par le roi de Macé-
doine. Puget, sur ce point, était à côté de la vérité
littérale. On place la rencontre de Diogène et
d'Alexandre au début des campagnes de ce dernier. Mais une erreur de fait n'enlève rien à la
vérité morale. Le bas-relief représente bien le sujet
donné : d'une part, un sage que sa vie cynique n'a
point avili ; de l'autre, le conquérant du monde,
surpris de voir ce qu'il peut tenir de gloire dans un
tonneau.

L'expression particulière des têtes s'ajoute à l'expression de la mimique générale. La tête de Diogène
est certainement une des plus dramatiques qui

soient sorties du ciseau d'un sculpteur. A ce titre,
elle mériterait d'être moulée et étudiée comme un
modèle. Mais elle a le tort de ne pas se trouver en
situation. On ne comprend pas un tel effort de souffrance de la part d'un acteur chargé de dire ces mots:
« Ote-toi de mon soleil ! » En revanche, le geste
d'Alexandre, et surtout sa main, dramatisée peut-
être outre mesure, indiquent bien sa réponse : « Si
je n'étais Alexandre, je voudrais être Diogène. »
Évidemment, Puget n'a pas entendu s'en tenir aux
deux mots historiques : entre le conquérant et le
philosophe il a prolongé la conversation, et c'est
ainsi qu'il a été conduit à faire de son Diogène une
sorte de Job inspiré, jetant aux vainqueurs des nations les malédictions des faibles qu'ils écrasent.

Quand on songe que le bas-relief d'*Alexandre et
Diogène* resta au moins dix ans sur le chantier,
on ne s'étonne pas d'y voir l'exécution poussée
jusqu'aux derniers raffinements. Que de fois, pendant ces dix années, le marbre reçut les caresses du
ciseau! Tantôt le maître se plaisait à assouplir les
chairs, tantôt il creusait l'expression, tantôt il s'é-
puisait sur un détail en apparence secondaire. Mais
rien n'était secondaire à ses yeux. Il prodiguait partout les richesses de l'esprit le plus inventif et de la
main la plus savante. Regardez la selle que porte
Alexandre : elle se termine sur l'épaule du cheval
par un mufle de lion dans le nez duquel s'attache

la martingale. Regardez la chaussure du héros, sa
cuirasse, son casque, son bouclier : les ciselures les
plus délicates animent ces détails. Du milieu de ses
vêtements sort l'extrémité du fourreau d'un glaive;
ce morceau de marbre, grand comme la main, a été
dessiné et fouillé avec amour. L'architecture, avec ses
temples corinthiens, son palais florentin, sa muraille
à porte ogivale, a dû coûter des mois et peut-être des
années de travail. Mais surtout c'est dans les têtes
qu'éclate la science du maître. Le soldat penché
au-dessus du tonneau, ses deux camarades derrière
lui, le porte-étendard et l'écuyer, sont admirables.
On y sent ce frémissement de la vie qui court en spirale le long de la colonne Trajane. Ce n'est pas sans
motif, croyez-le bien, que Puget a placé, derrière les
édifices qui garnissent le fond du tableau, l'image
de cette fameuse colonne, comme une justification
et comme un aveu.

Un grand artiste, dont l'esprit paradoxal prenait
plaisir à soutenir, la plume à la main, des thèses
démenties par ses œuvres, a jugé très-sévèrement
le bas-relief d'*Alexandre et Diogène*. Je citerai ses
propres paroles :

Toutes les fois que la sculpture a essayé de présenter un certain
mouvement, elle a produit des ouvrages monstrueux, plus voisins
du ridicule que du sublime. On peut voir un exemple signalé de ce
ridicule et de cette impuissance dans le célèbre bas-relief d'*Alexandre et Diogène* par Puget. L'artiste a voulu peindre (le mot m'é-
chappe) avec son marbre et son ciseau les drapeaux agités, le ciel,

les nuages autour de ses personnages, lesquels sont groupés comme
dans un tableau, et avec les attitudes les plus diverses.

Il semble qu'il eût voulu faire entendre, si l'art pouvait aller jus-
que-là, les cris de la foule et le bruit des trompettes ; mais ce que
son art ne lui permet pas davantage, c'est d'arriver à faire comprendre son sujet, dont l'intérêt réside uniquement dans le mot insolent adressé au conquérant par l'enfant de Sinope. Si le grand
Puget eût eu autant d'esprit que de verve et de science, qualités
dont son ouvrage est rempli, il se fût aperçu, avant de prendre l'é-
bauchoir, que son sujet était le plus étrange que la sculpture pût
choisir ; dans cet entassement d'hommes, d'armes, de chevaux et
même d'édifices, il a oublié qu'il ne pouvait introduire l'acteur le
plus essentiel : ce rayon de soleil intercepté par Alexandre, et sans
lequel la composition n'a pas de sens.

Le dernier trait est charmant. Il frappe juste et il
emporte la pièce. Il part sûrement d'un homme
d'esprit. Et toutefois, l'avouerai-je ? j'éprouve
quelque peine à entendre cet homme d'esprit parler
d'*ouvrage monstrueux*, de *ridicule*, d'*impuissance*,
à propos d'une œuvre qu'il a mal vue, car il y a vu
des nuages qui n'y sont pas. Je comprendrais un tel
jugement dans la bouche de Simart ou d'Ingres.
Mais l'homme si sévère pour les témérités de Puget,
c'est le génie qu'on peut déclarer le plus proche
parent du sien : c'est Eugène Delacroix[1]. Quelle
idée de tirer ainsi sur ses troupes, ou plutôt sur son
capitaine !

Il s'en faut que nous en ayons fini avec l'histoire
du bas-relief d'*Alexandre et Diogène*. Louis XIV ne
devait jamais voir cette éclatante justification du

[1] « Des Variations du Beau. » *Revue des Deux Mondes*, 15 juin 1857.

génie méconnu. Puget, qui, en 1689, voulait partir
avec son œuvre pour la placer lui-même à Versailles,
eut la douleur de la garder jusqu'en 1694. Suivant
son habitude, et ce que nous savons maintenant de
la cour prouve que l'habitude n'était pas mauvaise,
il n'avait voulu s'en séparer qu'à bon escient, c'est-
à-dire avec la certitude d'un payement convenable;
précaution moins intéressée qu'il ne semble d'abord,
car la valeur intrinsèque du bas-relief se compli-
quait d'une foule de frais accessoires accumulés
depuis vingt ans. Le mémoire de ces frais ne s'élevait cependant qu'à la somme de 1,021 livres,
et c'est cette bagatelle qui arrêta le départ de
l'*Alexandre*. La lettre suivante, écrite par le marquis de Villacerf à l'intendant de Toulon, vint verser une goutte de plus dans cette coupe d'amertume
que Puget avait rapportée de Versailles pleine, à ce
qu'il semble, jusqu'aux bords :

A Versailles, ce 29 janvier 1690.

C'est pour vous donner advis, Monsieur, que M. de Louvois a
seulement ordonné le paiement de 992 l. 8 s., à quoi se montent
les six derniers mois 1689 de l'entretien du jardin du Roy, y compris l'achapt des ognons et fleurs et le port d'iceux, ayant retranché
sur votre état les 1,021 l. dus de reste au sieur Puget pour le bas-
relief d'Alexandre. J'en suis fort faschè par l'apréhension que j'ai
que ce bon ouvrier aille chercher ailleurs de l'ouvrage.

Je suis, Monsieur. ...

VILLACERF.

Ce bon ouvrier, en effet, avait pu, dans un moment d'humeur, s'écrier qu'il quitterait la France.

Mais la menace n'était pas sérieuse. Trop de liens l'attachaient maintenant à son ingrate patrie. En ce moment même il se bâtissait un petit palais, et, loin de se décourager des mépris de la cour, il préparait pour le roi une nouvelle œuvre, ainsi qu'il l'écrivait lui-même au marquis de Villacerf :

Monsieur,

Après vous auoir tesmoigné mes tres-humble respects, M. de Vauuré, intendant de la marine, vous aura présanté un estact dunne partie de marbres que jauois vandu au Roy et quil me reste encorre deu depuis aces longtemps 1835 l. 15 s., et encorre dunne autre partie des despances faictes a un bas relief que jaye acheue d'ALEXANDRE ET DIOGENES un ouurage de tres grande consideration, selon la comune opinont; reste du par le rolle quil en a este dresse par M. de Vauuré la some de 1299 l. 11 s. Mgr le marquis de Louuois maiant donne ces avis que Sa Majesté desiroit la continuation de mes ouurages et quelle auoit este tres satisfaicte de mon Andromede et du Milon quon y auoit presanté ; et come Sa Majeste aime les grandes chosses, je creu, Monsieur, de mocuper a quelques beaux ouurages pour son seruisse. A sette bonne intention jay faict venir une tres belle piesse de groseur estraordinaire de marbre pour mocuper au seruisse de ce grand preince. Je mi suis espuisé en maniere que je beaucoup inportune le paiement de ce quil mes deut tant des marbres que je fournis que des depance pour le bas relief d'Alexandre, Monsieur de Vauuré, quaiant mon paiement de ce quil me deu je ferois les depances quil me conuient faire a ma grande piesse, car les grands ouurages trainent de grands fray. Par ainsy, Monsieur, honores moy de cette grasse de me faire hordonner le paiement de ce quy me deu par le moien de M. de Vauuré. Je pourray satisfaire aux intentions du Roy, et de prier Dieu quil vous conserve, et suis avec beaucoup de respects, Monsieur,

Vostre tres humble et tres obeissant serviteur,

P. PUGET,
Sculpteur du Roy.

A Marseille, ce 21 auril 1692.

Le placet que cite Bougerel, comme présenté au
roi en 1692, revient avec plus de force sur le même
objet :

    Sire,

L'honneur que Votre Majesté me fait d'approuver mes ouvrages
me fait espérer qu'elle jettera les yeux sur le présent Mémoire que
mon fils aura l'honneur de lui présenter : ce ne sera que pour lui
représenter très-humblement que l'Andromède, le Milon et le bas-
relief d'Alexandre, sont les seuls ouvrages que j'ai faits depuis que
V. M. me fit l'honneur de me retirer de Gênes l'année 1669. Voilà,
SIRE, 23 ans qui se sont écoulés à ces trois ouvrages, desquels le
suppliant n'a reçu que vingt-un mille livres. Six mille livres pour
le bas-relief, quinze mille livres pour l'Andromède. V. M. est très-
humblement suppliée de considérer que le marbre a coûté à Carrare
six mille livres d'achapt, sans compter le port de Carrare à Gênes,
de Gênes à Marseille et de Marseille à Paris, qui va à plus de deux
mille cinq cents livres ; et les assurances que je fis de l'Andromède
lorsque je l'envoyai à V. M. qui montent à plus de 800 livres.
Voilà, SIRE, près de dix mille livres que cet ouvrage me coûte, sans
compter le louage de l'atelier et quatre cents livres pour la caisse.

    Pour le Milon et le bas-relief d'Alexandre, V. M. en a fourni le
marbre et les frais jusques à Paris. Je n'ai fait que les frais de
l'assurance du danger, qui montent à seize cents livres, et les frais
du louage de l'atelier. Il me reste encore, SIRE, pour mes peines,
pour le paiement des ouvriers, dix mille livres, sans compter
mille petits frais que je ne mets pas en ligne de compte. Je me flate,
SIRE, que V. M. aura quelque bonté pour moi, et pour ma famille ;
puisque j'ai quitté de grands avantages à Gênes pour me rendre aux
ordres de V. M. Lorsque j'eus l'honneur de lui faire présenter
l'Andromède, feu M. de Louvois m'ordonna d'accompagner par un
autre grouppe celui d'Andromède. Il m'ordonna de faire venir un
bloc de marbre ; et lorsque le marbre seroit arrivé à Marseille, il
m'accorderoit 2000 livres toutes les années jusques à sa perfection
Je n'avois demandé cette somme que pour pouvoir payer les ouvriers qui travailloient à cet ouvrage. Le seul bloc pese 800 pesant ;
il n'en est jamais sorti un plus beau et plus gros de Carrare : il me

revient à huit mille livres, et le port de Carrare à Marseille quinze
cents livres, étant le seul chargement d'une grosse barque. Lorsque
V. M. considérera les avances que j'ai faites pour ce bloc de marbre,
et les intérêts que je fais de cette somme, elle n'aura pas peine à
connoître l'état où je puis être par le peu de profit que j'ai fait
depuis tant d'années, ayant eu fort peu d'aide pour tous ces ouvrages. L'on ne dira pas que j'en ai fait d'autres pour les particuliers.
J'ose assurer V. M. qu'excepté une petite Vierge de quatre pieds et
demi pour un seigneur de Genes, qui l'a mise à sa chapelle domestique, je n'ai rien fait pour aucun particulier.

Mais le placet resta sans réponse. Et le payement
du bas-relief n'arrivait pas, et la pièce de marbre
était toujours là, tentation permanente pour l'artiste. Lui qui ne demandait qu'à prendre le ciseau
afin d'y contenter son génie, il lui fallut encore
plus d'une fois prendre la plume et exhaler ses
plaintes sur le papier. Aussi la plainte devient
aigre, et l'on voit se reproduire la menace de quitter la France.

A Marseille, ce 19 septembre 1692.

Monsieur,

Vos grandes afaires font oblier les petites de peu de concequance.
Monsieur de Vauuré ma faict la grace de mescrire pour ce qu'il
mé deu du payement de mes marbres et qu'il y fait retrancher
quelque chosse et comme il est mon bon amy je luy ay mis en main
den couper et retrancher tout comme il vous plaira et come cet
afaire depand de votre ministere je vous suplie Monsieur de faire
refletion la longueur du temps que le Roy me doit sette partie come
encorre du reste dun trauail que je vien dacheuer il y a enuiron
quatre année je suis pourtant mortifié de voir issy tant de monde
entretenu du Roy et paié ponctuellement il son au nombre de dix
nus [1] et quoy font til je nan sai rien ; que je voies suprimer ces jans
là come tres jutille, Puget prendroit patiance ; que si je suis con-

---

[1] Sans doute « dix-neuf. »

train de sortir de ma patrie pour mocuper a mon art je laisse a
panser cy ce me sera un rude coup et jen suis a la veille ; je vous
prie Monsieur que sela ne mariue pas dans les bonnes jntentions
que jé tousiour pour le seruice de nostre grand monarque cy se
netoit pas ces volontés jl y a bien quelques années que jaurois parti
car je souffre etrangement Mons' de Louuois ma cause desesive
depances que je serois fache de man repantir si le paiement de mes
afaires ne me soulagoit un peu cé ce que je vous demande par grace
particulière et suis auec beaucoup de respect Monsieur vostre tres
humble et tres obeisant seruiteur,

P. Puget.

A Marseille, ce 22 septembre (ou décembre) 1692.

Monsieur,

Le besoin et lextremite de mes afaires me font estre fort importun
dans cette occasion ; a la fin ceux qui mont fourni dargent pour faire
venir la pierre de marbre pour faire un parel groupe que seluy
d Endromede ordonné et par les ordres de Mgr le marquis de
Louvois me tourmentent beaucoup et si jetois payé Monsieur, je
serois fort en repos et je continuerois avec assiduité et je me pro-
metois si fort destre satisfait que j'ay fait venir de Paris un de mes
eleves pour maider a cette piesse. Il nia pas un argent mieux gaigné
que seluy que je demande, son des fatigues de mes bras et de ma
sueur. Je mérite pour le moins autant quun tas de monde qui sont
issy entretenu payés pontuellement. Mais ses mystères sont inconnus
a Puget. Il vous demand Monsieur vostre assistance et faveur.
M. de Vauuré et M. de Bontems vous en prierons, et pour moy je
vous en seray toute ma vie estrement obligé et je suis avec tous
mes respects

Monsieur

Vostre tres humble et tres obeisant serviteur.

P. Puget.

Il avait bien raison, le malheureux, et ce qu'il a
écrit, tous les artistes peuvent le répéter avec lui :
« Il n'y a pas un argent mieux gagné que celui que
je demande. Ce sont des fatigues de mes bras et

de ma sœur. » Quelle éloquence dans ce cri d'une
âme indignée ! Et quelle grandeur dans la petite
phrase qui suit : « Ces mystères sont inconnus à
Puget ! » En regardant les œuvres de Puget, un
esprit critique, rebelle à l'enthousiasme, pourra
être tenté de ne lui attribuer qu'une très-grande
habileté de main, une science pratique supérieure ;
mais, quand on lit ces lettres, il faut bien reconnaître que l'homme qui les a écrites portait en lui
une grande âme. Il n'en est pas une où l'on ne soit
arrêté par quelque trait imprévu, où l'on ne sente
se dégager, sous l'orthographe barbare, je ne sais
quel parfum cornélien. Comment ceux à qui elles
s'adressaient n'auraient-ils pas fini par en être tou-
chés ? Nous ignorons de quelle manière fut réglé le
prix du bas-relief, mais il fut réglé à la satisfaction
de Puget, puisque Puget se décida à se dessaisir de
son œuvre. Vauvré annonce le départ en ces termes,
et l'on remarquera la fatalité qui mêle toujours les
marbres du grand artiste avec les oignons du jardin
du Roi :

A Toulon, le 20ᵉ janvier 1695.

Je me donne l'honneur de vous envoyer, Monsieur, le compte de
a depense du jardin du Roy pendant l'année dernière, dont je vous
supplie de vouloir ordonner le fond à M. de La Ravoye, pour son
remboursement.

On travaille à descendre le bas-relief d'*Alexandre et Diogène* de
l'attelier du sʳ Puget au port de Marseille, pour l'y embarquer et
l'aporter icy, pour le faire passer à Brest, sur l'escadre des vaisseaux
du Roy.

De VAUVRÉ

Le même jour, Puget écrit aussi. La nouvelle
contenue dans la lettre de Vauvré est un coup de
poignard pour le cœur de l'artiste. Ce n'est pas
assez qu'on lui paye son œuvre, il faut qu'elle par-
vienne au roi sûrement, et voilà qu'on la livre aux
hasards de la mer ! Sa sollicitude paternelle se ré-
veille et lui dicte la page suivante :

Marseille, ce 20 janvier 1683.

Monsieur,

Jetois a la cour il y a quatre annees, et prenant congé du Roy
me recommanda de travailler tousjour pour son servisse. Mon bas
relief d'Alezandre et Milon estoit si faut dire achevé et come set
ouvrage estoit fort important pour le traval que je metois ocupé
moymesme lespace de sinq ans et que tout le monde estimoit un
ouvrage extraordinaire, je resolus descrire à Monsieur le marquis
de Louvois pour faire porter cet ouvrage a Paris, et qu'on avoit
trové la voiture tres comode par Lion sur le Rosne et Roine[1] et sur
le canal de Briare, que moyenent la sortie de 1700 livres on con-
duisoit les deuz caisses a Paris, Monseigneur ne men respondit rien.
Sependant M. de Vauuré a heus ordre de les faire pacer en ponant
sur les vaisseaux du Roy. Je ne seu manpecher destre fort chagrin
de me voir asarder et espose une fatigue si grande, dans la conjecture dés gerres ou nous somes et extraordinaire pour moy de qui
jen atant des bienfaict et recompence du Roy, car cest ouvrage ne
coute presque rien au Roy pour les avoir travailles pendant que
jetois entretenu au port de Toulon pour la conduite des batiments
de mer et de terre et ces ornements, les ayant faicts en reconoissance
des biensfaicts du Roy et pour mocuper afin qu'un jour je peut
donner a conoitre si jetois digne de mes emplois. Quoique achevé le
Milon qui ne restoit plus que le pied gauche et la main qui est prisse
dans le tronc et le bas-relief d'*Alexandre et Diogène* fort avancé,
on me mit ors du servise du Roy sans en scavoir le subjet. Mon-

[1] Lisez Roanne.

sieur de Vauuré me fit un marché pour la somme de 6,000 livres
les deux ouvrages, que s'il faloit en faire un pareillement tant de
lun que de l'autre, je ne le scaurois faire pour moins de vint et sinq
mille. Ainsi Monsieur on ne devrois pas espargner rien pour me
contenter a faire pacer ces deux caisses par les vois assurés puisque
l'ouvrage est fait et que difisilement on en pourra avoir du mesme
eslan les intentions du Roy qu'il les agree [1]. Je ne puis que vous
en protester, afin que je ne sois pas reprochable de mes soins, tenant
copie de ma presente lettre. Notre Seigneur vous tiene en sa sainte
grace, et suis avec un tres profon respect,

> Monsieur,

> Vostre tres humble et tres obeissant serviteur.

> P. Puget.

Le bas-relief d'*Alexandre et Diogène* n'en arriva
pas moins à Paris; mais les nombreux raccords
qu'on y remarque prouvent qu'il eut à subir des
avaries assez graves. Une fois remisé dans les magasins du Louvre, on l'y laissa, sans qu'il pût
accomplir sa dernière étape de Paris à Versailles. Il
demeura là, à peu près ignoré, jusqu'au jour où
l'appropriation des salles des antiques permit de lui
faire une place. Aujourd'hui, fixé contre un des
murs de la salle Puget, il se trouve admirablement
exposé. Et cependant ce n'est pas encore là ce que
Puget aurait désiré pour son œuvre. Il l'avait conçue
et composée en vue de la lumière extérieure. Aussi
désignait-il comme l'emplacement le plus favorable

---

[1] Les éditeurs des *Archives de l'art français*, en publiant cette
lettre, ont donné la leçon que je reproduis; mais je lirais plus volontiers : « Difficilement on en po.rra avoir du mesme, estan les intentions
du Roy qu'il les agrée. »

la façade du château de Versailles. Alors peut-être
un rayon de soleil, tombant de haut derrière la
tête d'Alexandre eût projeté son ombre sur le
Diogène. Cet acteur essentiel, dont Eugène Delacroix
a signalé l'absence, Puget ne l'avait pas oublié, mais
il l'attendait de la collaboration de la nature.

SEPTIÈME PARTIE

PUGET CHEZ LUI

I

Après avoir suivi Puget à travers ses douleurs et ses gloires, il nous reste à l'envisager sous un point de vue nouveau, trop négligé des historiens. Le grand artiste nous attend chez lui, pour s'y montrer dans le déshabillé de tous les jours, dans l'intimité du tête-à-tête. Ce n'est, si l'on veut, qu'une lumière incidente. Mais c'est une lumière, et, de l'angle étroit où elle nous oblige à nous placer, elle éclaire les recoins obscurs d'une vie dont nous n'avons vu que les dehors. Gardons-nous de laisser perdre le rayon qu'elle projette, car c'est un rayon de la vérité.

Sans la vérité, où va l'histoire? Sait-on ce qu'est devenu Puget entre les mains d'un écrivain brillant

19

dont l'imagination se complaît sur les limites de la
vérité et du rêve? L'homme que nous venons d'étudier tient une trop grande place dans le siècle de
Louis XIV pour qu'il soit possible de l'y méconnaître. M. Michelet l'a compris. Mais, faute de s'é-
clairer à ces humbles lueurs qui s'échappent de la
poussière des documents, M. Michelet en est arrivé,
d'induction en induction, à faire de Puget l'antithèse vivante de Louis XIV. Cet artiste, dont les
sentiments chrétiens et monarchiques s'attestent par
toutes ses œuvres, par tous ses actes, par toutes
ses lettres, il le dresse sur un piédestal fantastique
comme un vengeur providentiel chargé de raconter
à la postérité les hontes du grand règne. Si Puget
a sculpté les *Cariatides*, c'est que son cœur saignait
à la vue des ministres protestants que la persécution
enchaîna au banc des galères. Or, les galères étaient
à Marseille, tandis que les *Cariatides* sont à Toulon,
et ces prétendus martyrs, terminés en 1656, ont
précédé d'une trentaine d'années la révocation de
l'édit de Nantes. Si Puget a sculpté l'*Andromède*,
c'est pour perpétuer le souvenir des enlèvements
d'enfants et de jeunes filles opérés par les dragonnades. Transformer Persée en dragon, parce qu'il
porte un casque, il n'y a là qu'une illusion puérile.
Mais quel rapport possible entre la délivrance d'Andromède et la captivité d'une nouvelle convertie?
D'ailleurs, nous l'avons vu, bien que l'*Andromède*

porte la date de 1685, Puget avait conçu dès
l'année 1678 ce madrigal de marbre en l'honneur
des amours héroïques. Enfin, arrivé à la guerre
de 1693, M. Michelet s'écrie : « Le seul historien
ici, c'est le Puget, le grand solitaire de Toulon...
Une statue équestre du roi devait être faite à
Toulon. Puget en donna un projet. Étrange et violente satire, qui, à coup sûr, ne put être goûtée.
C'est le petit *Alexandre* que l'on voit au Louvre, ga-
lopant sur une montagne de chair humaine... Je ne
connais aucun monument qui plus fortement morde
au cœur. » Ces lignes étranges me justifient d'avoir
raconté, avec une telle abondance de détails, l'affaire de la statue équestre. On sait qu'elle devait
s'élever à Marseille, et non à Toulon ; on sait comment Puget l'avait conçue. L'*Alexandre*, œuvre secondaire et d'une authenticité douteuse, n'en donne
aucune idée, bien qu'il rappelle un projet indiqué
dans la lettre à Louvois de 1683. L'artiste qui
inscrivait sur le piédestal de la statue équestre :
Louis le Grand en tout, n'était pas près d'y placer
un monstre, mais une idole.

Sans aller aussi loin que M. Michelet, d'autres
historiens n'ont pas moins défiguré Puget, en n'acceptant de sa vie que les événements qui l'assom-
brirent, à l'exclusion de ceux qui ont pu l'égayer.
Les lettres de ses dernières années, dont j'ai donné
le texte, semblent, en effet, autoriser les commen-

taires les plus mélancoliques, si l'on veut en tirer
des conséquences trop rigoureuses. Puget se plaint
sans cesse, donc il est malheureux. Puget réclame
de l'argent, donc il est pauvre. Puget parle de
s'expatrier, donc il maudit une patrie qui le laisse
mourir de faim et de misère. De là, à nous le représenter mendiant un morceau de pain sur les
escaliers de Versailles rongés par ses larmes, il n'y
a qu'un pas. Et grâce aux habitudes que le roman
a peu à peu infiltrées dans notre littérature, ce pas
est bientôt franchi. Plus d'un écrivain savourera
avec volupté l'antithèse du grand homme et du
pauvre diable, et le public trouvera un plaisir amer
à pleurer sur un héros de mélodrame.

Que ne puis-je prendre par la main tous ces historiens fantaisistes, et les mener chez Puget! Car il
a un *chez soi*, le misérable! Que dis-je? il en a bien
plusieurs. Allons d'abord à Toulon. On vous y montrera au coin de la rue de Bourbon, une grande et
grosse maison, en bonnes pierres de taille, connue
sous le nom de maison de Puget. Un acte notarié,
en date du 8 août 1672, établit que Louis Anthelme,
bourgeois de la ville de Toulon, avait vendu l'année
précédente au notaire Arnoux, une maison « regardant d'un costé seur la rue de Bourbon et de l'autre
seur celle ditte du Molle, avec le fons dans lequel
il avoit faculté d'avancer jusqu'à l'alignement de la
maison voisine, moyenent le prix et somme de 9,500

livres, »... etc. Mais Puget, « neveu d'alliance dudit
sieur Anthelme, » forme instance par-devant M. le
juge « pour estre resseu a retenir la dicte maison par
retraict linagier; » il justifie de ses droits, il remplit les conditions de la vente, et il est déclaré propriétaire. C'est sur cet emplacement que Puget se
bâtit à lui-même la maison actuelle, qu'il estimait
dans son inventaire au chiffre déjà très-élevé de
29,000 livres et qui représente certainement aujourd'hui une valeur de 100,000 francs. Elle se
compose de trois étages et d'un entre-sol sur rez-de-
chaussée, avec trois croisées de façade sur une rue
et cinq sur l'autre. L'ordre inférieur est rustique.
Des pilastres corinthiens, au fût orné d'arabesques
et cannelé vers la base, supportent une large corniche au-dessus du deuxième étage. Le troisième
forme attique. La plus petite façade est ornée, au
premier étage, d'une grande fenêtre à balcon, surmontée d'un médaillon qui semble attendre une
sculpture. Sur l'autre façade, la porte d'entrée a
pour clef de voûte un mascaron barbu en tête de
More, et la fenêtre qui devait s'élever au-dessus a
fait place à une niche où s'encadre la fameuse co-
lonnette ionique à fût renflé que Puget voulait
placer partout. A l'intérieur régnait un vaste salon,
assez vaste pour servir aujourd'hui de chapelle au
culte protestant, et décoré d'un plafond magnifique.
Puget avait figuré aux angles, parmi des enroule-

ments de feuillages, les attributs des Arts ; au
centre, sur une toile encadrée d'une bordure ovale,
il avait peint les Parques, tableau d'une belle ordonnance et d'un coloris brillant. La maison subsiste ; mais le tableau a péri, victime de l'ignorance.
Sous la révolution, on l'enleva de sa place et on le
transporta au palais épiscopal, où les malheureux
prisonniers de la Terreur s'en servirent comme d'un
matelas et d'une couverture. Rendu ensuite à son
propriétaire et roulé sans précaution autour d'une
vergue, il finit par tomber en écailles.

Les mêmes liens de famille qui avaient donné à
Puget un oncle et un terrain à bâtir, lui donnèrent
un jardin aux environs de Toulon, dans ce pays pri-
vilégié que l'on nomme Ollioules. L'oranger y
pousse en pleine terre, abrité des vents du Nord
par des gorges effroyables. Je n'ai pu retrouver à
Ollioules l'emplacement du jardin de Puget ; mais
l'église paroissiale conserve de lui une œuvre précieuse qu'aucun historien n'a connue. C'est une
statue de marbre blanc représentant un adolescent
assis, les jambes croisées, les bras étendus sur ses
genoux où ils supportent une vasque. La régularité
symétrique de la pose lui prête un charme singulier. L'ensemble est jeune et fin ; les articulations,
le poignet droit et les chevilles, sont d'une délicatesse exquise. Le bras gauche a été refait, et le bout
du nez cassé. La physionomie n'en a pas moins un

air de douceur très-agréable. On devine sans peine
la destination primitive de cette statue, devenue aujourd'hui un ange qui porte les fonts baptismaux.
Les altérations subies par l'épiderme du marbre
attestent qu'elle est restée longtemps exposée aux
injures de l'air. N'oublions pas un détail caractéristique : sur le sol où posent les pieds du jeune
garçon on voit gravée une grande fleur de lis.
Évidemment ce n'est point là un ange, c'est un
génie, le *genius loci* du jardin d'Ollioules. Au-
dessus du bassin de son jardin de Fongate, Puget
avait placé le *Faune* du château Borély. De même,
il voulut embellir la fontaine de son jardin d'Ollioules, et c'est à elle qu'il pensait lorsqu'il traçait sur
l'*appui-main* de la collection Alger ce distique,
inscrit peut-être aux pieds de la statue :

Casta placent superis : pura cum veste venite,
Et manibus puris sumite fontis aquam.

Propriétaire à Toulon, Puget l'était encore à
Marseille, et il l'était doublement, à la ville, et à
la campagne. Sa maison de la rue de Rome, qui
existe encore, se compose d'un rez-de-chaussée avec
entre-sol, de deux étages et d'un attique. Comme
dans toutes les constructions de Puget, le premier
étage, le *piano nobile*, est accusé avec un soin
particulier. Les fenêtres, plus grandes, portent
seules un ornement d'architecture. Celle de la

façade antérieure s'ouvre sur un balcon à balustres
et se couronne d'une sorte de fronton tronqué. C'est
toujours l'ordre rustique qui forme la base, composée du rez-de-chaussée et de l'entre-sol ; sur cette
base s'élèvent des pilastres embrassant les deux
étages et surmontés d'une corniche. La configura-
tion du terrain concédé à Puget par les échevins
de Marseille à l'époque de l'agrandissement ne permettait pas une construction d'une parfaite régularité. On n'y pouvait élever qu'une de ces maisons
bizarres, contraires aux lois de l'art, que les embellissements du nouveau Paris nous ont rendues familières. Puget a eu l'esprit d'utiliser le pan coupé
pour en faire la façade principale, et cette façade
étroite, il l'a conçue selon les règles et le goût de
Bramante. Il y a quelque quarante ans, l'attique
a été détruit et la corniche rognée. Le maçon chargé
de réparer l'habitation allait poursuivre son œuvre,
c'est-à-dire raser les chapiteaux, les pilastres et tous
les ornements d'architecture qu'il déclarait n'être
que des nids à poussière, quand M. Fauris de Saint-
Vincent, savant archéologue de la ville d'Aix, et
ami du propriétaire, arrêta ce vandalisme sans
objet. On voit encore sur la façade la niche circulaire où Puget avait placé un buste du Sauveur avec
cette inscription : « Salvator mundi, miserere nobis. »
Le couronnement de la fenêtre principale portait
aussi ces mots : « Nul bien sans peine. » Double

aveu d'une âme toujours tourmentée, mais toujours
fidèle. Puget avait la foi robuste des grands esprits
du dix-septième siècle, Corneille, Pascal, Nicole,
Arnaud, Racine ; il l'affichait sur sa maison, il
nommait le consolateur de ses peines. Dans une cité
commerciale, la fortune d'un artiste faisait quelque
peu scandale. Puget la justifiait en disant tout
haut les auteurs de son bien : Dieu d'abord, et le
travail.

II

Non loin de sa maison de ville, Puget possédait à
Marseille une autre habitation, ce que les Romains
nommaient une villa suburbaine, ce que les Marseillais appellent une bastide. C'est à son retour de
Paris, après l'affaire manquée de la statue équestre,
en 1690, qu'il en commença la construction. Il
semble que ce génie blessé ait obéi alors à un sentiment égoïste, un conseil de femme peut-être (il
s'était remarié depuis peu d'années). Au lieu de
travailler pour des ingrats, pourquoi ne pas jouir
en paix de ce que l'on possède ? Ses concitoyens mé-
prisaient son génie et lui marchandaient la gloire.
Puisqu'ils n'estimaient que la richesse, il ferait
montre d'opulence et les forcerait au respect.

Le bas relief d'*Alexandre et Diogène* fut un moment délaissé et le pavillon de Fongate s'éleva rapi-
dement sur la colline du même nom. Il n'existe
plus, mais un plan de Marseille nous permet d'en
donner la description. La situation en était des
plus heureuses. Le terrain, d'une superficie d'environ 3 hectares et d'une largeur de 52 mètres,
escaladait en droite ligne les pentes roides de
la colline. Dans le bas passait le chemin dit de
Saint-Giniès. Là s'ouvrait le portail. Des deux côtés,
un petit corps de logis ; au milieu, une chapelle
dont la façade était de marbre blanc, avec un portique et un dôme ; puis, une double rampe conduisant à la vigne. Une allée la traversait et aboutis-
sait à une fontaine surmontée d'une statue de
marbre, le *Faune* du château Borély. On se trouvait alors sur une première terrasse : Puget s'y était
construit, de chaque côté, un atelier. Un perron
en fer à cheval donnait accès à la seconde terrasse,
ombragée de deux grands arbres devant l'habitation.
De ce point élevé, le regard embrassait un magnifique panorama. On découvrait la vieille ville, le
port et les terrains encore vierges de maisons que
l'agrandissement venait d'englober dans la nouvelle
enceinte. Ainsi, du haut de sa terrasse, Puget pouvait compter les édifices dont il avait enrichi sa
ville natale, depuis les maisons du cours Saint-
Louis jusqu'à la halle, depuis son logis de la rue de

Rome jusqu'au dôme de l'église de la Charité, sans
parler de l'hôtel de ville qui faisait briller au soleil
l'écusson de marbre des armes du roi.

L'habitation occupait toute la largeur du terrain.
En façade, elle ne présentait qu'un rez-de-chaussée ;
mais par derrière, la hauteur de l'entablement
avait permis de pratiquer un petit étage. Un pavillon central, couronné d'une coupole, et deux ailes
latérales, faisaient saillie. L'architecture devait reproduire les motifs favoris de Puget, pilastres, corniche saillante, consoles, etc. C'était, suivant l'*Almanach de Marseille*, de Grosson, « un pavillon à la
romaine, » et Dargenville ajoute « un petit palais d'un
fort bon goût. » Quant à l'intérieur, l'*Inventaire*
dressé quelques jours avant la mort de Puget ne
nous en laisse rien ignorer. Au lieu de placer ici le
texte de ce document, hérissé de barbarismes, je vais
le réciter, en cicerone bien appris, au lecteur qui
voudra visiter avec moi le pavillon de Fongate.

Entrons. Dès le premier pas nous savons chez qui
nous sommes. Voici d'abord le grand salon d'honneur éclairé par les jours de la coupole. Tous les
murs sont couverts de tableaux. A gauche, en
dessus de porte, le portrait du doge de Gênes,
J.-B. Lomellini, celui probablement pour qui fut
faite la statue de Vierge de l'oratoire de Sain[t]
Philippe de Néri. Puis, une copie du grand portrait
de la belle Paola Adorno, marquise Brignole, peint

par van Dyk, dont l'original est à Gênes ; un tableau de Cigoli, *Notre-Seigneur lavant les pieds à
ses apôtres ;* — une ébauche de Puget lui-même,
la *Nativité de Notre-Seigneur ;* — un tableau en
longueur, de la main de Ribera, *Caïn et Abel ;* —
le portrait du frère d'un échevin de Marseille, Guillaume Betille, peint par « Joannis Roze, escolier de
Vandig, » celui que Soprani nomme Giovanni Rosa
d'Anvers. (Guillaume Betille était échevin, en 1672,
lorsque Puget obtint l'adjudication de la halle) ; —
un portrait de van Dyk, « original du sieur Lanselot Flamand, » un peintre inconnu ; — la copie
du portrait équestre de Jules Brignole, peint par
van Dyk à Gênes ; — le portrait de la signora
Inuréa, copie d'après van Dyk ; — enfin, au-
dessus de la porte d'entrée, un tableau original du
Tintoret. Remarquez encore six petits paysages chi-
nois sur vernis noir. Aux angles du salon se dressent deux colonnes de marbre de porlemine[1] noire
supportant deux têtes de marbre par le cavalier
Bernin. Quatre bancs de noyer, un lit de repos, une
table noire à l'italienne couverte d'un tapis turc,
forment l'ameublement. Une chaise de noyer curieusement travaillée sert de support à un vase de
marbre de Milan. Enfin admirons ensemble une
armoire ou garde-robe de bois de poirier sculpté et

---

[1] *Porlemine, portemine,* peut-être *portorine* (de *portor*).

décoré de marqueterie, chef-d'œuvre de Caravaque, un ami et un élève de Puget. N'est-ce pas là vraiment le logis d'un grand artiste, qui s'entoure de toutes ses affections? Il a rapporté de Gênes les portraits de ses bienfaiteurs, copiés sans doute de sa propre main, et il les groupe autour du portrait de van Dyk, pour lequel il professe un légitime enthousiasme.

A main droite s'ouvre un petit salon, la salle à manger, simplement meublée de douze chaises : six en poirier noir garni de vache, à la génoise, six en noyer garnies de maroquin du Levant; ajoutez-y six pliants à l'italienne et une table de noyer noir avec un tapis turc. De quoi recevoir dix-huit convives. Une autre table occupe l'entre-deux des fenêtres; elle est couverte d'un tapis de moquette et surmontée d'une glace d'environ 2 pieds de haut garnie de soie. Contre les murs, encore des tableaux : le portrait du marquis Spinola, copie de van Dyk, une copie d'après Mario de Fiori, un tableau de fleurs du même, un *Ecce Homo* d'après van Dyk, et deux ouvrages de Puget, le *Baptême de Notre-Seigneur* et la *Famille de Jacob*.

A gauche du salon se trouve la grande chambre de parade. Le lit a belle apparence avec ses courtines de taffetas bleu et de fine serge couleur aurore, ses couvertures d'indienne, et ses trois matelas de fine laine. Les chaises sont en bois noir, garnies de ta-

pisserie, « à la mode du temps. » Il y en a douze
grandes et quatre petites. Les autres meubles à l'a-
venant : une table de marqueterie de marbres précieux, le pied façon ébène; une glace également encadrée de bois noir; un tapis de moquette sous une
autre table qui porte le groupe d'*Andromède* en
terre grasse dorée. Voilà certes un ameublement de
haut goût. Les tableaux y répondent : en dessus de
porte une *Sainte Madeleine* du Cangiage (Luca
Cambiaso, peintre génois); à la place d'honneur,
un *Baptême de Notre-Seigneur* d'après Annibal Carrache, et, tout autour, quatre cadres plus petits,
un dessin original d'Annibal Carrache, un dessin
de Puget, un *Crucifix* du vieux Bassan, une copie
du *Saint George* de Raphaël. Puis viennent un *Saint
Paul* et un *Saint Charles Borromée* du Pordenone ;
un paysage du cavalier Philippe Angeli, dit le Napo-
litain; un *Père éternel*, de Cigoli ; un *Saint tenant
une écuelle*, du Caravage ; un dessin de Benedetto
Castiglione; une *Tête de sainte Madeleine*, de l'Al-
bane; un *Saint Jean-Baptiste au désert*, du Sche-
done; une *Bacchanale*, de Puget, et enfin diverses
copies, le portrait du marquis Spinola couvert de son
armure, d'après van Dyk ; un *Crucifix*, d'après le
même ; un *Philosophe*, d'après Ribera ; un *Enfant
prodigue*, d'après Annibal Carrache ; un *Tobie en-
sevelissant les morts*, d'après « M. Bourdon ; » une
Madeleine, d'après le cavalier Bernin. Toujours ce

terrible Bernin dont les lauriers troublent le sommeil du maître, toujours Gênes, toujours les peintres
de la couleur et de l'effet, et toujours, mêlées à ces
souvenirs d'Italie, les œuvres de Puget lui-même,
l'admirateur de tous, le contemporain de plusieurs.

Deux autres chambres complètent l'appartement.
L'une n'a que six chaises simplement garnies et
deux ébauches de la main de Puget, un *Christ*, et
l'*Éducation d'Achille chez le centaure Chiron;*
l'autre est la chambre à coucher de Puget : un lit
de serge avec deux matelas et une paillasse lui
suffit; six chaises de bois tourné, deux garde-robes
de noyer et une glace de Venise, composent tout le
mobilier. Mais cette chambre a le privilége des
choses intimes, c'est là que se conservent le dessin
du vaisseau la *Reine* et le dessin du baldaquin projeté pour l'église de Carignan. C'est là que le maître
a placé la copie de sa *Vierge* du palais Carega exécutée par Veirier. Là se trouve encore, selon l'expression de l'*Inventaire*, « un peu de bibliothèque, »
bien peu, en vérité : la Bible, *la Vie rustique*, un
tome de *la Vie des Saints*, les « Épîtres dorés de
Guenare, » *le Voyage de saint Louis à la terre
sainte*, et *le Philostrate*, c'est-à-dire les *Images
ou tableaux de plate peinture des deux Philostrate, mis en français par Blaise de Vigenere.*
Paris, 1614. Les murs sont couverts d'armes, collection précieuse, où l'on ne compte pas moins de six

arquebuses, quatre corps de cuirasse, deux en écaille
et deux « à la mode, » deux sabres damasquinés
« des plus rares, » deux pistolets de munition, un
pistolet à grand ressort à l'antique et deux gibe-
cières, l'une « à nostre mode et l'autre à la turqueze. »

L'inventaire énumère avec la même exactitude
« l'hustancille » de la cuisine et de la cave et les
meubles des deux petites chambres du deuxième
étage. Puis il nous conduit hors du logis principal,
dans ces deux ateliers qui ouvrent de plain-pied vis-
à-vis le pavillon, mais qui se prolongent sur la terrasse inférieure. L'un, orné d'un paysage du Guaspre,
de deux copies d'après le Guide et Annibal Carrache,
d'un portrait d'Henri IV, et d'un portrait du père de
madame Puget, renferme un lit garni de toile blanche, six pliants, deux petites tables et « un bas-relief
de marbre d'environ 7 pans d'hauteur, 4 pans 1/2 de
largeur, destiné pour le roy, du prix de 80,000 livres. » C'est la *Peste de Milan*. L'autre atelier est
une forge; on y serre en même temps tous les outils
du marbre et l'on y voit une des dernières œuvres
du maître, une « médaille du roy en marbre fin, »
placée aujourd'hui au musée de Marseille. En
sortant de ces ateliers, il ne nous restera à visiter
que l'écurie. Car M. Puget roule carrosse. Il possède
une calèche « garnie de ses hustensilles, couverte de
vache noire, son impériale du mesme; » mais il n'a
pour le traîner qu'un coursier bien modeste dont il

prend soin d'indiquer le prix : « Un bourrique d'environ six ans, coutte quatre escus. »

Enfin, au-dessus de la fontaine du jardin, se dresse, ainsi que je l'ai dit, la statue du *Faune*, aujourd'hui placée au château Borély. Comme l'*Esclave* de Michel-Ange que l'on voit au Louvre, le *Faune* est une de ces œuvres de premier mouvement, jetées sur un bloc de marbre dans toute l'imprévoyance, dans toute l'étourderie de l'improvisation, si bien que le marbre a fait défaut à l'artiste. En vain, lorsqu'il s'est aperçu du défaut de matière, a-t-il forcé ses raccourcis, réduit ses proportions, comprimé sa figure, il a vu qu'il n'arriverait pas au résultat voulu, et, après un dernier coup de marteau, il a laissé là, au lieu d'une statue achevée, une puissante ébauche de marbre. Une petite maquette en terre cuite a conservé la première idée du *Faune :* le personnage y a les proportions ordinaires. Dans le marbre, c'est un homme trapu, tordu sur lui-même comme le tronc d'un vieil arbre, un véritable homme des bois : la tête retournée, il regarde par-dessus son épaule, et, tirant de sa flûte tuyautée une chanson rustique, de l'œil et de la voix il appelle quelque sauvage Amaryllis. Au milieu de la vigne de Puget, sur le bassin de sa fontaine, le *Faune* inachevé semblait répéter sans écho l'appel dédaigné du paganisme.

· Tel était le pavillon de Fongate. Tel était Puget chez lui.

Si maintenant l'on se reporte aux lettres lamentables citées plus haut, on comprendra que les ministres aient fait longtemps la sourde oreille avant d'accorder les sommes hypothétiques réclamées par Puget. A l'entendre, l'extrémité de ses affaires va le forcer de s'expatrier. Mais que le ministre interroge à ce sujet le gouverneur viguier de Marseille, celui-ci pourra lui répondre que le malheureux artiste est mieux logé et mieux meublé que lui, et que, pour aller de sa maison à sa vigne, il promène sa calèche aux yeux des Marseillais ébahis.

III

C'est au milieu des richesses et des loisirs du pavillon de Fongate que l'infatigable vieillard, après avoir achevé l'*Alexandre*, travailla à son dernier ouvrage, le bas-relief de la *Peste de Milan*. Suivant Bougerel, il l'aurait commencé pour M. de La Chambre, curé de Saint-Barthélemi, à Paris, c'est-à-dire qu'il en aurait lui-même rapporté la commande en 1689. Le curé mourut sans doute peu après; car, en 1694, Puget eut l'idée de proposer son œuvre au roi. Il écrivait à quelqu'un de la cour, Bontems ou Villacerf :

Mesieur,

Le Roy en prenant conge de Sa Majesté me comanda de coutinuer
de travoiler pour lui — sependant que jattendis mes grosses piesses.
— Je me suis ocupé a un bas relief dun sainct Charle qui asiste a
une peste qui ests une des meileur chose que jaye faict, je vous
suplie de me scavoir dire sy je le puis destiner pour le Roy. Il a
4 pieds de largeur pour 5 pieds 4 pousse d'hauteur. Mons. Copel
vous pourra dire ce qu'il est, il a esté chez nous le voir.

Vostre tres unble et tres obeisant seruiteur.

P. Puget.

A Marseille, ce 16 janvier 1694.

Deux mois après, nouvelle lettre, plus pressante
et plus explicite. C'est la dernière que nous connaissions de Puget. Elle prouve qu'à cette date,
1694, le bas-relief d'*Alexandre et Diogène* n'était
pas encore parti. Ainsi, la réclamation de l'année
précédente, au sujet du mode de transport, avait
obtenu gain de cause. Cette lettre a été reproduite
en fac-simile dans l'*Iconographie* de Delpech. On y
remarquera un mot bizarre, évidemment altéré par
la transcription : *fotver* ou *folver*, dont le sens paraît
dérivé du latin *forere*. Quant au mot *crostreux*, de
l'italien *crostoso*, il désigne sans doute un lépreux.

Monsieur,

Vous tesmoignant mes plus profons respets je vous diray Monsieur,
que depuis peut de jours sont venus che nous deux Conseiliers du
parlement d'Aix en compaignie de deux abbes d'Avignon aiant veu
mon bas relief de sainct Charles fini on voulu scauoir si je men
voulois acomoder et traité du pris je men suis escuser pour le
present, mais qu'en peut de jours gy donnerois responce.

Il ma samble estre tres bien de mon deuoir Monsieur de vous

communiquer cet afaire puisque selon les volontes du Roy sela
regarde vostre ministere et come Sa Majeste setant satisfaict de
louurage de lestatue du Milon me fit ordonner par Mons. le marquis
de Louuois que tous autant douurage que je pourois faire Sa Majeste
le pandroit quel subjet quil peut estre et me partant de la court et
prenant congé de Sa Majeste me reitera la mesme pancee et en presence de M. le marechal de Lorge me dict ces mesmes parolles ales
M. Puget et travailes tousiour pour moy et me faictes de belles choses
come vous scaues faire. Ainsy il est de mon deuoir de fotuer la pance
de Sa Majeste et de vous rendre compte de ce qui ce passe. *Ce bas relief a 63 pousse docteur et quarante sepie de largeur. Le subiet
a un Sainct Charles au milieu de pestiferes en compaignie de
Sainct Charles a sa suite est un pretre qui porte la crois
et un autre pretre qui porte le sainct Siboire au bas duquel
il y a un crostreux* qui traine un pestifere. Le sainct joint les
maints au siel au deuant duquel il a une fame a lagonie et son
perre qui est proche de la la recomande au sainct. Un petit
anfan moran est a cote de sa mere. On estime beaucoup se
sujet. Il y a une gloire dum petit ange qui tient un crois a com-
paigne de quelque cherubin. Sur le derier du tableau il y a un
lit dans lequel y a couche un cadaure et sa fame aupres quelle
fait des alamantations. Tout le reste du fon est acompaigné darchi-
tecture. Le marbre est tres beau. Les principales figure sont a deux
tiers de relief. Son pris est de six mil livres. Gy suis este ocupé pan-
dent deux annees. Vous aures la bonte Monsieur de communiquer
ce peti afaire au Roy puisque je suis tres asuré que Sa Majeste y
prandra plesir et si lon me paie ce ouurage je vous pomet M que
je le feray porter a Versaille ensemblement auec le bas relief
d'*Alexandre et Diogène* et le Roy en donnera ce quil y sera agreable
du fraicts des voitures ou lon ce poura pometre qua point nomé ces
ouurages seront en cour sans aucun risque ni denger. Je prie Nostre-
Seigneur quil vous conserve, et suis auec beaucoup de respects

     Monsieur

          Vostre tres humhle et tres obeisant serviteur.

              P. PUGET.

A Marseille, ce 22 mars 1694.

Il ne paraît pas que le Roi ait pris grand plaisir à

la communication de « ce petit affaire, » car la
Peste de Milan ne suivit pas à Paris le bas-relief
d'*Alexandre et Diogène*. Le sujet n'avait rien de
séduisant. Versailles en eût frémi d'horreur. Hélas !
comment se douter que c'était là une page prophé-
tique? Quel secret instinct avait poussé l'artiste marseillais à représenter le lugubre spectacle du fléau
qui devait ravager Marseille moins de trente ans
après? Le bas-relief de Puget semble la préface de
la peste de 1720.

Mieux encore que l'*Alexandre*, la *Peste de Milan*
fait ressortir les défauts de la sculpture pittoresque.
La perspective perce le marbre. Les plans se super-
posent en hauteur et en profondeur. Comme les
vieillards aiment à répéter les chansons qui ber-
çaient leur enfance, chez l'artiste septuagénaire le
vieux regain du peintre a fermenté. Il a vu le tableau
se composer devant ses yeux, et il l'a peint en marbre. La modernité du sujet lui offrait l'attrait d'une
complication nouvelle. Il n'a pas hésité à revêtir
saint Charles de la mosette et du rochet. Loin de
vouloir simplifier le costume pour le rendre plus
sculptural, il l'a traité en réaliste et en coloriste,
s'efforçant d'indiquer par l'exécution les différences
de la laine, de la mousseline et de la soie. Cependant on voit qu'il a cherché de belles parties de
nu. Sauf le groupe du saint et de ses acolytes,
il a volontiers déshabillé ses personnages, ou bien

il ne leur a laissé qu'une draperie de fantaisie.

Ce qui sauve la *Peste de Milan*, en dépit des critiques légitimes auxquelles elle doit donner lieu, c'est le grand souffle dramatique qu'on y sent frémir. L'horreur de la mort est partout. Sur le devant, une jambe en saillie, seul indice du corps traîné par le *Crostreux*, produit le même effet sinistre que le grand cadavre du premier plan dans le *Naufrage de la Méduse*. Puis vient une femme mourante, et au fond un cadavre tordu sous l'étreinte de la douleur. Le désordre des lignes ajoute au pathétique. Et cependant ces lignes diverses, savamment combinées, se ramènent à deux directions principales qui convergent vers le saint, seul espoir de la terre contre les châtiments du ciel. Le saint évêque prie, et son visage, animé par la foi, la compassion, la charité, résume tout le drame.

Dans cette œuvre suprême, Puget a mis ce qu'il regardait comme ses qualités les meilleures : la puissance de l'expression douloureuse et la science de l'exécution poussée jusqu'au dernier fini. On reste confondu quand on pense que le torse du *Crostreux*, la jambe du mort, les mains de saint Charles, la gorge de la femme mourante, tous ces morceaux de nu si énergiquement accusés sont l'ouvrage d'un vieillard de soixante et douze ans. Non-seulement il fallait que la main eût conservé une force extraordinaire, mais il fallait qu'une âme singulièrement trempée vivifiât le corps du vieil artiste.

Tableau de religion destiné à une église, la *Peste de Milan* a trouvé sa vraie place dans la salle du conseil de l'Intendance sanitaire de Marseille. Le roi n'en avait pas voulu. Après la mort de Puget, son petit-fils garda le bas-relief jusqu'en 1730. On sortait alors des horreurs de la réalité, on pouvait apprécier la vérité de l'image. Une délibération du bureau de l'intendance sanitaire, en date du 25 mai 1730, décida l'acquisition de la *Peste de Milan* moyennant deux mille livres d'argent comptant et une pension de cinq cents livres sur la tête de la personne que Paul Puget désignerait. Le contrat fut passé le 31 mai suivant. Paul Puget garda la pension pour lui-même. J'ai pu relever, à la suite du contrat, les certificats de vie envoyés de Paris, où il résidait, et signés, entre autres témoins, par le père Bougerel. La *Peste de Marseille*, de Gérard, le *Chevalier Rose*, de Paulin Guérin, le *Choléra*, d'Horace Vernet, décorent la même salle. Mais toutes ces peintures pâlissent à côté du marbre coloré de Puget. — « Ah ! monsieur, me disait le secrétaire de l'intendance en me montrant ses lugubres trésors, notre collection restera incomplète, tant que nous n'aurons pas la fièvre jaune ! »

IV

La dernière œuvre de Puget était une œuvre religieuse. Le dernier acte de sa vie fut un acte de dévotion. Rien ne l'obligeait, en construisant le pavillon de
Fongate, d'y joindre une chapelle. S'il en bâtit une à
l'entrée de sa propriété, ce fut pour obéir au même
sentiment de piété chrétienne qui lui avait fait écrire
sur la façade de sa maison de ville : « *Salvator
mundi, miserere nobis.* » En bon Provençal et en
bon mari, il plaça sa chapelle sous l'invocation de
sainte Madeleine, patronne de la Provence et de
madame Puget ; il pria l'évêque de Marseille de la
consacrer, et, afin d'y perpétuer le culte divin, il y
fonda une chapellenie, c'est-à-dire une rente capable d'entretenir un desservant.

L'an mil six cent quatre vingt treize et le dix huitiesme davril
apres midy, pardevant nous notaire royal a Marseille soubssigné ont
esté presants noble Pierre de Puget et Magdalaine de Tamborin
mariés de cette ville de Marseille, lesquels desirant augmenter le
culte divin, et fere prier Dieu perpetuellement pour le salut et repos
de leurs ames ils ont de leur gré et liberalle volonté fondé et fon-
dent dans la chapelle Saincte-Magdalaine scituée dans le fonds de
la propriété dudit sieur Puget scituée dans le nouvel agrandissement dudit Marseille au cartier de Fontgatte, une chapellanie soubs
le mesme tittre, a laquelle il sera esleu et choisi un pretre idoane
et capable pour recteur d'icelle, qui aura pour retribution la pention
ou intherets d'un capital de trois mille livres, qui sera pris moitié

des biens dudit Pierre Puget et l'autre moitié de ceux de ladite
dame Tamborin et sera placé apres la mort du dernier d'iceux sur
fonds ou communauté seur et solvable sans pouvoir jamais ledit
capital estre retiré par ledit recteur qui retirera seulement ladite
pention a compter depuis le décès du dernier mourant d'iceux, depuis lequel temps ledit recteur sera obligé de dire une messe tous
les jours perpetuellement dans ladite chapelle a l'intention desdits
fondateurs, lesquels veulent que le jus patronal layc de ladite chapelanie appartienne audit sieur de Puget et a ses successeurs pour
nommer et presanter non seulement le present recteur de ladite
chapelanie mais encore toutes les fois qu'elle viendra a vacquer,
lequel recteur nommé et presanté sera pourveu par Mgr levesque de
Marseille autrement son grand vicaire qui auront la collation de ladite
chapelanie, à laquelle la disposition que ladite dame de Tamborin a
faicte dans son testament y demeurera geminée, promettant lesdits
fondateurs de garder et observer le contenu cy dessus soubz la
condition de leurs biens presents et advenir a toutes cours requises.

Dont requis acte fait et publié audit jour dans la maison de la
demoiselle vefve Beillid, rue du Puits-Nouvau dans la nouvelle enceinte, en presence de Honoré Amphoux et Jean Baptiste Boyer,
bolangers, habitants audit Marseille, Temoins requis et soubsignés
avec lesdits fondateurs.

> P. PUGET. — DE TAMBURIN. — Honoré AMPHOUX. - BOYER.
> REYNIER.

A cette pièce se trouve joint le testament de la
dame, en date du même jour. Elle y est qualifiée
« Dame Magdeleine de Tambourin, fille de def-
funt Me Simon Tamborin, vivant advocat en la cour,
et de dame Marguerite de Monthil, de cette ville. »
Elle demande cent messes pour le jour de son décès.
Elle lègue une pension de 50 livres à sa sœur Louise,
« religieuse du monastère de Saint-Bernard, au delà
le quai. » Elle institue « héritier universel le sieur
Pierre Puget, son expoux, pour un tesmoignage

d'amitié, et néanmoins pour employer son heritage toutefois apres sa mort et sans rien distraire en la fondation d'une chapelanie..., etc. Et en cas que les biens de ladite testatrice ne fussent pas suffisants pour faire ledit capital, ladite testatrice prie ledit sieur Puget, son mary, de suppléer au manque du sien propre. » Ces détails prouvent que si Puget, en se remariant, s'était allié à une famille honorable, il n'avait pu être guidé par aucun motif d'intérêt.

Dix-huit mois après, ce fut au tour de Puget de se mettre en règle. L'âge et les infirmités l'avertissaient de pourvoir à ses affaires. Il fit venir le notaire et lui dicta ce préambule caractéristique, qui brise comme verre les hypothèses gratuites de M. Michelet.

Au nom de Dieu soit, lan mil six cent quatre vingt quatorze, et le onziesme de septembre, après midy, du règne du très chrestien et très auguste prince Louis quatorzième de ce nom par la grace de Dieu Roy de France et de Navarre comte de Provence, par devant nous notaire royal à Marseille soubsigné fut presant en personne noble Pierre de Puget sculteur et ingenieur du Roy originaire de cette ville de Marseille, fils de deffunts noble Simon de Puget et de dame Marguerite Cauvin, lequel jouissant de ses sens memoire et entandement quoyque indisposé de sa personne à cause de ses infirmités corporelles, a par son presant testament nuncupatif recommandé et recommande son ame à Dieu le Sauveur qu'il supplie par la mort et passion de Jésus-Christ son fils et par l'intercession de la bienheureuse vierge Marie sa mère et des saints et saintes de Paradis de vouloir la recevoir dans icelluy au nombre des bienheureux ; et en ce qui est de son corps il veut estre enterré comme chrestien catholique dans la chapelle soubs le titre de Sainte-Magdelaine qu'il fait construire en sa propriété située dans la nouvelle enceinte dudit Marseille au cartier de Fontgate, au cas que ladite

chapelle soit agencée construite et sacrée lors de sa mort, et au cas
qu'elle ne le soit point, il veut estre enterré dans l'église de l'Observance dudit Marseille, au tumbeau de ses autheurs.....

En même temps que ce premier testament, ré-
voqué le mois suivant et remplacé par un autre,
fut dressé l'inventaire auquel j'ai emprunté de si
précieux détails sur l'ameublement du pavillon de
Fongate. J'en citerai textuellement la dernière partie, en l'accompagnant des notes indispensables :

Suit l'estat, scavoir des marbres en nature sans estre travaillés,
marbres fin estatuere, lesquelles pieces sont au nombre de
quatre a la rive nefve, devant la savonnerie de Monsieur Fouquier, tresorier de France.

La grande piece destinée à accompagner l'*Andromède*. Elle a
esté ordonnee audit Puget par le comandement du Roy et des ordres
de M^{er} de Louvois, qu'on conserve lesdits ordres, et ladite pièce est
venue a nos despans.

Une autre piece de mesme mesure, devant la savonnerie du sieur
Fouquier, valeur de 270 livres.

Deux autres grandes pieces marbre estatuere de sept pans longueur, quatre pans et demy largeur et trois pans espoiseur, valeur
de 283 : 10 livres.

Deux pieces de marbre a faire deux bustes plus grand que nature,
valant 47 livres l'un.

Suit l'estat des biens du sieur Pierre Puget, qui consistent en
terrain dans le terroir de Marseille

En premier lieu, la Colle de Marsile a veire, achettée de la vefve
Bourran, seur du sieur Prat, entien eschevin, contrat Monsieur Roquemaure, notaire [1].

La colline de Marsiaveïré (Marseille à voir), située au sud-ouest de
Marseille. Sur les plans du commencement du dix-huitième siècle, elle
est désignée « Colle de Puget » Il existe encore dans un vallon une ber-
gerie qui a conservé le nom de « Jas de Puget. » (Voir une note du testament.)

Un verger qui avoit esté achepté par Mons' Guibert, dit Chasteau-Folet, de André Puget, pour la somme de quatre cent livres, ou il a esté osté dudit Chasteau-Folet par droit linagier, démition dudit verger notaire Mᵉ Bezaudin, reste encore à payer quelques petites sommes desdites 400 livres[1].

Ce qui reste a payer dudit verger sont cent cinquante cinq livres seize sols, sans y comprendre les interests. Jornal, feuillet neuf.

Un autre coin de terre joignant la lisse des murailles de la ville, achepté du cousin Puget et Bonifay, avisant à la place de la porte Nostre Dame de Mon (Notre-Dame du Mont), a esté fait chez Mᵉ Bezaudin, notaire.

Places muraillées a bastir des maisons, aboutissant à la rue de Rome, d'environ 32 cannes longueur pour 9 cannes largeur, clostures de bonnes murailles, cordons pierre de taille, acquises lesdites places de vénérables dames de Sion, et payées pour valeur de 288 cannes mesurees[2].

Une maison toutte nefve, bastie par sieur Puget, avisant la maison de ville de Tholon, faisant un des quatre coins de ladite maison sur la rue de Borbon et de la Poissonnerie, de valeur de 29,000 livres.

Une autre maison à Marseille, cartier Fongate, rue de Rome, avisant le cours sur une petite place, faisant esperon devant la fontaine dite de Puget, a 4 etages.

Une autre maison, le Pavillon de Fongate, d'ou sont vignes et terrains d'environ deux carterades et demy, de valeur le tout de 20,000 livres.

Ladite maison ne relève du chapitre de la Major. — Tous ces biens ont esté usurpés par ledit chapitre, selon les memoires que nous a laissés le sieur Arnaud, advocat antiquaire de nostre ville de Marseille.

Suit l'inventaire sy devant du sieur Pierre Puget, dettes payiés, qu'il incorpore dans ses biens, scavoir du jardin d'Olieules (Ollioules).

---

[1] Château-Follet, ou l'Estaque. Le droit linager (de lignage), revendiqué par Puget, prouve bien qu'il était originaire de ce quartier.

[2] La cane équivaut à 2 mètres, soit, pour le terrain, 576 mètres carrés. Or, divers actes du temps prouvent que le terrain à bâtir se vendait alors de 75 à 92 livres la cane. C'est donc une valeur d'environ 25,000 livres.

Payé aux R. P. de l'Oratoire du mesme lieu, six cens livres, acte
riere M⁰ Marthely, notaire du mesme lieu. — A M⁰ Collin, tailleur
dabit du mesme lieu d'Aulieule, mesme notaire. — A la vefve Four-
nix, pour mesme jardin, cent cinquante livres quittance faicte
M⁰ Bremon, notaire à Tholon, à la Halle. — Paye à M⁰ Barin d'Aulieule, M⁰ Masson, pour avoir fait un bastiment au mesme jardin,
acte fait riere M⁰ Gorely, notaire à Tholon, pour le prix de sept
cenz livres de ses mains, avant fermer tous matariaux, ce quy sera
estimé.

> On ne met pas issy, dans ce present estat, argenterie, joyaux
> et autres choses précieuses, mais bien de marbre de col-
> leur [1].

Une piece de marbre tres pretieuse de vert antique, denviron
cinq pans, un pan et demy de diamettre, reste a nos ateliers.

Une piece de marbre de coleur blanque et noire antique tres
precieux, denviron cinq pans longueur, diamètre un pan, deux
tiers grosseur, git dans nos ateliers.

Une caleche garnie de ses hustensilles, couverte de vacche noire,
son imperialle du mesme, les roues a demy.

Un bourrique denviron six ans coutte quatre escus.

Compte particulier des sommes que ledit sieur Puget a payé pour
madame Tamborin.

A M. Philip La Reinarde, premierement le
16 novembre . . . .   745 liv.
Je dis sept cens quarante cinq livres.
Plus, au même, trois cent livres. . . . . .   300 liv.
Plus, au même, cent cinquante livres . . .   150 liv.
Réparation faite a sa maison par M⁰ Joseph
Masson a la mesme maison, sa déclaration par
main de notaire devant madame des Penes [2].   95 liv.
                                              ─────────
                                              1,290 liv.

---

[1] C'est le pendant du mot de Cornélie. La matrone romaine disait,
en montrant ses enfants : « Voilà mes bijoux. » Puget dit en énumé-
rant ses marbres : « Voilà mes trésors » Ce qui ne l'empêche pas toutefois de léguer à sa veuve de simples couverts d'argent.

[2] La Reinarde, grande propriété près du village nommé les Pennes,
dans le terroir de Marseille.

Une autre réparation à la mesme maison, ruine
d'une cheminée par le mesme M° . . . . . .   30 liv.

Suit l'estat des despances pour madame Tamborin.

Pour une plante de vignes de 2,523 maillol, à
25 liv. pour cent . . . .   51 liv. 5 s.

30 charges de fumier de fedes[1], à 15 s. la
charge. . . . .   32 liv. 10 s.

Pour vacation de feu sieur Turc. . . . .   80 liv.

A l'arpenteur de la Bastide . . . .   5 liv.

Toisé des marbres quy ont esté ordonné au sieur Puget au subjet
de faire un groupe pour accompagner l'*Endromede* par les
intentions du Roy et par les ordres de Mgr de Louvois.

Toises aux mesures de Carrare, faisant chaque pan neuf pousse de
France, lequel pan est reduit aux poulsse de leur mesure.

Pièce.	Long.	Larg.	Epaiss.	Cube.	
N° 1. —	16 . . 8	9 . . 0.	7 . . 4.	1,099	à 4 liv. 10 s.
N° 2. —	6 . . 7.	4 . . 3.	3 . . 9.	97	—
N° 3. —	6 . . 7.	4 . . 3.	3 . . 9.	97	—
N° 4. —	5 . . 4.	4 . . 3.	3 . . 3.	79	—
N° 5. —	5 . . 9.	4 . . 3.	3 . . 3.	79	—

La grande piece de 1,099 revient à 4 liv. 10 s.
par pan. . . . .   4,946 liv.

Les deux pieces de 97 pans, a raison de 3 l. 2 s.   601 liv. 8 s.

L'autre piece de 79 pans, chacune à 3 livres 2 s.   489 liv.

Transport des cinq pieces de la barque . . . .   1,530 liv.

Pour tirer et debarquer les cinq pieces a terre.   100 liv.

Droit de Mourges et Villofranche[2] . . . .   50 liv.

---

[1] Fumier de fedes, fumier de moutons.

[2] Il y a dans ce toisé plus d'une obscurité et plus d'une erreur. Le
voici rectifié par un architecte :

Le palme ou pan en usage à Carrare se divise en 12 onces ou pouces,
le pouce en 12 lignes.

Le pan égale 25 centimètres linéaires et le pouce 20 millimètres
834 millièmes de millimètre.

Pièce.	Long.	Large.	Epaiss.	Cube.			
N° 1. —	4ᵐ 17	2ᵐ 25	1ᵐ 84	17ᵐ 26 à 288 fr. 00 =	4,970 fr. 88 c.
N° 2. —	1 65	1 07	0 94	1 66 à 198 fr. 40 =	529	54
N° 3. —	1 65	1 07	0 94	1 66 à » =	529	54
N° 4. —	1 53	1 07	0 81	1 15 à » =	228	16
N° 5. —	1 44	1 07	0 81	1 25 à » =	248	

Total. . . . . . . 6,105 fr. 72 c.

Les interest de 1,530 liv. à M. de Vintemille
Seisont, comme apert par le contrat du 27 aoust
1691, doivent estre mis a compte comme de jus-
ice des trois années, lesquelles se montent à . .   228 liv. 10 s.

Les interest de 6,187 liv. 4 s., restant pour l'a-
chapt des marbres..... — Ces despenses, au subjet
comme est mentionné cy-dessus, sont légitimement
deus depuis 3 années, se montant . . . .   928 liv.

Envoyé a M. de Vauvré denviron le quinze aoust pour en moyener
le payement ou ordre de travailler a la grande piece.

P. Puget.

Il agonise, et il réclame un ordre de travail ! ce
dernier trait peint bien l'homme.

L'*Inventaire* a une importance qui n'échappera
à personne. Non-seulement il donne une idée complète de la fortune de Puget, mais il prouve avec
quel soin était administrée cette fortune, répartie
sur neuf ou dix immeubles. Essayons maintenant
de résumer par des chiffres l'état des biens indiqués,
en ajoutant, pour les biens non évalués, une estimation approximative :

Maison de Toulon.	29,000 fr.
Pavillon de Fongate.	20,000
Maison rue de Rome	12,000
Places à bàtir.. . . . .·	25,000
Coin de terre à Notre-Dame du Mont.	500
Colline de Marsillaveire.	1,000
Verger du Château-Follet.	400
Jardin d'Ollioules et dettes.	2,500
Bastide de la Reinarde (Mme Tamborin)	2,000
Marbres antiques	3,000
Marbres statuaires.	6,376
Dette du Roi.	2,836
Mobilier du pavillon de Fongate et des maisons de Toulon et de Marseille .	30,000
Total.	134,612 fr.

L'estimation approximative ne porte que sur trois
articles : la maison de la rue de Rome, les marbres
antiques et le mobilier. Les autres chiffres nous
sont donnés par l'*Inventaire* ou le testament.

Si l'on veut évaluer la fortune de Puget d'après
le taux actuel de l'argent, qui a sextuplé, on ne sera
pas loin de la vérité en l'estimant, au plus bas, à
la somme de six cent mille francs. Parti de Marseille avec ses outils ; obligé, à Gênes, de les engager
pour avoir du pain, Puget pouvait jeter sur son
passé le regard de satisfaction de l'honnête homme,
et se dire : J'ai bien employé ma vie.

V

Le testament va nous apprendre comment Puget
disposa de ses biens énumérés dans l'*Inventaire*.
Marié deux fois, il n'avait eu qu'un enfant de son
premier mariage. C'était François Puget. Celui-ci
épousa d'abord une dame Jordanis qui lui donna
deux filles, Paule et Madeleine, et un fils, Pierre-
Paul Puget. Devenu veuf, il venait d'épouser, en
1691, Geneviève de Mazerat, la même année que
son père épousait aussi sa deuxième femme, Madeleine Tambourin. Ainsi, rien n'était simple chez
Puget, pas même sa famille. On comprend que le

testament d'un pareil homme, en de telles circonstances, ne pouvait pas pécher par excès de simplicité. Il en a fait, au contraire, un chef-d'œuvre
de complications.

TESTAMENT

Au nom de Dieu soit, l'an mil six cents quatre vingt quatorze et
e vingt neuf° de novembre apres midy, Par devant nous not°° royal
à Marseille soubsigné fut presant noble Pierre de Puget, sculteur et
ingénieur du Roy, originaire de cette ville de Marseille, fils de deffunts noble Simon de Puget et de d° Marguerite Cauvin, lequel
jouissant de ses sens, mémoire et entandement, quoyque gissant au
lict malade, a par son présent testament numcupatif recommandé
son âme à Dieu, et en ce qui est de son corps, il veut estre enterré
comme chrestien catholique dans la chapelle soubs le titre de
Ste Magdeleine, quil fait construire en sa propriété située dans la
nouvelle enceinte dud. Marseille, au cartier Fontgate, au cas que
lad° chapelle soit agencée, construite et sacrée lors de sa mort ; et
au cas qu'elle ne le soit point il veut estre enterré dans l'esglise de
l'Observance dudit Marseille au tumbeau de ses autheurs, remettant
l'ordre de ses funérailles à la volonté de noble François de Puget
son fils, voulant néantmoins qu'elles soient faites le plus modeste-
ment qu'il se pourra, Et qu'il soit distribué en augmosne le jour
mesme de sa mort vingt livres aux pauvres mandians, laquelle
distribution sera faite a la porte de l'esglise ou il sera enterré, et
ce par les mains de Ollivier, peintre, son bon amy, auquel a ces
fins lesdites vingt livres seront delivrées par ses héritiers au mesme
instant de sa mort ; Et venant ledit testateur à la disposition de ses
biens, il lègue et fait legs a dame Magdelaine de Tamborin, son
expouse, en premier lieu les fruits, interest ou pention pendant sa
vie durant de toutes les sommes que led. testateur a et pourra
payer pour elle et à sa descharge et dont il pourra estre créancier
de sadite expouse lors de sa mort, sans qu'elle puisse estre obligée
d'en fere le payement pendant sa vie ; en deuxieme lieu l'usage et
usufruit pendant la vie de sadite expouse du premier corps [1] de sa

[1] *Corps*, étage.

maison a la rue de Rome faisant esperon au-devant de la fontaine ou
il y a une piramide, lequel premier corps est au-dessus de l'entressol
de la boutique, et ce tout autant que ledit corps contient, ensemble
d'une cuisine, une chambre et antichambre au dessus dudit corps,
le tout sans payer aucun loyer pendant sadite vie, et finalement le
fond et propriété du garderobbe fermé qui est maintenant a l'usage
de ladite dame de Tamborin avec ses ameublements et autres choses
qui s'y trouveront en dedans lors de la mort dudit testateur ; ensemble icelluy fait legs à sadite expouse d'un lict bois de noyer garni de
ses matelas, couvertures et de son garniment, six linseuls[1], dix
cheses, une table a manger, dix huit serviettes, douze essuye mains,
six napes, deux chandeliers laton[2], deux cuillieres et deux four-
chettes d'argent; un chaudron, une bassine cuivre, une table fermée bois de noyer, et de baterie de cuisine suffisemment sellon sa
qualité, à prendre toutes lesdites choses mobiliaires sitost après sa
mort parmy celles que ledit testateur délaissera et pour en faire
par sadite expouse à son plaisir et volonté.

Dadvantage ledit testateur lègue a André Puget les vergers qu'i-
celluy auroit vendus au s' de Chasteau-Follet, et que ledit testateur
a retenus par droit linager[3] suivant les actes receus par Mes Bezaudin et Roquemaure pour en jouir par ledit légataire dès la mort
dudit testateur quy charge son héritier de payer ce qui pourra estre
encore deub du prix desdits vergers lors de son decès, suposé que
ledit testateur n'en ait point fait le payement pendant sa vie, lequel payement dudit restant prix sera fait a celluy qui en sera le
créancier, et moyenant ledit legs ledit testateur charge ledit légataire de payer annuellement et perpetuellement une pention annuelle de vingt livres, qui commencera a courir de la mort dudit
testateur et se payera en fin de chacune année, et ce au recteur de
la chapelenie que ledit testateur et ladite dame sa femme ont fondée
soubs le titre de Ste Magdelene par contrac de nous not^{re} du dix-huit
d'avril mil six cent quatre vingt treise, laquelle fondation ledit testateur approuve, ratiffie et confirme par vertu de son presant testa-

---

[1] *Linzuoli*, en italien, draps de lit.
[2] *Laton*, laiton.
[3] Sur le *droit linager* et la *trabellianique*, que l'on trouvera plus loin,
l'*Intermédiaire des chercheurs et curieux* a répondu par des explications complètes, trop longues pour pouvoir être reproduites ici. (Voir le
numéro du 10 septembre 1866 page 526.)

ment de point en point sellon sa forme et sa teneur, pour la dotation d'icelle de son chef et outre ce que ladite dame de Tamborin
son expouse a estably dans ledit contrac aussi de son chef, ledit
testateur veut que ledit Recteur jouisse de la pension desdites vingt
livres annuellement et perpétuellement, ensemble de la pention
annuelle et perpétuelle de toutes les sommes que ledit testateur a
et pourra payer à la descharge de sa femme soit au s^r de la Rey-
narde ou autres ou mesme de la valeur des réparations que ledit
testateur a faites aux biens dotaux d'icelle, dont et du tout il sera
créancier de sadite femme lors de sa mort, et à ces fins lesdites
sommes capitalles seront placées sur fonds, marchands ou communauté seur et solvable sitost apres la mort de ladite dame de Tamborin qui a l'usufruit d'icelles pendant sadite vie, et ce affin qu'elles
puissent produire une pention au denier vingt, laquelle, et les vingt
livres de pention, forme la dotation de ladite chapelenie du chef
dudit testateur, y compris toutefois ce qu'il aura adsigné dans ledit
contrac de fondation de son chef, et à cet effet la pension desdites
sommes qui seront placées sera retirée annuellement et perpétuellement par le Recteur de ladite chapelenie qui sera obligé d'employer
tout ce qui sera au-dessus de cent vingt livres de rantes et revenus
de ladite chapelanie en augmosne au proffit des pauvres parans
dudit testateur, dont ledit Recteur en fera la distribution, et pour
premier Recteur de ladite chapelanie ledit testateur a dès a present
nommé Messire Baltasard Guintran pour la desservir pendant sa
vie, aux conditions du susdit contrac, conformément auquel le Jus
patronal de ladite chapelle apartiendra à l'héritier dudit testateur et
ayant cause en sa succession perpétuellement.

Dadvantage ledit testateur lègue a demoiselles Paule et Magdeleine Puget ses petites-filles, filles dudit s^r François Puget, les deux
mille cinq cents livres plus ou moins que ledit testateur a de prendre
sur l'héritage de deffunte Jane Jourdanis leur mère, pour les avoir
payées à sa descharge en acquitement de ses deptes passives pour
affranchir le jardin d'icelle situé au teroir du lieu d'Olieules [1], et
pour les réparations qui ont esté faites au mesme jardin, pour etre
ladite somme leguee auxdites demoiselles Puget payée par les hoirs
de ladite dame Jourdanis au mariage d'icelles, et jusques alors elles
en retireront les interest des hoirs de ladite dame Jourdanis a une

---

[1] *Olieules*, Ollioules.

cote proportionnée a ce que rend ledit jardin sellon la liquidation
qui en sera faite, lesquels interest seront payés annuellement et en
fin de chacune année a compter de la mort dudit testateur ;

D'ailleurs icelluy testateur legue audit s^r François de Puget son
fils les fruits et usufruits de tous ses biens et droits, deduits les
legs aux termes et formes d'iceux et non compris les fruits légués a
sadite expouse, pour en jouir seulement par sondit fils jusqu'à ce
que noble Paul de Puget, fils d'icelluy et heritier dudit testateur cy
après nommé, ait compleu sa trente-quatrième année sans qu'il soit
obligé de donner caution de bien uzer, de quoy ledit testateur le
releve, moyenant lequel legs ledit testateur, charge ledit s^r François
Puget son fils d'ensegner ou fere aprandre audit Paul Puget l'art
de la painture, et en cas que ledit François Puget ne voulut point
prendre ce soing, audit cas le testateur fait legs audit Ollivier de
quatre cents livres qui luy seront payées a raison de cent livres par
·an, et ce des fruits dont il luy sera fait le premier payement lorsque
ledit Paul aura atain sa seiziesme année, et il sera ensuite continué
pareil payement de cent livres à semblables jours des trois années
suivantes ; moyennant lequel legs desdites quatre cents livres fait
udit Ollivier, icelluy sera tenu et obligé de luy fere aprendre et en_
segner pendant lesdites quatre années, qui prendront son commencement d'abord aprés ladite seiziesme année de l'âge dudit Paul
Puget, ledit art de peintre et ce qui en dépend, par quelque habile
paintre que ledit Ollivier choisira, auquel il payera ce qui sera necessaire pour ledit enseignement desdites quatre cents livres a luy
léguées ; comme encore il fait legs audit François Puget son fils de
dix loüis d'or en fonds pour luy estre payés d'abord après sa mort ;
et finalement ledit testateur lègue aux enfants que ledit François
Puget pourra avoir a l'advenir de legitime mariage le droit de legitime qui pourra leur competer respectivement sur les biens et droits
dudit testateur au cas que ledit François Puget prédéceda icelluy,
auquel cas ledit legs leur sera payé quand ils pourront le valable-
ment retirer et avec interest jusques alors ; tous lesquels legs faits
par ledit testateur audit François Puget et à tous sesdits enfants nais
et à naistre d'icelluy seront pour tous droits d'institution, succession legitime, suplemen d'icelle et autres quelconques quils pourront
avoir, demander et pretandre sur sesdits biens et héritage, les
instituant chacun en ce ses heritiers particuliers.

Et en ce qui est du reste et demeurant de tous ses biens et droits

meubles et immeubles present et advenir particulierement man-
tionnés en l'estat qu'il a fait et signé et qui a esté attaché au prece-
dant testament qu'il a fait pardevant nous notaire le onze septembre
dernier, pour éviter les frais d'un invantaire provisionnel, et autres
quelconques, ledit s^r Pierre de Puget testateur, de sa certaine .
sciance, propre mouvement, pleine et libre volonté il en a fait in-
stitué créé et de sa propre bouche nommé et appelé pour son héritier
universel seul et en tout, a sçavoir ledit Paul Puget son petit-fils
pour n'en jouir néantmoins qu'après ledit usufruit de son père finy ;
et à condition de ne se marier advant l'âge de trante ans, à paine
d'estre privé de son heritage au proffit de ses substitués, auquel
cas il luy fait legs de son droit de légitime tel qui pourroit luy
competer par le predécès de son père audit testateur, aùquel legs
icelluy l'institue son héritier particulier au susdit cas, et néantmoins
ladite institution universelle ayant lieu en faveur dudit Paul Puget,
ledit testateur veut qu'icelluy ne puisse disposer de sondit bien et
héritage quen faveur de ses enfants masles à son choix, option et
nomination ; ou, en deffaut d'un ou plusieurs de ses enfans masles, en faveur d'un des enfans masles du deffaillant pareillement à
son choix, et faute par ledit Paul Puget de fere ledit choix, ledit testateur nomme dès à présent l'aisné des enfans masles d'icelluy Paul
Puget, et à son deffaut l'aisné des enfans masles dudit enfant ayné
de Paul Puget, et à leur deffaut le puisné masle dudit Paul Puget
ou l'aisné de ses enfans masle a deffaut de leur père, et ainsi de
puisné en puisné ou enfans, le tout au cas du deffaut des aynés ou
de leur père, substituant celluy qu'il se trouvera nommé ou choisy
s'il est enfant en premier degré dudit Paul Puget en faveur de ses
enfans masles, et en deffaut de masle en faveur de l'enfant masle
dudit Paul Puget qui se trouvera l'aîné après la mort dudit choisi ou
nommé, et a son deffaut de ses enfans, et d'aisné en puisné et à
leur deffaut de leurs enfans masles, ledit testateur fait la mesme
substitution graduellement de l'un à l'autre jusques au dernier en
cas de mort sans enfans masles, en gardant toujours l'ordre de pri-
mogéniture, faisant la mesme substitution aux enfans masles dudit
Paul Puget qui recueilliraient et ce en faveur de leurs enfans masles
et à iceux successivement, perpétuellement, en cas de décès sans
enfans selon ledit ordre, et en cas que la ligne masculine dudit
Paul Puget, de ses enfans, petits-enfans et autres en degré plus
esloigné vint à deffaillir en quelque temps que ce soit, ledit testa-

teur substitue sondit bien et heritage en faveur du puisné masle dudit François Puget qui se trouvera pour lors en estat, et à son deffaut de l'aisné de ses enfans masle, avec pareilles substitutions que dessus en faveur de ses enfans, petits-enfants et autres en degré plus éloigné masle, et daisné en puisné des enfans masles dudit François Puget, il fait la mesme substitution jusques à la fin de la ligne masculine des enfans dudit François Puget et de ses enfans en premier et autres degrés plus éloignés, laquelle fin de ladite ligne masculine arrivant, ledit testateur substitue le plus proche de ses parans portant le nom de Puget qui se trouvera alors en estat pourveu qu'il soit masle, parce qu'il prohibe la ligne féminine de recueillir son hérédité, et pour fere sortir lesdites substitutions leur entier effect, ledit testateur charge celui qui recueillira ladite substitution au dernier degré de l'ordonnance de l'accepter d'abord par acte public et par icelluy de substituer les biens de sadite hoirie en faveur de ses substitués sellon le mesme ordre et soubs les mesmes charges, a paine d'estre privé, et ceux qui se trouveront aussi chargés après luy, de l'effect de ladite substitution au proffit de celluy qui est après appellé, lequel sera dans la mesme obligation et charge qui continuera à tous ceux qui recueilliront l'effect desdites substitutions au dernier degré de ladite soubs la mesme paine, comme aussi ledit testateur toujours pour fere sortir lesdites substitutions leur effect, prohibe à ses héritiers et substitués la détraction de la Trabelianique affin que chacun à son esgar rende entièrement ce dont il aura proffité de l'héritage dudit testateur à ses substitués, et encores il leur prohibe expressément la vente et aliénation à quelque personne que ce soit, pas mesme a des religieux, de tous ses biens meubles et immeubles, à la réserve seulement des places de maisons que ledit testateur possède a la rue de Rome, des deux places qui restent des costez de sadite chapelle et des places de son clos visant a la place de la porte dite de Nostre-Dame du Mont, et encore des marbres que ledit testateur pourra délaisser, que ledit testateur permet à sesdits héritiers et substitués de vendre et aliéner a condition que les achepteurs ne pourront jamais payer le prix desdites places, si mieux ils n'aiment le placer à leur risque ; et a l'esgard de celluy desdits marbres, qu'il sera placé sur commerçant marchand en fond seur et solvable pour pouvoir tous lesdits prix produire leurs pentions a raison du denier vingt, et icelle estre retirée par sondit heritier et autres qu'il apartiendra. Et affin qu'on

recognoisse ladite prohibition de vendre, ledit testateur veut qu'aux
despans de sondit héritage ledit Ollivier fasse enchasser à chaque
bien compris en ladite prohibition et au lieu le plus visible d'icelluy
une pierre de marbre de la longueur de deux pans et demy et deux
tiers de pan de largeur et de deux pouces espesseur, avec cet escri-
teau gravé à chaque pierre Fidéicommis à Paul Puget et successeurs, pour désabuser les achepteurs ; et quant à toutes ses deptes
actives, droits et actions, ledit testateur veut que quant ils pourront
estre recouvrés ils soient a mesme temps placés à pention perpétuelle pour la conservation du fidéicommis ; au moyen desquels placements sesdits héritiers et substitués ne pourront jamais retirer
que les interest ou pentions, et en cas que les débiteurs voulussent
s'en libérer encore, ils seront de nouveau placés toujours en pention
perpétuelle ; Et en cas que lesdites substitutions ayent lieu en faveur
des enfans masles du s' Gaspar Puget son frère ou en faveur de
quelque autre parant dudit testateur appelés en plus éloigné degré,
en cas que ledit Paul Puget ou ses frères ou leurs enfans et autres
descendans d'iceux appelés auparadvant delaissent seulement des
filles qui se trouvent excluses des biens dudit testateur par moyen
desdites substitutions, audit cas ledit testateur charge celluy qui la
recueillira, s'il n'est point engagé dans le mariage, a prendre pour
expouse une des filles dudit Paul Puget et a leur deffaut une de celles
de ses frères ou de leurs descendans, quant même elles ne porte-
ront aucune dot, et a ces effects s'ils se rencontroient en degrés
prohibés, il les charge de rapporter les dispences necessaires ; et a
faute par celluy qui recueillira ladite substitution de vouloir con-
tracter ledit mariage, il le prive de pouvoir la recueillir, chargeant
ledit testateur sondit heritier et ses substitués de donner un pain
par semaine et un pot de vin au couvent des Religieux mandians
qui se trouvera plus proche de sa maison ou il habite, et ce pandant
le temps et espace de vingt années a compter de la mort dudit testateur, lequel nomme pour exécuteur de son présent testament le
s' Ollivier qu'il prie de surveiller auxdites prohibitions de vendre
et de nommer apres luy telle personne qu'il advisera pour prendre
ce soing, moyennant une pention viagere de vingt-deux livres qui
sera payée audit Ollivier et apres luy à ladite personne qui sera par
luy nommée, dont il leur fait legs annuellement pour les gratiffier
de leurs paines et soins.

Et parce que ledit testateur recognoist qu'il se peut tirer consi-

dérablement du marbre de sa colle appellée Marsilleveiro, il conseille par son présent testament à sondit heritier et substitués de
fere une fabrique de marbre dans l'une des places qui luy appartiennent à ladite rue de Rome pour ouvrer ceux qui se tireront de
ladite colle[1], ce qui leur sera très proffitable, disant ledit testateur
que cest son présent dernier et valable testament numcupatif et
disposition finalle de tout son bien et héritage, lequel il veut estre
ainsi valable, ou s'il ne pouvoit ainsi valoir, qu'il soit valable par
codicille, donation a cause de mort et par toute autre voye, droit et
coustume que mieux valoir pourra à sortir à effect, cassant, annul-
lant et révoquant ledit testateur tous les autres testaments et autres
dernières volontés qu'il peut avoir cy-devans faits de tout le passé
jusqu'à présent et particullierement celluy cy-dessus mantionné,
voulant que son présant testament soit le seul valable, gardé et ob-
servé de point en point sellon sa forme et teneur, priant et requé-

---

[1] Le prix que Puget paraissait attacher au marbre de cette colline explique un passage du *Voyage littéraire de Provence*, par l'abbé Papon :
« Lorsque M. Galland, de l'Académie des inscriptions, arriva dans cette ville
(Marseille), il alla voir Puget dans sa maison de campagne ; il y trouva
des colonnes d'un albâtre très-précieux et si transparent que, par le poli
qu'il prenoit, on voyoit à deux doigts d'épaisseur l'agréable variété des
couleurs. Puget dit qu'il étoit le seul qui connût la carrière, quoiqu'elle
ne fût pas bien loin de Marseille. Il est fâcheux qu'il ait envié à ses
concitoyens le secret d'une découverte aussi utile. » Grosson rappelle le
même fait dans son *Almanach de Marseille*, de 1786, en parlant de la
grotte Rolland : « Il y a lieu de croire, dit-il, que les colonnes d'albâtre
dont M. Galand, de l'Académie des inscriptions, dit que le fameux Puget
étoit possesseur, et qu'il se glorifioit d'être le seul qui en connût la carrière, n'étoient que l'albâtrise formé par le dépôt de stalactites de cette
grotte. » Quoi qu'il en soit de cette conjecture, si François et Paul Puget s'abstinrent d'exploiter la carrière de Marsillaveiré, on peut penser
qu'ils eurent pour cela de bonnes raisons. Mais enfin, de ces dires divers
il semble résulter que Puget y avait découvert un gisement d'albâtre
translucide, semblable à l'albâtre oriental ou au marbre onyx d'Algérie.
Une tradition locale raconte qu'après l'échec de la statue équestre, l'artiste, irrité, se retira sur une colline voisine de Marsillaveiré, et que là,
se démenant à grands coups de marteau, il en sculpta le chauve sommet
de façon à représenter un gigantesque profil humain. Que de fois je l'ai
vu, ce masque maussade, comme un Titan endormi, le front dans les
nuages ! Ailleurs, en vous montrant des accidents naturels analogues, on
dira Napoléon. A Marseille, on dit Puget. Pour l'imagination méridionale, le génie mécontent est resté le héros de cette fable héroïque.

rant aux fins les témoins soussignés d'en estre memoratifs et nous
notaire de luy en donner acte que luy avons concédé pour servir
ainsy que de raison. Fait audit Marseille dans la maison dudit testateur sise en sa propriété dans la nouvelle enceinte cartier de
Fongate, en présence de François Caravaque sculpteur, Jacques Mas-
setti ouvrier en marbre, Joseph Boyer maistre masson, François Bernard aussy esculteur, Pierre Feissolle maistre menuisier, Jean-Baptiste Falcou aussi maistre masson et Guillaume Gameau tous dudit
Marseille et y résidans, témoins requis et signés avec ledit testateur.

P. Puget	Jacomo Mazety	F. Bernard
F. Caravaque	L. Boye	P. Feissolle
Jean-Baptista Falchou	G. Gameau	
— Reynier		

Enregistré au Greffe 13   a Marseille, ce 28 décembre 1694.

Trois jours après cet acte important qui fixait
ses dernières volontés, Puget mourut, à l'âge de
soixante et douze ans. La chapelle de Fongate n'était
pas en état de recevoir ses dépouilles; François
Puget les fit porter dans l'église de l'Observance, et
c'est là que fut dressé l'acte de décès.

M. Pierre Puget, aagé d'environ soixante-dix ans, homme excellent en peinture, architecture et sculpture, est mort le 2 décembre
1694, muny des sacremens et a été ensevely aux pères de l'Observance le même jour, present messire Antoine Geoffroy, clerc, et
Claude Bevons, accolite.

Signé : Geoffroy, clerc; Bevons; Geoffroy, curé.

On chercherait en vain à Marseille la tombe de
Puget. Le couvent de l'Observance a disparu. La
petite chapelle que le vieil artiste s'était préparée
comme un abri suprême a disparu. Ses ossements
sont devenus poussière et de cette poussière il ne

reste rien. C'est le crime irrémissible de la France.
Quand nous demandons où sont les dépouilles de
nos grands hommes, un seul mot répond à tout : la
Révolution. Et, cependant qui méritait mieux de
trouver grâce devant la tempête populaire que ce
fils du peuple, cet ouvrier de génie, endormi dans
sa gloire depuis un siècle, inoffensif après sa mort
autant qu'il l'avait été durant sa vie? La profanation
l'a traité en roi.

Aujourd'hui, une statue se dresse en son honneur
sur une place de sa ville natale. Expiation tardive
et dérisoire. Marseille n'a eu qu'à prêter le terrain.
Pour suppléer à l'insuccès des souscriptions publiques, il a fallu qu'un banquier de Paris vint faire
cadeau de cette image de pierre aux concitoyens du
grand Puget.

VI

La grandeur de Puget éclate dans sa vie autant que
dans ses œuvres. Chez lui, du moins, ainsi qu'il arrive souvent, le caractère ne dépare pas le génie.
L'homme vaut l'artiste.

L'artiste, nous le connaissons maintenant sous les
aspects multiples de son génie hasardeux. De tout
temps on a été prodigue d'éloges envers l'auteur du
Milon, de l'*Andromède* et du *Diogène*. Puget

peintre était resté dans l'ombre. Et cependant,. s'il n'avait fait que des tableaux, Puget mériterait encore une place honorable parmi les artistes de l'école française. Dessinateur, sans rivaliser avec Poussin, il est de la famille. Il a plus de nerf que Vouet, plus de distinction que Le Brun. Coloriste, il égale Valentin par la force, il le surpasse par la richesse. Comme la plupart de ses contemporains, il n'a de français que le nom : l'Italie lui a tout donné. Mais ce qui, chez les autres, est impuissance originelle ou habitude d'éducation, n'est chez lui qu'affaire de tempérament. Provençal d'origine, il naissait à moitié Italien. Lorsqu'il le devint tout à fait, seul peut-être entre ses compatriotes, il osa compléter Bologne. Élève du Cortone, il ne ferma les yeux ni sur Gênes ni sur Venise, ni sur le Corrége ni sur van Dyk. Ses qualités d'emprunt se relèvent d'ailleurs par une exécution personnelle qui suffirait à lui faire une originalité. Réunissez le *Portrait* et le *Salvator mundi* du musée de Marseille, le *Sommeil de Jésus* du château Borély, l'*Annonciation* du grand séminaire d'Aix, la *Sainte Famille* de M. de Saporta et la *Sainte Cécile* de M. Malcor, l'auteur de ces tableaux n'est pas un maître, mais à coup sûr c'est un peintre, et un peintre bien trempé.

Toutefois, il faut le reconnaître, devant la palette et la toile le génie de Puget se contient. Il ne prend son vol que devant le ciseau et le marbre. Alors

l'aigle brise sa coquille. L'âme se répand, passion-
née, fougueuse, endolorie. Peintre, il traite avec
talent les sujets d'une grandeur tempérée ou d'une
grâce décente que la religion lui fournit. Sculpteur,
ce n'est plus le même homme. Il crée le sujet et
l'œuvre. Il tire de ses entrailles un trésor de vie
dont il anime la matière. Ame inquiète, esprit agité,
cœur exalté de compassion, piété attendrie, orgueil
dévasté, soif d'opulence et d'apparat, sensibilité
fébrile toujours en éveil, il a beau sourire, il souffre,
il gémit, il pleure, et, sous ses larmes brûlantes,
le marbre se creuse, se tord, se pétrit. L'*Hercule*,
les *Cariatides*, le *Saint Sébastien*, la *Conception*
et les *Vierges* de Gênes, le *Milon*, l'*Andromède*,
le *Diogène*, la *Peste de Milan*, rien de tranquille,
rien de satisfait, rien d'olympien. La violence dans
le repos, la beauté dans la douleur, la passion dans
la sainteté, la pamoison dans l'amour, la rage dans
l'agonie, le mouvement dans la mort, le drame, toujours le drame, et toujours la vie dans la matière,
une forme sensuelle, une chair frémissante, un souffle qu'on voit, comme on voit le vent sur les blés. Il
n'y a plus ici un peintre, ni même un sculpteur.
L'homme écrase l'artiste. Marbre, bronze, pierre,
bois, argile, tout lui devient un moule où il
jette son MOI, et dans ce MOI l'on sent vibrer l'humanité.

Sa seule fête fut la décoration navale. Devant ces

façades de 200 mètres carrés, il devient tout autre.
Il s'épanche, il se prodigue, il s'ouvre sans effort,
il s'épanouit jusqu'au sourire. Il semble que la ré-
sistance du marbre, en le provoquant à une lutte
pénible, le tienne sous le joug de la douleur. Le bois
des vaisseaux ne lui demande rien, que des ordres.
Les ouvriers sont là, prêts à obéir. Une plume est
son ciseau. L'art tout entier se prête à ses caprices.
Architecture, statuaire, bas-relief, ornement, le
maître peut toucher à tout, et il ne s'en fait pas
faute. Il assouplit les lignes, il couvre d'un voile
d'or les nudités charmantes, il marie les fleurs et
les amours, il fait flotter, au gré de la brise de mer,
les chevelures, les étoffes et les guirlandes ; sa fantaisie évoque les nymphes et les satyres, les tritons
et les néréides, toutes les chimères, toutes les gaietés
du paganisme; pas un coin du navire qui ne s'a-
nime, qui ne rie, qui ne grimace, qui ne s'illumine d'art et de soleil. C'est la *Reine*, c'est le *Monarque*, c'est le *Soleil-Royal*, c'est la *Trompeuse*, c'est la *Bouffonne*. Le poëte des larmes a
disparu. Le poëte du faste trône, heureux et fier, au
milieu des magnificences d'une marine vraiment
royale.

Architecte, il eût réalisé les mêmes merveilles s'il
avait pu bâtir pour un roi. Il ne construisit que
pour l'économie. Ses œuvres de pierre paraissent
pauvres à côté de ses ouvrages de marbre. Mais ses

rèves, ses projets, ses plans, ses dessins, le montrent
aussi large et non moins opulent. Marseille lui doit
les belles dispositions de ses rues et le principe d'une
décoration alors sans précédent en France, si ce
n'est à Paris. Supposez Puget chargé de bâtir Versailles, il en eût fait quelque chose comme le palais
Pitti, un édifice puissant, d'une architecture fière
et robuste. Sa *Halle*, sa chapelle de la *Charité*, sa
façade des *Chartreux*, ses maisons de Toulon et de
Marseille suffiraient pour sauver de l'oubli le nom
d'un autre architecte. Mais surtout, lorsqu'il imagine des monuments de détail, des baldaquins, des
autels, des custodes, alors reparaît cette profusion
de génie décoratif qui est comme le lit naturel de
ce fleuve.

Voyez-le maintenant penché sur une feuille de
vélin. Un graveur n'y promènerait pas la plume avec
plus de netteté et de souplesse. Dessinateur de marines, Puget est encore un artiste à part, sans ressemblance avec le peintre, le sculpteur et l'architecte
du même nom. Ses *Tempêtes*, ses *Combats de galères*, ses *Vues de vaisseaux* en rade ou en pleine
mer, ont la vigueur, la délicatesse et le piquant de
vastes eaux-fortes. Le Louvre en possède plusieurs;
mais, au lieu de les exposer, il les garde en porte-
feuille, comme si ces vélins dessinés par une main
française ne valaient pas au moins les croquis maritimes du Hollandais van de Velde!

Parcourez le catalogue de l'œuvre de Puget, vous verrez s'y déployer l'artiste à quatre faces que je me suis efforcé d'étudier. Dans chaque catégorie vous trouverez assez de productions remarquables pour faire honneur à quatre individus différents. Et cependant toutes sont sorties de la même main. Les caractères divers qui les distinguent ne s'expliqueraient pas si l'on ne connaissait la nature intime de l'homme.

L'homme, nous l'avons vu agir. Ce n'est pas seulement en style de notaire que les documents se nomment des actes. Les œuvres reçoivent l'expansion du génie. Les documents gardent l'empreinte de la vie active. Il semble que ces vieux papiers soient comme les pièces dont se composent certains modèles anatomiques : on les enlève feuille à feuille, et chaque feuille enlevée met à découvert un nouveau dessous, un ressort caché, un mystérieux principe d'action, jusqu'à ce que, de découverte en découverte, on arrive à saisir le secret même de la vie, qui est l'âme du système humain. Chez Puget, le système a des complications infinies. Mais d'abord, les souvenirs de De Dieu soulèvent la première couche. Puis, les prix faits et les quittances laissent à nu quelques boursouflures de l'épiderme. Les lettres des intendants de la marine montrent le muscle saignant. La correspondance des échevins découvre les fibres les plus secrètes du système nerveux. Avec les

lettres de Puget lui-même et son *Testament*, la charpente osseuse apparaît. On aperçoit chaque organe
à sa place : le cœur grand, fier et tendre ; peu de
fiel, beaucoup de bile ; uncerveau brûlant et quelque peu brûlé ; des humeurs noires abondantes,
opaques ; un sang chaud, généreux, prodigieusement
vif et prompt ; le reste médiocre : la vie délaissant
les grossièretés de la matière pour affluer à ces points
délicats où l'ordre physique n'a de valeur que par
l'ordre moral, comme l'éponge par le liquide qui la
remplit. Un souffle puissant anime toute la machine appuyée sur deux ressorts : le génie et le caractère.

Bougerel a essayé de peindre Puget d'après les
papiers domestiques, c'est-à-dire les notes de
famille et les souvenirs épars de contemporains
vieillis. Il y a dans le portrait plus d'un trait de
complaisance qu'on reconnaîtra à première vue ; il
y a aussi de précieux détails, et, en somme, un ensemble d'un grand intérêt.

Puget, dit-il, joignoit toujours l'application et l'attention à une
pratique exacte : il n'entreprenoit jamais un ouvrage, qu'après avoir
long-temps médité son sujet ; il se renfermoit pour y penser tres-
tranquillement, et pour ne mettre rien dans son ouvrage qui ne fût
conforme à la belle nature, au vrai, ou au vraisemblable. On trou-
voit tout dans son lieu naturel. Après avoir passé ainsi quelque
temps dans une espèce de solitude, et rangé dans son esprit tout
son dessein, il le suivoit exactement, comme s'il eût eu un modèle.
Pendant qu'il travailloit, il n'aimoit pas à être interrompu, pour ne
pas perdre ses idées méditées, et corrigées dans son esprit. Ce qui

faisoit dire aux personnes qui alloient chez lui par curiosité, qu'il étoit impraticable, parce qu'il ne vouloit voir personne pendant son travail, pour ne pas dissiper son esprit extrèmement attentif à ce qu'il faisoit Il aimoit la compagnie hors de ce temps-là : il avoit du goût et de l'amour pour tous les beaux arts ; il ne vouloit rien ignorer : il n'avoit besoin de personne pour ses outils ; c'étoit lui qui les faisoit tous. Il entendoit la musique, il chantoit et touchoit des instruments ; il pinçoit sur-tout très-délicatement le luth. Son esprit étoit solide, et capable de tout. Il étoit bon ami, exempt de cet esprit intéressé, qui ne peut être que la source de la bassesse et de la dissimulation, et d'une sordide complaisance. Il fut d'une droiture que rien ne put ébranler ; l'homme du monde le plus sincère, et le plus ennemi de tout déguisement. Il étoit fidèle à tous ses devoirs envers Dieu, ses tableaux de dévotion, ses fondations, et une infinité d'autres actions sont un assez solide témoignage de ce que j'avance. Ceux qui l'ont fréquenté ont trouvé en lui un véritable ami, un excellent ouvrier, appliqué, infatigable, un homme du meilleur conseil ; toujours disposé à faire honneur à sa famille, à sa patrie, à ses amis par des ouvrages qui ne mourront jamais. Je ne déguiserai pas cependant que tant de vertus et tant de talents étoient mêlés avec quelques défauts ; qu'il étoit extrèmement vif, impatient, brusque, colère : mais ces ombres ne faisoient que relever davantage ses vertus et ses bonnes qualités.

Le témoignage de De Dieu confirme Bougerel : « Ce grand homme estoit voué d'une tres grande vertu, sans aucune ambition de son supreme savoir, mais d'une grande humilité par la crainte de Dieu. » La vertu, la piété, la crainte de Dieu, j'insiste de nouveau sur ce point, et sans intérêt de secte : au dix-septième siècle, on n'est pas embarrassé pour trouver de grands esprits chrétiens. Mais c'est qu'en vérité, sans cette haute vertu chrétienne, la moitié du caractère de Puget reste inexplicable.

22

D'une part, il est tout orgueil, tout passion, tout
colère; d'autre part, il est tout obéissance et tout
soumission. Jamais, ni à l'arsenal de Toulon, ni
dans l'affaire de la statue équestre, la violence ne le
pousse jusqu'à la révolte. Après s'être bien débattu,
il s'arrête. Il accepte la volonté du roi. Sans doute
il conservera un petit regain de rancune, il continuera à réclamer pour ses intérêts lésés : l'homme
persiste, mais le chrétien s'avoue vaincu et se rési-
gne à sa défaite. Ce n'est pas la disgrâce souriante
de Fénelon. C'est, comme dans la tempête de Tibé-
riade, l'apaisement tumultueux des flots sous la
main du maître.

Ce qu'une nature aussi contradictoire dut souffrir, on le devine. Puget souffrit toujours, il souffrit
partout, et jamais il ne souffrit sans crier. Chose
bizarre! un autre sculpteur, un homme de notre
temps, Simart, nous a montré le même spectacle
d'une âme d'artiste dévorée par le travail latent de
la douleur. Mais Simart souffrait en mélancolique,
Puget en rageur. Simart luttait contre le tempérament de son génie, Puget ouvrait la porte au
sien. Simart s'abreuvait de ses larmes au milieu
d'une gloire combattue par d'affreux malheurs
domestiques. Puget avait la gloire et il avait le
bonheur. Il s'était fait de ses propres mains une
existence riche, enviée, libre et dominante, et il
souffrait. Le fait est certain, on ne peut le mé-

connaître. Seulement, au lieu de l'attribuer aux circonstances ou aux influences extérieures, il ne faut l'attribuer qu'à lui-même. Les grandes natures défient l'action des milieux.

En ce sens, il y a entre la nature de Puget et son génie une étroite connexité. Ses œuvres ne disent pas sa vie, mais elles disent son âme. La plupart des historiens s'y sont trompés. Ils ont accusé Louis XIV, ils ont crié à la misère, ils ont torturé l'histoire pour voir dans Puget un écho des désastres du temps. Erreur! Puget est l'écho de lui-même. On peut le définir d'un mot : un génie plein de soi.

Rappelons-nous qu'il est né sur les bords de la mer. La mer donne à ses riverains quelque chose d'elle-même, la Méditerranée surtout. Bien différente de l'Océan, dont on sent toujours la fougue, la Méditerranée dort le plus souvent au soleil, et sa surface polie sert de miroir au ciel bleu. Vienne un souffle de mistral, une colère subite trouble l'azur de la mer sans troubler l'azur du ciel, gonfle les flots, hérisse la surface de petites vagues mutines. En quelques heures le lac est devenu plus impraticable que l'Océan. Dans toutes les natures méridionales il y a du mistral, il y a de ces tempêtes en plein soleil. Chez Puget, un beau soleil illumine la vie; le génie reflète l'infini divin ; mais l'âme, comme l'outre d'Éole, porte en ses flancs un implacable mistral.

Certes, nous voilà loin de la sérénité olympienne
de Poussin. Le nom de Poussin appelle la sympathie et défie la critique, car il est le symbole de la
raison dans l'art. Puget appelle la critique sur les
écarts de son génie, et, par les écarts de son caractère, il tient la sympathie à distance. Cependant,
pour la gloire de la France et pour l'honneur de
l'art (je ne dis pas pour le salut de l'art), l'un des
deux noms vaut l'autre. J'aime à voir leurs bustes
voisins veiller sur les destinées de l'art français,
comme pour lui prêcher, avec les sévérités de la
sagesse, les hardiesses de la passion. La peinture
française peut s'inspirer sans danger aux sources
tranquilles d'un bon sens idéal. Elle peut être un
art de raison. Mais que ferions-nous d'une sculpture rationnelle? Sous l'empire de la civilisation
chrétienne, étant donnée l'indifférence ou l'insuffisance plastique du goût français, la sculpture ne
paraît possible en France qu'à la condition d'être
un art de sentiment.

Une leçon plus haute se dégage de cette histoire. La vie de Poussin résume en quelque sorte
tout ce qu'un artiste peut attendre des circonstances pour le maintenir dans la paix austère du devoir
et l'exercice heureux du talent. La vie de Puget, au
contraire, semble condenser toutes les épreuves
qu'un homme de valeur peut être appelé à subir. Mais, en même temps, elle nous montre com-

ment une âme fière sait garder son niveau, comment
un cœur viril, malgré ses souffrances, continue de
planer au-dessus des bas-fonds de l'humanité. Elle
nous fait assister à une lutte héroïque où le génie
triomphe appuyé sur la vertu.

LA FAMILLE DE PUGET

Il répugne à la raison d'isoler le génie au milieu
du monde. Un grand homme ne vient jamais seul.
Mais faut-il, d'autre part, l'accepter comme un produit fatal des circonstances, une résultante des milieux où le hasard l'a jeté? On a vu comment la
vie de Puget proteste contre cette désolante théorie.
Si jamais homme affirma sa personnalité, c'est l'artiste que nous venons de suivre à travers les péripéties les plus diverses et qui nous est apparu toujours
entier, toujours indépendant, toujours supérieur
par le génie et par le caractère. Cependant, lui non
plus ne se présente pas sans famille : Puget a ses
attaches dans les temps qui l'ont précédé et dans
ceux qui l'ont suivi. Nous pouvons nommer ses
ascendants et reconnaître sa postérité.

Ses ascendants, les chercherons-nous dans l'école française? Que doit-il au moyen âge? que doit-il à Jean Goujon? Certes, comme les grands sculpteurs du moyen âge, Puget a la sincérité du sentiment. Il ne songe pas à mettre la nature en suspicion. Il la voit et il l'admire, il l'aime et il la reproduit. Il eût maudit à l'égal d'un blasphème ces théories plus timides encore que raffinées, qui, au lieu de modeler le type de l'art sur la nature, ont tenté de modeler la nature sur un type d'art conventionnel. Certes, comme Jean Goujon, comme la Renaissance française, il a la grâce, il a l'élégance; mais il n'est pas esclave de la grâce, il ne subordonne pas la force à l'élégance. Il n'a pas connu la contagion d'une cour corrompue, où l'étiquette proscrit la crudité de la nature, où la beauté virile adule la beauté féminine. Il a des emportements qu'on eût taxés de mauvais ton. La politesse française ne pardonne pas l'audace des paysans du Danube; et le goût français, qui se pâme aux délicatesses, s'accommode mal de ces génies sauvages auxquels il faut crier : Bien rugi, lion !

Mais, à défaut de sang français, dans les veines de l'auteur du *Milon de Crotone* il y a du sang de l'auteur du *Laocoon*. Rome, héritière de la Grèce, l'a nourri de son lait de louve, âpre et fort. L'antiquité l'a bercé devant le *Torse du Belvédère*, ce marbre qui palpitait sous les doigts de Michel-Ange aveugle. Les arcs de Titus, de Septime Sévère, de Constantin, les colonnes Trajane et Antonine ont été le livre où il apprit les rudiments de la statuaire. L'art de Puget a donc pour ancêtre, non pas ce pur art grec dont Athènes gardait encore le secret, mais ce mélange d'art grec et d'art romain, qui, sous la dénomination générale d'art antique, mérita longtemps l'admiration des siècles.

Rome lui tenait en réserve une autre paternité, celle de Michel-Ange. Il est devenu banal de nommer Puget le Michel-Ange de la France. Si cette désignation glorieuse rappelle seulement l'omniscience de son génie, peintre, sculpteur, architecte, ingénieur, elle manque de justesse. Car Puget n'a rien peint de comparable au *Jugement dernier*, et la coupole de la Charité de Marseille ressemble peu à celle de Saint-Pierre de Rome. Cependant Puget a droit à ce nom, parce qu'il est fils de Michel-Ange, et de Michel-Ange romain. Sans doute il a vu Michel-Ange à Florence, il s'est arrêté devant les tombeaux des Médicis. Mais, ce que l'on peut affirmer, c'est qu'il a frémi devant le *Moïse* et qu'il a prié devant la *Pietà*. Le *Moïse*, épique et touffu, la *Pietà*, désolée et mystique, ces deux inspirations ont passé dans son âme, et de son âme dans son œuvre : à l'une se rattachent ses colosses exubérants de vie, l'*Hercule gaulois*, le *Saint Sébastien*, le *Milon ;* à l'autre ses *Vierges* imprégnées de tendresse.

Puget, toutefois, ne procède pas de Michel-Ange par imitation, mais seulement par esprit de famille, par communauté de pensée, par hérédité de passion. Comme Michel-Ange, il veut le drame dans le marbre, il veut la vie dans l'art. S'il imita quelqu'un, ce ne fut pas le maître sublime dont les copistes conserveraient encore une haute valeur, ce furent, — ô misère! ô faiblesse de l'âme humaine! — ce furent deux disciples dégénérés auxquels il prétendait s'égaler, le Bernin et l'Algarde! Le Bernin, c'est-à-dire la statuaire à panaches, l'exécution à outrance; l'Algarde, c'est-à-dire la sculpture pittoresque, le maniérisme à effet. On est de son temps. Ce pauvre ouvrier, venu à Rome avec la passion de la gloire, que vouliez-vous qu'il fît, lorsqu'il vit le Bernin noble, riche, envié, courtisé, favori des rois et des papes? Après tout, il y a du grand même chez le Bernin, il y a la grandeur d'apparat qui séduit les esprits simples; même chez l'Algarde il y a du charme, il y a ce charme du fracas qui agit sur le populaire. Ce sont des hommes de tempérament, et Puget obéissait plus à son tempérament qu'à une raison préconçue. Pardonnons-lui d'avoir aimé si mal, mais sachons-lui gré de n'avoir pris à ses rivaux préférés qu'une similitude d'accent et la coupe du costume à la mode.

Comme aïeule, l'antiquité; comme père, Michel-Ange; comme collatéraux, l'Algarde et Bernin,

voilà donc la parenté de Puget. A son tour il
a fait souche et nous devons chercher sa descen-
dance.

Je ne parle pas de ses enfants selon la nature.
François Puget tient assez de place dans l'histoire
de son père pour que nous le connaissions suffisamment. Élève de Benedetto Castiglione à Gênes,
et de Laurent Fauchier à Aix, François Puget a eu
surtout un talent de peintre de portraits. Volontiers
se serait-il mêlé de sculpture et d'architecture :
nous l'avons vu intervenir en plusieurs occasions à
titre de suppléant du génie paternel. Mais, sauf
pour la chapelle de la Charité, qu'il gâta, les circonstances lui firent de ce titre une sinécure, et la
médiocrité de son esprit est attestée de reste par le
rôle ridicule qu'il vint jouer à Paris dans l'affaire
de la statue équestre. Quant à Paul Puget, fils de
François et petit-fils du grand homme, on sait qu'en
dépit du testament qui le destinait à l'art de la
peinture, il fut architecte. Ce qu'il a bâti, je l'i-
gnore. Son nom n'est demeuré attaché à aucun
édifice de la Provence. Mais c'est lui qui dispersa les
reliques dont il avait hérité. A l'intendance sanitaire de Marseille, il a vendu le bas-relief de la
Peste de Milan. A l'écuyer Borély, fils de l'échevin
qui protégea Puget et fondateur du château Borély,
il a vendu le tableau du *Sommeil de Jésus*, le
Faune en marbre et en terre cuite et trois por-

traits en bas-reliefs. Enfin, de ce qui lui restait, il
fit une vente publique dont je n'ai pu retrouver la
trace ni la date. Les héritiers du nom de Puget
n'ont donc pas été les enfants de son génie.

Son véritable enfant, son fils d'adoption, nous
l'avons vu à l'œuvre, c'est Christophe Veirier. Né à
Trets, en Provence, le 25 juin 1637, Veirier s'at-
tacha de bonne heure à Puget. Sa collaboration active aida le maître dans des travaux importants, la
Conception de Gênes, les *Armes du Roi*, l'*Andromède*, l'*Assomption*. Et ce n'était pas seulement
une collaboration de praticien. Les œuvres de Veirier lui font, à côté de Puget, une personnalité inférieure assurément, mais distincte : il eut une part
de son talent, sans avoir rien de son génie. On conserve à l'intendance sanitaire de Marseille un bas-
relief d'une figure d'enfant qui lui mériterait un
rang distingué parmi les sculpteurs du dix-huitième
siècle. Son *Faune* de l'hôtel d'Aiguilles a des qualités remarquables, et, lorsqu'il fut appelé à refaire
la chapelle incendiée de la cathédrale de Toulon, il
la décora de deux *Anges adorateurs*, tout à fait
dignes de son maître. Comme Puget, Veirier remplit les fonctions de directeur des sculptures à l'arsenal de Toulon. Il mourut le 11 juin 1689. Une
lettre de Vauvré le nomme en propres termes « neveu de Puget. » Des historiens ont contesté cette
parenté, résultat probable d'une alliance. Mais, au

point de vue du talent, Veirier est certainement de la famille de l'auteur du *Milon*.

Une génération nombreuse et méritante compose la famille provençale de Puget. L'arsenal de Toulon en fut le foyer. C'est là que se formèrent, sous les yeux du maître, les sculpteurs en bois et en pierre, appelés tour à tour, selon les circonstances, à décorer les vaisseaux du roi ou les édifices religieux et civils de la Provence. C'est de là que sont sortis les Caravaque, dont l'un figure comme témoin au testament de Puget ; les Duparc père et fils ; Antoine Vassé, qui vint à Paris mettre son talent délicat au service des bâtiments du roi ; Jean Mathias, auteur du buffet des orgues de la Major, demeuré à Marseille en qualité de sculpteur des galères, pendant que Marc Chabry portait à Lyon les traditions fécondes de l'école. Mais de toute cette phalange d'artistes, le plus remarquable fut Bernard Toro, fils de ce Tureau ou Taureau que Girardon avait laissé à l'arsenal de Toulon pour y remplir sa place. Lui-même se qualifiait élève de Puget, et il avait raison. Par sa constante originalité, par sa verve inépuisable, par sa souplesse, par la vie dont il sut animer ses moindres ouvrages, Bernard Toro peut être considéré comme l'expansion décorative du génie de Puget.

Au surplus, l'influence de l'auteur du *Milon* ne resta pas confinée dans les limites étroites de la

Provence. De même qu'un vin généreux force le
vase où l'on voudrait l'enfermer, la séve de Puget
se répandit hors de son pays natal, pénétra jusqu'au
cœur de l'art français, et produisit, après le lent
travail d'un siècle, un fruit dont la saveur atteste
sûrement l'origine. D'influence immédiate, il n'y
en eut pas, surtout de son vivant, et il ne pouvait
pas y en avoir. L'art français formait un système
trop compacte, trop homogène, pour se laisser en-
tamer. Les traditions éclectiques de l'école bolonaise,
apportées d'Italie par Mignard et Le Brun, s'étaient
implantées au sein de l'Académie. Elles composaient le fonds commun dont il fallait vivre. Elles
étaient la loi. Elles donnaient le type sur lequel on
devait se régler, qu'on fût peintre, sculpteur ou
architecte. Le Brun, Girardon, Mansart, menaient
le troupeau. Après l'art courtisan des Valois, l'art
courtisan de Louis XIV régnait en France, absolu
et souverain, et devenait à son tour une tradition
française, faite d'apparat, d'élégance, de bon sens
et de discipline. Comment le génie de Puget y eût-
il trouvé place, lui qui se rattachait à l'antique par
de sérieuses études, lui qui s'inspirait directement
de la nature, lui qui avait demandé à l'Italie, au
lieu des leçons prudentes de l'éclectisme bolonais,
l'enseignement périlleux, mais toujours grand, du
maniérisme romain ? Puget introduit dans la place
faisait éclater le système et régnait sur ses ruines.

Tenir Puget à distance, c'était pour l'art courtisan
une condition de salut.

Le dix-huitième siècle hérita de la tradition française en l'émancipant. La régence voulait des allures plus libres que la cour de madame de Maintenon. Chez les Coustou, il y a déjà un peu de Puget. Ils ont le pittoresque, ils ont la grâce, ils ont
la vie. Mais, au lieu de la verve populaire, au lieu
de la passion vierge qui s'imprègne des parfums
de la nature, au lieu du sentiment individuel, ils
n'ont que la verve de l'éventail, la passion de la
mouche et du panier, le sentiment de la bonne compagnie. Ils sont courtisans.

Plus tard, à mesure que les liens monarchiques
se relâchent, pendant que la vie sociale gagne de
couche en couche jusqu'aux bas-fonds, l'élan de
l'esprit nouveau pousse en haut des talents plus in-
dépendants, plus populaires, et, avec eux, le
souffle de Puget pénètre dans l'art français. Comment lui refuser la paternité des bustes de Caffieri
et de Pajou? N'est-ce pas lui qui, par moments,
inspire Pigalle et Houdon? L'action n'est qu'inter-
mittente, mais elle est visible. Plus franche, elle
eût peut-être réussi à sauver cet art efféminé qui
efféminait l'Europe, et contre lequel Winckelmann
commençait à protester au nom des principes.
Bientôt la réforme passa de la théorie dans les faits.
La réaction violente de Louis David, appuyée par la

Révolution française, entraînait l'art français à des
destinées rétrospectives, et piétinait sur Puget
comme sur tout le reste.

C'est alors que Puget eut un fils. Son souffle allait se perdre, s'il ne s'était trouvé un homme aux
poumons robustes pour le recueillir, le réchauffer
et le répandre plus brûlant sur l'art moderne. Cet
homme, par une coïncidence étrange, se nommait
aussi David. Tandis que son homonyme réagissait
au nom du goût contre les vanlootades de la peinture, David (d'Angers) vint réagir, au nom de la vie,
contre les lois rigides qui auraient glacé le sang de
la statuaire.

Lui aussi fut un ouvrier comme Puget ; lui aussi
commença par ciseler le bois, un art où son père
était passé maître. Lui aussi fut pauvre, courageux,
fier et doux, lutteur sans repos et vainqueur sans
jactance. Lui aussi s'inspira aux sources antiques ;
mais, plus heureux que Puget et que Louis David,
il eut la bonne fortune de connaître l'art grec, l'art
vivant de Phidias et des Panathénées. Lui aussi aima
la nature, non point comme un type fictif, dont
l'immutabilité ferait tout le prix, mais comme un
arbre fécond dont chaque branche a sa feuille, chaque fleur son parfum, chaque fruit sa saveur. Lui
aussi aima le géant Michel-Ange ; mais, grâce à
Dieu, il n'aima pas le Bernin. Lui aussi aima la patrie française, et, si le point de vue où il se plaçait

différait essentiellement de celui de Puget, son amour ne fut ni moins profond ni moins sincère.

Un jour une circonstance mémorable faillit rapprocher le père et le fils, Puget et David (d'Angers). L'auteur du *Gutenberg* et du *Tombeau de Botzaris* sentait si bien sa parenté d'origine avec l'auteur du *Milon* et de la *Conception*, qu'un des vœux les plus chers de sa vie fut toujours de payer à la gloire de Puget un tribut filial, en faisant sa statue. L'ironie du sort voulut alors reproduire à Marseille les mêmes hontes qui avaient enlevé à cette ville l'honneur de posséder une statue triomphale de Louis XIV de la main de Puget. La statue de Puget, au lieu d'aller droit au seul homme capable de la concevoir et de l'exécuter, fut mise au concours. Alors cet homme se replia comme avait fait Puget en présence de Clérion, et la statue de Puget n'eût pas plus existé à Marseille que celle de Louis XIV, si, comme je l'ai dit, un banquier n'en avait fait l'objet d'un cadeau payé très-cher.

Voici ce que David (d'Angers) écrivait à cette époque :

Paris, le 11 octobre 1851.

Vous avez pensé justement que je serais heureux d'apprendre le projet des Marseillais d'élever enfin un monument à un grand homme, l'honneur de la France entière. C'eût été avec un véritable bonheur que j'eusse exécuté la statue de votre immortel compatriote, si, par un choix direct et spontané, elle m'eût été confiée, ainsi qu'il en a toujours été pour mes travaux.

23

Ma longue carrière doit suffire pour me dispenser des concours, généreux en théorie et impraticables comme réalisation, les juges compétents étant, pour ainsi dire, impossibles à trouver.

Si le choix de la ville tombe sur un artiste digne de comprendre le grand et noble sujet qu'il sera appelé à consacrer, je m'en réjouirai pour la gloire de l'art et pour notre chère Patrie, que je voudrais toujours voir la première sous tous les rapports.

Quant à moi, je n'ai jamais compris cette *course au clocher* pour obtenir des travaux. Mon respect pour l'art est trop profond, et si je déplore cette influence passagère, il faut bien l'espérer, c'est que, dans l'ardeur des artistes pour s'enlever les travaux, l'intérêt pécuniaire les dirige seul, tandis que le sujet reste accessoire ; les générations futures seront souvent réduites à maudire les tristes concessions que leurs ancêtres se sont crus obligés de faire à de certaines opinions et de certaines coteries.

DAVID (D'ANGERS).

Le souffle de Puget a donc survécu dans l'école française, grâce à David (d'Angers). Aujourd'hui encore il anime une jeune et vaillante postérité. N'est-il pas de la famille de l'auteur du *Milon*, le sculpteur qui a coulé en bronze le groupe d'*Ugolin et ses enfants*, et qui a suspendu sur la façade du pavillon de Flore un bas-relief hardiment fouillé où sourit la libre fantaisie de la nature? N'est-il pas de la même famille, aussi bien que M. Carpeaux, cet autre artiste dont la verve décorative prodigue les modèles à l'art industriel, M. Carrier-Belleuse, auteur d'une statue de Vierge, que la *Vierge* du palais Carega nommerait sa cousine? L'art contemporain s'honore en se souvenant d'un de ses ancêtres les plus glorieux.

C'est qu'en effet le souffle de Puget ne doit pas
s'éteindre. Je le crois nécessaire à l'art français.
Craindrait-on la contagion de défauts qui sautent
aux yeux ? Hélas ! notre école de sculpture aura toujours trop de bon sens, trop de respect des convenances, trop d'esprit disciplinaire, et j'ajoute
aussi, trop d'idéal, pour ne pas réagir contre les
témérités du maniérisme, les folies de la personnalité et les extravagances d'une exécution matéria-
liste. Ce qu'elle doit redouter avant tout, c'est la
mort. Ce qui peut la tuer, c'est la fadeur, c'est le
froid, c'est la stérilité. Avec Puget, la sculpture
devient féconde, elle s'échauffe, elle parle, elle vit.

Mais comment apprécier un modèle qu'on connaît encore si peu ? L'*Hercule gaulois*, l'*Andromède*,
le *Milon*, l'*Alexandre et Diogène*, qui sont au Louvre,
ne donnent pas une idée complète de sa valeur. Le
moulage des *Cariatides*, placé à côté de ces marbres, y ajoute un document de plus. Mais le *Saint
Sébastien*, mais le *Saint Ambroise*, mais la *Conception*, mais les *Vierges* de Carega et de Saint-Philippe de Néri, mais l'autel de Saint-Cyr, il faut aller
à Gênes pour les voir, et l'on ne va guère à Gênes
qu'en passant. Un jour, un des derniers gouverne-
ments de la France (je ne sais plus lequel) eut l'idée
de rapatrier, au moyen du moulage, deux de ces
œuvres génoises de Puget, le *Saint Sébastien* et le
Saint Ambroise. Puisque les originaux ne pouvaient

être à nous, nous aurions au moins les copies. On
pria le consul général de convoquer des mouleurs
et de faire dresser un devis. La somme demandée
s'élevait à dix mille francs. Il s'agit en effet de deux
colosses de 4 mètres, enfermés dans des niches qui
ne les rendent accessibles qu'aux deux tiers : la difficulté de l'opération explique le chiffre auquel on la
aait . Naturellement, l'affaire en resta là. Plus
tard, il n'y pas bien longtemps, l'idée a été reprise
par l'administration municipale de Marseille, composée alors d'hommes éclairés et actifs, dont la chute
rapide a laissé de vifs regrets. La municipalité venait d'acquérir, au nom de la ville, la propriété du
château Borély et de ses collections d'art : elle voulait y réunir, à côté du *Faune* et des bas-reliefs de
Puget qu'il renferme, les moulages de ses grandes
œuvres, afin d'en faire un musée à la gloire du
maître. Les plâtres du *Milon*, de l'*Alexandre et
Diogène* et des *Cariatides* furent demandés à l'administration du Louvre, et, si je ne me trompe, on
entama des négociations pour opérer à frais communs le moulage des colosses de Gênes. Le chef de
l'atelier des musées mettait au service de l'entreprise sa longue expérience et ses procédés écono-
miques. Mais, cette fois encore, l'affaire n'eut pas
de suite, comme si la fatalité qui stérilisa les rêves
de gloire de Puget, le poursuivait jusqu'après sa
mort.

Ne serait-il pas temps de reprendre ce double
projet? Pour combler les lacunes d'une série de
vases, nos musées ne reculent pas devant des sa-
crifices onéreux. La série Puget a-t-elle moins d'importance? Au point de vue de la collection, au point
de vue de l'histoire de l'art national, les œuvres de
Puget que nous possédons doivent se compléter des
reproductions de celles qui sont ailleurs. Au point
de vue de l'étude, si les têtes du *Milon* et des *Cariatides* ont leur place marquée parmi les modèles
des écoles, croit-on que le *Saint Sébastien*, la *Conception*, les *Vierges*, n'offriraient pas aussi d'utiles
enseignements? Mais peut-être notre courage n'ira
pas jusqu'à passer les mers pour revendiquer une
part de propriété dans les chefs-d'œuvre d'un artiste français. Sachons du moins appliquer le bienfait de la reproduction à ceux qui n'ont pas quitté
la France. En 1828, le gouvernement de la restauration fit mouler les *Cariatides* de Toulon, sans
s'arrêter aux frais de l'entreprise. Avec l'organisation actuelle de l'atelier des moulages du Louvre,
avec les procédés aujourd'hui en usage, il en coûterait assurément beaucoup moins, pour aller reproduire à Marseille le bas-relief de la *Peste de Milan*,
la puissante ébauche du *Faune*, les « figures angéliques » des *Armes du Roi*, le médaillon de
Louis XIV; et à Ollioules, le bel adolescent des
fonts baptismaux.

Ce vœu est la conclusion naturelle d'un livre auquel j'ai consacré de longues années de travail, et que j'offre, comme une réparation insuffisante, au génie toujours méconnu de Puget. Puissent bientôt toutes ses œuvres nous devenir aussi familières que son nom ! Puisse un gouvernement soucieux de nos gloires lui payer un tribut mérité, en ordonnant enfin le moulage des marbres de Gênes et de Marseille, afin que ces modèles d'un art vivant viennent prendre rang au Louvre et à l'École des beaux-arts, parmi les classiques de la sculpture française !

CATALOGUE

DESCRIPTIF ET RAISONNÉ

DES OEUVRES DE PIERRE PUGET

Les œuvres de Puget se divisent en quatre catégories : Peinture,
— Sculpture, — Architecture, — et Dessins. Dans chaque catégorie
on les trouvera classées selon la même méthode : d'abord, celles
qui existent et celles qui s'attestent par des documents ; — ensuite,
celles dont un témoignage historique autorise l'attribution ; — puis-
les ouvrages passés en vente publique sous le nom de Puget; —
— enfin, tout ce qui ne s'appuie que sur une preuve de sentiment
ou une appréciation individuelle. Le catalogue va donc du connu à
l'inconnu, de la certitude au doute, et chaque catégorie présente
une échelle décroissante d'authenticité.

I

PEINTURE

1. PORTRAIT DE PUGET PAR LUI-MÊME. — Sur toile. H.,
66 cent.; L., 56. — Peint par Puget vers 1672, et donné
par lui au marquis des Pennes, lieutenant général et commandant des galères du roi. Ce portrait a appartenu à
Borély; il a suivi la fortune du château de l'amateur mar-

seillais. Lorsque la ville de Marseille acquit de M. de Panisse la propriété du château Borély, on le transporta au
Musée, où il porte le n° 199. Il a été gravé à l'eau-forte par
L. Chaix, au burin par Geille, sur bois dans la *Gazette
des Beaux-Arts*. — Voir page 33 de ce volume.

2. PORTRAIT DE PUGET PAR LUI-MÊME. — Sur toile. H.,
46 cent.; L., 57. Légué à la ville d'Aix par mademoiselle
Émeric David. — Musée d'Aix, n° 63.

3. PORTRAIT DE PUGET PAR LUI-MÊME. — Cité par Émeric Da
vid comme étant dans sa maison de Toulon. — Chez M.***,
à Toulon.

4. PORTRAIT DE PUGET. — Sur toile. H., 75; L., 61. Acquis
en 1842 de mademoiselle Puget, de Marseille, par l'administration des musées, pour la somme de 1,800 fr. — A
Paris, au musée du Louvre, exposé et catalogué sous le
nom de François Puget. Gravé par Dupuis, par Jeaurat,
comme une œuvre du même. — Cependant la comparaison
de ce portrait avec le tableau signé de François Puget qui
se trouve vis-à-vis, permet au moins le doute. La tête me
paraît l'œuvre de Pierre Puget, et je n'accorde à François
que le mérite d'avoir terminé et raccordé l'ébauche paternelle. — Voir page 33.

5. RETABLE, INSCRIPTION ET DORURE. 1650. — Pour la confrérie de Notre-Seigneur de la cathédrale de Toulon. —
Voir, page 21, la quittance extraite des minutes de
Me Thouron, notaire à Toulon. — Travail détruit par un
incendie en 1681. Il avait été payé à Puget 236 livres.

6. BAPTÊME DE CONSTANTIN.

7. BAPTÊME DE CLOVIS.

Sur toile. H., 1m,58; L. 88 cent. — Peints de 1652
à 1654, pour la confrérie de *Corpus Domini* de la cathédrale de Marseille, et payés 140 livres. — Voir, page 26, le
prix fait, extrait des minutes de Me Giraud, notaire à Marseille, où se trouvent aussi les deux quittances. — Le

Baptême de Clovis est signé P. Puget Inv. — Musée de Marseille, nos 56 et 57.

8. Le Sauveur du monde, Salvator mundi. — Sur toile. H., 2m,40; L., 1m,83. — Peint en 1655 pour la même confrérie, et payé 200 livres. Le prix fait et les quittances existent aux minutes de Me Bouteille, notaire à Marseille. — Musée de Marseille, no 55. — Voir page 28.

L'histoire de ces trois tableaux est des plus singulières. Le *Salvator mundi* se dressait en retable sur l'autel du Saint-Sacrement de l'église de la Major. Les deux *Baptêmes*, placés de chaque côté des fonts baptismaux, se trouvaient à portée de la main. Pour les préserver des dégradations populaires, on fut obligé de les couvrir d'un grillage en fil de fer, fermé par un cadenas dont les prieurs de la confrérie gardaient la clef avec un soin jaloux. En 1723, le duc d'Orléans, régent du royaume, qui faisait rechercher en Provence les ouvrages de peinture de Puget, témoigna à l'archevêque d'Aix le désir de voir entrer dans sa galerie les tableaux de la Major. L'archevêque s'empressa d'écrire, non pas aux prieurs de la confrérie, mais au chapitre de la cathédrale, et le chapitre, assemblé le 14 août, prit la délibération suivante, conservée dans ses registres :

« Son Altesse Mgr le duc d'Orléans ayant eu cognoissance qu'il y avoit dans nostre église trois tableaux de la main de M. de Puget, l'un qui est à l'autel de Corpus Domini, représentant le Sauveur, et les deux autres plus petits aux fonts baptismaux, représentant les baptêmes de Constantin et de Clovis, il désirerait de les avoir. Sur quoy il a esté unanimement délibéré de lesser Mgr le duc d'Orléans maître des tableaux et de l'indemnité qu'il jugera convenable pour nostre église, et à ces fins le chapitre aura l'honneur d'écrire à Son Altesse Royale et d'adresser la lettre à M. l'archevêque d'Aix, en le priant de l'assurer de la vénération et du zèle respectueux du chapitre qu'il a si justement présumé par la lettre qu'il lui a fait l'honneur de luy écrire. Le tout a été délibéré sous le bon plaisir de Mgr l'évesque de Marseille, en conséquence de quoy le chapitre se réserve de luy en escrire incessamment.

« *Signé :* Foresta-Colonge, prévost. — Roland, archidiacre. — Bernard, chanoine et administrateur. »

Les prieurs eurent le courage de résister. Mais le chapitre passa outre et fit enlever les tableaux. Le 10 novembre, l'un des prieurs, se rendant à l'église « pour les fonctions de sa charge, » put constater leur disparution. Aussitôt il court chercher ses collègues, et tous trois se présentaient, dès neuf heures du matin, chez le lieutenant criminel. Leur déclaration porte qu'ils ont trouvé les cadenas des grilles forcés et les tableaux enlevés par violence, et « comme ils se trouvent soumis par le dû de leur charge de veiller à la conservation des biens, effets et droits de ladite confrérie, que, d'ailleurs, cet enlèvement est des plus criminels, soit par l'endroit où l'enlèvement a été fait, soit enfin à cause de la chose sacrée, et que, pour le moins, les autheurs, fauteurs et complices, méritent une punition exemplaire, lesdits sieurs Cotta, Bertrand et D'hourdet, pour se tirer de tout reproche à l'avenir, requéraient acte de leur déclaration et demandaient qu'il fût informé contre les autheurs, fauteurs et complices desdits vols, larcin et enlèvement, pour l'information prise communiquer à M. le Procureur du Roi. » Ils requéraient le lieutenant criminel de venir « faire une descente pour dresser procès-verbal de l'état des lieux et faire descriptions desdites fractions et enlèvements, » et demandaient « qu'il leur fût permis de faire saisir les trois tableaux partout où ils se trouveraient, *etiam manu militari...* »

En effet, la descente eut lieu, mais le chapitre était prévenu. Un chanoine se présenta, appuyé d'un procureur. Aux réclamations des prieurs il opposa des ordres supérieurs qu'il communiqua, à voix basse, au lieutenant criminel, et celui-ci, atténuant autant que possible les termes du procès-verbal, au lieu d'autoriser les prieurs à faire saisir les tableaux chez le prévôt du chapitre qui les détenait encore, se contenta de renvoyer les parties en jugement.

Le procès s'engagea devant le parlement d'Aix, pendant que les tableaux prenaient tranquillement la route de Paris. Ils y seraient arrivés sans encombre, si la mort du duc d'Orléans, survenue le 25 décembre, n'avait rendu la liberté au chapitre. On rejoignit les tableaux à Orléans, et on s'empressa de les faire revenir. Mais le procès ne pouvait se terminer aussi vite. Il y eut contredits, sommations, réponses, expédients, plaidoiries. Toutes les pièces sont conservées aux archives de la préfecture des Bouches-du-Rhône dans un sac poudreux, digne de Chicaneau. Enfin, le 20 juin 1724, l'arrêt fut rendu. Il ordonnait la réparation des tableaux et leur rétablissement aux places qu'ils occupaient, avec inhibition d'en disposer à l'avenir; le tout aux frais de l'économe du chapitre.

Une délibération, en date du 19 juillet, nous apprend que le chapitre accorda « à M. de Serre, peintre de cette ville de Marseille la somme de cent vingt livres pour avoir donné ses soins, pour remettre en place et bon estat le grand tableau du *Salvator* du grand Puget, peintre, à l'hautel de la chapelle du *Corpus Domini*, comme aussi les deux autres tableaux aux fonts baptismaux, l'un représentant le baptême de Constantin, et l'autre le baptême de Clovis, roy de France, fait aussy par le grand Puget. »

Le chiffre élevé de l'indemnité indique assez la gravité des dommages. Les réparations de Serre n'empêchent pas qu'ils ne se voient encore aujourd'hui. On dirait que ces tableaux ont été non-seulement roulés, mais pliés en plusieurs doubles. Quelques parties, entièrement refaites, et à la hâte, ne gardent plus rien de Puget. Les bords surtout paraissent avoir souffert. Des deux baptêmes, l'un a été raccourci par le bas, l'autre par le haut ; car le plan principal, qui, dans ces deux pendants, se trouvait évidemment à la même hauteur, offre de l'un à l'autre une différence de 20 centimètres au moins. Enfin les trous, les gerçures plus ou moins bien bouchées ne se comptent plus, et en maint endroit la peinture enlevée laisse voir l'impression rouge du fond. Le *Salvator mundi* a éprouvé moins de dégradations. Cependant une tache énorme, mal raccordée, forme sur la tunique rouge du Christ un pâté jaune, et le dessin incorrect d'un des petits anges prouve qu'il a été repris presque en entier.

En 1793, une main plus puissante que celle du chapitre arracha de leur place les trois tableaux de Puget, et cette fois ils n'y devaient plus retourner. Au milieu du naufrage révolutionnaire, le docteur Achard en opéra le sauvetage. Il les réunit aux nombreuses épaves que recueillait son courageux dévouement. Depuis cette époque le musée de la ville de Marseille en est devenu possesseur. S'ils n'ont pas quitté la Provence, c'est grâce aux prieurs de la Luminaire du *Corpus Domini*. Sans leur énergie quelque peu tracassière, les deux *Baptêmes* et le *Salvator mundi*, après avoir figuré dans la galerie du duc d'Orléans, seraient passés en Angleterre avec le reste de la collection.

9. LE SOMMEIL DE JÉSUS. — Sur toile, ovale en largeur. Comme le portrait de Puget, ce tableau a passé par les mêmes vicissitudes que le château Borély. Après avoir appartenu à M. de Panisse, il fait aujourd'hui partie des collections du musée de Marseille. — Je l'ai décrit page 35.

Le cadre du *Sommeil de Jésus* mérite une attention particulière. Sculpté en haut relief et doré, il représente un portique d'architecture corinthienne croulant de toutes parts. Colonnes, chapiteaux, corniches, vont s'abîmer dans le monceau de ruines qui jonche le sol. Une gloire rayonne au sommet, et un groupe de chérubins regarde dormir le petit Jésus. Le sculpteur a voulu symboliser ainsi la ruine du paganisme, conséquence de la naissance du Messie. Le cadre a donc été fait exprès pour le tableau, par un ami de Puget et sur sa demande. Or, cet ami ne peut être que le sculpteur en bois, François Caravaque, l'un des témoins de sa dernière heure. Dans le *Sommeil de Jésus* il faudrait donc reconnaître la *Nativité de Notre-Seigneur*, mentionnée par l'*Inventaire* et citée par Bougerel comme un des tableaux de la succession de Puget qui appartenaient à son petit-fils. C'est de Paul Puget que Borély l'aura acquis avec le *Faune*.

10. ANNONCIATION.

11. VISITATION.

Tableaux cités par de Haitze, en 1679, comme décorant la chapelle des congréganistes, chez les pères jésuites d'Aix : — « Le principal tableau du maître-autel qui est l'*Annonciation*, est du brave M. Puget de Marseille ; c'est tout dire, en disant qu'il sort de la main d'un si sçavant homme, qui n'excelle pas seulement dans la peinture, mais encore dans la sculpture et l'architecture. Aussi c'est un élève du fameux peintre Pietro da Cortone, qui prit soin de le former, ayant reconnu en luy un génie particulier pour le dessin. Le premier, du côté de l'Évangile, est la visite que la Vierge rendit à sainte Élisabeth ; celuy-cy qui est fort beau est du même M. Puget. »—L'*Annonciation*, sur toile, en hauteur, existe encore dans la chapelle du grand séminaire d'Aix. Mariette nous apprend qu'elle fut estimée 2,000 livres, et qu'elle fit l'objet d'un procès entre les congréganistes et les Jésuites.—Gravée sur bois dans la *Gazette des beaux-arts*. — Voir pages 30, 31, 32.

12. VOCATION DE SAINT MATTHIEU. — Sur toile. H., 4 mètres environ ; L., 3 mètres. Dans l'église de Château-Gombert,

près de Marseille. Citée par Guys, auteur de *Marseille ancienne et moderne*, en 1786; par Papon, *Voyage littéraire de Provence*, 1787; par Émeric David. — Voir pages 36-37.

13. Sainte Famille. — Sur toile. H., 6 pieds 4 pouces; L., 4 pieds 5 pouces 1/2. — Citée par Bougerel, chez M. Boyer de Fonscolombe, à Aix. — Vente Boyer de Fonscolombe en 1780, n° 73. — Exposition de Marseille en 1861, n° 793. — Elle se trouve actuellement chez M. le marquis de Saporta, à Aix. — Voir pages 50 et 51.

14. Sainte Cécile. — Exposition de Marseille en 1861, n° 797. — Chez M. Malcor, à Toulon. — Gravée sur bois dans la *Gazette des beaux-arts*. — Voir page 35.

15. Portrait de la mère de Puget. — Cité par Émeric David. — Exposé à Nimes en 1863. — Chez madame la baronne de Lisleroi, à Nimes. — Voir pages 37-58.

16. Portrait d'homme. — Cité par M. de Chennevières dans la collection Topin. — Chez M. Viel, à Aix.

17. Adoration des Mages, esquisse. — Cité par M. de Chennevières dans la collection Clérian, à Aix. — Acquise par M. de Suleau, dont la collection s'est vendue à Paris.

18. Intérieur d'une chapelle. — Cité par Émeric David, dans la collection Magnan de la Roquette, à Aix; par M. de Chennevières, dans la collection de Sinéty. — La collection de Sinéty a été transportée à Paris.

19. Fuite en Égypte, paysage. — H., 3 pieds 7 pouces; L., 2 pieds 11 pouces. — Collection Boyer d'Éguilles, à Aix. — Gravé par Coelemans, en 1709, pour le recueil du *Cabinet d'Éguilles*. — Vente Crozat, en 1755. — Voir page 59.

20. La Vierge montrant a lire a l'Enfant Jésus. — Même collection. Gravé par Coelemans en 1703. — Voir page 59.

21. Portrait de Puget dessinant. — Même collection. Gravé par Coussin pour la 1re édition du *Cabinet d'Éguilles*, 1709. — Cité par Emeric David. — Voir page 40.

22. BACCHANALE. — Mentionnée dans l'*Inventaire*. — Citée par Bougerel, chez le petit-fils Paul Puget.

23. JACOB ET SA FAMILLE. — *Inventaire*. Bougerel dit une Rachel, ce qui revient au même.

24. BAPTÊME DE NOTRE-SEIGNEUR, paysage. — *Inventaire*. Bougerel dit un Saint Jean-Baptiste.

25. ÉDUCATION D'ACHILLE, ébauche. — *Inventaire*. Bougerel. — Alphonse Rabbe, auteur d'un *Éloge de Puget*, publié en 1807, paraît avoir vu cette peinture. « Le sujet est traité, dit-il, avec beaucoup de force et de noblesse; il peut avoir inspiré la composition du tableau très-connu d'un peintre de nos jours. »

26. NATIVITÉ DE NOTRE-SEIGNEUR. — *Inventaire*. Bougerel. — Voir n° 9 de ce catalogue.

27. NOTRE-SEIGNEUR JÉSUS-CHRIST, ébauche. — *Inventaire*.

28. SAINT DENIS. — Cité par Bougerel, chez Paul Puget.

29. DÔME DE L'ÉGLISE DES THÉATINS, A GÊNES. — Bougerel raconte que, lorsque les théatins voulurent faire peindre le dôme de leur église, ils s'adressèrent à J.-B. Carlone, et que celui-ci demanda un dessin à Puget. — Il ajoute : « Puget ne se contenta pas de fournir un dessin, il en peignit encore une partie. »

30. SAINT HERMENTAIRE.

31. AGONIE DE SAINT JOSEPH.

32. SAINT JEAN ÉCRIVANT L'APOCALYPSE.
    Cités par Bougerel, à la Valette, près Toulon.

33. SAINT FÉLIX. — Pour les capucins de Toulon. De Dieu s'exprime ainsi : « Il a fait un très-beau tableau de Saint Félix, pour les pères capucins de Toulon, quy a esté pausé dans un autel fait d'après son dessin. »

34. ANNONCIATION. — Pour les dominicains de Toulon. Bougerel, Papon, etc.

35. ASSOMPTION. — Henry en parle en ces termes, dans son

Guide toulonnais, page 46 : « L'église cathédrale possède encore un tableau de Puget, représentant l'*Assomption de la Vierge*, suspendu au-dessus des fonts baptismaux, mais dont il ne reste que la composition, les figures ayant été antérieurement repeintes par un peintre nommé Simonet, qui les a complétement dégradées. »

56. LES PARQUES. — Plafond sur toile dans le grand salon de la maison de Toulon. Cité par Bougerel. Détruit à la révolution. — Voir pages 293-94.

57. CHRIST EN CROIX. — Grosson, auteur de l'*Almanach historique de Marseille*, est le seul historien qui parle de ce tableau, dans le volume de l'année 1786. Il le mentionne d'abord à l'article de l'œuvre de l'association de la pénitence pour les pauvres enfants des marins, « qui se fait gloire, dit-il, d'avoir eu Puget pour un de ses membres, et qui possède encore ses cendres ; » puis il le décrit parmi les curiosités de la ville : — « A la chapelle de MM. de l'association de la Pénitence, un très-beau tableau peint et donné par le célèbre Pierre Pujet, représentant un Christ en croix, la sainte Vierge d'un côté, saint Jean de l'autre, et saint François embrassant la croix, plus bas un petit ange. Ce tableau est recommandable par la vérité des expressions et le pathétique qui y règne, surtout par la beauté de la couleur. La composition est tout à fait dans le style de Cortone, sous lequel Puget avoit étudié. Le public et les amateurs ont toujours été privés de ce tableau; mais les directeurs de l'Œuvre des pauvres marins, sensibles à la gloire de leur citoyen, se feront un plaisir de le montrer aux amateurs qui désireront le voir. »

38. SAINT NICOLAS. — Tableau cité par Guys, auteur de *Marseille ancienne et moderne*, 1786, comme existant dans la chapelle du fort Saint-Nicolas.

39. SAINT FRANÇOIS DE SALES EN PRIÈRES. — Cité par Papon, au premier monastère de la Visitation de Marseille. (*Voyage littéraire de Provence*, 1787.) — Il existe dans l'église de

la Trinité, à Marseille, un tableau qui représente le même sujet, et qui paraît dater du dix-septième siècle. L'élévation à laquelle il est placé en rend l'examen difficile.

40. HERCULE FILANT. — Papon, qui cite ce tableau comme ayant existé dans la maison de Puget à Toulon, a peut-être confondu le sujet avec celui des *Parques*.

41. SAINT JEAN-BAPTISTE AU DÉSERT. — Cité par Émeric David comme ayant fait partie de la galerie du Palais-Royal.

42. DÉLUGE UNIVERSEL. — Cité par le même.

43. LA VIERGE, L'ENFANT JÉSUS ET SAINT FRANÇOIS. — Cité par Émeric David, dans l'église cathédrale de Toulon.

44. BUSTE DE FEMME.

45. BUSTE DE FEMME.

Vente du comte de Vence, 1760 : « N° 132. Deux tableaux représentant des bustes de femme, peints sur toile, de chacun 17 pouces et demi de haut sur 13 de large. Les morceaux de peinture de ce maître sont fort rares. On prétend que ceux-ci ont été faits sous les yeux de Pietro da Cortone son maître. » Vendus 44 livres.

46. DAVID TENANT LA TÊTE DE GOLIATH. — Sur toile. H., 6 pieds 6 pouces ; L., 4 pieds 5 pouces. — J'ai cité, page 39, le jugement qu'en porte Mariette dans son *Abecedario*. Le catalogue de la vente Bourlat de Montredon, en 1778, le décrit en ces termes : — « David, de grandeur naturelle et tenant la tête de Goliath ; il est debout, appuyé contre une colonne ; à ses pieds, se voyent le sabre et le bouclier du géant. » — Ce tableau, vendu alors 601 livres, reparaît à la vente Le Bœuf, en 1783, où il monte à 650, et, en 1791, à la vente Le Brun, où il descend à 120.

47. ADORATION DES BERGERS. — Sur toile. H., 7 pieds; L., 5 pieds. — Vente Bourlat de Montredon, 1778, n° 11 : — « L'Adoration des bergers. Les figures sont de grandeur naturelle dans ce tableau, qui est noblement composé et d'un mérite égal au précédent ; il n'est pas entièrement ter-

miné. » — 240 livres. — Émeric David dit l'avoir vu
vendre en 1804 ou 1806.

48. PORTRAIT D'HOMME.

49. TÊTE DE FEMME.

Sur toile. H., 20 pouces ; L., 13 pouces 6 lignes. —
Vente Bourlat de Montredon, 1778, n° 12. Vendus 7 livres
4 sols.

50. SAINTE FAMILLE. — Sur toile. H , 26 pouces ; L., 38.
— Vente Dufourny, 1819 : « N° 104. La Sainte Famille au
repos auprès d'anciennes constructions. La Vierge au milieu, assise sur une pierre, tient l'Enfant Jésus qui a les
mains passées autour de son cou et la caresse ; saint Joseph et un ange qui joue de la flûte prennent part à cette
scène de tendresse. » Le catalogue ajoute que ce tableau a
été attribué à Nicolas Poussin. — Émeric David dit l'avoir vu
chez l'architecte Dufourny, et il ne met pas en doute qu'il
soit de Puget.

51. PORTRAIT DE JOS. LAURANS, MARQUIS DE BRUÉE, PRÉSIDENT
AU PARLEMENT D'AIX. — Estampe portant : PUGET P., COUS-
SIN SC.

52. PORTRAIT DE VINTIMILLE DU LUC. — Autre estampe : PUGET
P., NORBLIN SC. — Ces deux portraits sont probablement
de François Puget.

53. SAINT BRUNO. — M. Vérany, auteur d'une *Monographie
de la Chartreuse de Marseille*, publiée en 1861, raconte
que Puget enrichit la maison de plusieurs tableaux, entre
autres d'un *Saint Bruno* qu'il peignit pour un oratoire
qu'on avait élevé du côté de Saint-Just, et il rapporte une
épigramme latine placée au-dessous.

54. PORTRAIT D'HOMME. — Exposition de Marseille, 1861,
n° 796 ; cabinet de M. Pastré, de Marseille. — Je le crois
de François Puget.

55. LE RHÔNE, LA SAÔNE ET LA DURANCE, esquisse. — Expo-

24

sition de Marseille, n° 797 ; cabinet de M. Roubion, d'Arles.— Attribution impossible.

56. La Vierge et l'Enfant. — Tableau acquis en 1864 pour le musée de Marseille par son directeur, M. Jeanron, qui l'attribue à Puget.

II

SCULPTURE

1° EN PIERRE.

57. Fontaine Saint-Lazare, en pierre de Calissane. 1649. — Pour la communauté de Toulon. — Ordre de payement de 90 l. à Pierre Puget et Nicolas Levray, extrait des Archives municipales de Toulon. — Voir page 20.

58. Cariatides, en pierres de Calissane. 1656-1657. — Pour l'hôtel de ville de Toulon. Elles sont signées : P. PVGET. PIC. ESC. AR. M. T., c'est-à-dire Pierre Puget, peintre, sculpteur, architecte, Marseillais, a Toulon (Massiliensis Tolone). Le prix fait du portail, extrait des minutes de M° Brest, notaire à Toulon, en date du 19 janvier 1656, stipule le prix de 1,500 livres. Le 24 janvier, ratification par le conseil de la commune et premier payement de 600 l.; le 7 août, autre payement, 400 l.; le 9 octobre, 100 l.; le 13 décembre, 100 l.; le 16 avril 1657, 200 l.; le 11 juin, payement de 200 l. en augmentation de travail (Archives municipales de Toulon). — Tout le portique de l'hôtel de ville est l'œuvre de Puget ; c'est pourquoi il signe architecte. En fait de sculpture, il y a, outre les *Cariatides*, un mascaron surmontant l'écusson aux armes de la ville, au sommet du cintre de la porte. — Dès 1791, l'état des *Cariatides* avait nécessité des réparations exécutées

l'année suivante. En 1825, on s'aperçut que le bras d'une
des deux figures était près de tomber. Après deux ans de
délibérations, de rapports et de conférences, le sculpteur
Hubac fut chargé de restaurer l'œuvre de Puget. Il
s'acquitta avec un soin religieux de cette opération délicate qui dura trois ans, et il en profita pour faire exécuter
un moulage par le mouleur Cariani aux frais de l'administration de la marine, la municipalité de Toulon en ayant
refusé le payement. Il fut même question alors de fondre
les *Cariatides* en bronze. — Voir pages 46 à 53, et n° 105
du catalogue.

59. Hercule.

60. Janus et la Terre.

En pierre de Vernon. 1660. — Pour M. Girardin, à
Vaudreuil, en Normandie. — Travail attesté par tous les
historiens depuis Tournefort et Florent Le Comte, et qui
subsiste peut-être quelque part. La terre cuite de M. His
de la Salle, n° 106 du catalogue, pourrait bien être la maquette de cette statue d'Hercule. — Page 59.

61. Lionceaux, sur les rampants d'un fronton de la maison
d'Entrechaux, à Toulon, place de la Poissonnerie. Ils existent encore. Henry les a décrits dans son *Guide toulonnais*,
p. 52. — Un des d'Entrechaux fut consul pendant la
peste de 1720. Les descendants de la famille conservent,
dit-on, des documents à l'appui de cet ouvrage. — Page
215.

62. Saint Thomas. — Statue un peu plus grande que nature,
dans une niche de la chapelle de la Vierge à la métropole
d'Avignon. Attribution douteuse. — L'œuvre ne manque pas
de caractère ; la tête exprime la douleur ; les bras, les
pieds, sont assez beaux. Mais l'exécution n'a pas la finesse
ordinaire et l'énergie des autres statues de Puget.

2° en marbre.

63. Hercule gaulois. 1661. — Pour le surintendant Fou-

quet. H., 1^m,56. — Depuis De Dieu et Tournefort, tous les historiens en ont parlé. Voici ce qu'en dit Mariette dans son *Abecedario*. « Son Hercule françois est dans les jardins de Sceaux ; il le fit pour M. Fouquet. Ce ministre avoit-envoyé M. Puget à Gennes pour y faire charger des marbres dont il vouloit faire des statues pour Vaux-le-Vicomte et ce fut en attendant que ces marbres fussent prêts, que M. Puget fit cette admirable statue. Elle n'étoit pas encore achevée que la disgrace de M. Fouquet éclata, et M. Colbert prit pour luy la statue d'Hercule qu'il fit venir en France et placer à Sceaux. » — Émeric David le décrit comme étant dans la salle d'assemblée de la chambre des pairs. Il fait aujourd'hui partie du musée du Louvre, salle Puget, n° 204 de la Notice de la sculpture moderne. — Gravé sur bois dans la *Gazette des beaux-arts*. — Voir pages 60 à 63, et, pour la terre cuite, n° 107 de ce catalogue.

64. SAINT SÉBASTIEN.

65. SAINT AMBROISE.

Statues colossales de 4 mètres de haut, exécutées de 1661 à 1667 pour la famille Sauli. Elles sont encore dans les niches où Puget les a placées, sous la coupole de l'église de Sainte-Marie de Carignan, et sur les piédestaux dont il avait sans doute donné le dessin. Il existe du *Saint Sébastien* une belle photographie, reproduite sur bois dans la *Gazette des beaux-arts*. Voir page 71 à 78. Voir aussi l'Appendice.

Cochin, dans son *Voyage d'Italie*, s'est montré plus que sévère pour l'œuvre de Puget. Aussi, lorsque Ratti, historien génois, publia son ouvrage sur les artistes de Gênes, il n'a pas manqué de donner au graveur français une leçon de patriotisme.

66. ASSOMPTION, bas-relief pour le duc de Mantoue. — Les historiens en parlent sur la foi de Bougerel. Il aurait été exécuté en 1664-1665. — Voir page 83.

67. CONCEPTION DE LA VIERGE MARIE. — Groupe exécuté, de
1661 à 1669, pour Emmanuel Brignole, qui en légua la
propriété à l'*Albergo dei poveri*. Il est encore placé sur
l'autel de la chapelle. Le testament de Brignole l'évalue à
8,000 réaux. — Voir pages 67 à 70 et 79 à 82.

L'abbé Barthélemy, dans son *Voyage d'Italie* (an VI, IIe partie,
p. 78), a fort bien décrit et apprécié ce groupe, qu'il a seulement le tort de nommer une *Assomption* : — « La plupart des
ouvrages du Puget, tels que le *Milon*, l'*Hercule* de Sceaux, les
Thermes de Toulon, le *Saint Sébastien*, donnent l'idée d'un génie
mâle, capable de peindre les grands effets, les grandes passions, et
ces sortes de génies échouent bien souvent dans des sujets doux et
paisibles. Mais le Puget avait toutes sortes de pinceaux ; pour s'en
convaincre, il suffit de jeter les yeux sur son *Assomption*, que l'on
conserve à Gênes dans l'*Albergo dei poveri*. La Vierge s'élève dans
les cieux ; sur son visage admirable règnent la paix, la sérénité, les
prémices des joies du ciel ; sa draperie flotte légèrement au gré des
vents ; ses mains sont étendues et tournées vers la terre ; elle est
portée par des anges entrelacés dans les nuages ; deux ou trois sont
à ses pieds ; deux autres sont à ses côtés et la soutiennent avec leurs
ailes ; leurs têtes ne paraissent point détachées ; on a pensé que
l'artiste a été gêné par le bloc. Si cela est, c'est un grand mérite
d'avoir triomphé de cet obstacle comme l'a fait le Puget. L'ange de
la droite cache en partie sa tête dans le nuage qui touche aux pieds
de la Vierge ; on dirait que c'est l'acte du plus profond respect.
L'ange de la gauche baisse sa tête, il regarde vers l'autel et paraît
lier le mystère de l'Assomption, dont il est un des ministres, avec
celui qui se célèbre sur l'autel et dont il est témoin ; si l'idée que
je suppose est bonne, elle est sûrement de lui ; si elle est mauvaise, je ne la lui attribue pas. Quoi qu'il en soit, on ne peut se
lasser d'admirer cette figure. L'intention y est si bien marquée, que
l'œil croit y apercevoir un mouvement secret et craint de le laisser
échapper. L'ange de la droite a les mains croisées : il tient quelque
chose qui ressemble à des fleurs ; peut-être est-ce à cause du *Rosa
mystica* dont on qualifie la Vierge ; peut-être est-ce une idée poétique et très-bien à sa place : l'autre main s'appuie sur un bouclier
et de ce bouclier semble sortir une palme que tient un ange placé
sous les pieds de la Vierge. Ces attributs m'ont paru mal placés. Il
faut croire qu'en cet endroit le Puget a été véritablement gêné par
le bloc, et qu'il a eu besoin de lier, au moyen de cette palme, le

petit ange qui est sous les pieds avec celui qui est à droite. On a
fait à cette figure un piédestal en forme de deux consoles, mais ce
piédestal est trop haut de plus d'un pied. Il est de Schiaffino. »

« Ce Puget était un grand peintre en sculpture, » dit ailleurs
l'abbé Barthélemy, et il décrit, comme son œuvre, l'autel de sainte
Marie des Vignes, qui est de Pozzobonelli. Mais il ne dit rien de
l'autel de Saint-Cyr, dont on ne lui aura pas nommé l'auteur.

68. La vierge Marie. — Statue sur des nuages où se
jouent deux petits anges. L'ensemble a 1ᵐ,70 de haut environ. — A Gênes, sur l'autel de l'oratoire de Saint-Philippe de Néri, chapelle annexe de l'église de même nom.
— L'un des anges porte un temple, sur le fronton duquel
on lit DOMUS AUREA, et sur la marche inférieure N. D. PUGET.
MAC. F. AN. D. M. P. MDCLXX : *Nobilis dominus Puget Ma-
ciliensis faciebat anno Domini mense primo* 1670, ce qui
concorde exactement avec les lettres des intendants de Toulon, publiées dans les *Archives de l'art français*. — Voir
pages 128, 129.

Derrière l'autel, une autre inscription gravée sur une plaque de
marbre établit comment la Vierge des Lomellini est passée de leur
chapelle domestique dans l'église de Saint-Philippe de Néri.

D. O. M.

STEPHANO LOMELLINO

OB MARMOREAM DEIPARÆ STATUAM

TESTAMENTO HIC DESIGNATAM

POSTULATAS FRATRUM ORATORII PRECES

PRIMIS QUOQUE MENSE DOMINICIS

PSALMUM 129 : ELATA VOCE RECITANDUM

CONGREGATIONIS P. P. DECERNEBANT

ANNO 1762.

Ce qui veut dire : « A Etienne Lomellini, pour le legs qu'il a fait
de la statue de marbre de la Mère de Dieu en demandant les prières
des frères de l'Oratoire, les pères de la congrégation ont accordé la
récitation à haute voix du psaume 129, le premier dimanche de
chaque mois. 1762. »

69. La sainte Vierge et l'Enfant Jésus. — Groupe de grandeur naturelle. — A Gênes, dans la chapelle domestique du

palais Cattaldi, autrefois Carega.— Tournefort et Bougerel
parlent d'une Vierge faite par Puget pour le palais Balbi.
Ratti, historien génois, cite une *Vierge* de Puget au palais
Carega, d'où Émeric David a conclu à l'existence de deux
Vierges, tandis que c'est évidemment la même qui a passé
des Balbi aux Carega. Alizeri, auteur d'un récent Guide de
Gênes, ne mentionne au palais Balbi qu'une statue de
Notre-Dame dans le style de Fr. Schiaffone.

J'ai parlé page 83 de la copie en marbre de cette Vierge
que Puget avait fait faire par Veirier, et qu'on retrouve portée à son *Inventaire*. C'est cette réduction qui a été exposée à Marseille, en 1861, sous le nom de Puget, en même
temps qu'un dessin, n° 155 de ce catalogue.

70. LES ARMES DU ROI. 1670 à 1674. — Écusson où étaient
figurés les armes et les ordres du Roi, soutenu par deux
génies, au dessus de la porte de l'hôtel de ville de Marseille,
du côté du port. — Documents extraits des archives municipales de Marseille : lettre de Puget du 3 janvier 1670 ;
quittance de 200 l. pour entier payement des 1500 l. promises, en date du 17 avril 1674 ; approbation de la dépense par le conseil de la communauté, le 7 mai 1674.—
Voir pages 166 à 170.

71. MILON DE CROTONE. — Statue pour les jardins de Versailles : H., 2 m. 70 c. — Documents : Lettre de Colbert
du 23 décembre 1670, qui autorise Puget à employer les
marbres de l'Arsenal ; lettres de l'intendant de Toulon en
1671, 1679, 1681, 1682, 1683, et payements pour le transport de la statue, publiés par M. Margry dans les *Archives
de l'art français ;* marché pour l'achèvement du *Milon*,
6,000 l., et marché pour le piédestal, 2,000 l., en date
des 17 et 29 septembre 1682, extraits des archives de
l'arsenal de Toulon. Lettre de Louvois du 2 octobre 1683,
qui accuse réception de la statue. Le *Milon* est signé : P.
PVGET SCVLP. MASSILIENSIS. FA. ANNO. 1682. —
A Paris, musée du Louvre, sculptures modernes, n° 206. —

Gravé par Desplaces, par Le Bas, etc. — Voir pages 181 à 194.

72. Persée délivrant Andromède. — Groupe pour les jardins de Versailles. — H., 3 m. 20 c. Commencée dès 1678, l'*Andromède* est signée : P. Puget. massil. sculp. arch. et pic... sculpebat et dicabat ex... A. Dom. MDCLXXXIV. Elle fut payée 15,000 l. — Documents : lettre de Puget à Louvois, 1683 ; lettres de Louvois, 1684 et 1685. — A Paris, musée du Louvre ; sculptures modernes, n° 207. — Voir pages 199 à 206.

73. Alexandre et Diogène. — Bas-relief pour Versailles. — H., 2 m. 52 ; L., 2 m. 96. Commencé, ou plutôt conçu dès 1670, terminé en 1687, ce bas-relief ne vint à Paris qu'en 1694. — Documents : dessin de 1670 ; lettres de Louvois et de Villacerf, 1690, 1692, 1693. — A Paris, musée du Louvre, sculptures modernes, n° 208. — Voir pages 181, 186, 208, 271 à 288.

74. La Peste de Milan, 1694. — Bas-relief. H., 5 pieds 4 p. ; L., 4 pieds. Commencé pour M. de la Chambre, curé de Saint-Barthélemi à Paris, puis destiné au roi. Cet abbé de la Chambre (Pierre Cureau) était un ami de Félibien : il mourut le 15 avril 1693. — Documents : lettres de Puget et *Inventaire*. — A Marseille, dans la salle du Conseil de l'intendance sanitaire. En 1764, le comte de Caylus demanda un dessin de ce bas-relief à David de Marseille, peintre d'histoire et de paysage, et le fit graver par Cochin et Moreau. En 1861, on a essayé de le reproduire en photographie ; mais le jour qui l'éclaire vient de trop bas et frappe à contre-sens. — Voir pages 307 à 311.

Les archives de l'intendance sanitaire contiennent les documents suivants : — 25 mai 1730, délibération du bureau qui décide l'acquisition du bas-relief, appartenant à Paul Puget, moyennant 2,000 l. payées comptant et 500 l. de pension viagère ; — 31 mai 1730, contrat de vente entre la procuratrice de Paul Puget qui est sa belle-mère, la dame Puget, née Mazerat, et le bureau de l'Intendance ;

— 17 juillet 1730, délibération du bureau, qui décide que le bas-relief sera placé par intérim dans la chambre du Conseil, sur le fauteuil du semainier ; — 2 octobre 1730, délibération pour payer 120 l. à Marchetty, sculpteur, qui a mis le bas-relief en place ; — 1731, 1732, certificats de vie délivrés à Paul Puget, à Paris, le père Bougerel, témoin ; — 1733, saisie-arrêt des Dames de la Visitation sur la pension viagère ; — 1734 à 1739, reçus de la Supérieure. — Passé cette époque, je n'ai plus trouvé trace de la pension. Cependant Paul Puget ne mourut qu'en 1775 : il était né en 1679.

L'*Almanach historique de Marseille*, par Grosson, année 1786, raconte ce qui suit : — « Ce précieux bas-relief alloit être dégradé en 1777, lorsque Monsieur, frère du Roi, vint à Marseille. Messieurs les intendants ayant donné ordre de faire tomber la poussière que le temps avoit accumulée dans les creux du bas-relief, des ouvriers impérites arrivèrent armés de polissoirs et de marbre en poudre, pour le nettoyer ; c'en étoit fait, si ces ignorants eussent exécuté leur projet. Heureusement l'intendant de semaine connoissoit tout le prix de ce monument ; il voulut être présent à l'opération ; il ne vit pas plutôt les préparatifs destructeurs, qu'il s'en empara, les jeta à la mer et menaça les ignorants du même sort, s'ils osoient porter la main sur le bas-relief. On se contenta de le laver avec soin. »

75. Louis XIV. — Bas-relief de forme circulaire. Le roi y est représenté de profil, en perruque et cravate, de grandeur naturelle. Signé : Puget scp. C'est la « médaille du Roy, marbre fin, » mentionnée par l'*Inventaire*. — Cité par Émeric-David, dans la collection de M. de Parnisse. — Musée de Marseille, n° 53. — Il a été très-bien gravé dans la *Gazette des beaux-arts*.

Il existe au musée de Marseille une autre grande médaille en marbre avec le portrait de Louis XIV ; il en existe au musée d'Aix et en diverses villes de Provence. Toutes paraissent sortir de l'atelier de Puget et plusieurs portent sa signature. On pratiquait dès lors cet art du portrait officiel, qui a reçu de nos peintres modernes un si grand développement. Le seul original est le n° 53 du musée de Marseille, où l'on retrouve la finesse exquise et la profonde science de modelé de Puget.

Jamais, si ce n'est dans le profil en cire du musée de Versailles, le type autocrate du grand roi n'a été rendu avec une réalité plus

saisissante. Même sentiment d'une supériorité innée, même in-
sensibilité, même impression d'ennui, même sensualité repue.
Comme l'œuvre d'Antoine Benoist, l'œuvre de Puget confirme ce
que dit Saint-Simon du caractère de bestialité de la physionomie
royale : le passage du front au nez présente une dépression à peine
sensible. Mais l'avantage reste au marbre. La cire est étudiée avec
un soin minutieux, le marbre est touché de verve. Le visage respire, les cheveux volent, les dentelles frissonnent, le corps se termine : on voit passer le roi, d'un pas rapide, entre deux haies de
courtisans.

76. Génie ou Ange assis. — Statue d'un jeune garçon d'une
     quinzaine d'années, de grandeur naturelle, ou peu s'en
     faut. — A Ollioules, dans l'église paroissiale, où il sert à
     supporter la vasque des fonts baptismaux. — Aucun histo-
     rien n'en parle, mais le marbre parle de lui-même. —
     Voir pages 294-295.

77. Faune. — Statue inachevée, de grandeur naturelle. —
     « On montoit au pavillon de Fongate par un perron en fer
     à cheval, au milieu duquel étoit une superbe statue en
     marbre, représentant un Faune... M. Borély en fit acquisi-
     tion pour en orner sa collection. » (Grosson, *Almanach de
     Marseille*, 1784.) Elle a appartenu, avec le château de
     Borély, à M. de Panisse, et, comme ce château, elle appar-
     tient aujourd'hui à la ville de Marseille. — Voir page 305.

78. Louis XIV a cheval. — Bas-relief. — A Marseille, au
     château Borély. — Le roi, calme et toujours demi-dieu, est
     vu de profil, sur un cheval qui va le trot ; le manteau
     flotte au vent ; le mouvement est plein d'élégance.

79. Le Grand Dauphin. — Médaillon.

80. Un Seigneur du XVIIe siècle. — Médaillon.
     Ces deux bas-reliefs, en forme de médaillons, appartien-
     nent également au château Borély.

81. Nicolas de Ranché, commissaire général des galères de
     France. — Médaillon ovale. H., 60 cent.; L., 40. — Il
     est représenté jusqu'à la ceinture, en costume du temps.
     — Cité par Henry, *Notice sur Puget*, et par Roux-Alphé-

ran, dans les *Rues d'Aix*. — MM. de la Lauzière en héri-
tèrent de mademoiselle de Ranché, morte à Marseille au
commencement du XVIIIe siècle, et c'est d'eux que le tenait
Roux-Alphéran. — A Aix, chez M***?

82. Ravissement de sainte Madeleine.

83. Saint Maximin donnant la communion a sainte Madeleine.

Bas-reliefs contre les bases des colonnes du maître-autel
de l'église Saint-Sauveur à Aix. — Porte les donne tous
les deux à Puget, (*Aix ancien et moderne.*) — Le *Ravissement* est seul de lui. L'ancien maître-autel ayant été remplacé par un autel de style moyen âge, les deux bas-reliefs
se trouvent remisés on ne sait où. — Voir page 209-210.

84. Alexandre vainqueur. — Groupe au-dessous du quart
de nature. — A Paris, musée du Louvre, sculptures modernes, n° 209. — Voir page 294.

Il galope, selon l'expression de M. Michelet, sur une montagne de
chair humaine, c'est-à-dire qu'on voit sous le ventre du cheval
trois guerriers renversés au milieu d'armes et de broussailles. La
signature *P. Puget* rappelle bien l'écriture cursive de Puget, et la
composition semble réaliser l'idée indiquée dans sa lettre à Louvois,
en 1683. Mais l'incorrection flagrante des formes et le caractère
commun des types ne lui appartiennent certainement pas. Il y a là
une de ces œuvres mixtes, conçues par Puget, exécutées par Veirier sous les yeux du maître, et trop complaisamment signées par ce
dernier, si tant est qu'il l'ait signée. Re arquons qu'il n'en est pas
question dans l'*Inventaire*.

85. Deux Anges enfants. — Groupe de deux enfants nus,
debout sur une console qui est ornée de deux têtes de
chérubins. H., 68 cent. — A Paris, musée du Louvre,
n° 205. — Voir pages 212-213.

Ceux-là sont positivement de Veirier, auteur du maître-autel de
l'église des Minimes de Toulon, d'où ils proviennent. La date 1670,
indiquée par le catalogue du Louvre, ne repose sur aucune preuve,
et l'attribution à Puget n'a pour garant que l'opinion de Lenoir, qui

avait placé ce morceau dans le Musée des monuments français,
n° 552.

86. ASSOMPTION DE LA VIERGE. — J'ai tout dit sur ce groupe
page 210-212. — Œuvre mixte, exécutée par Veirier, d'a-
près un dessin de Puget, et retouchée par le maître. L'*Assomption* est passée de l'autel de Saint-Martin de Paillère,
dans les mains de M. de Boisgelin, puis dans celles de ses
héritiers : elle est à vendre. — Il y en a un moulage au
musée de Marseille.

87. BUSTE DU SAUVEUR. — Puget l'avait fait pour la niche qui
se trouve à la façade de sa maison de la rue de Rome, au-
dessus de l'inscription : SALVATOR MUNDI MISERERE NOBIS ;
mais, suivant Fabre, historien des *Rues de Marseille*, il
aurait ordonné de l'enlever, si la maison était vendue. —
Émeric David le cite, sur la foi de Bougerel.

88. TÊTE DE VESPASIEN OU VITELLIUS. — « *Tête de Vespasien*
par le Puget, d'après l'antique, d'une grande beauté.
H., 1 pied. » (Extrait des manuscrits d'Esprit Calvet,
t. III, à la bibliothèque d'Avignon.)—A Avignon, musée
Calvet.

Ce buste reproduirait plutôt le type connu de Vitellius.

89. MORTIER ORNÉ DE BAS-RELIEFS. — « Puget étant à Gênes,
entra un jour dans l'atelier d'un marbrier, et feignant
d'être un pauvre ouvrier, lui demanda du travail. On lui
donna un mortier à faire. Il le creusa et l'entoura de char-
mans bas-reliefs, dont les sujets étaient puisés dans les
Annales de Gênes. Les Génois ont religieusement conservé
ce vase. » (Rabbe, *Éloge de Puget*, Aix, 1807.)

90. SAINT JEAN-BAPTISTE. — « Un bas-relief en marbre, représentant saint Jean-Baptiste enfant. » — Émeric David.

91. TÊTE DU SAUVEUR. — « Une Tête du Sauveur, aussi en
marbre, qu'on dit provenir de la collection de Boyer d'Aiguilles. — A Marseille, chez M. Germond. » — Émeric
David.

Elle a été vendue à Paris, en mai 1860, pour le prix de 1,660 fr.

92. CLÉOPATRE.

93. MARC ANTOINE.

« A l'hôtel d'Albertas, deux têtes en marbre, une *Cléopâtre* et un *Marc Antoine*, lui sont attribuées, un peu légèrement peut-être. » — Ainsi s'exprime M. de Chennevières, *Peintres provinciaux*, t. Ier.

94. ENFANTS DANSANT. — « Des enfants dansant au son du hautbois, bas-relief en marbre blanc, au musée de Toulouse. » — (Henry, *Notice sur Puget.*)

95. BUSTE DE LOUIS XIV. — « Plus grand que nature, en marbre blanc de Carrare... Cette œuvre magistrale, d'une conservation parfaite et d'une authenticité incontestable, ornait, avant la révolution, les salles de l'archevêché de Narbonne. » (Tournal, Catalogue du musée de Narbonne, no 582.)

96. BAS-RELIEF. — « Cucuron ; église paroissiale ; autel remarquable. — Bas-relief de Puget. » — (Achard, *Annuaire du département de Vaucluse*, 1856.)

97. BUSTE DE VIERGE. — H., 65 cent. — A Marseille, chez M. Derbès. — Tradition de famille que je n'ai pu vérifier.

98. }
99. } ENFANTS.

Chez madame la baronne de Godinot, à Paris. — Œuvre exquise, au dire d'un connaisseur. Les motifs les plus respectables semblent s'être conjurés pour m'empêcher de les voir, malgré mes tentatives réitérées.

100. VIERGE.

Je ne cite que pour mémoire cette statue, ainsi annoncée par un journal de province : « On vient de découvrir à Mazargues, près Marseille, une statue de la Sainte Vierge, en marbre, due au ciseau de Pierre Puget. Cette statue fut donnée par le célèbre sculpteur aux ascendants d'une famille qui a conservé religieusement ce don de notre illustre compatriote. La statue a 1 mètre de hauteur ; la tête, légèrement inclinée, a une expression idéale ; un voile léger

couvre la tête et se drape admirablement, agité par une brise qui
déroule le tissu en plis frissonnants ; le marbre semble s'animer ;
on dirait que, soulevée par le souffle divin qui fait flotter la draperie, la Vierge va s'enlever dans les cieux. » — Celle-là aussi était
à vendre il y a peu de temps chez un marchand bien connu. Elle
m'a paru être de Chastel, très-habile sculpteur d'Aix au dix-huitième siècle.

3° EN FONTE.

101. MAITRE-AUTEL DE L'ÉGLISE DE SAINT-CYR A GÊNES. —
Commandé par don Alexandre Marini, théatin ; payé
33,000 l. ; inauguré en 1670, après huit années de travail.
— Document : extrait des Annales de la maison des pères
théatins de Saint-Cyr. — Voir pages 86 à 90.

La tradition qui reconnaissait Puget pour l'auteur d'un des autels
des églises de Gênes a fait faire fausse route à plusieurs écrivains et
voyageurs. Il paraissait plus naturel de lui attribuer un autel en
marbre, tel que celui de Notre-Dame des Vignes. Mais l'évidence et
l'histoire contredisent cette attribution. L'autel de Notre-Dame des
Vignes ne rappelle nullement le style de Puget, et en effet, Ratti,
historien des artistes génois, nous apprend qu'il est de Pozzobonelli, sculpteur du dix-huitième siècle, son contemporain et son
compatriote.

102. FLAGELLATION DE N.-S. JÉSUS-CHRIST. — Groupe en argent, dont le Christ est de Puget. — A Avignon, Trésor de
la métropole Notre-Dame des Doms. — Voir page 215.

Voici l'extrait du testament d'Esprit Calvet, relatif à cette œuvre :
— « Je lègue et laisse avec l'agrément de Mgr l'évêque, à celle de
nos églises qui a été choisie pour cathédrale, ou, en cas de varia-
tion, à toute autre qui lui succédera sous ce titre, une *Flagellation*
d'argent massif, hauteur des figures au delà de 9 pouces, dont
le Christ est de Puget, monument précieux de l'art, possédé d'abord
par le cardinal de Polignac, ensuite par l'abbé Dubos, de l'Académie française. » — Dans ses manuscrits, conservés à la bibliothèque
d'Avignon, il complète la description ainsi qu'il suit : — « Une
flagellation en ronde bosse, figures d'argent massif. Le Christ entre
deux bourreaux est attaché à une colonne de lapis-lazuli, d'ordre

corinthien, dont le chapiteau et la base sont en argent. La figure principale est du Puget. Le piédestal d'ébène est enrichi de compartimens de lapis-lazuli. Ce magnifique morceau fut donné par le cardinal de Polignac à l'abbé Du Bos, secrétaire de l'Académie des belles-lettres. »

103. Tête de Gérard Tenque. — En argent repoussé. — Le buste était, avant la révolution, dans la chapelle du château de Manosque ; on n'a sauvé que la tête. — Cité par Achard, *Dictionnaire des hommes illustres de Provence*, Vie de Gérard Tenque ; et par Damase-Arbaud, *Plutarque provençal*, t. II, page 227. — A Manosque, à l'hôtel de ville.

104. Chenets. — En fonte de fer. — Ils étaient à Marseille, chez M. de Pierrefeu, lorsque Henry les a décrits dans sa *Notice sur Puget*.

« La matière est la fonte de fer moulée au vert. Les sujets sont deux reliefs en ronde bosse représentant, le premier un Phœnix monté sur un socle d'une forme irrégulière ; ce socle est orné de deux figurines d'enfants des deux sexes arrangés en forme de consoles. Le second est une Chimère montée également sur un socle de même style. Cet ouvrage a été riflé et ciselé en entier ; l'extrémité des admirables cariatides est brisée. »

4° EN TERRE.

105. Étude pour une des Cariatides de Toulon. — II., 57 cent. — Cette belle maquette représente un portefaix chargé d'un fardeau, groupé avec une proue de navire antique. On peut y reconnaître le fameux Marquetas au moment où il va vider le sac de blé sous lequel ploient sa tête et ses épaules. — A Paris, chez M. Grésy. — Voir page 49, et n° 58 du Catalogue.

106. Hercule. — Assis sur un rocher, sa massue sous le bras droit, le bras gauche ramené sur la massue, la tête et le corps tourné vers la gauche. La tête est plus sèche et plus

jeune que celle de l'*Hercule gaulois*. Les deux pieds sont brisés. — A Paris, chez M. Ilis de la Salle.

Ou c'est la première idée de *l'Hercule gaulois*, idée complétement modifiée dans l'exécution, ou c'est la maquette de la statue d'Hercule exécutée en pierre de Vernon pour M. Girardin dans sa terre de Vaudreuil (voir page 59, et n° 59 du Catalogue). Je m'arrêterais plus volontiers à cette dernière hypothèse.

107. HERCULE GAULOIS. — Maquette de la statue, telle qu'on la possède, avec la même vulgarité des formes et la même insignifiance de la tête. — A Paris, chez M. Jules Boilly. — Voir n° 63 du Catalogue.

108. SAINT AMBROISE. — H., 50 cent. Signée : P. PUGET INV. — A Aix, au musée ; collection Bourguignon de Fabregoule, n° 738. — C'est la maquette de la statue de Carignan ; seulement, le petit ange, au lieu de soutenir la crosse épiscopale, porte un livre. — Voir page 75.

109. FAUNE. — Maquette de la statue. — A Marseille, au château Borély.

La pose est la même ; mais dans la maquette, le faune a des proportions plus élancées que dans le marbre. J'ai dit pourquoi, page 305.

Les cinq statuettes en terre cuite que je viens de décrire ont entre elles, au point de vue de l'exécution, la plus entière ressemblance. C'est toujours le même procédé : chaque muscle, placé à part, se superpose à la forme générale, sans que l'ébauchoir ai cherché à raccorder ces détails heurtés pour les fondre et les polir. On voit agir le pouce, on sent le jet de la pensée ; on assiste au travail toujours hardi et sûr d'une science anatomique tellement profonde qu'elle ne fait qu'un avec le sentiment de la vie. L'aspect en est saisissant et l'étude pleine d'intérêt.

110. GÉNIE MARITIME. — Bas-relief représentant un petit triton vu de dos, dont les bras levés vont soutenir une moulure. — Étude pour la décoration d'un vaisseau. — A Paris, chez M. Jules Boilly.

111. FEMME NUE COUCHÉE SUR UN LIT. — La couleur dont elle

a été couverte empêche d'apprécier l'exécution. — A Paris, chez M. Jules Boilly. — Voir page 206 et n° 155 du Catalogue.

112. TÊTE DE CHRIST. — Retouchée et rhabillée, elle est devenue le « Buste de saint Louis de Gonzague expirant. » Ainsi le désigne le catalogue de la collection Atger, à la bibliothèque de l'École de médecine de Montpellier.

113. ANDROMÈDE. — Groupe en terre grasse dorée, mentionné par l'*Inventaire*. — Chez Puget, au moment de sa mort. — Voir page 302.

114. ENLÈVEMENT D'HÉLÈNE. — Puget dit, dans sa lettre à Louvois : « Je fis à Gênes le modèle du ravissement d'Hélène qui, étant exécuté en marbre, seroit quelque chose d'extraordinaire. » — Bougerel la cite au palais Spinola.

115. ENLÈVEMENT D'HÉLÈNE. — Groupe de trois figures et d'un enfant. H., 3 pieds. — Vente La Live de Jully, 1770 : vendu 150 livres. — Rabbe le cite chez M. Bastide, à Marseille (1807).

116. MILON DE CROTONE. — Rabbe et Émeric David citent tous deux cette maquette chez M. Magnan de la Roquette, à Aix. — Selon Rabbe, « Puget l'avait donnée à Laurent Gravier, fameux antiquaire. En lui envoyant le pied droit, qui manquait, il lui écrivit une lettre possédée par M. Magnan. »

La collection Magnan de la Roquette, que j'aurai à citer plus d'une fois, a été vendue à Paris le 22 novembre 1841.

117. STATUE ÉQUESTRE DE LOUIS XIV. — Maquette de la statue destinée à Marseille. — Bougerel la cite chez Paul Puget ; Rabbe chez M. Bastide, à Marseille ; Émeric David chez un amateur.

118. LE SOMMEIL. — Extrait de l'*Intermédiaire des chercheurs et des curieux*, t. Ier, p. 41 : « Il est représenté sous la figure d'un adolescent nonchalamment étendu, les ailes rabattues sous lui sur le sol, les jambes repliées l'une sur l'autre ; le bras gauche est plié au-dessus de la tête et tient

25

soulevée une lourde draperie semée d'étoiles. Le bras droit
s'étend le long du corps et tient dans sa main des pavots.
— Terre cuite de 33 cent. de long , signée : P. P. — Chez
M. A..., à Gigean (Hérault). »

119. Tête de Puget. — M. Bourguignon de Fabregoule, amateur d'Aix, à qui elle appartenait, la regardait comme un
portrait de Puget par lui-même. C'est le portrait de Puget
par Veirier. — A Aix, au musée, collection Bourguignon
de Fabregoule, n° 740.

5° EN CIRE.

120. Statue équestre de Louis XIV. — Rabbe mentionne,
chez M. Magnan de la Roquette, le modèle de Louis XIV
vainqueur, à cheval, terrassant les nations, destiné pour
Versailles, et il dit que M. Magnan l'avait payé 504 l., mais
il n'indique pas la matière. — Émeric David parle aussi
d'une statue équestre de Louis XIV pour Versailles, modèle
en cire, chez un amateur de Marseille. Ce serait la réalisation de l'idée exprimée dans la lettre de Puget à Louvois,
et l'*Alexandre vainqueur* du Louvre, pourrait bien n'être,
à son tour, qu'une copie de ce modèle, exécutée par
Veirier.

6° EN BOIS.

121. Custode du Saint-Sacrement — Pour la chapelle Corpus
Domini de la cathédrale de Toulon. Œuvre complexe d'architecture, de sculpture et de peinture, en bois doré et
imitation de marbres, de 3m,75 de haut sur 4m,25 de
large, composé d'un corps saillant et de deux ailes,
avec colonnes, tabernacle, anges porteurs de flambeaux,
quarante places pour des chandeliers et deux tableaux à
l'huile ; prix 1,800 livres. — Documents extraits des minutes de Me Lesperon, notaire à Toulon : 14 janvier 1659,
prix fait ; 4 mars et 6 octobre, quittances ; 11 et 13 octobre, cession de la dorure et de la menuiserie ; 20 octobre

1660, quittance définitive. — Travail détruit par un incendie en 1681. — Voir pages 56 et 57, et n° 170 du catalogue.

122. DEUX RENOMMÉES.

123. DEUX TRITONS.

En bois doré — Provenant de la décoration d'un vaisseau. — A Paris, musée de Marine. — Voir pages 137 à
142.

124. BAS-RELIEFS REPRÉSENTANT L'HISTOIRE DU SOLEIL. — Faits
pour *la Réale*, et par conséquent, étrangers à Puget. —
Émeric David, Henry, Brun s'y sont trompés. — A Paris,
au musée de Marine. — Voir pages 137 à 142.

125. SAUVAGE. — Pour la décoration d'un vaisseau. Attribution erronée d'Émeric David, Henry et Brun. A Toulon, à
l'Arsenal, musée des Modèles.

126. COURONNEMENT DE GALÈRE. — Exposition de Marseille
en 1861, n° 1699. Attribution hasardée. A Marseille, chez
M. Olive.

127. BOIS SCULPTÉ.

128. BOIS DE BIBLIOTHÈQUE.

Exposition de Marseille en 1861, n° 1697 et 1698. — Le
catalogue porte seulement *attribués à Puget*, mais c'est
encore trop. — A Marseille, chez M. Raph. Mauri.

Le bois de bibliothèque s'encadre entre deux colonnes surmon-
tées de masques de chevaliers. Une frise d'Amours règne au-dessus des vantaux ornés de bas-reliefs qui représentent, l'un : Saint
Louis rapportant la couronne d'épines, l'autre saint Louis combat-
tant les Sarrasins. Il y a du mouvement, mais le style est lourd,
l'exécution sans délicatesse. Je nommerais plutôt Caravaque.

129. FRAGMENT DE STATUE. — A l'Exposition universelle de
1867, dans les galeries françaises de l'Histoire du travail,
se trouvait un bras colossal en bois sculpté, exposé par
M. Gatteaux sous le nom de Puget. La main fermée tient
un tronçon de bâton : ce serait un fragment d'une figure
de Neptune ou de Mars pour la poulaine d'un vaisseau.

III

ARCHITECTURE

130. Portique de l'hôtel de ville de Toulon. — Œuvre d'architecture comprenant toute la façade méridionale de la maison de ville, la porte du rez-de-chaussée, le balcon et sa fenêtre, les pilastres, consoles, ornements, le mascaron en clef de voûte, l'écusson, le tympan à jour de la porte, et la porte elle-même. — Prix stipulé 1,500 l. — Documents : le prix fait, du 19 janvier 1656, extrait des minutes de Mᵉ Brest, notaire, à Toulon ;—24 janvier, ratification du prix fait par le conseil de la commune et payement de 600 l. ; — 7 août, quittance de 400 l. ; 9 octobre et 13 décembre, 100 l. chaque fois ; 16 avril 1657, 200 l. ; 11 juin, 200 l. pour augmentation de travail : extraits des archives municipales de Toulon.— Soit, en tout, 1,600 l, y compris les *Cariatides*. — Voir pages 46, 47 et 52.

131. Porte de noyer pour fermer le balcon de l'hotel de ville. — Complément du travail précédent ; celui-ci comprenait en outre une figure du roi dans une niche que Puget laissa exécuter par un sculpteur nommé Cogorde. — Prix stipulé 400 l. — Documents extraits des archives municipales de Toulon : prix fait du 10 janvier 1659 et quittance de 200 l.; 27 mai, quittance de 50 l.; 13 juillet 150 l. — Voir page 55.

132. Porte de l'observance a Marseille. — Ce travail, entrepris avec Consollin, maçon, nous est indiqué par une quittance de 300 l. en déduction des 700 l. promises, qui donne la date du prix fait : 23 septembre 1667 : la quittance est du 11 novembre, extraite des Archives municipales de Marseille. — Voir pages 113, 114.

133. CHAPITEAUX DE L'HOTEL DE VILLE DE MARSEILLE. — La lettre de Puget lui-même, citée page 166, ne laisse aucun doute sur l'authenticité de cet ouvrage, exécuté en 1669. — Voir page 127.

134. ÉTUVE A L'ARSENAL DE TOULON. — Construite en 1669, dévorée par un incendie en 1679. — Documents : lettre de d'Infreville du 20 septembre 1669 ; de Matharel, 5 septembre 1670. — Signalée par Bougerel et par Henry. — Voir pages 126 et 132.

135. MAISONS DU COURS SAINT-LOUIS. 1668-1669. — Les documents extraits des Archives municipales de Marseille ne laissent aucun doute sur la part que Puget prit à l'agran. dissement comme architecte et agent voyer, et permettent de lui attribuer sûrement la construction de plusieurs maisons, entre autres celles qui forment l'angle du cours Saint-Louis et de la Canebière. — Voir pages 151 à 165.

A cette date, que ainsi je l'ai dit, correspondent des placements d'argent, qui prouvent que Puget ne perdit pas sa peine : le 1er septembre 1668, obligation par la communauté de Marseille de 4,300 f. à 5 p. 100 ; le 28 octobre, autre de 1,000 l.; le 3 août 1672, obligation par la communauté de Toulon d'une somme de 1,000 l. à 4 1/2 pour 100.

136. ARSENAL DE MARSEILLE. — Outre les extraits des lettres de l'intendant des galères Arnoul, en date du 14 août, 4 et 22 septembre 1668, que j'ai empruntés au *Dictionnaire* de M. Jal, j'ai relevé aux Archives départementales de Marseille une ordonnance de l'intendant de Provence relative à la construction de l'arsenal par Pierre Puget et consorts, en date du 20 mai 1670. — Des constructions il ne reste plus trace. — Voir pages 155, 156.

137. MAISON DE PUGET A MARSEILLE — A l'angle de la rue de Rome et de la rue de La Palud, autrefois de la Fontaine Longue. Elle existe encore, mais dégradée. — Documents : le testament et l'inventaire. — Gravée dans la *Gazette des beaux-arts* d'après un croquis de M. Pascal Coste, archi-

tecte, qui représente l'état primitif. — Voir pages 178 et
295 à 297.

138. FONTAINE. — « Puget avoit orné le devant de sa maison d'une fontaine dont le bassin étoit ovale, décoré de go-
detons, au milieu desquels s'élevoit sur un piédestal un
obélisque; ce qui la fit nommer la fontaine longue, d'où la
rue prit la même dénomination Cette fontaine incommo-
doit la voye publique; la ville la fit démolir en 17..., et fit
poser une pierre taillée pyramidalement et percée de deux
tuyaux pour remplacer cette fontaine et en conserver la
mémoire. » (Grosson, *Almanach de Marseille*, 1786). —
Sous la restauration, une colonne prit la place de la pyra-
mide, et, sur cette colonne on dressa le buste de Puget,
qui s'y voit encore.

139. HALLE DE LA POISSONNERIE ET BOUCHERIE A MARSEILLE.
— Construite de 1672 à 1674 pour la communauté de
Marseille, moyennant 8,350 l. C'est aujourd'hui la halle
Puget. — Documents extraits des Archives municipales de
Marseille : procès-verbal d'enchères du 18 mai 1672; prix
fait le 24 juin ; quittance de 1,500 l. le 17 mars 1673 et
de 1,850 l. le 12 septembre 1674. — Voir pages 171 à
173.

140. MAISON D'HABITATION A TOULON. — Construite après
1672 et estimée dans l'*Inventaire* au prix de 29,000 l.
— Document : transaction entre Puget et son oncle Anthelme, du 8 août 1672, extraite des Archives municipales
de Toulon. — Voir pages 292 à 294.

141. CHAPELLE DE L'HOSPICE DE LA CHARITÉ DE MARSEILLE.
— Commencée en 1679, continuée après la mort de Puget
par son fils François, elle est restée inachevée. — Voir
page 175.

Les archives des hospices de Marseille m'ont fourni à ce sujet divers
documents. Voici d'abord le récit de la fondation : — « Les directeurs ayant pris un soing particulier pour les logements des pauvres
creurent estre de leur devoir ayant fait leur dessein de songer à

faire construire une eglise qui feut plus decente que celle qui etoit,
et qui peut estre frequentée par les gens de la ville, afin d'attirer
les bénédictions du ciel et les aumosnes des fideles sur cette maison. C'est dans cette vue qu'assistez des aumosnes considerables de
quelques particuliers ils firent poser la première pierre de la nouvelle eglise, le 20 avril 1679, ayant esté bénite par Monsr le grand-
vicaire, en presance de M. de Pille, gouverneur, et Messrs Louis
Cornier, Estienne Ollive, Jacques Franciscou, Mathieu Berrigues,
eschevins, et Me Claude Estienne, assesseur. » — Naturellement,
le nom de l'architecte est omis. Mais on trouve, à la date du
23 avril, un payement de 167 l. à Puget, pour la bâtisse de l'église
de la Charité ; un autre de 111 l. le 13 septembre : un autre de
89 l. le 24 septembre. — Une délibération du Bureau du 11 février 1688 nomme Jean Puget, arbitre pour vider les différends de
l'Hôpital avec les maçons ; une autre du 19 février lui retire cette
expertise. — Le 20 juin de la même année, le Bureau délibère
« au sujet des entrepreneurs qui font les voûtes au mépris de ce
que Pierre Puget leur a défendu. » — Ainsi Puget se faisait aider,
ou plutôt suppléer dans ce travail par son frère Jean, se réservant
une surveillance générale pour l'exécution de ses dessins.

142. Façade de l'Église des Chartreux près de Marseille.
— Voir pages 176, 177, 178. — Voir aussi le *Mercure de
France*, avril 1743, et l'*Abecedario* de Mariette, article
Puget.

143. Pavillon de Fongate a Marseille. — Les renseignements ne manquent pas sur cette propriété de Puget. C'est
d'abord l'*Inventaire* qui en donne la contenance et la valeur. De plus, on la trouve clairement indiquée sur le *Plan
géométral de la ville, citadelle, ports et arsenaux de
Marseille, par Razaud, ingénieur du roi, gravé par Ran-
don, à Marseille*, et les dispositions de ce plan réduit sont
d'accord avec les descriptions de Dargenville et de Grosson.
Dargenville dit : « De retour à Marseille, Puget fit bâtir
une maison proche la porte de Rome dans une vigne située
sur une colline. On aperçoit d'abord une petite chapelle
dont la façade est de marbre blanc avec un portique et un
dôme. Vous montez ensuite par un vignoble jusqu'à un
bassin entouré d'un fer à cheval qui conduit à la maison.

Elle n'a qu'un étage et est en forme d'un petit palais d'un
très-bon goût. » (*Vie des sculpteurs :* Puget.) — Grosson,
à son tour, s'exprime en ces termes : « Le célèbre Puget
avoit une maison de campagne dans ce quartier de Fongate.
La rue de Fongate est en partie sur le terrain de ce do-
maine ; la maison subsiste même en entier, quoique mas-
quée par celles bâties sur la rue. C'étoit un pavillon à la
romaine avec deux ailes latérales ; on y montoit par un
perron en fer à cheval au milieu duquel étoit une superbe
statue en marbre représentant un Faune.... » (*Almanach
de Marseille,* année 1784.)

Que reste-t-il du pavillon de Fongate ? Pour répondre à cette
question que je lui adressais, M. Pascal Coste, architecte connu
par ses explorations de la Perse ancienne et moderne, a bien voulu
entreprendre une expédition, heureusement moins périlleuse, à
travers les rues de Marseille. De la rue de La Palud à la rue Fongate, trois voies d'une pente rapide escaladent la colline où s'élevait
l'habitation de Puget. On les nommait des calades. Déjà Emeric
David avait signalé le n° 27 de la troisième calade comme l'emplacement du pavillon de Fongate. M. Coste y a pénétré et il a pu
constater en effet des ressemblances singulières entre la configura-
tion des lieux et les indications du plan de Razaud. Bien que la
pente du terrain ait été comblée depuis la rue de La Palud jusqu'à
mi-côte, une terrasse subsiste encore au sommet ; une fontaine
marque l'endroit où commençait la pente, et les distances respec-
tives de ces deux points correspondent à celles du plan. Mais, pour
obtenir la largeur de 30 mètres , il faut empiéter sur la propriété voisine, du côté du nord. La fontaine paraît être exactement
celle du Faune : au-dessus des bassins, une niche creusée dans la
pierre semble appeler la statue dont elle est veuve. Un bassin avec
jet d'eau a remplacé l'escalier en fer à cheval à la naissance de la
terrasse. Sur cette terrasse, une construction à deux étages rappelle le style adopté par Puget pour les maisons du Cours, et même
la porte est surmontée d'une sorte de fronton tronqué analogue à
celui qui décore la fenêtre principale de sa maison de la rue de
Rome. Enfin, le salon placé à l'angle offre exactement la même
largeur que l'aile sud du pavillon de Fongate, et, à côté, s'ouvre un
petit salon décoré d'arabesques chinoises , dont les dimensions

représentent l'espace intermédiaire entre cette aile et le corps de logis central. Ce corps de logis et l'autre aile se retrouveraient chez le voisin du côté nord.

Des remaniements postérieurs à la mort de Puget ont donc altéré la physionomie de l'habitation primitive. Ses enfants s'y sentant à l'étroit, la maison fut doublée en profondeur et exhaussée de deux étages. Puis on en vendit la moitié. Puis on raccorda la partie méridionale avec une maison de la troisième calade, on nivela le terrain, on transporta la fontaine au milieu du nouveau jardin. Mais enfin, il reste quelque chose du pavillon de Fongate, et, puisque la rue Lafon a gardé le nom d'un des voisins de Puget, puisque la rue Fongate perpétue le souvenir du quartier de banlieue qu'il avait choisi pour s'y bâtir une villa, on ne voit pas pourquoi la rue de La Palud, qui commence à sa maison de la rue de Rome et passe devant son ancienne propriété, n'échangerait pas sa dénomination latine, souvenir d'un marais desséché, contre le nom plus rationnel et plus glorieux de rue Puget.

144. CHAPELLE DE SAINTE MADELEINE. — J'ai cité, pages 312-313, l'acte de fondation, en date du 18 avril 1693. Voici la description qu'en donne Grosson, dans l'*Almanach de Marseille* de 1784. — « La maison de campagne du célèbre Puget avoit une avenue sur la rue de La Palud avec des grilles en fer, à travers lesquelles se présentoit une chapelle en rotonde très-bien décorée et dans la plus exacte règle de l'architecture ; la frise étoit ornée d'une inscription qui marquoit la consécration par Étienne de Puget, évêque de Marseille. Cette chapelle fut démolie pour bâtir des maisons sur l'emplacement qu'elle occupoit. »

145. HOTEL D'AIGUILLES, A AIX. — Construit vers 1675 par les soins de Madelaine de Forbin d'Oppède, veuve de Vincent de Boyer et mère de J.-B. Boyer d'Aiguilles. — M. de Chennevières l'a décrit dans ses *Peintres provinciaux*, t. I. — « L'espace dont il pouvait disposer pour cet hôtel était resserré, Puget y remédia. Au moyen de six larges pilastres corinthiens, s'élançant hardiment vers une frise superbe, il donna à une étroite façade cet air de puissance dont il a marqué toutes ses œuvres... » — Voir page 174.

146. Hôtel de Grimaldi, a Aix. — « Le premier hôtel qui fait le coin du boulevard Saint-Jean et que les marquis de Grimaldi-Regusse occupent depuis environ un siècle, fut bâti sur les dessins du célèbre Puget vers 1680, par les Laurans, seigneurs de Peyrolles, cadets des marquis de Brue et de Saint-Martin. » (Roux-Alphéran, *les Rues d'Aix*, tome II, page 238 ; Porte, *Aix ancien et moderne*, p. 209.) — J'ai mentionné, n° 51 du catalogue, un portrait de Laurans, marquis de Bruée, gravé par Coussin d'après Puget. — Voir page 215.

147. Maison, a Aix. — « La maison n° 17, de la rue Grande-Horloge, est bâtie sur les dessins de Puget. La façade porte des pilastres d'ordre corinthien d'une superbe exécution. » (Porte, *Aix ancien et moderne*, page 209.)

148. Maison de campagne près d'Aix. — « La Saurine ou Rochefontaine, touchant la route de Meyreuil et sur les bords de l'arc, ainsi nommée parce qu'elle a appartenu au jurisconsulte Saurin... Le bâtiment a été construit sur les dessins de Puget. » (Porte, *Aix ancien et moderne*, p. 215.)

149. Albergo de Poveri, a Gênes. — Tous les documents concernant la construction de l'*Albergo* ont été publiés à Gênes. Aucun ne nomme Puget. — Voir pages 68-69.

150. — Modèle de l'Annonciade, a Gênes. — De Dieu s'exprime ainsi : « Ce grand homme, reconnoissant des honestetés des Génois, leur fist un beau modelle pour le grand portail de la magnifique église de l'Annonciade, de Gênes. » — Et Bougerel ajoute : « Il l'eût exécuté, si un noble génois ne s'y fût opposé, parce qu'il couvroit une partie de son palais. On conserve ce modèle dans l'arrière-sacristie de la même église; il a environ 13 à 14 pieds de haut. » — Voir pages 70-71.

151. Chapelle de Saint-Louis, a l'Annonciade, a Gênes. — Bougerel affirme que cette chapelle « est encore un des ouvrages de Puget. » En tout cas, rien ne la distingue des

chapelles voisines. Mais il est à noter qu'on y employa des marbres français. — Voir page 92.

152. MACHINE A MATER, A TOULON. — Bougerel attribue à Puget diverses machines, une grue pour mettre en place l'écusson des armes du roi, une machine à mâter, etc. — Henry ne conteste pas cette dernière attribution qu'il a pu contrôler mieux que personne. Il résulte des recherches faites dans les archives de la marine, que le marché pour l'établissement de la plate-forme de la machine à mâter est du 25 mai 1685. Tous les travaux furent terminés, et les bigues mises en place en 1685. L'auteur n'est pas désigné ; mais, si Puget a jamais exécuté un travail de ce genre, ce ne peut pas être celui de 1685, ce serait une machine antérieure reconnue insuffisante.

IV

DESSINS

1° COMPOSITIONS A FIGURES.

153. ALEXANDRE ET DIOGÈNE. — Première pensée du bas-relief du Louvre. A la plume, sur vélin. H., 71 mill.; L. 61. — Il est signé P. *Puget fecit* 1670. — Collections Magnan de la Roquette et La Goy, à Aix. M. de La Goy en fit don à Henry, l'archiviste de Toulon et l'historien de Puget, qui l'a légué à M. Mouttet, de Toulon. — Gravé sur bois dans la *Gazette des beaux-arts.* — Voir page 272.

154. SAINT AMBROISE. — Lavé à la sépia sur papier blanc. Beau dessin qui doit être une première pensée de la statue de Carignan ; car l'ange ne tient pas la crosse du saint, et les attitudes diffèrent. — Exposition de Marseille en 1861, n° 1485. — A Marseille, chez M. Paul Autran.

155. La sainte Vierge et l'Enfant Jésus. — A la sanguine, sur papier blanc. Première pensée ou reproduction du goupe en marbre du palais Carega (n° 69). — Ce dessin, qui provient de la collection de Gaillard de Longjumeau, amateur provençal, appartient à l'École des beaux-arts de Marseille. — Exposition de Marseille en 1861, n° 1489.

156. Vénus couchée. — A la plume, sur papier, moitié à l'encre noire, moitié à l'encre rouge. H., 355 mill ; L. 910. — Ancienne collection Reiset.

Voici en quels termes M. Reiset a décrit ce dessin, dans le catalogue de sa collection (Paris, 1850). — « 294. Puget. Etude arrêtée pour une statue de Vénus, nue et couchée sur un lit, les bras relevés au-dessus de la tête. Le haut du corps repose sur d'épais coussins. Le lit est placé sur une espèce de piédestal surchargé d'ornements. Près de la figure, on lit ces mots, de la main de Puget : *Tout ce qui est en noir est de la dépendance du bronze. — Le surplus concerne la couchette en forme de petit navire, lit propre à la fille de l'onde.* — L'artiste a représenté son monument sous diverses faces, et a joint au dessin toutes les explications désirables, pour bien faire comprendre la pensée de sa composition. Ainsi, près de la *couchette*, vue sur un de ses côtés, il a écrit : *Proue de la grandeur de l'ouvrage et pied du lit.* Près d'une grosse pomme : *Prix de la beauté.* Il a représenté aussi le lit vu du côté du dossier. Il est orné d'une grande coquille et d'une étoile, et on voit les bras de la déesse en raccourci et repliés sur les coussins. *Pouppe et dossier du lit. — Planette de Vénus,* etc. — Exécuté d'une plume très-large et très-ferme. — On lit dans le haut du dessin ces mots, écrits d'une main plus moderne, qui ne nous paraissent pas sans intérêt : « *Je vous eng° à garder ce dessin. Il est aussi beau qu'un Michel-Ange. — L. David.* » Voir, catalogue des terres cuites, n° 111. — Dessin et terre cuite me paraissent tellement en dehors des habitudes de Puget, que j'ai la plus grande peine à les accepter pour authentiques. La comparaison de l'écriture du dessin avec celle des lettres pourrait décider la question. Mais le dessin a sans doute passé, avec le reste de la collection Reiset, dans celle du duc d'Aumale. La vérification devient donc difficile.

157. Milon de Crotone dévoré par un lion. — Au crayon

rouge, avec quelques touches de blanc. H., 50 cent.;
L. 35. — A Montpellier, collection Atger, à la bibliothèque de l'École de médecine, n° 48.

158. Persée et l'Amour délivrant Andromède. — Au crayon
rouge, avec quelques touches à la plume. H., 59 cent.;
L. 37. — *Ibidem*, n° 49.

159. Académie. — Au crayon rouge. H., 58 cent.; L. 42.
— *Ibidem*, n° 50. — « Savante académie, dit le Catalogue,
représentant une figure assise, mais en action; » c'est-à-
dire que les bras levés tiennent une barre de bois.

Ces trois dessins, hardiment signés *P. Puget*, sont d'une attribution tout à fait invraisemblable. Un maître, et surtout un sculpteur
tel que l'auteur du *Milon* et de l'*Andromède*, ne perd pas son
temps à choisir des feuilles de papier de dimension égale pour y
reproduire, en pendant, ses principales œuvres. Quant à y voir des
études préparatoires, l'exécution s'y oppose. Aucun effort de pensée n'a troublé le travail propre et régulier de l'artiste qui s'est plu
à reproduire les deux groupes des jardins de Versailles. Reste l'académie, c'est-à-dire un modèle en séance, c'est-à-dire ce que Puget
a toujours ignoré.

160. Appui-main. — H., 41 cent.; L., 27. A la plume.
— *Ibidem*, n° 233.

C'est une de ces feuilles volantes qu'un dessinateur place sous
sa main pour protéger son travail. Or, si Puget dessinait peu à la
sanguine, il a exécuté à la plume de grands dessins de marine. Sur
cette feuille, la plume oisive a jeté au hasard des têtes, des pieds,
des mains, des figures nues ou drapées, des mascarons grimaçants,
des charges, enfin des citations latines, vers ou prose, souvenirs
de ses lectures, écho de ses pensées du moment. On entre par là
dans l'esprit de l'homme. On lit son caractère dans la formule qu'il
s'est donnée. Il pense à la puissance de son art, et il lui applique ce
qu'Horace a dit du théâtre :

> Segnius irritant animos quæ sunt demissa per aurem,
> Quam quæ sunt oculis subjecta fidelibus...

Cette sentence vous dira de quelle sublime nourriture se repait l'âme de l'artiste : « Uberrimum virtutis alimentum honor est ; » et celle-ci, quel cas il fait de son génie :

Vivitur ingenio, cœtera mortis habent.

Enfin ce distique évoque la chaste figure du jardin d'Ollioules, qui répond si bien à la pureté de ses mœurs :

Casta placent superis, pura cum veste venite,
Et manibus puris sumite fontis aquam.

A ceux qu'étonnerait un pareil débordement de latin de la part d'un « ouvrier » dont la bibliothèque tient si peu de place dans son inventaire, il faut rappeler que Puget a toujours signé ses œuvres en romain, non pas d'un simple *faciebat*, mais avec un luxe de mots qui prouve combien la langue latine lui était familière. — Voyez, entre autres, la signature de l'*Andromède*, n° 72.

161. L'ARCHE SAINTE. — Dessin lavé de bleu, trop peu caractérisé pour qu'on puisse le croire de Puget. — Exposition de Marseille, en 1861, n° 1484. — A Marseille, chez M. Hubac, fils de l'artiste toulonnais qui restaura les *Cariatides*.

162. CRUCIFIEMENT. — Grand dessin acquis d'un amateur marseillais, par M. His de La Salle, qui l'a donné au Musée de Dijon, et qui le croit d'un des Carrache.

163. TÊTE D'HOMME ET CROQUIS. — Feuille de 160 mill. de haut sur 125, dessinée à la plume des deux côtés. Une tête d'homme rappelle celle du *Milon*. Un croquis de draperie porte diverses indications écrites. — Des collections Clérian et Pons, d'Aix. — A Alençon, collection de M. le marquis de Chennevières.

164. SAINTE FAMILLE. — Lavée à l'encre de Chine, sur papier blanc. Attribution très-hasardée. — Alençon, même collection.

165. SAINT SÉBASTIEN. — A la plume. Vente Desperet, 1865.

166. DIVERSES ÉTUDES POUR FIGURES DE SAINTS, à l'encre de Chine. Même vente.

167. DAVID A QUI L'ANGE APPARAIT. — J'ai cité, page 38, le

passage de l'*Abecedario* de Mariette, relatif à cette composition, qui fut gravée, dit-il, par B. Thiboust ou Chiboust.
Mes recherches au Cabinet des estampes n'ont pu me faire
découvrir ni l'estampe ni le graveur.

168. SAINT JÉRÔME. — Estampe anonyme portant : « Pet.
Pujet inv., » et qui paraît italienne. La statue du saint
dans une niche le représente debout, occupé à écrire, un
encrier à la main, à ses pieds le lion et le chapeau de
cardinal.

169. MILON DÉVORÉ PAR UN OURS. — Estampe : « Petrus
Puget invenit. A. I. F. » — Eau-forte assez incorrecte de
l'école des Audran.

170. ANDROCLÈS. — Estampe : « L. Puget del. Gérard Fon-
tallard sc. » *Journal des artistes*, n° 21 ; vol. 1, 1838.
— Beau groupe d'Androclès conduisant son lion avec des
rubans.

Je dois citer encore, mais seulement pour mémoire, sept dessins
longtemps attribués à Puget, et définitivement rendus à son élève
Toro, dont deux se trouvaient au collége de Toulon, le *Triomphe
des arts* et la *Fortune distribuant ses faveurs* : les cinq autres,
empruntés à l'*Histoire de Troie*, font partie de la collection de
M. Malcor, de Toulon.

2° COMPOSITIONS DÉCORATIVES.

171. PROJET DE TABERNACLE POUR UN MAÎTRE-AUTEL. — H.,
57 cent.; L., 42. — A la plume, lavé et rehaussé de blanc.
Autel avec retable et custode, orné de statues et de bas-
reliefs. Des collections Calvières, Magnan de la Roquette
et La Goy. Il portait, suivant Rabbe et Zénon Pons, la date
de 1659, et les signatures d'approbation. Ce serait donc le
dessin du travail exécuté pour la cathédrale de Toulon,
n° 121 du Catalogue.

172. BALDAQUIN POUR L'ÉGLISE DE CARIGNAN, A GÊNES. —
H., 1ᵐ,84.; L., 93 cent. — A la plume, rehaussé de ha-

chures blanches sur papier teinté de bistre. — A Aix, au
Musée, collection Bourguignon de Fabregoule, n° 613.

Bougerel nous apprend que « Puget avoit entrepris ce dessin à
Gènes, a la prière de son bon ami, le signor Sauli, et qu'il l'acheva
à Toulon. » Il le garda, puisque son *Inventaire* le mentionne : « Un
grand dessein d'un baldaquin, destiné pour l'église de Carignan. »
Mariette dit à son tour : « Le dessein de baldachin que Puget avoit
fait pour Gennes, est demeuré à Marseille. Il est actuellement dans
les salles où s'assemble l'Académie des arts. C'est un *grand* morceau
en assez mauvais état; il a été mal conservé. » — Bien que le
dessin de la collection Bourguignon de Fabregoule soit désigné par
Émeric David et par le nouveau catalogue de M. Gibert comme un
« projet de tabernacle pour l'Annonciade, » je n'hésite pas à y re-
connaitre le baldaquin de Carignan, et voici mes raisons.

D'abord il est *grand*, puisqu'il mesure près de 2 mètres de
haut. Ensuite il est *en assez mauvais état.* « Après l'avoir découpé,
dit M. Gibert, on l'a appliqué sur un papier neuf, et on en a cerné
maladroitement les contours au moyen d'un fond à détrempe de
couleur bleue. » Enfin, c'est un baldaquin, et non pas un tabernacle.
Quatre groupes de colonnes torses, appuyées sur la balustrade qui
entoure l'autel, vont supporter, à une grande hauteur, un baldaquin
orné d'un fronton, enrichi de statues, de flambeaux ardents, d'écus-
sons et de lambrequins que couronne, au sommet de quatre consoles renversées, un groupe de l'Assomption. Cet énorme ensemble
eût été mal à l'aise sous la coupole étroite de l'Annonciade, tandis
qu'il convenait on ne peut mieux aux vastes proportions de la basilique
de Carignan : et en effet elle possède un baldaquin analogue. Toute
l'erreur vient d'Éméric David, ou plutôt du possesseur, Bourguignon
de Fabregoule, qui désignait à l'aveuglette le monument représenté
Quand la révolution vint dissoudre l'académie de Marseille, il est
tout simple que ce grand dessin n'ait pas quitté la Provence et qu'un
amateur d'Aix l'ait recueilli. La fausse désignation fut peut-être
inventée alors par quelque marchand pour dérouter les recherches.

173. Tabernacle avec les attributs des quatre évangélistes.
— H., 58 cent.; L., 41. — A la plume, lavé de bistre et
d'encre de Chine et rehaussé de blanc. — A Montpellier,
collection Atger, à la bibliothèque de l'École de médecine,
n° 252.

Celui-ci est un vrai tabernacle, c'est-à-dire une armoire ou coffre fermé, en forme d'édicule octogone, surmonté d'une corniche très-saillante et d'un haut entablement. A la base, sont les attributs des évangélistes : l'ange, le lion, le bœuf et l'aigle ; sous la corniche, quatre séraphins enveloppés de leurs ailes, font l'office de cariatides. La porte s'encadre sous une demi-coupole entre deux colonnes torses. Les consoles renversées de l'entablement se couronnent d'un mélange de feuilles d'eau, de rayons et de chérubins d'où sort la croix au milieu de quatre flambeaux, et des guirlandes de fleurs pendent de là pour aller rejoindre les séraphins souriants. Riche ensemble, précieux dessin.

174. Dessin pour monument expiatoire. — A la plume, lavé d'encre. — Vente 10 février 1863.

175. Chaire a prêcher. — A la plume, lavé d'encre de Chine, sur papier teinté. — Vente 26 mars 1863. Vendu 14 fr.

176. Projet de fontaine monumentale.

177. Autre projet.

Lavés d'encre de Chine, sur papier blanc. H., plus de 1 m. — Vente Pujol, 7 mars 1864. Vendus 1,650 fr. — A Paris, chez M. Séchan. — Voir page 216.

Ce sont plutôt de vastes caprices d'architecture groupés autour d'une fontaine. Dans le premier, la figure du Nil, assise près d'un sphinx, s'adosse à un portique d'ordre composite, au-dessous d'un mascaron de femme; une vasque soutenue par une sirène reçoit l'eau du fleuve. Au premier plan, un buisson touffu abrite des chèvres; au fond, l'on aperçoit une colonnade et un édifice à coupole. Dans le second, la fontaine, surmontée de deux statues, se montre de profil, en dehors d'un portique à colonnes corinthiennes dont le dessous laisse voir un tombeau au fond d'une voûte à arc surbaissé; une cariatide supporte la corniche, à côté d'un vase placé sur une console. Malgré le grand aspect de ces dessins, on peut douter qu'ils soient de Puget. L'exécution rappelle celle des dessins de M. Malcor, longtemps attribués à Puget, et restitués à Toro. Or, une lettre de Toro nous apprend qu'il eut à peindre pour deux seigneurs d'Aix des *perspectives*, et c'est précisément cette destination qui conviendrait le mieux aux dessins dont il s'agit ici.

178. Projet pour une fontaine. — A la plume, lavé au bistre, sur papier blanc. H., 69 cent.; L., 52. — Vente

Desperet, 7 juin 1863. Gravé dans le *Magasin pittoresque*, août 1860. — Voir page 216.

L'original m'est inconnu, mais la gravure donne lieu à la même observation quant au choix des formes, plus maigres, moins savantes et moins souples que dans les dessins vraiment authentiques de Puget, tels que le Baldaquin du musée d'Aix et le Tabernacle de Montpellier.

179. PROJET DE FONTAINE. — Lavé à l'encre de Chine, sur papier. — Exposition de l'Union centrale des arts en 1865. — A Paris, chez M. Guichard. — Quelques lignes d'une écriture assez conforme à celle de Puget, indiquent que cette fontaine était destinée à M. d'Albertas. L'exécution a plus de liberté que dans les dessins précédents. — Voir page 216.

180. DESSIN POUR DÉCORATION. — A la sanguine. — Vente 10 avril 1867.

181. DÉCORATION POUR LE FRONTON D'UNE FONTAINE. — Plume et bistre. — Vente Martial Pelletier, 29 avril 1867.

3° ARCHITECTURE.

182. DESSINS POUR L'ARSENAL DE TOULON. — Mentionnés dans les lettres de d'Infreville fils (12 novembre 1669) et de Matharel (13 janvier 1670). Ce dernier en annonce l'envoi à Colbert. — Voir pages 124, 126, 127.

183. DESSIN POUR LA MURAILLE DE CLÔTURE DU CAP SÉPÉ. — Voir page 126, et la correspondance des intendants, publiée dans les *Archives de l'art français*.

184. PLANS POUR L'EMBELLISSEMENT DE MARSEILLE. — Voir pages 155 et 159.

185. DESSIN POUR L'HÔTEL DE VILLE DE MARSEILLE. — « Il fit aussi alors, dit Bougerel, à la prière de M. La Salle, un des principaux gentilshommes de Marseille, un superbe dessin pour un hôtel de ville — On le trouve à Marseille, chez

M. Gravier. » — Émeric David le cite également chez
M. Rollandin, également à Marseille. — Voir page 166.

186. Trois dessins pour la place Royale de Marseille. — Il
en avait fait cinq, selon Bougerel. Ceux qui subsistent sont :
1° l'élévation perspective en regardant le port ; 2° l'élévation perspective en sens contraire ; 3° l'élévation extérieure avec plan. — Collection de M. de Panisse. — A Marseille, au château Borély. L'un des trois a été gravé dans la
Gazette des beaux-arts.

Puget, qui avait le froid en horreur, n'a pu s'empêcher d'égayer
de quelques détails vivants cette besogne d'architecte. Ici, une barque aborde secouée par la mer; là, des portefaix à moitié nus trans-
portent des fardeaux ; sur le quai dort une pièce de canon délicatement ciselée.

187. Dessin de la maison de la rue de Rome. — Émeric
David cite ce dessin comme ayant été retrouvé, de son
temps, par M. Penchaud, architecte du département des
Bouches-du-Rhône.

4° vaisseaux.

188. La Reine. — A la plume, sur vélin. H., 40 cent.; L.,70.
Signé : P. Puget in.—Mentionné dans l'*Inventaire;* exposé
à Marseille en 1861, n° 1486. — A Toulon, chez M. Malcor.
— Voir pages 16-17.

189. Le Paris. — A la plume et lavé sur papier blanc. —
Mentionné par Émeric David, comme la poupe du *Magni-
fique,* chez M. de Panisse. —A Marseille, au château Borély,
— Voir pages 148-149.

La nef antique figurée au tableau ne laisse aucun doute sur le véritable nom de ce vaisseau. — On lit , dans le champ du dessin,
Pierre Puget, n°3, et au verso : 1ᵉʳ lot, n° 15. *Poupe de vaisseau,*
fait par Pierre Puget, le Michel-Ange de la France, mort l'an 1694,
le 12 décembre.

190. La Madame. — A la plume et lavé sur papier blanc. —

Signalé par Émeric David comme la poupe de la *Reine*,
chez M. de Panisse. — A Marseille, au château Borély. —
Voir pages 148-149.

On lit, au verso du dessin : « 1ᵉʳ lot, fait par Pierre Puget le Michel-
Ange de la France, 1773, appartenant aujourd'huy à Joseph de Puget-
Savignon, ancien officier d'infanterie son substitué. » — Ce qui
prouve que le testament de Puget eut son plein effet quant aux substitutions, et ce qui explique pourquoi la ville de Marseille fut obligée, il y a quelque trente ou quarante ans, de faire une pension
à une demoiselle Puget, dernière héritière du nom, mais du nom
seul. On voit aussi comment Borély a pu former sa collection d'ouvrages de Puget en soulageant les légataires des lots qui les embar-
rassaient.

191. LA THÉRÈSE ROYALE. — A la plume et lavé sur papier.
H., 42 cent.; L., 54. — Le dessin m'appartient. — Calque
chez M. Margry. — Gravé dans la *Gazette des Beaux-Arts*.
— Voir pages 147-149.

La composition présente une grande analogie avec la fontaine de
la vente Desperet, n° 176; mais il suffit de comparer les deux gra-
vures pour apercevoir les différences profondes de caractère et de
style qui séparent ces deux ouvrages, et qui ne permettent guère
de les attribuer au même artiste.

192. VAISSEAU DE PREMIER RANG. — A la plume, sur papier
blanc. H., 42 cent. ; L., 55. — A Paris, chez M. Jules
Boilly.

Croquis libre et large d'un vaisseau en mer, sans motif précis :
au verso, d'autres croquis de la même plume. Exécution semblable
à celle du dessin n° 226.

193. LE RUBIS. — A la plume, sur papier. H., 44 cent.; L., 54.
— A Alençon, collection de M. de Chennevières. — Voir
page 149.

194. ARRIÈRE DE VAISSEAU. — A la plume, sur vélin. H., 50
cent.; L., 62. — Collections Magnan de La Roquette et La
Goy, à Aix ; donné par M. de La Goy, le fils, à Henry, l'archiviste de Toulon, qui l'a légué à M. Sénéquier. — Décrit
par Henry, dans sa *Notice sur Puget*.

195. LE SOLEIL ROYAL. — Décrit par Henry dans sa *Notice*.
— Il n'en existe que des copies postérieures, dont trois
sont au Musée de Marine de Paris, nᵒˢ 792, 793, 794. —
Ces dessins ont servi à exécuter le modèle en bois qui porte
le nᵒ 622.

196. LE MONARQUE. — L'original appartient à un amateur
anonyme. — M. Margry en possède une photographie. —
Il en existe une copie à Toulon. — Voir pages 121-122 et
144-146.

197. LA TROMPEUSE.

198. LA BOUFFONNE.

199. LE SCEPTRE.

200. L'ILE-DE-FRANCE.
    H., 45 cent. ; L., 55. — En 1766[1], ils appartenaient à
M. le comte de Narbonne-Pellet, lorsqu'un des Caffieri
(sans doute Charles-Marie, sculpteur au port de Brest), en
fit des calques, copiés depuis par M. Antoine Margry, et
ces copies calquées sont à Paris, chez M. Pierre Margry, son
fils. — Voir pages 148-149.

201. VAISSEAU INCONNU. — De dimensions plus petites. —
Calque chez M. Pierre Margry.

202. LE GRAND-LOUIS. — Mariette s'exprime ainsi dans son
Abecedario : « J'ay un dessein du *Grand-Louis*, ce vaisseau fameux par sa grandeur et qui n'a jamais pu tenir la
mer, qui est de 1676. » — La correspondance des intendants de la marine et celle de Colbert, donnent à penser
que Mariette s'est trompé, et sur le nom du vaisseau, et sur
ses qualités, et sur sa date.

203. VAISSEAU EN MER. — A Paris, Musée de marine, nᵒ 179.
— Je ne cite que pour mémoire ce dessin, exposé sous le
nom de Puget et qui n'est pas de lui. — Voir la note de la
page 144.

[1] Et non en 1676, comme me l'a fait dire, page 143, une faute
d'impression.

« Puget, nous dit Bougerel, avoit dessiné un grand nombre de
marines sur vélin ; ce sont des pièces achevées... M. Lauthier, secrétaire du Roi, connu par son goût pour les arts, en avoit un grand
nombre, ainsi que le fameux Girardon et Jean de Dieu, sculpteurs.
On en trouve à Paris neuf chez le marquis de Courtanvaux, capitaine colonel de la compagnie des Cent-Suisses de la garde ordinaire
du roi... »

Voici d'abord les dessins de cette catégorie que je connais pour
les avoir vus.

204. REPRÉSENTATION DE QUELQUES VAISSEAUX AVEC LES SIGNAUX
    QUI DÉSIGNENT LES GRADES DE LEURS COMMANDANTS. — A la
    plume et lavé sur vélin. H., 44 cent.; L., 66. — A Paris,
    Musée du Louvre, n° 1248 de la *Notice des Dessins*, pu-
    bliée en 1841.

205. PORT DE TOULON. — A la plume et lavé, sur papier,
    H., 335 mill.; L., 570. — Musée du Louvre, n° 1249. —

C'est la reproduction du dessin de Montpellier, n° 211 ; le port
qu'on aperçoit au fond me parait être plutôt le port d'Antibes.

206. VUE DE TOULON, DU CÔTÉ DE LA GRANDE RADE. — A la
    plume et lavé sur vélin. H., 34 cent.; L., 65. — Musée du
    Louvre, n° 1250.

207. GALÈRES DANS LE PORT DE MARSEILLE. — A la plume et
    lavé sur vélin. H., 271 mill.; L., 474. — Musée du Louvre,
    n° 9863 de l'inventaire Morel d'Arleux.

Dessin d'une grande finesse ; la décoration des galères est très-
riche, et la fumée des canons qui les enveloppe produit un bel
effet.

208. VAISSEAUX ET GALÈRES. — A la plume et lavé sur vélin.
    H., 171 mill. ; L., 298. — Musée du Louvre, n° 9867 du
    même inventaire.

Les figures qui animent ce dessin sont touchées avec une grande
délicatesse.

209. DESSIN INCONNU. — Musée du Louvre, indiqué par l'inventaire Morel d'Arleux, n° 9864.

Ainsi le Musée du Louvre possède six dessins de Puget, et pas un n'est exposé dans les galeries. Ces dessins sont aussi curieux par leur exécution sur vélin que précieux par le nom qui les a signés, et la vue en demeure interdite au public. Je sais bien que, grâce à la complaisance des conservateurs, la collection enfouie dans les portefeuilles s'ouvre à tous les hommes de goût désireux de la consulter. Mais, lorsqu'il s'agit d'un des grands artistes de la France, ce n'est pas seulement une aristocratie d'élite qui a le droit de vouloir le connaître, c'est tout le monde. L'administration des Musées doit au public de lui montrer tout ce qu'elle possède de cet artiste, ses statues, ses peintures, ses dessins, afin que chacun puisse librement admirer, juger, étudier les faces diverses de son talent.

Certes, si les dessins de Puget étaient des études pour ses statues de Paris et de Gênes, ou pour ses tableaux, nous les verrions exposés, je n'en doute pas. Mais des marines d'un sculpteur ! cela paraît sans valeur et sans intérêt. Pour un peu, l'on craindrait d'amoindrir sa gloire. Pourquoi alors nous montrer des croquis de paysage de Louis David? Il y a pourtant cette différence, c'est que Louis David a dessiné le paysage par accident, comme Granet, en traversant la campagne de Rome, au lieu que Puget a dessiné des marines par état, parce qu'il fut attaché, pendant longues années, à la marine du port de Toulon. Supprimez les paysages de Louis David, sa personnalité reste entière. Le *Milon*, l'*Hercule*, l'*Andromède*, l'*Alexandre*, ne nous laissent voir qu'un côté de Puget : ses dessins de marine font partie intégrante de son génie et de sa vie. Idée bizarre de spécialiser les hommes malgré eux ! Pendant que le *Milon* inspirera un statuaire, qui sait si les marines ne fourniraient pas des motifs au décor et à l'ornement?

Je réclame, au nom de l'art, de la critique et de l'histoire, l'exposition publique et permanente au Louvre des dessins de marine de Pierre Puget.

210. TEMPÊTE. — A la plume, lavé de sépia et d'encre de Chine sur vélin. H., 31 cent. ; L., 61. Signé : P. PUGET IN., 1652. — A Montpellier, collection Atger, à la bibliothèque de l'École de médecine, n° 47.

Il semble que l'artiste philosophe ait pris un mélancolique plaisir à livrer aux fureurs de la mer un de ces vaisseaux que son génie décorait de splendides et fragiles chefs-d'œuvre. Celui-ci porte, au tableau, la figure de la vierge Marie, et en écusson les armoiries de la ville de Marseille, encadrées d'ornements, au-dessus d'un peuple de Tritons et de Néréides détaillés avec le plus grand soin. Son mât est brisé, il va sombrer; déjà les vagues ont rejeté sur le rivage un cadavre, et une chaloupe, montée par trois hommes, lutte contre les flots. Le ton enfumé du vélin augmente l'effet sinistre du drame.

211. TIR DU CANON. — A la plume et lavé d'encre de Chine, sur vélin. — A Montpellier, même collection.

Ici le vélin a gardé sa blancheur qui permet d'apprécier les détails infinis de la composition. La scène se passe sur une élévation d'où l'on découvre le port d'Antibes. Des officiers entourent la pièce, curieusement décorée. Les soldats boivent, le public regarde, les chevaux d'un carrosse prennent peur; contre une masure est assis un homme qui dessine, et, dans cet homme on reconnaît l'original du portrait du Musée de Marseille, Puget lui-même, à l'âge de cinquante ans environ. Le dessin du Louvre, n° 204 représente le même sujet, mais il est sur papier et n'a pas la même finesse.

212. VUE DE LA VILLE DE TOULON. — A la plume et lavé sur vélin. H., 332 mill.; L., 510. — C'est un panorama de la ville et de la rade; on lit dans un cartouche le mot TOLLON, de la main de Puget. — A Alençon, collection de M. de Chennevières.

213. DEUX VAISSEAUX DE HAUT BORD EN PLEINE MER. — A la plume, sur vélin. H., 361 mill.; L., 478. — Un grand nombres de matelots sont occupés à la manœuvre. — A Alençon, *ibidem*.

214. DEUX VAISSEAUX A L'ANCRE. — A la plume et lavé, sur vélin. H., 244 mill.; L., 400. De la collection Giraud, d'Aix. — Sur un des vaisseaux : P. PUGET INUENTOR; sur l'autre, armes parlantes composées d'un compas entre deux coquilles au-dessus d'une palette. — A Alençon, *ibidem*.

215. GALÈRE PRÈS D'UN QUAI. — A la plume, sur vélin. H., 327 mill.; L., 605. — La galère et le portefaix sont de Stefano Della Bella. Puget a ajouté le fond, qui représente

la colline de Notre-Dame de la Garde, à Marseille. — De la collection Giraud. — A Alençon, *ibidem*.

216. Un Port. — A la plume, sur vélin. — A gauche, un arc de triomphe et un obélisque, à droite trois vaisseaux. — Collection Giraud. — A Alençon, *ibidem*.

217. Lanterne d'une galerie. — A la plume et lavé sur vélin. H., 370 mill.; L., 200. — Vente Morel. — A Alençon, *ibidem*. — Voir page 134.

218. Trois vaisseaux et une galère dans une rade. — A la plume, sur vélin. H., 254 mill.; L., 288. — Vente Morel. — A Alençon, *ibidem*.

219. Vue du port et de la rade de Toulon.

220. Vue d'une rade entourée de montagnes.
A la plume, sur papier. H., 170 mill.; L., 536. — On lit au bas : « Original de M. Puget, » et au verso : « A. Ollivier. » (Ollivier, exécuteur testamentaire de Puget.) — Collection Andréossy. — A Alençon, collection de M. de Chennevières.

221. Combat naval.

222. Combat naval.
A la plume et lavés sur vélin. H., 35 cent.; L., 45. — Exposition de Marseille en 1861, nos 1487 et 1488. — A Aix, chez M. Goyrand.

223. Vaisseau en mer. — Lavé à l'encre de Chine, sur vélin. H., 32 cent.; L., 41. — Exposition de Marseille, no 1492. — A Marseille, chez M. Paul Autran.

224. Marine.

225. Marine.
A la plume et lavés sur vélin. H., 25 cent. environ; L., 35. — A Toulon, chez M. Ginoux.

226. Marine. — A la plume et lavé à l'encre de Chine, sur vélin. H., 35 cent.; L., 51. — A Marseille, chez M. Remoul. — Cette marine, d'une exécution large et franche, a été gravée, au siècle dernier, par un artiste d'Aix, auteur de

la pièce suivante. L'estampe porte : « P. Puget invenit. H. Coussin scu. »

227. Marine. — Estampe portant : « P. Puget in. H. Coussin sculp. Dédié à monseigneur le président de Gueidan, d'après l'original du célèbre Puget, conservé dans le cabinet de M. l'Adᵗ Génˡ, son fils, par son tres humble et tres obéissant serviteur H. Coussin. »

228. Vaisseaux en mer. — Estampe du cabinet Bassan, portant : Puget del.

Dans ces marines, dont le sujet, comme la mer, est toujours le même et jamais semblable, Puget déploie une verve, une fécondité d'imagination et une souplesse de main bien étonnantes. Tantôt des galères passent légères à côté d'un vaisseau opulent ; tantôt ces grandes machines dorment tranquilles dans un port ; ou bien leurs canons vomissent une fumée dont les nuages noirs rappellent ceux que Poussin a jetés dans les ciels de ses paysages ; ou bien encore, au milieu de tartanes et de goëlettes, un vaisseau s'avance sous voiles, ainsi qu'un roi de la mer. Et toujours les poupes étalent leurs richesses, ciselées du bout de la plume avec autant d'art que par le ciseau ; et toujours la science du maître se répand en détails imprévus : ici, une pièce de canon négligemment jetée sur le rivage ; là, pour amarrer les cordages, au lieu d'un pieu, un chapiteau antique ; dans les lointains, des colonnades, souvenirs du forum romain ; et toujours comme appoint de la vie du paysage, la figure humaine nue ou drapée, portefaix musculeux, guerriers superbes, matelots affairés, des bras, des torses, des épaules, langage familier de la science anatomique. L'exécution fait valoir toutes ces beautés. La plume se promène sur le ciel et sur la mer avec la précision et la netteté d'un burin : Claude Mellan n'a rien gravé de plus propre. Le pinceau couvre le vélin de demi-teintes transparentes, ménage des blancs lumineux auxquels il oppose des ombres vigoureuses. La plume et le pinceau s'unissent pour modeler les sculptures, relevées de noirs piquants, qui ajoutent un effet vibrant à cette harmonie veloutée. Je le répète, supposez un moment que Puget, ignorant son génie de statuaire, ait produit seulement les dessins de marine dont j'ai dressé la liste, il y aurait là une personnalité originale et saisissante, un artiste dans le goût de La Fage, une de ces curiosités de l'art qui passionnent les amateurs, désarment la critique

et provoquent les recherches de l'érudition. On opposerait Puget à
Vernet, la marine héroïque à la marine familière. On lui ferait un
piédestal de ce qui n'est qu'un accident inaperçu de sa vie d'artiste.
Ne négligeons rien chez un grand homme, pas même les petits
côtés, et, tout en admirant le *Milon*, sachons réserver un peu de
sympathie à ces dessins, seul témoignage vivant des grandeurs maritimes de la France sous Colbert et Louis XIV.

6° AUTRES DESSINS, PASSÉS EN VENTE PUBLIQUE.

229. TROIS DESSINS. — Vente comte de Vence, 1760, n° 181.
— Vendus 13 l. 10 sols.

230. SIX DESSINS. — Même vente. — N° 182. 11 l. 10 sols.

231. DEUX MARINES. — A la plume, sur vélin. H., 13 pouces,
L., 18 pouces. — Vente Cayeux, 1769, n° 53.

232. UN BEAU DESSIN. — A la plume et lavé, sur vélin, où
l'on voit deux vaisseaux richement décorés. — Vente Lem-
pereur, 1773, n° 700.

233. UNE GALÈRE. — A la plume et lavée. — Même vente,
n° 701.

234. UN DESSIN REPRÉSENTANT UNE MA-
CHINE A LAMINER, que des hommes
font mouvoir. ⎫
⎬ Même vente, n° 702.
235. DEUX MARINES. — A l'encre de ⎭
Chine, sur vélin.

236. UNE GRANDE TEMPÊTE SUR LA MER. — Sujet en travers,
où se voient plusieurs vaisseaux battus par les vents et venant se briser contre des rochers. — A la plume et à l'encre de Chine. — Vente Mariette, 1775, n° 1333. — Vendu
50 livres.

237. UNE VUE DE MER. — On y voit un grand vaisseau de
48 pièces de canon, à 4 mâts, voiles déployées. — A la
plume et à l'encre de Chine. — Même vente, n° 1334.

238. UNE AUTRE VUE DE MER. — On y voit une galère remplie

de rameurs. — Même vente, même numéro. — Vendus
141 l. les deux.

239. UNE BELLE MARINE. — Trois grands vaisseaux de guerre,
avec les marques de leurs dignités, armés de diverses figures et quelques chaloupes ; c'est un des plus beaux dessins qui soient sortis de la main de cet habile artiste. — Il
est fait à la plume et à l'encre de Chine. — Même vente,
nº 1335.

240. UNE VUE DU PORT DE TOULON. — Sur le devant on voit
un grand vaisseau et deux galères remplies de figures.— A
la plume et à l'encre de Chine. — Même vente, nº 1336.
— Vendus 1,700 l. les deux.

C'est cher, dit une note manuscrite en marge du catalogue, mais
ils les méritaient.

241. UNE VUE DE MER. — Un grand vaisseau à trois mâts,
dont les voiles sont à demi-déployées ; un autre vaisseau se
voit plus loin, et sur le devant, une chaloupe dans laquelle
sont des matelots. — A la plume et lavé d'encre de Chine.
— Même vente. nº 1337. — Vendu 49 l.

242. UN GRAND SUJET ALLÉGORIQUE POUR UN OUVRAGE MARITIME.
— On y voit le piédestal d'une grande colonne et diverses
figures. — A la pierre noire. — Même vente, nº 1338.

243. ÉTUDE DE LA POUPE D'UN VAISSEAU. — A la plume et lavé
d'encre de Chine. — Même vente, même numéro. — Vendu
9 l. 1 sol.

244. MARINE. — A la plume et lavé d'encre de Chine, sur
vélin. — Vente de Conti, 1777, nº 493. — Vendue 40 l.

245. ACADÉMIE D'HOMME. — A la sanguine et rehaussée de
blanc. — Vente Dargenville, 1779, nº 352. — Vendu 42 l.
1 sol.

246. UN SAVANT DESSIN COMPOSÉ DE PLUSIEURS FIGURES. — A la
plume et lavé. — Même vente, nº 353. — 19 l. 2 s.

247. MARINE. — Une grande galère où sont quantité de

figures, une tour et plusieurs maisons.—Grand dessin à la plume, sur vélin. — Même vente, n° 354. — 129 l. 10 s.

248. GRANDE MARINE. — On y remarque un gros vaisseau à la voile et plusieurs chaloupes, dans l'éloignement des montagnes. — A la plume, sur vélin, n° 355. — Vendue 83 l. 4 s.

249. MARINE. — Un beau vaisseau en mer et une chaloupe; sur le devant, un homme qui prend un ballot. — Dessin à la plume, sur vélin, plus petit que les précédents et aussi bien conservé; n° 356. — 136 l. 1 s.

250. VUE DE TOULON ET DEUX AUTRES DESSINS. — A la plume, sur vélin, n° 357. — 30 l. 10 s.

251. MARINE. — Un vaisseau de haut bord, une galère et deux autres bâtiments sur une mer tranquille. — Dessin précieux, à la plume, sur vélin. — Vente Dandré Bardon, 1783, n° 42.

252. GALÈRE.
253. CONSTRUCTION. } Vente Joseph Vernet, 1790, n° 62.

254. UNE CHALOUPE CANONNIÈRE. — A la plume et lavé, sur vélin. —Vente Saint-Martin, 1806. — 57 fr.

255. VUE D'UN CHANTIER ET D'UN ABREUVOIR. — Au milieu, un vaisseau en construction; sur le devant, deux hommes chargent des ballots sur une charrette; dans le fond, deux tours, dont une carrée. — A la plume, lavé d'encre sur vélin. — Larg. 19 pouces sur 10. — Catalogue Paignon-Dijonval, 1810, n° 2784.

256. UNE MARINE. — Trois vaisseaux dont un n'est pas encore gréé; sur le devant, des forçats chargeant une voiture, au bas, sur une pierre est écrit : à M. du Lignon, trésorier pour le Roi à Toulon. — Sur vélin. — Larg. 22 pouces sur 13. — *Ibidem*, n° 2785.

257. COMBAT ENTRE PLUSIEURS VAISSEAUX. — A la plume sur papier blanc. — Larg. 14 po. sur 9. — N° 2786.

258. UN MONUMENT D'ARCHITECTURE. — La moitié n'est que

tracée ; le reste qui est ombré, montre une partie d'amphi-théâtre. — A la plume, très-fini, sur vélin. — H., 9 po. sur 7. — N° 2787.

259. LA RENOMMÉE DEBOUT SUR UN CHEVAL AILÉ ET SONNANT DE LA TROMPETTE. — Figure imitée par Coysevox dans les deux groupes de la porte des Tuileries. — Au crayon noir et lavé. — H., 26. L., 19. — Vente Villenave, 1842, n° 570.

260. ÉTUDE D'APRÈS L'ANTIQUE. — A la pierre noire. — Vente par Blaisot, 1862, n° 68.

261. UN ÉVÊQUE. — Projet pour une statue élevée à Gênes. — Au bistre. — Même vente, n° 178.

262. TÊTE DE VIEILLARD. — A la sanguine. — Même vente, n° 266.

263. INTÉRIEUR D'UN PORT AVEC VAISSEAUX. — Dessin très-capital, à l'encre sur vélin, signé. — Vente Soret, 1863, n° 130.

264. TRITONS CONDUISANT DES CHEVAUX MARINS ATTELÉS A DES GALÈRES. — Sanguine. Vente Hauregard, 1864, n° 130.

265. LA RENOMMÉE. Encre de Chine.

266. MARINE. — Vente Morel, 1863, n° 13. — A Alençon, collection de M. de Chennevières. Voir n° 218.

267. FANAL DE NAVIRE. — A la plume et lavé. — Même vente, n° 17. — *Ibidem*, voir n° 217.

268. LA VIERGE. — Même vente, n° 49.

269. HOMME DÉVORÉ PAR UN LION. — N° 90.

270. VUE D'UN PORT DE MER. — Sur vélin, n° 183. — Avec deux autres, 7 fr. 50.

271. LA PESTE DE MARSEILLE. — A la sépia, n° 185. — 10 f. avec un Le Sueur.

272. CARIATIDE. — N° 189.

273. MARINE. — N° 217. — 40 f. avec quatre autres.

274. MARTYRE D'UNE SAINTE. — Sanguine, n° 288.

275. Marine. — A la plume, n° 290.

276. Évêque implorant le Seigneur. — Sanguine, n° 299.

277. Marine. — N° 332.

278. Marine. — A la plume sur vélin, n° 410.

279. Saint confesseur. — N° 439.

280. Étude pour un fronton. — N° 480.

La plupart de ces dessins de la vente Morel étaient faussement attribués à Puget.

281. Vue d'une ville avec rivière et barques. — A la plume. — Vente Mario, 1867, — n° 317.

Après cette énumération, dans laquelle devait trouver place tout ce qui porte ou a porté le nom de Puget, il reste à résumer par quelques chiffres le nombre de ses ouvrages qu'on a le droit de regarder comme rigoureusement authentiques. Je les diviserai en deux classes : ceux qu'attestent des documents ou des autorités dignes de foi et qui n'existent plus ; ceux qui existent et que j'ai pu vérifier moi-même.

PEINTURE

Ouvrages attestés mais disparus.	Ouvrages existant encore.
N° 5,11,19,20,21,22,23,24,25, 26,27,33,36,46,50. Total : 15.	N° 1,2,4,6,7,8,9,10,12,13,14. Total : 11.

— En tout : 26. —

SCULPTURE

N° 57,59,60,66,113,114,121. Total : 7.	N° 58,61,63,64,65,67 à 80,101 105,106,107,108,109,122, 123. Total : 27.

— En tout : 34. —

ARCHITECTURE

N°ˢ 132,134,143,144.   N°ˢ 130,131,133,135,137,139
        Total : 4.   à 142,145.
                                            Total : 10.
                    — En tout : 14. —

DESSINS

N°ˢ 167,171,182,183,184,185,   N°ˢ 153,154,155,160,172,173,
    195,197 à 200,227,228.   223,186,188 à 194,196,204 à
        Total : 13.   262.   Total : 36.
                    — En tout : 49. —

Ainsi, même en faisant au doute une part peut-être excessive, on voit que l'œuvre de Puget, réduit à sa plus simple
expression, se compose de cent vingt-trois morceaux d'une
authenticité irrécusable. Il en subsiste quatre-vingt-quatre,
qui permettent d'étudier sous toutes ses faces et d'apprécier
à sa juste valeur cette nature souple et féconde.

FIN

TABLE DES MATIÈRES

27

SIXIÈME PARTIE.

LOUIS XIV ET PUGET

SEPTIÈME PARTIE

PUGET CHEZ LUI

APPENDICE

CATALOGUE

FIN DE LA TABLE DES MATIÈRE

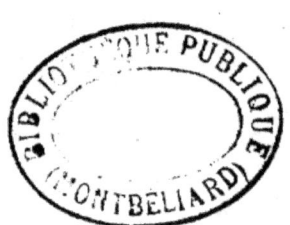

PUBLICATIONS DE LA LIBRAIRIE ACADÉMIQUE DIDIER ET Cⁱᵉ

LAGRANGE

JOSEPH VERNET et la Peinture au xviiⁱᵉ siècle, avec des documents inédits. 1 v. in-8. 6 fr.

L. ET R. MÉNARD

TABLEAU HISTORIQUE DES BEAUX-ARTS, depuis la Renaissance jusqu'au xviiiᵉ siècle. *(Ouvrage couronné par l'Académie des beaux-arts.)* 1 vol. in-8 . . . . 6 fr.

LA SCULPTURE ANTIQUE ET MODERNE. *(Ouvrage couronné par l'Académie des beaux-arts.)* 1 vol. in-8 . . . . 6 fr.

BEULÉ

CAUSERIES SUR L'ART. 1 vol. in-8 . . . . 6 fr.

GUIZOT

ÉTUDES SUR LES BEAUX-ARTS, en général. 1 vol. in-8 . . . . 6 fr.

E. J. DELÉCLUZE

LOUIS DAVID, son École et son temps. Souvenirs. 1 vol. in-8 . . . . 6 fr.

HENRY HOUSSAYE

HISTOIRE D'APELLES. 1 vol. in-8 . . . . 6 fr.

LAPRADE (V. DE)

QUESTIONS D'ART ET DE MORALE. 1 vol. in-8 . . . . 6 fr. »

LE SENTIMENT DE LA NATURE avant le christianisme. 1 vol. in- . . . . . 7 fr. 50

LE SENTIMENT DE LA NATURE chez les modernes. 1 vol. in-8 . . . . 7 fr. 50

CHESNEAU (ERN.)

LES CHEFS D'ÉCOLE DE LA PEINTURE au xixᵉ siècle. 2ᵉ édition. 1 vol. in-12. 3 fr. 50

L'ART ET LES ARTISTES MODERNES en France et en Angleterre. 1 vol. in-12. 3 fr. »

LANNAU ROLLAND

MICHEL ANGE ET VITTORIA COLONNA, étude suivie des poésies de Michel Ange. Texte et traduction. 1 vol. in-12 . . . . 3 fr.

DE BROSSES

LE PRÉSIDENT DE BROSSES EN ITALIE. Lettres écrites de 1738 à 1740. 2ᵉ édition, revue sur les manuscrits par R. Colomb. 2 vol. in-8 . . . . 14 fr.

PIERRE CLÉMENT

L'ITALIE EN 1671. Relation d'un voyage du marquis DE SEIGNEL . . . . c lettres inédites, etc. 1 vol. in-12 . . . . 3 fr.

ALPH. DANTIER

LES MONASTÈRES BÉNÉDICTINS D'ITALIE. Souvenirs d' . . . mission littéraire. *(Ouvrage couronné par l'Académie française.)* 2 vol. in-8 . . . . 15 fr.

F. DE SAULCY

HISTOIRE DE L'ART JUDAIQUE, d'après les textes sacrés et profanes. 1 vol. in-8 . 6 fr.

V. COUSIN

DU VRAI, DU BEAU ET DU BIEN. Avec un appendice sur l'art français. 14ᵉ édition. 1 vol. in-8 avec portrait. . . . . 7 fr.

SOUS PRESSE

CH. CLÉMENT	ARS. HOUSSAYE
GÉRICAULT. 1 vol. in-8.	LÉONARD DE VINCI. 1 vol. in-8.